U0710821

中国城市地价研究

——以兰州为视角的考察

兰州市国土资源局
兰州市国土资源评价研究院　编

韦玲霞　吕　萍　张仁陟　梁进一　著

人民出版社

本书编委会

领导小组成员

组　长：丁祖全

副组长：谢立宏

成　员：马　英　岳晓春　周　平　刘　勇

课题组成员

技术总负责：韦玲霞

课题负责人：张仁陟　吕　萍　杨永春　梁进一

课题参加人员：陈　英　刘　哲　岳淑芳　殷　彤　魏　鹏　刘　刚

姜全丽　鱼腾飞　甄　辉　杨　蕾　丁富军　李　楠

刘沁萍　冷炳荣　黄　幸　梁锦兆　周冬梅　李小英

徐　波　杨昌裕　江　晶　李元铭　刘　健　何宏泽

王　璐　强　妮　李　莹　张伟维　郭德记

目　录

专题一　兰州市基准地价土地用途分类研究

专题二　兰州市基准地价中土地取得成本研究

专题三　兰州市基准地价——综合用地空间地价评估研究

专题四 兰州市协议出让金与基准地价关系研究

专题五　兰州市招拍挂地价与基准地价关系研究

专题六　兰州市容积率及建筑密度与基准地价关系研究

专 题 一

兰州市基准地价土地用途分类研究

第一章 绪论

一、研究意义

《城镇土地估价规程》规定,基准地价是指"在城镇规划区范围内,对现状利用条件下不同级别或不同均质地域的土地,按照商业、居住、工业等用途,分别评估确定的某一估价期上法定最高年期土地使用权区域平均价格"。

根据新一轮国土资源大调查规定,基准地价是指"在城镇规划区范围内,在现状利用条件下对各级城市土地或均质地区,按照商业、住宅、工业等土地利用类型分别评估确定的,在某一时点上法定最高年期土地使用权平均价格"。

近年来,我们使用的基准地价,均是根据《城镇土地估价规程》,按商业、住宅、工业三大用途来评估的平均价格。而土地出让时,也是按三种用途的基准地价为基础,进行一定修正确定出让价格。而事实上,商业用途之下,不同行业的效益差别极大,按相同的地价出让,就掩盖了不同行业土地的级差地租,显然有失公允。同时根据《城镇土地估价规程》,全国开展各城镇基准地价评估工作,但由于地价内涵不清,同一价格的基准地价在不同城镇的容积率、开发程度均不相同,因而以往的城镇基准地价缺乏可操作性。

基准地价在我国地价体系中居于基础地位,对于宏观调控土地市场,加强土地用途管制,具有重要的经济杠杆作用。新的《土地管理法》颁行后,各种配套法规都面对更新的任务。目前执行的《城镇土地估价规程》对于基准地价定义中的土地用途的规定,主要分为商业、住宅、工业用地,基准地价在初期发挥了很大的作用,但是,现代土地管理领域中的理论和实践已经发生了极大的变化,我国很多城镇的基准地价土地分类已经突破了上述定义,走出了各具自身特色的道路。因此,再这样来划分土地用途,既使基准地价的适用性受到限制,也不利于土地用途管制制度的有效执行。而且《城镇土地估价规程》也提到"根据城镇特点和土地利用类型的经济差异,将土地利用类型分为商业、居住、工业用地等,条件具备的地方,可将商业用地分为金融保险、办公服务类、综合商厦类、小商品与居民服务类等用地类型"。即《城镇土地估价规程》中规定了地价的调整制度。

当然,《规程》不可能对所有用地类型定义得面面俱到,但是,一个科学、合理、可操作性较强的体系仍是我们所追求的。因此,对基准地价评估的用途作进一步的细划,具有重要的理论意义和现实意义。

二、研究内容

随着我国经济体制改革的不断深入,特别是土地使用制度改革的深化,人们对土地的价值观念有了根本的转变,认识到土地不仅是进行社会物质生产的基本条件,是不可替代的主要生产资料,而且也是社会的一笔巨大资产财富。国家不仅要查清土地资源的数量,而且要查清土地资产的数量——地产的价值量,从而使土地评估工作成为我国土地使用制度深化改革的客观需要。同时随着土地使用制度的深化改革和城镇住房制度改革的推行,我国土地有偿使用的方式日趋多样化,对城镇土地定级估价提出了更高的要求。

本专题以社会主义市场经济理论为指导,以马克思地租理论和区位理论为依据,结合中国土地交易实际情况和兰州市城镇基准地价制定情况,对城镇土地基准地价按土地用途分类进行二级分类并建立相应的修正系数测算模型,为更准确确定基准地价提供依据。

(1)分析现行基准地价用途分类存在的问题

针对现行基准地价用途分类与目前宗地价格和不同行业土地效益差异,分析现行基准地价用途分类存在的问题,为进一步研究基准地价用途分类奠定基础。

(2)构建基准地价土地用途分类体系

通过对国家颁布的《土地利用现状分类》和《城市用地分类与规划建设用地标准》(GBJ137—90)的对比分析,结合兰州市实际情况,城市基准地价土地用途分为工业、商业、住宅三大类用途基础上,进行二级类别的细化,构建新的兰州市基准地价土地用途分类体系。

(3)确定基准地价土地用途二级分类的修正系数

根据不同行业利润率差异及不同用途样点地价差异分析,确定同一大类二级土地用途的修正系数。

三、研究方法

通过文献检索和查阅相关资料,了解目前我国各地对基准地价土地用途分类所作的研究;对兰州市近郊四个区不同行业的利润率和现行不同用途地价进行调查,建立模型进行分析,对兰州市基准地价涉及的三大用途进行二级归类,并确定各类用地的用途修正系数。

四、技术路线

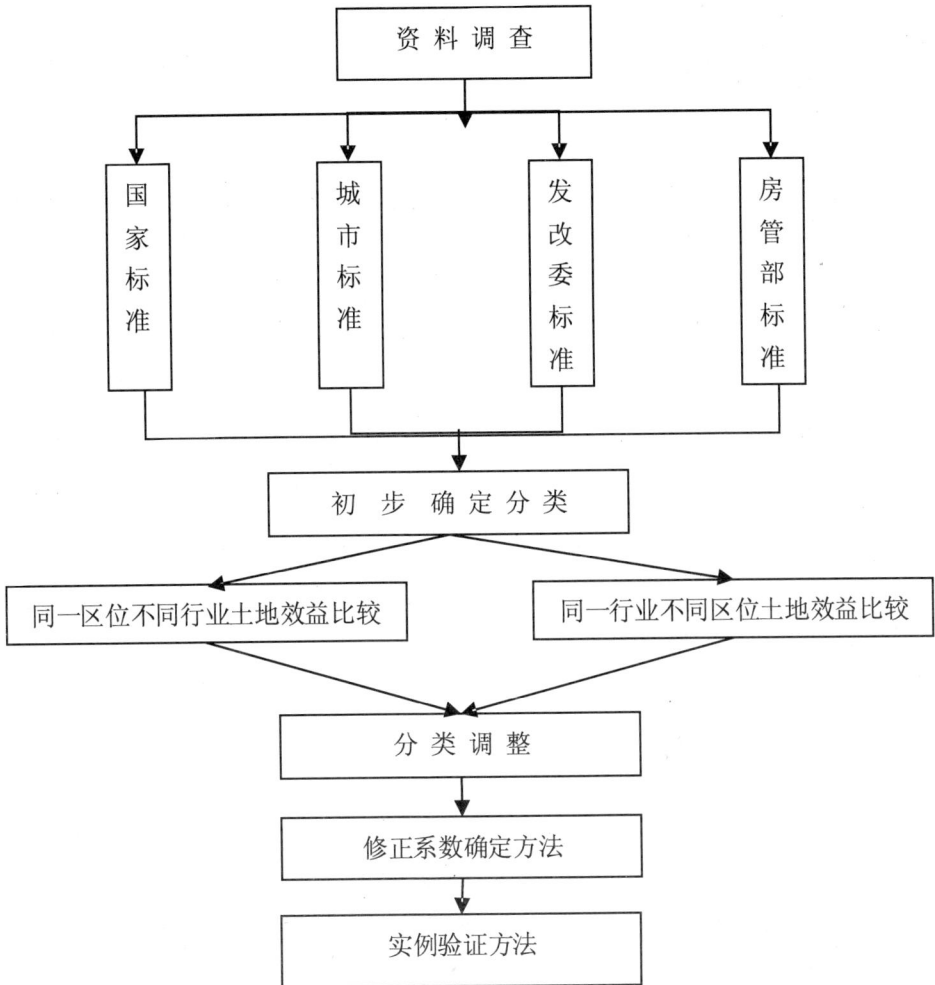

第二章　现行基准地价土地用途分类存在的问题

一、现行基准地价土地用途分类

《城镇土地估价规程》规定了基准地价适用于城镇、独立工矿区及开发区范围内的建设用地的评估。在土地估价中,土地用途主要分为以下几类:(1)居住用地;(2)工业用地;(3)商业、旅游、娱乐用地;(4)综合用地;(5)教育、科技、文化、卫生、体育或者其他用地。

二、现行基准地价分类存在的问题

基准地价的制订作为一种准立法行为,在操作过程中必然十分强调地价评估的依据和程序。用地分类是土地出让审批时所需考量的基础。现行分类体系的划分标准是建立在《城镇土地估价规程》上的,随着城市经济和社会的发展,原有的分类显然不能满足新时期城市规划和建设管理的需求。如果没有合理和科学的划分标准,规范和限定城市用地新概念,那么其负面的影响不只出现在地价领域,而且还会降低基准地价在现实中的可操作性,直接影响土地供应,最终将会损害城市公共利益事业,造成土地资产的流失。

因此现行基准地价用地分类体系在城市用地管理实践中存在着以下几个方面的问题。

（一）现行基准地价土地用途分类具有明显的时代局限性

现行基准地价分类,是以《城镇土地估价规程》制定当时行业统计和用地规律认识的经验总结为基础建立的。现在,我国城镇中的用地类型已经多样化,在基本用地类型的基础上又出现了二级甚至三级分类。如工业用地可分为高新技术工业用地、传统技术工业用地;住宅又可分为安居工程住宅、一般商品住宅、别墅等;商业用地则可以分为大型商贸中心、一般百货商场、专业商场和日杂商店等;写字楼更可分为高、中、低档。因此,按照《城镇土地估价规程》规定的三大用途制定的基准地价,不能准确找出城市各片区域、各类用途的地价分布规律,不能正确指导土地资源的最佳、最有效利用。

（二）单一分类与复合型、综合型用地的矛盾

基准地价是地价评估和房地产交易的主要参考依据。随着城市的发展,土地的

出让、转让、出租、抵押,以及房屋拆迁等经济活动日益频繁,现行的基准地价用地分类不仅表现为城市建设用地的划分和安排,更主要的是对工业、商业、住宅三大建设用地价值的平衡。对城镇范围内自然环境、生态景观等资源在基准地价中的地位和受重视程度降低。同时,用地功能朝立体方向发展是现代城市土地使用方式的主要特征之一。不仅在同一宗地内会有两种以上的使用功能,在同一栋建筑内也会有多功能混杂,目前常见的商住混合用地就是典型。而基准地价评估土地用途分类标准是以单一用地性质为划分,因此在土地评估时,表现出复合型用地方式的归属的随意性,造成基准地价与用地效益脱节及土地所有者、使用者的合法权益错位。

(三)用地变更不确定性与静态分类标准的矛盾

土地用途会因用地需求的变化而转换,特别是在特定区位条件下,往往会产生两个以上用地类别的竞争。分类标准表现出一种固定性的分类体系特征,每一种类别对应一种土地使用方式,即一种用地需求,不考虑土地用途之间在时序上的变更和空间上的兼容。这种一定时段内"终身制"分类体系应用在基准地价图上,使基准地价表现出一种时段内"终极蓝图"式的特征。一旦基准地价通过审批具有法律地位,在土地用途之间交替频繁的情况下,就无法对其进行有效的控制或指导。

(四)基准地价用途属性的单一与用地目标多重的矛盾

基准地价土地用途具有城市土地使用功能和性质单项的属性。但城市用地目标具有多重性,使基准地价不能准确显示城市土地在利用过程中所产生的各类经济收益,进而不能准确显示城市土地质量的优劣程度。

(五)分类与各地发展情况差异的矛盾

基准地价用途分类执行的是一种统一的模式、一种固定的内容。而对于不同城市在城市规模、地域条件、经济发展情况等方面存在相当大的差距。各地方城市基准地价面临所要解决的问题也不尽一致。因此用这种刚性、模式化的分类体系来适应不同城市用地目标和要求显然是难以奏效的。同时,分类的标准化无法准确反映不同用途土地的供求关系,难以实现政府对土地市场的宏观调控。因此基准地价中的用地类型还需要从各城镇实际出发,进一步细化。在确定用地类型时,不必要求各城镇完全一样,因为各大、中、小城市和城镇的用地类型本身就不一样,一般规律是:城市越大,经济越发达,用地越专业化,类型也就越多。

第三章　兰州市基准地价土地用途分类体系构建

一、分类的基本概念

（一）分类学的基本概念

一般来说，一个分类系统包括解释标志和划分规则两个基本部分。建构一套土地利用分类体系同样是遵循一定的分类标准与规则。没有一个严谨的分类标准与规则，用地分类就将是随机的并缺乏连续性。因此需要通过对城市用地类别系统的区分，进一步认识城市用地客观规律，并运用分类标准和规则建立一套完善的用地分类体系，从而为控制和管理城市土地使用提供重要的基础。

个体：是指能够完整地代表自身的最小自然体。例如，对城市地域内土地划分成一宗宗的个体。

群体：是指一个自然现象的所有个体的总和。

类别：是指性质上相似的一组个体，并且依据这些性质上区别于同一群体中的所有其他类别。一个群体有许多性状，每一个群体又由许多个体组成，这些个体之间既有共性也有差异性（张凤荣等，1992）。

类别具有分异特性、协变特性、偶然特性三种特性。用于区分不同类别的性质和状态称为分异特性；随着分异特性变化而变化的性状称协变特性；在一个类别内各个体的那些独立于归类基础——分异特性而变化的性状叫做偶然特性。

把相似的个体组合在一起，并对当中某些典型的性质进行提炼，使其与其他类别相区别，从而作为将事物归类的基础。通常将分异特性作为用地归类的基础，如"工业或居住用地"或"高密度开发和低密度开发的用地"都是指土地分异特性。如果分异特性选择恰当，则可以清晰地表现出某一类别的特征，及与其他事物的差异。

通常对于复杂群体的分类事物需要采用多级的分类体系。一个多阶层的分类体系中，对类别所做的描述量由较高的分类等级到较低的等级逐级增加。在任何多阶层分类体系中，无论等级多少，在一给定类别内，相对均一的性质是由这个类别所属的那个等级和那个等级以上各较高等级所用的分异特性和其协变特性的累积。在最低的分类等级上，可以对它的各个类别作出最大数目的陈述，而在最高的分类等级上，对各个类别能作出的描述则最少。在制定多等级分类体系时，应将最重要的分类标准分异特性用在最高的分类等级上，分异特性对分类目的的重要性应与其被使用的概括水平相当。对于自然分类,应该是能表明最大量的关系和最重要的性状,也就是说分异特性是其他性质的源泉与动力,换言之,就是创造者,那些能表明成因关系,并带有最大数目协变特性的性状应放在高分类等级上(张凤荣等,1992)。

(二)逻辑学的基本概念

用地分类体系的建立必然要涉及有关分类的概念、定义、划分标准以及划分标准的选择和划分的方法等,这些问题是任何一个严格的分类体系的基础和前提,对于分类体系的建立具有极其重要的意义。而正确处理和解决上述问题的关键是严格遵循逻辑学的基本原理与规律。

概念:是反映对象的本质属性的思维形式。事物的属性分为本质属性和非本质属性。如,具有经济功能、生态功能的自然经济综合体是土地的本质属性,而土地的大小、形状、用途则是土地的非本质属性。概念是抽象地反映对象的本质属性。概念具有内涵和外延两个逻辑特征。概念的内涵就是概念所反映的对象的本质属性,例如"土地"概念的内涵是指"具有经济功能、生态功能的自然经济综合体"。概念的外延是指具有概念所反映对象的适用范围。例如,"土地"的适用范围包括一切具有经济功能、生态功能的自然经济综合体即包括一切的土地。概念的内涵和外延是相互制约相互依存的,确定了某一概念的内涵也就相应地确定了这个概念的外延。

定义:是揭示概念所反映的事物的本质属性,把一事物同他事物区别开来的逻辑方法。一个定义通常包括被定义项、定义项和定义联项三个部分。在对某一概念下定义时,必须遵守定义的规则,如定义相应相称、定义概念不能直接或者间接包含被定义的概念等,以避免犯逻辑上的错误。

划分:是明确概念外延的逻辑方法。划分由划分的母项、划分的子项和划分的标准三部分构成。被划分的概念叫做划分的母项,划分后获得的概念叫做划分的子项。每一划分都要依据一定的属性,划分所依据的属性叫做划分的标准,也叫划分的依据。一个事物具有不同的属性,所以充当划分根据的标准可以有多个。根据划分层次不同,划分可分为一次划分和连续划分。

对概念进行划分时,应遵守一定的划分规则。首先,划分要相应相称,即划分的各子项外延之和必须与母项的外延相等。也就是说划分以后子项外延之和不能大于或小于母项的外延;其次,每次划分都必须按照同一标准进行,这样划分出来的各个子项的外延才会清楚明确;再次,子项外延要互相排斥,划分出来的子项的外延必须是不相容的,即各个子项之间都是异关系;最后,划分的层次要清楚,要求划分后的子项就该是母项邻近的种概念,即由被划分的概念到它所包含的种概念,再到种概念所包含的下一个层次的种概念,这样逐级进行划分。

（三）分类的一般原则

在进行具体的分类时，一般要求遵守分类的等级完整性原则和排他性原则，以得到一个比较科学的分类体系，避免在工作中产生错误。

1. 等级完整性原则

从逻辑上说，分类就是把一个种概念母项划分为若干属概念子项。划分出来的子项的外延之和，必须等于母项的外延。换句话说，属于母项外延中的每一分子都必须毫无遗漏地归入各子项的外延中。

概念的外延，是概念所反映的对象的总和，即概念所确指的对象的范围。例如，工业用地概念的外延是指形形色色工业的总和。如果根据工业对居住等其他城市功能性用地造成的污染或干扰程度来对工业用地进行分类，可以把工业用地这个母项划分成一类工业用地、二类工业用地和三类工业用地等三个子项。也就是说这三个子项把工业用地一切分子都包括无遗了。

这里需要强调的是分类等级完整并不意味着一个分类体系在每一个分类等级上为每一个个体包括已发现的和未发现的已经确定好一个位置，而是指一旦发现新的个体，就应使用分异特性对它分类，找到它的应有位置。概念的外延，会随着科学的发展而有所变动。由于科学的发展和人们对自然界的认识的不断深入，将使原来定义下的概念和范畴的固定性产生动摇，从而使其在分类系统中，由原来的穷尽性变为非穷尽性，这样就促使分类系统向前发展变化。

2. 排他性原则

分类的排他性是指，在一次分类中，只能根据一个标准来进行。这就是说，把母项划分后，各子项的外延或范围应该互不相容和互不交叉。否则，各子项就会互相交叉，模糊了类别的界限引起概念上和工作上的混乱。要保证分类的排他性，在分类时就必须注意划分的层次性。

所谓划分的层次性是指分类系统应逐层进行。首先，子项要保持同一层次，不可把上一层次的子项对这个层次来说是与母项并立的或下一层次的子项混入这个层次的子项行列中。其次，母项和子项要处于相邻的两个层次，不能在母项和子项之间跨越几个层次。例如，把绿地直接分为儿童公园、植物园、滨河绿地等，就跨越了好几个层次。这样的分法，虽然不至于交叉重复，但不容易穷尽所有，所谓邻接的层次也是相对的，会随着学科的发展而发生变动。只有这样，才能保证各个子项的范围互不相容，保证其排他性。如果在一次分类过程中采取了两个或两个以上的不同标准，就难免出现子项交叉的情况。例如，把工业用地分成一类工业、二类工业和加工工业，就有两个不同的分类标准。头两项是根据工业造成的外部干扰程度来划分的,而后一项是根据工业门类标准来划分的,结果造成子项的相互包容。因为,加工工业中含有对居住和公共设施等环境基本无干扰和污染的工业,也含有严重干扰和污染的工业。

　　当然,在许多领域中,分类的标准并不只是包含一个属性,而是包含着几个属性。但是,这几个属性必须综合起来作为统一的标准来使用,不能在一次分类中变动,并且此标准内的属性,不能和上一次及下一次分类标准中的属性发生重复,否则,就难免会出现一个层次的子项之间相互包容或上下层次之间相互包容,就会破坏分类的排他性原则。确定划分标准在分类系统中具有举足轻重的意义。划分标准既是分类对象本身的性质,也是对分类对象的直接解释。在制定分类体系时将遇到的一个问题是将什么样的划分标准安排在高分类等级、什么样的分异特性用在低分类等级。其中的一条原则是将对分类目的最重要的分异特性用在最高的分类等级上。分异特性对分类目的的重要性应与其被使用的概括水平相当,也就是说划分标准都是为一定工作目标服务的。城市用地是一个非常复杂的系统。它表现出多种分异特性,可以有多种划分标准,如用地功能和性质、开发强度、利用方式和覆盖物特点等。而用地分类标准的确定是以规划的目标和管理的要求作为划分依据的。

二、现行城市用地分类

　　从 20 世纪 80 年代起,我国有关部门开展了大规模国土资源利用分类体系的研究。主要有 1984 年全国农业区划委员会颁布的《土地利用现状调查技术规程》中的土地分类;原国家土地管理局于 1989 年发布的《城镇地籍调查规程》的土地分类;1990 年 5 月国务院发布的《中华人民共和国城镇国有土地使用权出让和转让暂行条例》的土地分类;建设部发布的《城市用地分类与规划建设用地标准》(GB137—90)的土地分类,1993 年 6 月原国家土地管理局发布的《城镇土地估价规程》的土地分类;1998 年《中华人民共和国土地管理法》的土地分类;2001 年底国土资源部制定了新的土地分类,并于 2002 年 1 月 1 日开始试行。2007 年中华人民共和国质量监督检验检疫总局和中国国家标准化管理委员会联合发布《土地利用现状分类》。其中《城市用地分类与规划建设用地标准》和《土地利用现状分类》在城镇土地管理中使用的影响较为广泛。

　　《土地利用现状分类》和《城市用地分类与规划建设用地标准》,两者都是以使用的主要用途对土地进行分类。《土地利用现状分类》将土地用途分为 12 个一级类、56 个二级类。《城市用地分类与规划建设用地标准》将土地用途分为 10 个大类、46 个中类、73 个小类。另外在相关的法规和条例中也有涉及,如《城镇国有土地使用权出让和转让暂行条例》将出让土地中的用途分为商业、居住、工业等五大类。1993 年颁布的《城镇地籍调查规程》根据土地用途的差异,城镇土地分为 10 个一级类,24 个二级类。

(一)《土地利用现状分类》中城镇用地类型

《土地利用现状分类》严格按照管理需要和分类学的要求,对土地利用现状类型进行归纳和划分。一是区分"类型"和"区域",按照类型的唯一性进行划分,不依"区域"确定"类型";二是按照土地用途、经营特点、利用方式和覆盖特征四个主要指标进行分类,一级类主要按土地用途,二级类按经营特点、利用方式和覆盖特征进行续分,所采用的指标具有唯一性;三是体现城乡一体化原则,按照统一的指标,城乡土地同时划分,实现了土地分类的"全覆盖"。

《土地利用现状分类》国家标准采用一级、二级两个层次的分类体系。城镇土地主要是在商服用地、工矿仓储用地、住宅用地、公共管理与公共服务用地、特殊用地、交通运输用地等一级类中涉及。主要涉及地价评估地类归纳如下,见表 1-3-1:

表 1-3-1　《土地利用现状分类》中所划分的主要城镇用地类型

一级类		二级类		含义
编码	名称	编码	名称	
05	商服用地			指主要用于商业、服务业的土地。
		051	批发零售用地	指主要用于商品批发、零售的用地。包括商场、商店、超市、各类批发(零售)市场,加油站等及其附属的小型仓库、车间、工场等的用地。
		052	住宿餐饮用地	指主要用于提供住宿、餐饮服务的用地。包括宾馆、酒店、饭店、旅馆、招待所、度假村、餐厅、酒吧等。
		053	商务金融用地	指企业、服务业等办公用地,以及经营性的办公场所用地。包括写字楼、商业性办公场所、金融活动场所和企业厂区外独立的办公场所等用地。
		054	其他商服用地	指上述用地以外的其他商业、服务业用地。包括洗车场、洗染店、废旧物资回收站、维修网点、照相馆、理发美容店、洗浴场所等用地。

一级类		二级类		含义
编码	名称	编码	名称	
06	工矿仓储用地			指主要用于工业生产、物资存放场所的土地。
		061	工业用地	指工业生产及直接为工业生产服务的附属设施用地。
		062	采矿用地	指采矿、采石、采砂(沙)场,盐田,砖瓦窑等地面生产用地及尾矿堆放地。
		063	仓储用地	指用于物资储备、中转的场所用地。
07	住宅用地			指主要用于人们生活居住的房基地及其附属设施的土地。
		071	城镇住宅用地	指城镇用于生活居住的各类房屋用地及其附属设施用地。包括普通住宅、公寓、别墅等用地。
		072	农村宅基地	指农村用于生活居住的宅基地。

(二)《城市用地分类与规划建设用地标准》所划分的城镇用地类型

《城市用地分类与规划建设用地标准》(GBJ137—90)中城市用地分类采用大类、中类和小类三个层次的分类体系,共分 10 大类,46 中类,73 小类。而用于城市基准地价的三大类主要是工业、商业和住宅,现将城市土地用途分类的工业、商业、住宅三大分类及其二级分类与细分罗列,如表 1-3-2 所示:

表 1-3-2　城镇标准对土地利用类型的分类

一级类	二级类	含义
商服用地	公共设施用地	居住区及居住区级以上的行政、经济、文化、教育、卫生、体育以及科研设计等机构和设施的用地,不包括居住用地中的公共服务设施用地。
	行政办公用地	行政、党派和团体等机构用地。
	市属办公用地	市属机关,如人大、人民政府、政协、法院、检察院、各党派和团体,以及企事业管理机构等办公用地。
	非市属办公用地	在本市的非市属机关及企事业管理机构等行政办公用地。
	商业金融业用地	商业、金融业、服务业、旅馆业和市场等用地。

一级类	二级类	含义
商服用地	商业用地	综合百货商店、商场和经营各种食品、服装、纺织品、医药、日用杂货、五金交电、文化体育、工艺美术等专业零售批发商店及其附属的小型工场、车间和仓库等用地。
	金融保险业用地	银行及分理处、信用社、信托投资公司、证券交易所和保险公司,以及外国驻本市的金融和保险机构等用地。
	贸易咨询用地	各种贸易公司、商社及其咨询机构等用地。
	服务业用地	饮食、照相、理发、浴室、洗染、日用修理和交通售票等用地。
	旅馆业用地	旅馆、招待所、度假村及其附属设施等用地。
	市场用地	独立地段的农贸市场、小商品市场、工业品市场和综合市场等用地。
	文化娱乐用地	新闻出版、文化艺术团体、广播电视、图书展览、游乐等设施用地。
	新闻出版用地	各种通讯社、报社和出版社等用地。
	文化艺术团体用地	各种文化艺术团体等用地。
	广播电视用地	各级广播电台、电视台和转播台、差转台等用地。
	图书展览用地	公共图书馆、博物馆、科技馆、展览馆和纪念馆等用地。
	影剧院用地	电影院、剧场、音乐厅、杂技场等演出场所,包括各单位对外营业的同类用地。
	游乐用地	独立地段的游乐场、舞厅、俱乐部、文化宫、青少年宫、老年活动中心等用地。
	体育用地	体育场馆和体育训练基地等用地,不包括学校等单位内的体育用地。
	体育场馆用地	室内外体育运动用地,如体育场馆、游泳场馆、各类球场、溜冰场、赛马场、跳伞场、摩托车场、射击场以及水上运动的陆域部分等用地,包括附属的业余体校用地。
	体育训练用地	为各类体育运动专设的训练基地用地。
	医疗卫生用地	医疗、保健、卫生、防疫、康复和急救设施等用地。
	医院用地	综合医院和各类专科医院等用地,如妇幼保健院、儿童医院、精神病院、肿瘤医院等用地。
	卫生防疫用地	卫生防疫站、专科防治所、检验中心、急救中心血库等用地。

一级类	二级类	含义
商服用地	休疗养用地	休养所和疗养院等用地,不包括以居住为主的干休所用地,该用地应归入居住用地。
	教育科研设计用地	高等院校、中等专业学校、科学研究和勘测设计机构等用地。不包括中学、小学和幼托用地,该用地应归入居住用地。
	高等学校用地	大学、学院、专科学校和独立地段的研究生院等用地,包括军事院校用地。
	中等专业学校用地	中等专业学校、技工学校、职业学校等用地,不包括附属于普通中学内的职业高中用地。
	成人与业余学校用地	独立地段的电视大学、夜大学、教育学院、党校、干校、业余学校和培训中心等用地。
	特殊学校用地	聋、哑、盲人学校及工读学校等用地。
	科研设计用地	科学研究、勘测设计、观察测试、科技信息和科技咨询等机构用地,不包括附设于其他单位内的研究室和设计室等用地。
	文物古迹用地	具有保护价值的古遗址、古墓葬、古建筑、革命遗址等用地。不包括已作其他用途的文物古迹用地,该用地应分别归入相应的用地类别。
	其他公共设施用地	除以上之外的公共设施用地,如宗教活动场所、社会福利院等用地。
居住用地	一类居住用地	市政公用设施齐全、布局完整、环境良好、以低层住宅为主的用地。
	二类居住用地	市政公用设施齐全、布局完整、环境较好、以多、中、高层住宅为主的用地。
	三类居住用地	市政公用设施比较齐全、布局不完整、环境一般或住宅与工业等用地有混合交叉的用地。
工业用地	一类工业用地	对居住和公共设施等环境基本无干扰和污染的工业用地,如电子工业、缝纫工业、工艺品制造工业等用地。
	二类工业用地	对居住和公共设施等环境有一定干扰和污染的工业用地,如食品工业、医药制造工业、纺织工业等用地。
	三类工业用地	对居住和公共设施等环境有严重干扰和污染的工业用地,如采掘工业、冶金工业、大中型机械制造工业、化学工业、造纸工业、制革工业、建材工业等用地。

（三）兰州市相关部门土地管理中土地分类的参考标准

2008 年 12 月至 2009 年 1 月，经与兰州市发改委、规划局、国土局、地税局及兰州市城关区、安宁区、七里河区、西固区的上述单位联系调查，兰州市国土资源局、发改委在日常的与土地相关的工作中，参考标准主要是《土地利用现状分类》；而规划局、地税局则多参考《城市用地分类与规划建设用地标准》的土地分类。

（四）土地分类国家标准与城市标准对比分析

理论上讲，城市土地用途分类在规划、评估、统计、管理等过程中就分类体系应是统一的。然而，由于管理部门的原因，城市规划、土地利用总体规划、基准地价评估等工作不仅在工作路线和技术方法上不同，用地的统计口径也大相径庭，而且在各自的职责范围内管理机制也各自为营，相互之间缺乏有效的协调和协调的动力。因此，各部门的分类标准尺度也不一致。

表 1-3-3　土地用途分类标准对比

序号	比较项目		《城市用地分类与规划建设用地标准》（GB137—90）	《土地利用现状分类》（2007）
1	应用范围		城市总体规划和城市用地管理与统计工作。	国土资源规划、地籍调查等工作。
2	从属法规		城市规划法。	土地管理法。
3	作用对象空间范围		城市建设和满足城市机能运转所需要控制的区域。	行政辖区内所有土地。
4	分类层次和内容		分三个层次：10 大类，46 中类，73 小类，代码用数字结合字母表示。	分为两个层次：一级 12 个，二级 56 个；代码用数字表示。
5	城镇建设用地不同分类		分为居住、公共设施、工业、仓储、对外交通、广场、市政公共设施、绿地、特殊用地等。	分为商服用地、工业仓储用地、住宅用地、公共管理与公共服务用地、特殊用地、交通运输用地等。
5.1		居住用地	按配套设施及居住环境质量好坏程度分为 3 个中类，每一中类下分为住宅、公共服务设施、道路、绿地 4 个小类。	包括普通住宅、公寓、别墅等用地。
5.2		公共服务设施用地	行政办公、文化娱乐、体育、医疗卫生、教育科研设计、文物古迹、其他公共设施以及商业金融业用地。	分为机关团体用地、新闻出版用地、科教用地、医卫慈善用地、文体娱乐用地、公共设施用地、公园与绿地、风景名胜设施用地。

续表

序号	比较项目		《城市用地分类与规划建设用地标准》(GB137—90)	《土地利用现状分类》(2007)
	5.3	工业仓储用地	作为并列的两个中类分别设立:工业和仓储用地、工业用地中露天采矿业用地,该类划入水域及其他用地。	分为工业用地、采矿用地、仓储用地。
	5.4	特殊用地	指军事、外事、保安等特殊性质的用地的总称。	指军事、外事、监教、宗教、殡葬用地。
	5.5	道路交通用地	分为对外交通用地和道路广场用地两个类。	分铁路、公路、街巷、机场、港口、码头、管道运输用地。
	5.6	市政基础设施	作为单独的一项用地大类。	归入公共服务设施用地。
	5.7	绿地	市级、区级和居住区级的公共用地及生产防护用地,不包括专用绿地、园地和林地。	归入公共服务设施用地。
	5.8	商业服务用地	归入公共服务设施用地。	分为批发零售用地、住宿餐饮用地、商务金融用地、其他商服用地。

　　从表1-3-3《城市用地分类与规划建设用地标准》和《土地利用现状分类》对城镇用地分类体系的比较,可以发现,虽然都是以土地的合理利用为工作核心内容,但其用地分类标准中对标准的定义和划分依据的尺度都存在较大的差别。在不同用地分类体系中,有的用地分类名称相同,但定义相异;有的含义较近,但所归属的用地类别却又不同;还有的用地类别彼此包含或交叉,或是用地类别含义相近但划分的标准不同。

　　政府在出让土地前,一般先由规划部门根据《城市用地分类与规划建设用地标准》确定该宗土地用途,包括规划使用条件,然后再由国土资源管理部门确定具体供地方式。此时就存在两个部门确定的土地用途不一致及如何衔接的问题,如一宗地规划指标确定的土地用途为商业金融业用地(C25),适建旅馆、招待所、度假村及其附属设施,而在《土地利用现状分类》中,旅馆、招待所、度假村及其附属设施属于餐饮旅馆业用地(052),分属于不同的土地分类。因此,有必要对《土地利用现状分类》和《城市用地分类与规划建设用地标准》进行对比衔接,为制定基准地价做好两个分类标准的合理衔接。

通过比较，可以看出，上述土地用途分类差异较大，无论哪一个标准，都无法直接作为基准地价评估时的土地用途分类依据，另外由于城市规模大小、用地多样性之间的差异，各城市也无法统一标准。因此，开展兰州市基准地价更新工作，必须制定符合兰州市实际情况又具有可持续性的土地用途分类标准。

三、兰州市基准地价土地用途分类体系构建

基准地价土地分类既是制定基准地价的基础，又是通过基准地价调整土地利用关系的依据。构建一个科学、合理的用地分类体系是基准地价评估的重要内容。由于土地分类具有很强的实用性和目的性，不同需求条件和控制目标对用地分类的标准和体系设计有着不同的要求。因此，必须根据分类目的，制定土地分类的原则和标准，依据兰州市现有土地利用类型和行业效益差异，科学合理地将土地与行业结合，在现行基准地价土地类型的基础上进行进一步的细划和拓展，构建适合兰州市土地利用现状并具有可持续发展的基准地价分类体系。

（一）构建土地用途分类体系的基本要求

1.基准地价土地用途分类的原则

基准地价土地用途分类应遵循的基本原则有：同类项合并原则、预期收益相近原则、最有效利用原则、供需原则。

同类项合并原则，是指基准地价土地用途分类应以用途相近或相似的土地类型进行归并划分。

预期收益相近原则，是指基准地价土地分类应以宗地在正常利用条件下的未来客观有效的预期收益为依据。

最有效利用原则，是指土地分类应以分类对象的最有效利用为前提估价。判断土地的最有效利用应以土地利用符合其自身利用条件、法律法规政策及规划限制、市场要求和最佳利用程度等为标准。

供需原则，是指土地分类要以市场供需决定土地价格为依据，并充分考虑土地供需的特殊性和土地市场的地域性。

2.基准地价土地用途分类的基本要求

（1）分类标准适用范围具有时效性

分类标准中的概念是在对时下已发生的行业进行调查，结合已有用地规律的认识和经验，归纳和提炼得来。每一项概念的定义是在所处时代背景下，对各种城市用地功能活动的分析和解释，是以"已发生"的内容为指导的划分。

（2）分类标准具有明确性

在现有的分类体系中，用地划分标准是城市的建设活动和项目的用地需求。这不仅表现在分类体系的层次和各类别比例中，建设用地占据了几乎所有的位置，更为突出的是在规划编制的最后一部分工作，要求建设用地的数量和指标必须控制在一定限度，并由此作为规划审批当中一项重要的内容。而基准地价评估所要作的分类，其目的性主要是针对基准确性地价评估，即主要以城镇不同用途不同利用方式支付地租的能力大小为基本依据。

（3）分类标准功能具有单一性

编订分类标准时强调城市土地使用方式的均一性，每一项类别概念只代表一种土地使用功能。每一项类别的定义和等级是对出现的具体、明确的用地功能进行细化和深化，以达到"纲举目张"的目的。分类标准中所概览的用地类别是固定不变的，认为任何可能出现的用地类别都能够在该系统中找到——对应的内容。

（4）分类标准具有规范性

在《土地利用现状分类》中规定，使用该分类时"可根据工作性质、工作内容及工作深度的不同要求，采用本分类的全部或部分类别"，但这种选择的范围是一种在各类既定的、无差别的用地模式中进行的选择。因而这种用地分类成了一种固定的、标准化的用地方式，适用于"放之四海而皆准"的用地规划和管理工作。

3. 基准地价土地用途分类的基本目标

（1）明确基准地价的作用

基准地价反映区域土地质量和利用效益及土地供求关系，是政府宏观调控地价水平、征收城镇土地税收的依据。同一种类型的用地包含有多种形式，如商业有 5 种形式，工业有 17 种形式。不同的用地类型，其经济效益有很大差异，单单用一种地价来表示，过于简单，给实际应用造成诸多不便。因此，为使基准地价充分体现其已有的作用与价值，必须进一步明确基准地价的作用，并对基准地价土地分类进行科学研究，合理划分。

（2）将单纯的建设用地分类向统筹行业用地延伸

以往的城镇基准地价土地分类，主要是针对城镇建设用地进行划分。针对基准地价的作用，用地分类划分标准和使用形式应清晰、明确，能充分反映土地的区位质量与利用效益差异，从而有效处理和平衡不同类型用地之间的相互关系。因此，基准地价土地分类标准的制定要符合区域发展实际情况，遵循土地使用效益与效应差异的客观规律，将过去单纯按建设用地分类进行向统筹行业用地的方向延伸，对基准地价土地分类按行业效益差异性进行归并和细化。

（3）降低制度成本,增强可操作性

基准地价一经确定,就作为政府宏观调控地价水平、课征税收的依据。同一级别的基准地价标准一致,而不同行业之间的效益差别极大,课征相同的土地使用税,使有些企业和国家利益受损。如再进行评估后征收,无疑加大管理成本,且可操作性差。因此,对基准地价土地用途进一步细划类别,降低制度成本,增强其可操作性。

（二）构建基准地价土地用途分类体系的依据

1. 基准地价土地用途分类的理论依据

（1）马克思主义的地价理论

马克思主义的地价理论认为城市土地价值是通过人们不断开发形成的,是社会必要劳动价值的凝结。土地价格的本质是地租的资本化,它是土地权利和土地收益的购买价格。地租是土地所有者凭借土地所有权得到的,是土地所有权借以实现的经济形式,其本质就是收益权,即土地所有者从土地上获取的收益。这种收益权与土地的利用方式无关,土地不论是作何种用途,只要存在土地所有权,就存在地租。另一方面,地租的量与土地的利用方式直接相关。不同的利用方式,在投入等量的资金和劳动下,其带来的收益不同。并且相同的利用方式,在不同的地块上收益也不同。这是因为商业、经营性服务行业所处地块的区位条件不同,引起商品流通的周转速度不同。工业企业距车站、原料和产品销售市场的远近以及城市环境保护要求等条件不同,所支付的各项费用不同。

（2）区位理论

影响城市地价高低的因素很多,其中区位条件作用最大,尤其是商业用地。商业土地的价格与其所在的位置有关。土地区位的优劣对土地所有者和使用者的经济效益、社会活动和生活都有很大的影响。这是由于经济发展程度不同决定的,不同的地域内交通条件的差异,引起物流、人流和信息流的差异,影响到营业的规模和利润。住宅用地的价格与房地产的位置、环境和基础设施的完善情况以及供求关系有关。工业用地的价格主要与基础设施情况、对外交通以及企业集聚状况有关。

2. 基准地价土地用途分类的方法

土地分类（Land classification）是土地科学的基本任务和重要内容之一,也是土地资源评价、土地资产评估和土地利用规划研究的基础和前期性工作。土地分类是土地类型的划分,其理论是建立在类型学基础上。其分类单位是从区域土地个体单位所具有的相似属性中归纳出来的,具有抽象性和概括性。单位级别愈低,分类标志的共同性或相似性则愈多,级别愈高则共同性愈少。对土地进行分类研究,不仅能够正确认识土地数量、质量和空间分布状况,指出改良与利用的方向及途径,而且有助于扩大土地科学理论的应用范围,使其理论体系更趋完善。

目前国内外有关学者,对于土地分类问题还持有不同的观点,在方法论方面存在着一定的分歧。在分类系统的建立上,由于应用目的不同,形成了不同的分类系统。其中有代表性的有两大类:一类是基于理论研究而建立的分类系统,其特点是理论性强,如土地类型分类,我们称之为基础理论分类系统或土地自然分类系统。它包括两种,一是从景观学理论角度出发,所建立的多序列分类系统;二是单系列的分类系统。另一类是基于应用而建立起来的分类系统,称之为应用性分类系统。

土地应用性分类系统与理论性分类系统相对应,它是从实际出发反映与特定目的关系密切的土地的社会经济属性和自然属性。用地分类既是土地利用规划控制目标的具体体现,又是实施控制行为的一项依据。建构一个科学、合理的用地分类体系也是各国城市规划控制和用地管理中重要的内容。由于土地利用分类具有很强的实用性和目的性,不同需求条件和控制目标对用地分类的标准和体系设计有着不同的要求。因此,各国国情的千差万别也导致了用地分类目的、内容和方法的差异。但总的来说,国内外应用性土地利用分类的划分标准大致可分为三种模式:

按土地利用的形式分类。以反映人类对土地利用改造的形式为划分的标准,体现土地的自然属性和人工利用状态,如高层建筑区、低层建筑区、开阔地等。

按土地用途功能,即主要使用性质分类,这是城市规划中最为通用和常见的方式。例如居住、工业、娱乐游憩、交通等。

综合分类的方法。实质是模糊了功能和形式的严格区分,在分类运用上交叉考虑功能和形式,分类体系的逻辑性较差,采用不同的分类标准、类型的命名依习惯而定,忽视严格的科学概念。

采用何种分类划分标准是依特定的时代和经济社会背景而定,但终其目的都是通过对用地类别的区分,实现人类认识和使用土地资源的目的。

(三)构建兰州市基准地价土地用途分类体系

事物的分类往往强调事物的某些属性,即某一标准。这些属性和标准是与分类目的密切关联的。不同的分类目的,就有不同的分类标准。不同的分类标准,就有不同的分类类型,不同的分类类型,具有各自特点和作用。

作为基准地价土地用途分类,其分类的目的就是为基准地价评估服务,即反映同一级别上不同土地利用方式或不同行业利用土地的效益差异,反映城镇一定土地级别上不同土地利用方式支付地租的能力,为土地出让、土地课税等土地管理服务。因此,基准地价土地用途分类采用综合分类法,主要以土地用途或功能为主,辅以不同行业类别来划分。即基准地价土地用途分类以用途为标准来划分一级类型,按行业类别和利用方式来归纳二级类。

因此,采用上述方法,参照《土地利用现状分类》和《城市用地分类与规划建设用地标准》对比分析,结合《城市土地估价规程》对基准地价土地用途分类和兰州市经济社会发展对土地利用类型的实际情况,依据基准地价土地用途分类的原则和依据,以商业、住宅、工业为基础,结合《兰州市统计年鉴》中各行业类别的实际,对兰州市基准地价土地用途进行二级分类,构建符合兰州市实际的基准地价土地用途分类体系,结果见表1-3-4。

表1-3-4 兰州市基准地价土地用途分类表

一级类	二级类	含义
商业用地	商业服务用地	含商场、购物中心、专卖店、超级市场、各种商业网点等用地
	旅游业用地	含度假村、游乐园、旅馆、旅游附属设施等用地
	金融保险业用地	含银行、信托、证券、保险机构等用地
	餐饮娱乐业用地	含酒楼、饭庄、快餐店、俱乐部、康乐中心、歌舞厅、影剧院、高尔夫球场等用地
	其他商服用地	加油站、加气站
		批发市场
居住用地	经济适用房用地	由城市政府组织房地产开发企业或者集资建房单位建造,以微利价向城镇中低收入家庭出售的住房,包括房改房
	普通商品房用地	按市场价销售的商品房
工业用地	工业生产用地	含工业生产及其相应附属设施用地
	高新技术研发用地	高新技术产业研发与展示中心
	仓储用地	含用于物资储备、中转的场所、物流中心及相应附属设施用地
	交通运输用地	含用于运输通行的地面线路、场站等用地,包括民用机场、地面运输管道及其相应附属设施用地
	其他	供水、排水、供电、供气、供热、邮政、电信、环卫等经营性公共基础设施生产用地,水利设施用地
科教文卫用地	办公科研用地	含会展中心、普通办公楼、科工贸一体化办公楼、科研和勘测设计机构等用地
	文体教育用地	含各种学校、体育场馆、文化馆、博物馆、图书馆等用地
	医疗卫生用地	含医疗、保健、卫生、防疫、康复和急救设施等用地

四、基准地价土地二级分类修正系数

基准地价用途在一级大类下,根据效益相近原则对不同行业用地进行了二级归类。但在具体基准地价测算中,按二级进行测算,其工作量大大增加,且其难度也相应上升。因此,本轮兰州市基准地价更新仍以一级用地(商业、住宅、工业)制订,而对于二级类基准地价,则在一级类基准地价的基础上进行修正确定。鉴于此,确定二级类基准地价用途修正系数与基准地价土地用途分类同样重要。

(一)建立修正模型

任何事物,其现实状况与实际需求状况总存在一定的差距,这种差距的大小可以用符合度表示。即事物现实状况与需求状况的贴近程度。

土地价格是在市场供需平衡条件下的均衡价格,但市场交易价格或评估价格与土地均衡价格未必一致。在土地出让、转让过程中,由于所处的地位和承担的角色不同,对土地评估价格的期望也不同。一般可分为三类:

第一类是出让方,必须满足其最低要求,而且越高越好。其符合度可以用公式表达如下:

$$S_i = \begin{cases} 0 & X_i < D_{iopt} \\ X_i / D_{iopt} & D_{imin} < X_i < D_{iopt} \\ 1 & X_i > D_{iopt} \end{cases}$$

式中,S_i 为 i 类土地价格的符合度,X_i 为评估价格或交易价格,D_{imin} 为 i 类土地理论均衡最低价格,D_{iopt} 为 i 类土地理论均衡价格。

第二类是政府或中介,要求价格在相互可承受范围内存在一个适宜的区间,其符合度用下式表示:

$$S_i = \begin{cases} 0 & X_i \leqslant D_{imin} \text{ 或 } X_i \geqslant D_{imax} \\ (X_i - D_{imin})/(D_{iopt} - D_{imin}) & D_{imin} < X_i < D_{iopt} \\ (D_{imax} - X_i)/(D_{imax} - D_{iopt}) & D_{iopt} < X_i < D_{imax} \end{cases}$$

式中,D_{imax} 为 i 类土地理论均衡最高价格,D_{imin} 为 i 类土地理论均衡最低价格。

第三类是受让方,期望价格越低越好,其符合度用下式表示:

$$S_i = \begin{cases} 1 & X_i \leqslant D_{imin} \\ 1 - (X_i - D_{imax})/(D_{imin} - D_{imax}) & D_{imin} < X_i < D_{iopt} \\ (D_{imax} - X_i)/(D_{imax} - D_{iopt}) & X_i \geqslant D_{imax} \end{cases}$$

综合上述分析,在土地估价过程中,建立如下土地价格符合度模型,用以评价土地交易价格与理论均衡价格的贴近程度：

$$S_i = 1 - \frac{X_a - x_i}{X_a}$$

式中 S 表示土地价格符合度，X_a 表示 i 土地理论均衡价格；X_i 表示 i 土地交易价或评估价。

S 取值为 $[0,1]$，其越接近于 1，表明其符合程度越高，基本可反映土地价值；越趋近于 0，表明其越偏离于均衡价格。该式仅反映贴近或偏离程度，但无法反映其偏离方向。

在基准地价制订中，由于是在一级分类体系下测算的一定级别下的某一用途类别的平均价格。但由于在同一类别下包含不同的土地利用方式或利用行业，其利用土地效益存在差别，即同一用途类别下不同的土地利用方式或行业具有不同的支付地租的能力。因此对二级分类须进行一定的修正，方可使其地价水平符合该利用方式或行业的实际土地利用效益。结合符合度公式，可采用下式作为修正模型：

$$S_i = 1 - \frac{X_a - x_i}{X_a}$$

式中，式中 S_i 表示修正系数，X_a 表示该用途基准地价（或平均利用效益）；X_i 表示 i 土地利用方式的交易地价（或土地利用效益）。

（二）测算修正系数

根据上述建立的修正系数模型，采用两种方式测算修正系数。一是通过同一级别不同行业的土地利用效益差异测算修正系数；二是运用不同用地类型的样点地价测算修正系数。

1. 运用行业平均利润率测算修正

根据用地类型对应的行业平均利润率与类别基准地价平均利润率对应的行业平均利润率确定。根据兰州市 2006、2007、2008 年统计年鉴数据及在市发改委、税务局等部门的行业效益调查资料的结果，对全市各行业的平均利润率进行了测算，结果见表 1-3-5。

表 1-3-5　兰州市不同土地利用类型对应行业平均利润率

土地类型	对应行业	平均利润率（%）	平均利润率（%）
商业服务用地	含商场、写字楼、购物中心、专卖店、超级市场、各种商业网点等用地	24.97	25.00
旅游业用地	含度假村、游乐园、旅馆、旅游附属设施等用地	27.69	
金融保险业用地	含银行、信托、证券、保险机构等用地	29.89	
餐饮娱乐业用地	含酒楼、饭庄、快餐店、俱乐部、康乐中心、歌舞厅、影剧院、高尔夫球场等用地	28.41	
其他商业服务用地	加油站、加气站	28.87	
	批发市场	20.38	
经济适用房用地	由城市政府组织房地产开发企业或者集资建房单位建造，以微利价向城镇中低收入家庭出售的住房，包括房改房	15.78	19.25
普通商品房用地	按市场价销售的商品房	19.25	
工业生产用地	含工业生产及其相应附属设施用地	9.97	10.00
高新技术开发用地	高新技术产业研发与展示中心	10.88	
仓储用地	含用于物资储备、中转的场所、物流中心及相应附属设施用地	11.78	
交通运输用地	含用于运输通行的地面线路、场站等用地，包括民用机场、地面运输管道及其相应附属设施用地	12.11	
其他	供水、排水、供电、供气、供热、邮政、电信、环卫等经营性公共基础设施生产用地，水利设施用地	11.47	
办公科研用地	含会展中心、普通办公楼、科工贸一体化办公楼、科研和勘测设计机构等用地	14.81	13.81
文体教育用地	含各种学校、体育场馆、文化馆、博物馆、图书馆等用地	13.56	
医疗卫生用地	含医疗、保健、卫生、防疫、康复和急救设施等用地	13.43	

运用修正模型测算，以分类体系中一级分类用途平均利润率为基准（科教文卫用地以往未测算基准地价，因此以住宅用地平均利润率为基准），对分类体系中二级

用地类型进行修正。修正系数测算结果见表1-3-6。

表1-3-6　兰州市基准地价土地用途二级类别修正系数

用地分类		修正系数
住宅用地	经济适用房:由政府组织或单位集资,合作建房,以微利价面向符合条件的对象出售的有套内建筑面积限制的住房。	0.669
	商品房:符合城市规划市政公共设施较齐全,布局较完整的住宅用地及其周围配套的公共设施和服务设施用地,包括幼托、小学及中学。	1.000
	文化用地:新闻出版用地、文化艺术团体用地、广播电视用地、图书展览用地、体育场馆用地。	0.750
	教育科技设计用地:高等院校、中等专业学校、成人与培训中心、科学研究、勘测设计、观察测试、科技信息和科技咨询等机构用地。	0.830
	医疗卫生用地:医疗、保健、卫生、防疫、康复和急救设施用地。	0.628
	社会福利用地:儿童福利院、养老院、收容站等社会福利用地。	0.480
商业用地	商品批发零售用地:主要用于商品批发、零售的用地。包括商场、商店、超市、各类批发(零售)市场,加油站等及其附属的小型仓库等用地。	1.000
	住宿餐饮娱乐用地:提供住宿、餐饮服务及娱乐的用地,包括宾馆、酒店、饭店、旅馆、招待所、度假村、酒吧、影剧院、高尔夫球场及附属设施、高档洗浴、会所等用地。	1.162
	商务金融用地:包括写字楼、商业性办公场所、金融活动场所、保险业及其附属设施用地。	1.194
	其他商服用地:包括洗车场、洗染店、废旧物资回收站、维修网点、照相馆、理发美容店、普通洗浴场所等用地及附属设施用地	0.900
工业用地	工业生产:工矿企业的生产车间、库房及其附属设施等用地,包括专用的铁路、码头和道路等附属设施用地。	1.000
	仓储用地:仓储企业的库房、堆场和包装加工车间包括物资储备、中转及其附属设施等用地。	1.100
	高新技术开发用地:高新技术产业研发与展示中心等用地及其附属设施用地。	1.200
	交通运输:铁路公路管道运输、港口和机场交通运输用地及其附属设施用地。	1.307
	基础设施:供水、排水、供电、供气、供热、邮政、电信等基础设施用地。	1.150

2. 运用不同类型用地的样点地价测算修正系数

基准地价是不同土地用途用地单位面积的区域平均价格,不同用途土地的基准地价存在着较大的差异。因此在上述土地用途分类体系的基础上,调查和测算各二级用地类型的样点地价,通过样点地价的差别来确定其修正系数。

(1)样点地价的调查和测算

工作组于 2008 年 11 月对兰州市基准地价更新中验证的 159 个样点重新进行了调查,最终确定调查样点 142 个。

按照《城镇土地估价规程》的规定测算 142 个样点地价,根据其级别的差异进行级别修正,将其统一修正为同一级别下的样点地价。以便于对比各行业基准地价的差别。修正公式如下:

$$V = V_n * (F/F_n)$$

式中:V——样点修正地价;

V_n——样点原级别地价;

F——I 级土地单元平均分值;

F_n——样点所在级别土地单元平均分值。

根据上述公式对 142 个样点基准地价进行区位修正,修正后样点地价见附表。

(2)二级类土地基准地价的测算

首先,对经过修正后的 142 个样点按照表 1-3-3 中的二级类进行分类,各用途样点分类。对初次有效样本的样点地价,分类别进行统计:借助计算机采用回归分析方法,进行方差统计检验,剔除 1 个标准差范围外的所有样点,这样经过反复筛选和检验,获得可靠性和代表性强的样本,作为最终有效样本。

以最终有效样本的样点地价为基础,采用常规算术平均值方法,在综合分析的基础上测算各用途土地平均地价。计算不同用途地价的公式如下:

$$P_{1m} = \sum_{i=1}^{m} P_{li} \div M$$

式中:P_{1m}:某类土地平均地价;

P_{li}:该类有效样点的单位面积地价;

M :该类有效样点数。

根据公式,测算出各用途土地的基准地价,测算结果见表 1-3-6。

(3)修正系数的确定

以上述测算得到二级类各用途土地的基准地价为基础,按照构建的修正模型,测算二级类各用途土地基准地价修正系数,测算结果见表 1-3-7 。

表 1-3-7　兰州市基准地价土地用途二级分类修正系数

土地类型	对应行业	参照基准地价类型	修正系数
商业服务用地	含商场、写字楼、购物中心、专卖店、超级市场、各种商业网点等用地	商业	1.017
旅游业用地	含度假村、游乐园、旅馆、旅游附属设施等用地		1.122
金融保险业用地	含银行、信托、证券、保险机构等用地		1.194
餐饮娱乐业用地	含酒楼、饭庄、快餐店、俱乐部、康乐中心、歌舞厅、影剧院、高尔夫球场等用地		1.162
其他商业服务用地	加油站、加气站		1.079
	批发市场		0.944
经济适用房用地	由城市政府组织房地产开发企业或者集资建房单位建造,以微利价向城镇中低收入家庭出售的住房,包括房改房	住宅	0.669
普通商品房用地	按市场价销售的商品房		1.050
工业生产用地	含工业生产及其相应附属设施用地	工业	1.006
高新技术开发用地	高新技术产业研发与展示中心		1.101
仓储用地	含用于物资储备、中转的场所、物流中心及相应附属设施用地		1.176
交通运输用地	含用于运输通行的地面线路、场站等用地,包括民用机场、地面运输管道及其相应附属设施用地		1.307
其他	供水、排水、供电、供气、供热、邮政、电信、环卫等经营性公共基础设施生产用地,水利设施用地		1.150

土地类型	对应行业	参照基准地价类型	修正系数
办公科研用地	含会展中心、普通办公楼、科工贸一体化办公楼、科研和勘测设计机构等用地	住宅	0.781
文体教育用地	含各种学校、体育场馆、文化馆、博物馆、图书馆等用地		0.628
医疗卫生用地	含医疗、保健、卫生、防疫、康复和急救设施等用地		0.685

对以上两种方法确定的修正系数对比可以看出,大部分修正系数比较接近,但个别存在差异。鉴于平均利润率为行业利润率,其利润率在一定程度上反映了行业支付地租的能力。而样点地价则基本反映土地交易价格,测算的修正系数较接近实际。因此,以上述两种方法测算的修正系数的平均值作为兰州市基准地价土地用途二级分类的修正系数,测算结果见表1-3-8。

表1-3-8 兰州市基准地价土地用途二级分类修正系数表

用途	二级类型	含义	行业利润率确定的修正系数	样点地价确定的修正系数	修正系数
商业	商业服务用地	含商场、写字楼、购物中心、专卖店、超级市场、各种商业网点等用地	0.999	1.017	1.008
	旅游业用地	含度假村、游乐园、旅馆、旅游附属设施等用地	1.108	1.122	1.115
	金融保险业用地	含银行、信托、证券、保险机构等用地	1.196	1.194	1.195
	餐饮娱乐业用地	含酒楼、饭庄、快餐店、俱乐部、康乐中心、歌舞厅、影剧院、高尔夫球场等用地	1.136	1.162	1.149
	其他商业服务用地	加油站、加气站	1.154	1.079	1.117
		批发市场	0.815	0.944	0.880

用途	二级类型	含义	行业利润率确定的修正系数	样点地价确定的修正系数	修正系数
住宅	经济适用房用地	由城市政府组织房地产开发企业或者集资建房单位建造,以微利价向城镇中低收入家庭出售的住房,包括房改房	0.820	0.669	0.745
	普通商品房用地	按市场价销售的商品房	1.000	1.050	1.025
工业	工业生产用地	含工业生产及其相应附属设施用地	0.997	1.006	1.002
	高新技术开发用地	高新技术产业研发与展示中心	1.088	1.101	1.095
	仓储用地	含用于物资储备、中转的场所、物流中心及相应附属设施用地	1.178	1.176	1.177
	交通运输用地	含用于运输通行的地面线路、场站等用地,包括民用机场、地面运输管道及其相应附属设施用地	1.211	1.307	1.259
	其他	供水、排水、供电、供气、供热、邮政、电信、环卫等经营性公共基础设施生产用地,水利设施用地	1.147	1.150	1.149
科教文卫（参照住宅）	办公科研用地	含会展中心、普通办公楼、科工贸一体化办公楼、科研和勘测设计机构等用地	0.769	0.781	0.775
	文体教育用地	含各种学校、体育场馆、文化馆、博物馆、图书馆等用地	0.704	0.628	0.666
	医疗卫生用地	含医疗、保健、卫生、防疫、康复和急救设施等用地	0.698	0.685	0.692

第四章 结论与应用建议

一、主要结论

目前推行的《城镇土地估价规程》对于基准地价定义中的土地利用类型规定,主要是对商业、住宅、工业用地进行定价,在我国基准地价评估的初期发挥了很大的作用,并且促进了城市建设的发展。但是,现代土地管理领域中的理论和实践已经发生了极大的变化,我国很多城镇的基准地价土地利用类型已经突破上述定义,走出了各具自身特色的道路。因此,再这样来划分土地用途,则使基准地价的适用性受到限制,也不利于土地用途管制制度的有效执行。本书针对此问题,对兰州市基准地价土地用途分类进行了研究,得到以下主要结论:

1. 查阅了 1984 年颁布的《土地利用现状调查技术规程》中的土地分类、1989 年发布的《城镇地籍调查规程》的土地分类、1990 年《中华人民共和国城镇国有土地出让和转让暂行条例》的土地分类、建设部发布的《城市用地分类与规划建设用地标准》(GB137-90)的土地分类、1993 年《城镇土地估价规程》的土地分类、1998 年《中华人民共和国土地管理法》的土地分类、2001 年的《土地利用分类》、2007 年的《土地利用现状分类》。重点对比分析了《土地利用现状分类》和《城市用地分类与规划建设用地标准》,认为这两种土地用途分类差异较大,无论哪一个标准,都无法直接作为基准地价评估时的土地用途分类依据。因此,兰州市基准地价更新,必须制定符合兰州市实际情况又具有可持续性的土地用途分类标准。

2. 调查了兰州市商业、住宅、工业用途之下的不同行业用地,结合《土地利用现状分类》和《城市用地分类与规划建设用地标准》的土地分类,以行业和利用方式为基础,依据基准地价土地用途分类的时效性、目的性、功能单一性等原则,划分了兰州市基准地价土地用途分类二级类型。

3. 依据现实与需求符合度原理,研究了基准地价二级分类的地价修正模型,并应用调查收集的兰州市不同行业利润率和现行基准地价验证样点修正数据,测算了二级分类的地价修正系数。通过综合比较分析,进一步确定了兰州市基准地价不同类别土地二级分类地用途正系数,可作为本轮基准地价更新修正体系的补充。

二、应用建议

本书根据兰州市用地的实际情况,结合《土地利用现状分类》和《城市用地分类与规划建设用地标准》的土地分类,对兰州市基准地价在类别基准地价的基础上,进行了用途二级分类,并构建了修正模型。在此基础上测算了兰州市基准地价二级类型修正系数。在具体的应用过程中应注意以下几点:

1. 本书所确定的土地用途二级分类,主要是针对兰州市基准地价评估,具有明显的区域性。

2. 鉴于不同城市的城市规模大小、人口分布情况、基础设施不同,该分类方法不具备直接应用的功能,特别是二级类别修正系数,必须经过一定的修正测算,方可应用。

3. 由于研究者调查范围有限,尚未归类的行业或土地利用方式,在土地估价时参考二级分类,可根据就近归类。

专　题　二

兰州市基准地价中土地取得成本研究

第一章　选题背景与意义

一、选题背景

在完善的市场经济条件下,土地取得成本一般是由给予被征地农民的征地补偿安置等费用,以及给予城镇居民的拆迁补偿等费用两类构成。近年来,随着西部大开发战略的全面实施,兰州市经济、社会得到全面、快速的发展,根据兰州市土地市场表现出的突出问题,结合兰州市城市地价变动的客观实际,借鉴其他城市城镇土地级别与基准地价更新的做法与经验,以《兰州市城镇土地级别及基准地价更新》为契机,进行《兰州市基准地价中土地取得成本研究》专题研究具有现实可行性。同时,由于各主要大城市房价水平居高不下,学者和各方人士对此进行了深入的探究,从土地供应价格、政府税收、企业开发成本等方面进行了探讨,但未取得一致性的看法。因此,通过专题立项搜集近年来兰州市土地取得中的征地以及拆迁费用的数据,研究基准地价中土地取得成本不同类型的构成及现状,进而对土地取得成本的影响因素与计算方法进行初步探讨,以保证兰州市城镇土地级别与基准地价更新工作的顺利进行。

二、选题意义

在明确研究目标及研究思路的基础上,研究基准地价中土地取得成本两种类型的构成及现状,进而分析土地取得成本的影响因素,对土地取得成本的计算方法进行初步探讨,不仅有利于掌握较完善的土地取得成本资料,为兰州市土地级别与基准地价更新提供部分数据资料基础,同时也为政府部门进行宏观调控提供充分的依据,尤其是为土地管理部门在办理土地使用权出让、制定土地计划和土地政策法规的过程中提供重要的数据依据,还有利于加强城市地价的宏观管理,切实保障国土资源管理相关工作正常发挥作用。自西部大开发实施以来,城市化的快速发展已成为城市问题探讨的核心,如何保证兰州市经济、社会的快速、健康、和谐的发展,城市土地资源的合理有效利用在此扮演了重要的角色。在此环境背景下,兰州市国土资源评价研究院受兰州市国土资源局招标委托,以《兰州市基准地价中土地取得成本研究》为专题进行研究,是今后兰州市土地级别及基准地价更新工作正常开展的基础,土地和房地产市场正常、健康、有序发展的有力保障。

第二章　概述

一、重要概念辨析

(一)土地取得成本

近年来,随着城镇化、工业化的加速发展,当前土地调控中出现的建设用地总量增长过快,低成本工业用地过度扩张,违法违规用地、滥占耕地现象屡禁不止,为进一步贯彻落实科学发展观,保证经济社会可持续发展,切实加强土地调控,严把土地"闸门",根据《国务院关于加强土地调控有关问题的通知》(国发〔2006〕31号)文件精神,对城市工业用地建立出让最低标准统一公布制度,规定工业用地出让最低价标准不得低于土地取得成本、土地前期开发成本和按规定收取的相关费用之和。

另据国土资源部原部长孙文盛署名文章表示,当前中国地价主要由三个部分构成:一是取得成本,这包括给予被征地农民的征地补偿安置费,以及给予城镇居民的拆迁费用;二是开发成本,即"几通一平"的费用;三是政府收益,包括新增建设用地土地有偿使用费、城镇土地使用税和耕地占用税等相关税费,以及政府以出让金形式获得的土地纯收益。

土地取得成本不仅是工业用地出让最低价标准的重要依据,同时也是城市地价的重要组成部分,对基准地价水平具有较大的调控作用,因此,本书研究中土地取得成本所指的正是前述的取得开发用地所需的费用,由给予被征地农民的征地补偿安置等费用(征地成本),以及给予城镇居民的拆迁补偿等费用(拆迁成本)两类构成。

给予被征地农民的征地补偿安置等费用构成征地成本。由于征用农民集体所有的土地,发生了土地所有权的转移,即由农民集体所有转为国家所有,必然要对原所有权人进行补偿。《土地管理法》第四十七条规定:"征用耕地的补助费用包括土地补偿费、安置补助费以及地上附着物和青苗的补偿费。"

给予城镇居民的拆迁补偿等费用构成拆迁成本。在我国城市土地国有的基本制度下,拆迁就是利用国家法律保障,实现土地使用权转移的一种机制。根据国家相关文件规定,此次调查研究的拆迁土地取得成本特指发生在城市规划区内国有土地拆迁中的补偿安置费用。

(二)基准地价

1. 基准地价的概念

《城镇土地估价规程》(GB/T18508-2001)对基准地价的定义是:"基准地价是指

在城镇规划区范围内,对现状利用条件下不同级别或均质地域上的土地,按照商业、居住、工业、综合等用途,分别评估确定的某一日期上法定最高年期土地使用权区域平均价格。"其具有区域性、时效性、指导性的特征,是分用途的、平均的、完全使用权的价格。

2.基准地价的内涵

基准地价的内涵是指决定其水平高低的具体条件指标,一般至少包括土地使用年期、开发程度和容积率三个方面。根据基准地价的概念和兰州市实际情况,城镇基准地价更新是对商业用地、住宅用地和工业用地分别按土地不同级别进行评估,设定基准地价。兰州市近郊四区现行土地定级范围是:东至桑园峡包兰铁路桥,西至宣家沟口,南至皋兰山头营村,北至甘肃铝厂,总面积约221平方千米。基准地价内涵界定为不同用地类型的法定最高出让年限、熟地状态下某一时点的区域平均价格,法定土地使用权最高出让年限为:商业用地40年,住宅用地70年,工业用地50年。土地开发程度界定:兰州市各用途、各级别的土地开发程度均界定为宗地内"七通一平",即供水、排水、道路、供电、通讯、供热、供气,"一平"指场地平整。

3.基准地价的基本参数确定

基准地价的确定应按照同一市场供需圈内,土地使用价值相同、等级一致的土地,应具有同样的市场价格的原理。基准地价遵循"以土地分等定级和均质地域划分为基础,以土地收益和价格为依据"的原则,首先将城市土地按照影响土地使用价值优劣的土地条件和区位优劣,划分为土地条件均一或土地使用价值相等的区域或级别;在同一土地级别或类型区域中,从土地使用者利用土地的收益、土地交易中的地租和市场交易价入手,测算出不同行业用地在不同土地级别或土地条件均质区域上形成的土地收益或地价,评估出基准地价,并建立相应的因素修正体系。

4.基准地价的作用

基准地价的作用主要表现在以下几个方面:(1)宏观控制地价,反映地产市场中的地价水平和变动趋势,为政府制定管理措施和投资者制定投资决策提供依据;(2)是国家征收土地相关税费的依据;(3)是中央参与土地有偿使用收益分成的依据;(4)是进一步评估宗地地价的基准,起到估算基值和修正初始值的作用;(5)对土地利用、流动进行引导;(6)是制定协议出让国有土地使用权最低价的依据和参考标准。

(三)土地取得成本与基准地价的关系

基准地价评估是在确定的区域范围内,根据界定的基准地价内涵划分出一个个地价区段,在划分出的各地价区段内,选择数宗具有代表性的宗地,再由估价人员调查搜集这些宗地的相关经营收益资料、市场交易资料或开发费用资料等,运用收益法、市场法、成本法、假设开发法等适宜的估价方法评估出这些标准宗地在合理市场下可能形成的正常市场价值,通常应求出单价或楼面地价。在此基础上计算标准宗地单价或楼面地价的平均数、中位数或众数得到区段地价。在上述区段地价计算的基础上作适当的调整后即是基准地价。

　　一方面,基准地价评估的核心是宗地地价的计算,而其中的土地取得成本在地价评估中占重要的部分,土地取得成本的高低直接影响到所在宗地的地价水平,地价随着供求关系的变化而围绕价值曲线上下波动,地价的长期变动对基准地价产生影响,基准地价也发生相应的变动。由于基准地价是区域地价的一种平均状态,因此土地取得成本的高低将影响基准地价的评估。

　　另一方面,设立基准地价的作用就是对地价水平进行合理的评估和引导,是评估宗地地价的基准,使得地价能客观、真实反映目前土地利用的状况,同时也是土地征用及拆迁时补偿费用的主要参考依据。

二、研究思路及方法

(一)研究思路

　　根据《城镇土地分等定级规程》(GB/T18507-2001)和《城镇土地估价规程》(GB/T18508-2001)规定:基准地价原则上每3年更新一次,并根据市场变化,适时进行调整。兰州市现行基准地价的价格基准日是2001年1月1日,到目前为止,只对土地级别做过局部调整,而无全面的土地级别及基准地价更新。

　　目前兰州市正处于城市化快速发展阶段,其城市规划区域的扩张、外地人口的大量涌入、外资的大量引进、人民生活水平的迅速提高,导致兰州市房地产市场发展相当迅速,城市房价快速上涨,土地资源的供需矛盾日益突出,现行的基准地价已无法有效反映土地价格的变化,其指导作用也得不到有效的体现。同时随着市场、金融政策等各方面因素的变动,土地取得成本也发生相应的波动,影响地价整体水平的变动,进而影响城市基准地价的变动,通过广泛地搜集相关资料、细致深入地分析问题、征求相关专家的意见,我们制定出了兰州市基准地价中土地取得成本分析的研究技术路线(见图2-2-1)。

(二)研究方法

　　根据已取得资料的完整性及有效性,为了更好地实现上述目标,本书主要采用了如下的方法:

　　1.实证分析和规范分析相结合的方法。前者侧重对研究对象的客观描述,后者

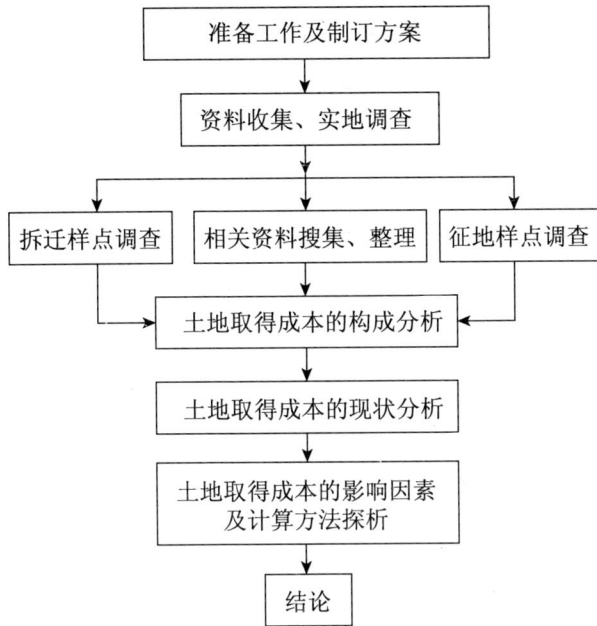

图 2-2-1　研究技术路线图

侧重对研究对象的理性判断。对于土地取得成本的现状既要通过实证分析研究土地取得成本的相关费用及影响因素,又要对两者的关系作出理性的判断,从而达到理论与实践的相互补充和结合。

2. 动态分析和静态分析相结合的方法。土地取得成本对地价的影响是一个动态的变化过程,因此必须采取动态分析的方法,从而在长时间序列中把握其动态变化与趋势,同时在时间断面上采用静态分析方法,无疑可以补充动态分析的不足,深化动态分析的结果。

3. 定性分析和定量分析相结合的方法。在分析土地取得成本的构成及影响因素时不仅要从理论上进行定性描述,同时要用数据"说话",进行定量的计算。

4. 地图表达和空间分析相结合的方法。近年来,随着"3S"技术的广泛发展,图形可视化已成为研究空间问题的主要手段,我们在使用这一手段的同时,结合空间分析方法,以清晰表达研究结果。

第三章　土地取得成本的构成分析

土地取得成本是指取得开发用地所需的费用。如前所述,本书已对土地取得成本的构成做了界定,主要分为征用成本及拆迁成本两类,下面就两类土地取得成本的构成做详细的论述:

一、征用成本

对于征用农民集体所有的土地,因为发生了土地所有权的转移,即由农民集体所有转为国家所有,必然要对原所有权人进行补偿。从征地行为的实质看,它是国家依法采取的强制性手段,其实质是对原所有人未来收益的补偿,是地租资本化的另一种表现,亦即土地取得费,可称之为原地租的资本化。《土地管理法》第四十七条规定:"征用耕地的补偿费用包括土地补偿费、安置补助费以及地上附着物和青苗的补偿费";"征用其他土地的土地补偿费和安置费标准,由省、自治区、直辖市参照征用的土地补偿费和安置补助费的标准规定"。

根据《土地管理法》和《兰州市国家建设征用土地各项补偿、补助费规定》(1996年4月5日兰州市人民政府令第7号),本书调查的征用成本主要包括土地补偿费、安置补助费以及地上附着物和青苗的补偿费四部分,具体如下:

(一)土地补偿费

土地补偿费是指因国家征用土地对土地所有者和土地使用者因对土地的投入和收益造成损失的补偿。其具体计算方法为:

土地补偿费=被征地亩数×年产值×补偿倍数

根据《土地管理法》规定,土地补偿费标准为该耕地被征用前三年平均年产值的6—10倍。

《兰州市国家建设征用土地各项补偿、补助费规定》第七条对土地补偿费规定如下:

(1)征用蔬菜地、果园地、粮食水浇地、果菜间作地、果粮间作地、粮菜复种地、粮烟叶复种地均按年均亩产值的六倍补偿。

(2)征用旱地时,按年均亩产值的五倍补偿。

(3)征用压有砂面的耕地时,旱砂地和水砂地的砂面均按压砂的新老程度另加补偿。新砂地按年均亩产值的三倍补偿,一般砂地按一至二倍补偿。

（4）征用弃耕地时，可按附近同等地作物年产值的三倍补偿。但征用从未耕种过的无收益的土地时，不予补偿。

（5）征用村民的宅基地时，按其周围土地类别、等级和所种作物年均亩产值的五至六倍补偿。

（6）征用集体林地、苗圃土地及林木的补偿，按《甘肃省实施森林法若干规定》执行。

（7）征用牧场草原、鱼塘等土地，由当地县（区）土地管理部门依照《土地管理法》对征用土地的补偿标准，提出补偿方案，报经市土地管理部门同意后办理。

（二）安置补助费

安置补助费是指国家在征用土地时，为了安置以土地为主要生产资料并取得生活来源的农业人口的生活，所给予的补助费用。其具体计算方法为：

安置补助费＝需要安置的人数×年产值×补偿倍数

其中：需要安置的人数＝被征地数／征地前人均分配耕地数

根据《土地管理法》规定：①征用耕地的安置补助费标准"按照需要安置的农业人口计算。需要安置的农业人口数，按照被征用的耕地数量除以征地前被征用单位平均每人占有耕地的数量计算。每一个需要安置的农业人口的安置补助费标准，为该耕地被征用前三年平均年产值的4—6倍。但是，每公顷被征用耕地的安置补助费，最高不得超过被征用前三年平均年产值的10倍"。其中，年产值的计算，与土地补偿费年产值的计算方法相同。被征用单位耕地的安置补助费，因人均耕地的数量和平均年产值多少而不等，人均耕地少，平均单位年产值高，支付的安置补助费就高，反之则低。②征用其他土地的安置补助费标准，由省、自治区、直辖市参照征用耕地的安置补助费标准规定。对征用有收益的非耕地的安置补助费，各地一般按该土地年产值乘以略低于邻近耕地的安置补助费倍数计算；对征用房屋和其他建筑物的地基以及无收益的非耕地，不支付安置补助费。省、自治区、直辖市在制定安置补助费标准时，一般是在《土地管理法》规定的范围内，结合当地的情况，对耕地和非耕地（如园地、鱼塘、藕塘、林地、牧地、草原等）的安置补助费作统一规定。在确定安置补助费时，被征地单位要有准确的应该享受安置补助费的人口数字。为此，《土地管理法》规定，人口数必须按农业人口计算，非农业人口不在计算之中，必须是拟议征地前居住的人口，开始拟议征地后迁入的户口不包括在内。③按照以上规定计算支付的安置补助费，尚不能使需要安置的农民保持原有生活水平的，经省、自治区、直辖市人民政府批准，可以增加安置补助费，但是土地补偿费和安置补助费的总和不得超过土地被征用前三年平均年产值的30倍。④国务院根据社会、经济发展水平，在特殊情况下,可以提高征用耕地的土地补偿费和安置补助费的标准。安置补助费应该用于安排因土地被征用而造成的多余劳动力的就业和不能就业人员的生活补助,不得挪作他用,任何单位和个人不得占用。⑤同时,按照《关于完善征地补偿安置制度的指导意见》的通知(国土资发〔2004〕238号):土地补偿费和安置补助费的统一年产值倍数,应按照保证被征地农民原有生活水平不降低的原则,在法律规定范围内确定;按法定的统一年产值倍数计算的征地补偿安置费用,不能使被征地农民保持原有生活水平,不足以支付因征地而导致失地农民社会保障费用的,经省级人民政府批准应当提高倍数;土地补偿费和安置补助费合计按30倍计算,尚不足以使被征地农民保持原有生活水平的,由当地人民政府统筹安排,从国有土地有偿使用收益中划出一定比例给予补贴。

《兰州市国家建设征用土地各项补偿、补助费规定》第八条对安置补助费规定如下:

(1)以亩为单位,每征用一亩耕地的安置补助费,依人均耕地面积按一定标准及方法计算。

(2)征用人均在0.3亩以下的耕地时,其土地补偿、安置补助费总和不足以安置因征地而多余的劳动力,使农民不能保持原有生活水平的,经县(区)政府报市人民政府同意后,可适当增加安置补助费,但安置补助费和土地补偿费的总和不得超过被征土地年产值的二十倍。

(3)对确定招工的村、社集体,应在征地费用中扣减相应的安置补助费。

(4)征用村民宅基地或村集体所有的空闲地、弃耕地、荒山荒地等无收益的土地时,不付安置补助费。

(5)林地、牧场、草原一般不付安置补助费。但遇有特殊情况者,由当地县(区)政府专题报市人民政府批准后办理。

(三)地上附着物补偿费

地上附着物补偿费指国家建设依法征用土地时由用地单位支付给被征地单位的对地上附着物损失的补偿数额。

《土地管理法》规定,被征用土地,在拟定征地协议以前已种植的青苗和已有的地上附着物,也应当酌情给予补偿。但是,在征地方案协商签订以后抢种的青苗、抢建的地上附着物,一律不予补偿。被征用土地上的附着物和青苗补偿标准,由省、自治区、直辖市规定。

实践中,可按下列办法执行:地上附着物补偿费标准根据"拆什么,补什么;拆多少,不低于原来水平"的原则补偿。对所拆迁的房屋,按房屋原有建筑物的结构类型和建筑面积的大小给予合理的补偿。补偿标准按当地现行价格分别规定。农村集体经济组织财产被拆迁的,由用地单位按原标准支付适当的拆迁补偿费;需要拆除的,按其使用年限折旧后的余值,由用地单位支付补偿费。但是,拆除违法占地建筑和超出批准使用期限的临时建筑,不予补偿。

《兰州市国家建设征用土地各项补偿、补助费规定》第十条对地上附着物补偿费具体规定如下:

(1)树木补偿:①零星树木的补偿,按有关标准执行。②果园树木,应增加植株补偿,其补偿标准可参照零星树木补偿标准执行,但不得以木材价格补偿。③在选址定点、协商征地后,当年抢插的苗木一律不予补偿。

(2)房屋补偿:①被征用土地上的房屋,无论其产权所有者是城市户还是农村户,均按规定的房屋补偿标准执行。②温室、简易房屋、大型果菜窖也可参照上述标准补偿。③高效节能温室、塑料大棚等按实际造价依新旧程度折减后补偿。

(3)坟墓迁葬补助费:①征用土地范围内的坟墓,由用地单位绘制坟墓位置图,编上坟墓号,取得当地县(区)政府同意后登报公告,限一月内迁葬。用地单位付给坟主迁葬补助费,每座坟补助300元。②无主坟由用地单位在地形图上编号并注明无主坟,无主坟迁至新墓地后应在相应的地形图上按编号标明无主坟位置,墓地图由用地单位和县(区)土地部门妥善保存备查。

(4)其他附着物补偿

其他附着物按相关规定的标准付给附着物所有权人或所有权单位。

(四)青苗补偿费

青苗补偿费是指国家征用土地时,农作物正处在生长阶段而未能收获,国家应给予土地承包者或土地使用者的经济补偿。

实践中,青苗补偿费标准按下列办法执行:在征用前土地上长有的青苗,因征地施工被毁掉的,应由用地单位按照在田作物一季产量、产值计算,给予补偿。具体补偿标准,应根据当地实际情况而定。对于刚刚播种的农作物,按其一季产值的1/3补偿工本费,对于成长期的农作物,最高按一季产值补偿;对于粮食、油料和蔬菜青苗,能够得到收获的,不予补偿,不能收获的按一季补偿;对于多年生长的经济林木,要尽量移植,由用地单位支付移植费,如必须砍伐的,由用地单位按实际价值补偿,对于成材林木,由林权所有者自行砍伐,用地单位只付伐工工时费,不予补偿。

《兰州市国家建设征用土地各项补偿、补助费规定》第九条对青苗补偿费规定如下:

被征用的耕地,在建设单位使用时,有青苗的,按当季作物一个收获期的产值补偿;无青苗而已有投入者,可按当季实际投入给予补偿。

二、拆迁成本

拆迁行为大多被定义为民事行为,民事行为在法律上的表述是以平等、自愿、公平的原则为基本出发点的。同时拆迁又是一种特殊的民事行为,是在政府管理部门批准前提下进行的,为了加强对城市房屋拆迁的管理,维护拆迁当事人的合法权益,保障建设项目的顺利进行。本次调查的拆迁土地取得成本特指发生在城市规划区内国有土地拆迁中的补偿安置费用。

拆迁补偿费指拆建单位依照规定标准向被拆迁房屋的所有权人或使用人支付的各种补偿金。一般有:(1)房屋补偿费,用于补偿被拆迁房屋所有权人的损失,以被拆迁房屋的结构和折旧程度划档,按平方米单价计算。(2)周转补偿费,用于补偿被拆迁房屋住户临时居住房或自找临时住处的不便,以临时居住条件划档,按被拆迁房屋住户的人口每月予以补贴。(3)奖励性补偿费,用于鼓励被拆迁房屋住户积极协助房屋拆迁或主动放弃一些权利如自愿迁往郊区或不要求拆迁单位安置住房,房屋拆迁补偿费的各项标准由当地人民政府根据本地的实际情况和国家有关法律政策加以确定,拆建单位必须严格执行,不得任意更改。

根据中华人民共和国国务院 2001 年 6 月颁布的《城市房屋拆迁管理条例》及兰州市人民政府 2006 年 10 月颁布的《兰州市城市房屋拆迁管理办法》规定:"拆迁补偿可以货币补偿、就地期房产权调换,或者货币补偿与产权调换相结合的形式。"

(一)货币补偿

根据《兰州市城市房屋拆迁管理办法》规定:被拆迁房屋货币补偿的金额应当参照类似房地产市场交易价格和房地产行政主管部门定期公布的房地产市场价格,结合房屋地段、用途、建筑面积、建筑结构、容积率、成新、环境、朝向、设施等因素评估确定。

非住宅房屋按被拆迁房屋的房地产市场评估价给予货币补偿;

住宅房屋的货币补偿金额在被拆迁房屋的房地产市场评估基础上上浮 20% 补偿。一个房屋所有权证或公房租赁证载明的建筑面积不足 30 平方米的,按 30 平方米补偿。

(二)住宅房屋产权调整

拆迁住宅房屋时被拆迁人选择就地期房产权调换的,依据《兰州市城市房屋拆迁管理办法》规定,按被拆迁房屋的货币补偿金额与所调换房屋套内建筑面积的房地产市场评估价格,结算产权调换的差价。所调换房屋超出的建筑面积部分,套内建筑 10 平方米以内由拆迁人在预评估价的基础上给予 20% 的优惠结算费用,再超出的建筑面积按市场价结算。

拆迁住宅房屋被拆迁人选择在经济适用房住宅小区异地期房产权调换的,依据《兰州市城市房屋拆迁管理办法》规定,在被拆迁房屋补偿金额的基础上增加 30% ,与所调换房屋套内建筑面积的经济适用房价格结算产权调换的差价。

(三)拆迁补助费

根据兰政发〔2005〕62 号文件【兰州市人民政府关于印发《兰州市城市房屋拆迁估价管理规定》《兰州市城市房屋拆迁补偿安置专项资金监督管理办法》《兰州市城市房屋拆迁补助费标准》《兰州市城市房屋拆迁地段划分规定》《兰州市城市房屋拆迁听证规则》《兰州市城市房屋行政强制拆迁规则》的通知】的相关规定,住宅房屋过渡补助费按被拆迁房屋套内建筑面积每平方米 10 元补助,被拆迁人或承租人选择货币补偿的一次性补助 3 个月过渡补助费;选择就地或异地期房产权调整的,搬迁时一次性发放 12 个月过渡补助费,以后每一年发放一次。同时,拆迁住宅房屋每户补助 400 元搬家补助费;非住宅房屋搬家补助费按实际发生的费用补助。另外,对于被拆迁房屋中装有有线电视的,每户补助 380 元;天然气安装费、电话移机费、设施设备的拆除、安装等费用,按实际发生的费用补助。

分析拆迁成本时有必要从经济效益和社会效益两个方面进行,房地产资本运作要带来其合理的利益回报,拆迁如不考虑经济成本将影响资金流向房地产市场,影响房地产市场的发展,但是政府的政策导向就是要提高人民的居住水平和加快城市建设发展的步伐。旧城拆迁既是开发建设的重要一环,但同时改善居民居住条件和生态环境又是其重要目的之一,如何正确界定拆迁成本在地价中的合理构成,成功转嫁拆迁成本而又能防止房地产价格总水平偏高,最终达到经济效益和社会效益的均衡,合理、科学的政策法规在此起了关键作用。

第四章　土地取得成本现状分析

一、征地成本现状分析

本书在分析征地成本的构成时界定的征地成本主要包括：土地补偿费、安置补助费以及地上附着物和青苗的补偿费四部分，下面就调查资料对兰州市征地成本现状作具体分析：

（一）兰州市征地总体概况

此次调查中，我们在兰州市近郊四区城市规划区范围内，共计调查到2004—2008年上半年期间征地样点50处，2008年上半年征地样点数最多（21处），占总数的42%，2005年征地样点数最少（1处），仅占总数的2%，平均每年有10个征地样点（表2-4-1）。

表2-4-1　兰州市2004—2008土地征用宗地个数统计

宗地个数（个）	2004	2005	2006	2007	2008	合计
城关区	6	0	2	1	0	9
七里河区	2	0	1	1	3	8
安宁区	1	1	2	6	15	25
西固区	0	0	5	1	3	9
合计	9	1	10	9	21	50

（二）兰州市征地时空分异现状分析

从空间上来看，征地主要集中于安宁区，占总数的50%，且明显呈逐年上升的趋势，城关区征地数量逐年降低，现在基本呈"无地可征"的局面（见图2-4-1），同时可以看出征地呈现明显的"边缘化"态势，这将对城乡结合带地价产生重大影响。

同时为了空间上更好地表现征地费用对各用途不同级别土地的影响，将征地采集点与各用途不同级别地价区段进行叠置（见图2-4-2）。可以看出：征地样点主要分布于商业和住宅的较低级别用地和工业的较高级别用地，因此可以认为征地费用对商业和住宅用地土地取得成本的影响不大，对工业用地的土地取得成本的影响相对较大。

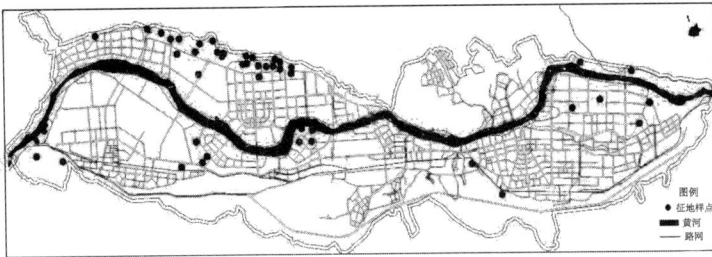

图 2-4-1 兰州市 2004—2008 年征地样点分布图

征地样点与地价级别叠置图（商业）

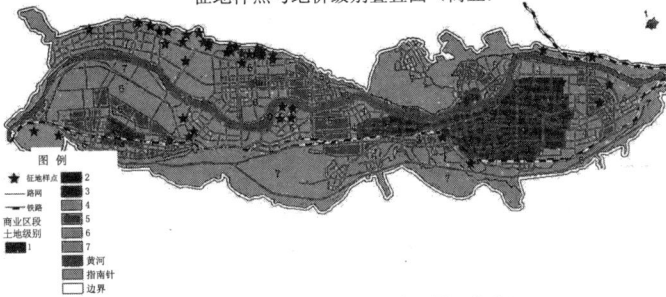

征地样点与地价级别叠置图（住宅）

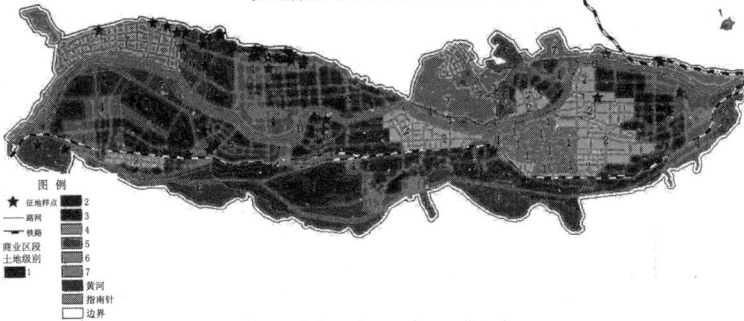

征地样点与地价级别叠置图（工业）

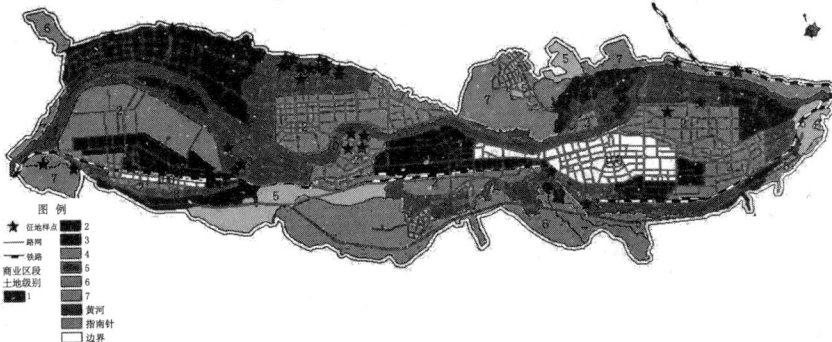

图 2-4-2 征地采集点与各用途不同级别用地叠置图

　　从征地面积来看,2004—2008 年上半年兰州市共征地 9853310.86 平方米,从空间上来看主要集中于安宁区(41.25%)、西固区(33.37%),城关区土地已基本征用所剩无几,仅占总面积的 1.6%。从历年来看,2006 年征地面积最大,城关区 5 年来合计征地 4263910.89 平方米,且历年变化不大,而安宁区 5 年来征地面积一直居高不下,且呈逐年上升的趋势(见图 2-4-3)。

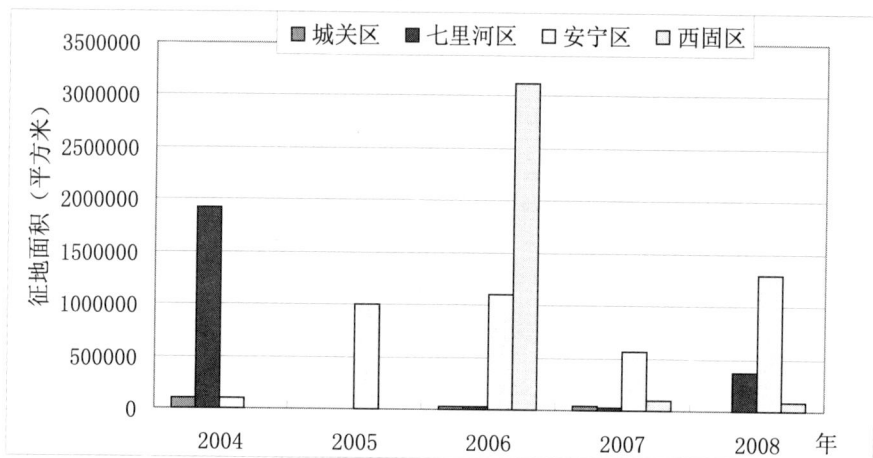

图 2-4-3　2004—2008 年兰州市征地面积统计图

(三)兰州市征地成本现状分析

　　合并计算 2004—2008 年上半年征用农用地补偿四项费用,在此基础上除以土地面积,得到四区 5 年来单位面积征地成本(见表 2-4-2)。从单位面积征地成本来看,5 年来征地成本表现出逐渐上升的趋势,同时由于数据年份的内部差异性的存在,各年份的各区差异比较大,例如 2004 年安宁区单位面积征地成本只有 57.09 元/平方米,其主要原因是该土地主要用于兰海高速公路项目征地;另外,我们发现安宁区单位面积征地费用逐年快速上升,表明安宁区是兰州市未来城市扩张中的热点区域,如何保证区域发展与土地资源的合理利用是区域未来发展必须考虑的一个重要问题,也是兰州市快速城市化条件下土地市场正常运行的保障。

表 2-4-2 兰州市 2004—2008 年平均单位面积征地成本

单位面积征地成本（元/平方米）	2004	2005	2006	2007	2008	平均值
城关区	253.42	0	111.00	188.56	0	110.6
七里河区	77.28	0	300.01	194.86	447.33	203.9
安宁区	57.09	183.64	193.03	190.38	203.07	165.44
西固区	0	0	193.03	334.69	194.99	144.54
平均值	96.95	45.91	199.27	227.12	211.35	156.12

（四）结论

通过对 2004—2008 年上半年兰州近郊四区 50 个征地样点的时空分异特征、征地成本的分析,得出结论:

（1）近 5 年来兰州市征地主要发生于安宁区、西固区,城关区基本已经是"无地可征"的状态,表现出明显的区域分异特征,历年征地成本呈上升趋势,但在总成本的比重不大。其主要原因在于近年来兰州市大力发展核心城区,使得城关区土地开发利用基本饱和,按照"核心—边缘"城市开发扩展模式理论,现阶段兰州市土地利用已呈现向"边缘"拓展的明显趋势。

（2）征地成本对商业、住宅用地土地取得影响不大,主要表现于较低级别用地,对比而言对工业用地土地取得影响较大,主要表现于较高级别用地。

二、拆迁成本现状分析

（一）兰州市拆迁总体概况

近年来,随着兰州市经济的快速发展,城市改造力度的加大,城市房屋拆迁进入快速发展阶段。城市房屋拆迁对实现城市规划目标,推进城市面貌更新,改善城市居民居住条件,完善城市基础设施建设起到了积极的作用。

此次我们调查到兰州市近郊四区城市规划区范围内,2005—2007 年期间拆迁样点 81 处,拆迁住宅户数 13465 户,拆迁非住宅户数 810 户,拆迁土地面积 1914414.845 平方米,拆迁建筑面积 871402.81 平方米,3 年平均拆迁容积率 0.601,平均评估均价 1535.21 元/平方米。为了从整体上说明影响影响拆迁的主要因素,我们统计了历年兰州市四区的拆迁项目总数(见表 2-4-3),从整体上说明影响拆迁的主要因素,可以看出,3 年来拆迁项目总体呈下降的趋势。

表2-4-3 兰州市2003—2007年拆迁样点个数统计

表2-4-3 兰州市2003—2007年拆迁样点个数统计

宗地个数(个)	2005	2006	2007	合计
城关区	19	23	14	56
七里河区	9	7	3	19
安宁区	0	0	0	0
西固区	3	3	0	6
合计	31	33	17	81

（二）兰州市拆迁样点时空分异分析

空间上来看,兰州市拆迁样点主要集中于城关区、七里河区,分别占总数的71%和22%（见图2-4-4）,主要是城市中心区城中村改造和道路拓建项目,如东南大厦、甘肃文化大厦、瑞都大厦等商业综合住宅楼以及340号、365-1号、465-2号规划路拓建、七里河区建兰路144号道路拓建等项目。

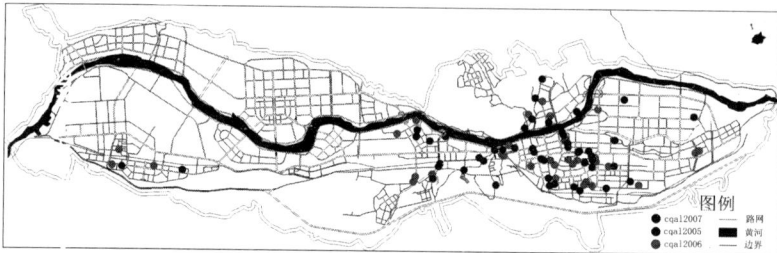

图2-4-4 兰州市2003—2007年拆迁交易样点分布图

同时为了空间上更好地表现拆迁成本对各用途不同级别用地的影响,将拆迁样点与各用途不同级别用地进行叠置（见图2-4-5）。可以看出:拆迁样点主要分布于商业、住宅、工业的高级别区段（1、2、3级）,与征地结果不同,拆迁成本对各用途高级别土地取得成本的影响较大,相反对低级别土地用途土地取得成本的影响不大,表明拆迁成本对中心区土地取得的影响要较征地成本显著。

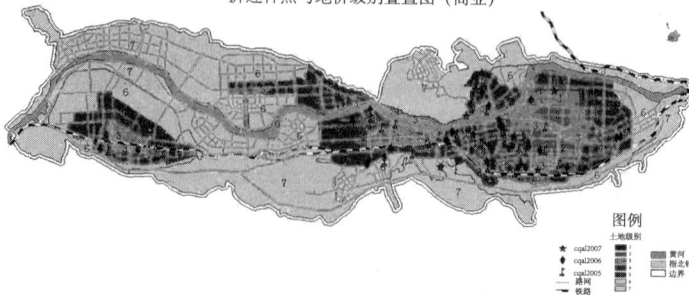

拆迁样点与地价级别叠置图（商业）

拆迁样点与地价级别叠置图（住宅）

拆迁样点与地价级别叠置图（工业）

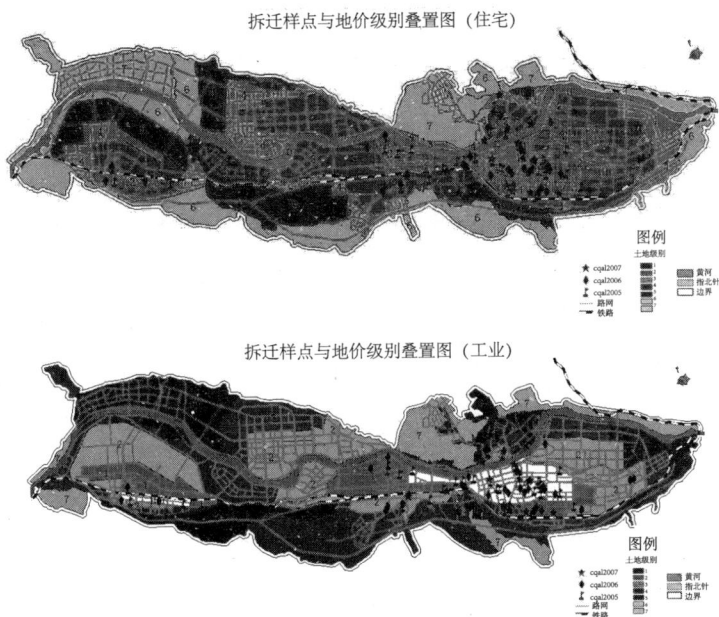

图 2-4-5 拆迁样点与各用途不同级别地价区段叠置图

从拆迁面积来看,2005—2007 年三年调查的拆迁面积(见图 2-4-6)大小依次按城关区、七里河区、西固区、安宁区排列。可以看出兰州市近年来拆迁用地多发生于城关区,这是城市产业结构调整及规划实施的结果,是城市化快速发展过程中城市内部区域空间分异的表现。

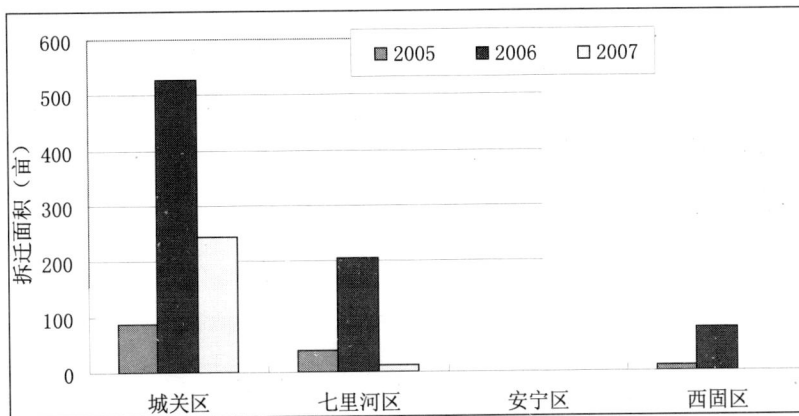

图 2-4-6 2005—2007 年兰州市拆迁面积统计图

从 2005—2007 年近郊四区拆迁容积率来看(见表 2-4-4),平均历年拆迁容积率为 0.601,其中城关区历年水平均高于近郊四区平均水平,表明城关区土地利用强度要大于四区平均水平,土地集约化利用程度高。

表 2-4-4　兰州市 2005—2007 年拆迁容积率统计

拆迁容积率	2005	2006	2007	平均值
城关区	1.023	1.217	0.604	0.948
七里河区	0.642	0.550	0.234	0.475
安宁区	0	0	0	0
西固区	0.216	2.730	0	0.982
平均值	0.470	1.124	0.210	0.601

(三)兰州市拆迁成本现状分析

随着城市化进程的不断加快,城市房屋拆迁的成本愈来愈高。从 2005—2007 年近郊四区拆迁成本来看(见表 2-4-5),根据《兰州市城市房屋拆迁管理办法》规定:住宅房屋的货币补偿金额在被拆迁房屋的房地产市场评估基础上上浮 20% 补偿。据此在评估均价的基础上乘以 20% 得到拆迁成本,可以发现兰州市 2005—2007 年平均评估均价为 1535.21 元/平方米,平均拆迁成本为 1842.252 元/平方米。同时可以发现城关区平均拆迁成本要远远高于其他两区,我们认为拆迁成本受区位、土地用途等的影响较大。

表 2-4-5　兰州市 2005—2007 年平均评估均价统计表

评估均价 (元/平方米)	2005	2006	2007	平均评估 均价	平均拆迁成本 (元/平方米)
城关区	3098.79	3548.42	2791.61	3146.27	3775.524
七里河区	1546.67	2678.67	1700	1975.11	2370.132
安宁区	0	0	0	0	0
西固区	1258.67	1799.67	0	1019.45	1223.34
平均值	1476.033	2006.69	1122.903	1535.21	1842.252

(四)结论

通过对 2005—2007 年兰州近郊四区 81 个拆迁样点的时空分异特征和数据及征

地成本进行分析,可以得出如下结论:

（1）土地取得成本中拆迁成本较征地成本影响显著;

（2）兰州市各区由于内部差异的存在,土地利用方式不同导致各区土地取得成本表现出显著的差异,如城关区表现为拆迁成本为主,而安宁区表现为征地成本为主;

（3）从空间上来看,土地取得成本对中心区基准地价的影响要比郊区显著。由于中心区以拆迁成本为主(城关区),郊区以征地成本为主(安宁区),表现为土地取得成本自中心向四周递减的分异规律。

第五章　土地取得成本的影响因素分析及计算方法初探

随着我国经济体制改革的深入,地产市场的发展应实现向市场和集约型转变,要合理有效利用土地,就必须建立完善的地产市场,而地价是地产市场的核心。合理测算或评估城镇国有土地使用权价格和农村集体土地征用的土地价格,首先要考虑两种土地所有制形式下对土地价格的影响因素。

第一,城镇国有土地使用权价格受下列因素影响:按照因素与土地关系及影响范围分为一般因素、区域因素和个别因素。一般因素包括行政因素,如土地制度、住房制度、城市规划、地价政策、税收政策等,还有人口、社会、国际、经济等因素。区域因素包括土地所在地区的自然、社会、经济条件,相互作用所产生的地区特性,对本地区内的地产价格水平产生决定性的影响,这一因素还包括位置、交通、基础设施条件、城市规划限制等。个别因素包括土地的用途、面积、宽度、形状、坡度、市政设施和使用年限等。

第二,影响征用土地价格因素包括:①土地的自然条件;②所处的地理位置和交通条件;③主要农副产品的经济水平;④土地资本因素;⑤土地供求状况;⑥社会保障水平;⑦社会经济发展状况;⑧国家的行政干预状况等。我们在多年的实际工作中发现,影响土地取得成本高低的因素是多种多样的,既有政策方面的因素,也有区位条件等方面的因素。

一、区位条件

区位是一个综合概念,它是指社会经济等活动在空间分布的位置,包括自然地理位置、经济位置和交通位置,这三种位置有机联系,相辅相成,共同作用于地域空间,形成土地区位的优劣差异。城市土地区位的主要内涵是指某一街区或某一地段与周围环境的相互关系,它对城市土地整体效益的发挥起着重要的作用。

不同用地类型的不同区位有着不同效益,同一用地类型的不同区位也有着不同效益,土地区位效益的实质就是位置级差地租,由于存在距离和空间的差异,相对同一消费市场,不同位置上的单位土地价值不同,利用方向和集约经营程度不同,其结果最终产生经济效益的差异即土地位置级差地租,直接反映土地资源利用的区位分异—土地价格的高低。

《兰州市城市房屋拆迁管理办法》第二十九条明确规定"被拆迁房屋货币补偿的

金额应当参照类似房地产市场交易价格和房地产行政主管部门定期公布的房地产市场价格,结合房屋地段、用途、建筑面积、建筑结构、容积率、成新、环境、朝向、设施等因素评估"。其中房屋地段、环境、朝向等均是土地区位条件的重要方面,可以看出区位是土地取得成本高低的影响因素之一。

结合前面征地、拆迁与各用途不同级别地价区段的叠置分析我们发现,征地主要发生于城市低级别区段,征地成本相对较低,对土地取得成本的影响也相对较小。但对于拆迁来说,发生的区域主要集中在城市中心地区,多属大型高档建筑用地,对土地取得成本的影响较一般用地要高,导致土地取得成本呈现明显的从中心向四周递减的同心圆模式。因此区位条件越好,拆迁成本相对较高,土地取得成本越高,反之亦然。

以商业用地为例,兰州市商业用地土地级别呈明显的"同心圆"模式,为清晰表达区位条件对土地取得成本的影响,将征地、拆迁样点与商业用地土地级别进行叠加(见图2-5-1),可以看出:区位条件越好,地价区段级别越高,土地取得成本越大,反之亦然。以2006年为例,城市中心区(城关区)土地级别以1、2级为主,平均土地取得成本(主要以拆迁成本为主)5182.73元/平方米,城市边缘区(安宁区)土地级别以5、6、7级为主,平均土地取得成本(主要以征地成本为主)193.03元/平方米,可以看出区位条件差异导致的土地取得成本的差异显著。

征地、拆迁样点与地价级别叠置图(商业)

图2-5-1 征地、拆迁样点与地价级别叠置图

二、土地用途

土地用途是决定土地价格的核心因素。土地用途不同,土地产权人从土地中获得的未来收益的预期不同,土地价格就不同。在城镇土地估价中,由于土地用途的不确定性,造成地价定义中设定土地用途的困难性。能否正确设定土地用途,将直接关系到土地价格的准确揭示和显现。

以商业为例,我们将前述的拆迁样点与商业用地不同级别的地价区段相叠置(见图2-5-2),可以明显地看出在城市中心地区,由于交通、服务设施等条件相对较好,土地级别主要以1、2、3级为主,造成地价水平较高,拆迁成本相应增加,使得土地取得成本要远远高于周边其他低级别地价区段。

拆迁样点与地价区段叠置图(商业)

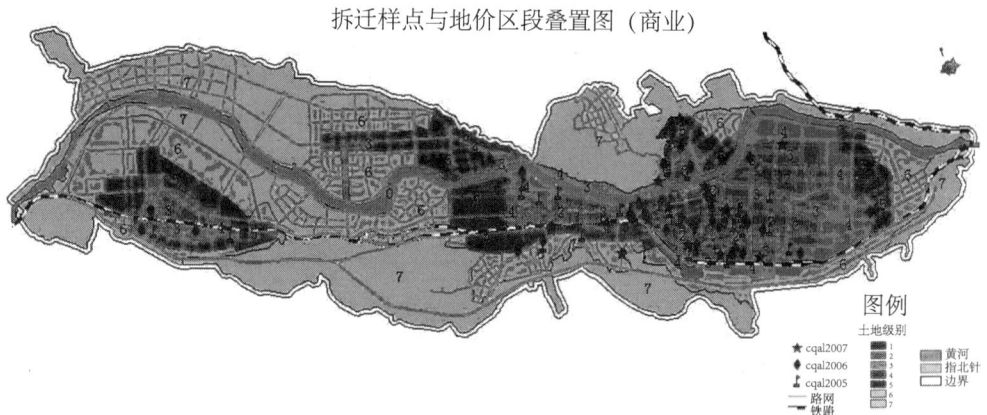

图2-5-2　拆迁样点与商业用地不同级别地价区段叠置图

三、容积率

容积率是指在城市规划区的某一宗地内,房屋的总建筑面积与宗地面积的比值,分为实际容积率和规划容积率两种。通常所说的容积率是指规划容积率,即宗地内规划允许总建筑面积与宗地面积的比值。容积率的大小反映了土地利用强度及其利用效益的高低,也反映了地价水平的差异。容积率具有如下特性:

(一)容积率表达的是具体"宗地"内单位土地面积上允许的建筑容量。宗地是地籍管理的基本单元,是地球表面一块有确定边界、有确定权属的土地,其面积不包括公用的道路、公共绿地、大型市政及公共设施用地等。容积率只有是指"宗地"容积率的情况下,才能反映土地的具体利用强度,宗地间才具有可比性。

（二）容积率（R）、建筑密度（C）与层数（H）之间有一定关系。建筑密度是指在具体"宗地"内建筑物基底面积与宗地面积之比。当宗地内各房屋的层数相同，且对单个房屋来说各层建筑面积相等时，三者之间的关系可表示为：R＝C·H，此种情况下，建筑层数与容积率成正比例关系。

（三）容积率可以更加准确地衡量地价水平。人们购买土地使用权的目的是为了对土地进行开发，建设房屋。

房屋的单位开发成本＝房屋单位造价＋楼面地价＋税＋费

楼面地价＝宗地总价/宗地内允许总建筑面积＝土地单价/容积率

因此，楼面地价比单位地价更能准确地反映地价的高低。

（四）容积率存在客观上的最合理值。在一般情况下，提高容积率可以提高土地的利用效益，但建筑容量的增大，会带来建筑环境的劣化，降低使用的舒适度。为做到经济效益、社会效益与环境效益相协调，城市规划中的容积率存在客观上的最合理值。

以2006年兰州市近郊四区33个拆迁样点为例，计算每一个样点的拆迁容积率（R′）①及相应的拆迁成本（此处用拆迁总额表示）（见表2-5-1）。以0.5为间隔统计各容积率区段内的拆迁成本总额，得到拆迁成本总额随容积率变化曲线（见图2-5-3），可以发现：拆迁成本总额与拆迁容积率呈正比例关系，随着拆迁容积率的增大，单位土地面积上的拆迁面积也相应增加，土地利用强度加大，土地取得的拆迁成本亦随之增高。表明容积率是影响土地取得成本高低的重要因素之一。

表2-5-1　2006年拆迁样点拆迁容积率、拆迁成本统计

项目编号	项目名称	土地面积（平方米）	拆迁面积（平方米）	拆迁容积率	评估均价（元/平方米）	拆迁总成本（万元）
2006cq001	七里河彭家坪东西主干道169道路拓建项目	45556.3	21688.69	0.4761	1310	3409.46
2006cq002	拓建351-1、412道路	549.82	274.91	0.5000	1598.6	52.74
2006cq003	七里河区建兰丽苑经济适用房	53510	1447.88	0.0271	1538	267.22
2006cq004	甘肃天源房地产开发公司嘉泰名居住宅小区	93559.06	4563.22	0.0488	3190	1746.80

————————————

① 注：拆迁容积率（R′）＝样点拆迁面积/土地面积，其反映样点土地利用强度及土地利用效益的高低。

项目编号	项目名称	土地面积（平方米）	拆迁面积（平方米）	拆迁容积率	评估均价(元/平方米)	拆迁总成本（万元）
2006cq005	兰州华阳房地产开发有限责任公司瑞都大厦	1234.24	1851.36	1.5000	2802	622.50
2006cq006	兰工坪道路拓建	175627.3	74132.02	0.4221	1415	12587.62
2006cq007	瑞都大厦部分工程	1162.9	1765.86	1.5185	2812	595.87
2006cq008	西固区规划路拓建项目	5424.509	46978.03	8.6603	1469	8281.29
2006cq009	兰州市东出口规划道路拓建改建项目	33389.33	20033.56	0.6000	1503	3613.25
2006cq010	拓建兰州市北出口规划道路（一期）	91552.42	102993.23	1.1250	2774	34284.39
2006cq011	兰州市362规划路拓建	18354.45	27531.68	1.5000	3170	10473.05
2006cq012	兰州市364规划路拓建	4078.02	5301.42	1.3000	3210	2042.11
2006cq013	西关公交枢纽站	6333	20688.67	3.2668	2070	5139.07
2006cq014	368规划路		11133.94		1930	2578.62
2006cq015	兰州市房地产经营公司小沟头综合楼(盛业大厦)	1236	3279.64	2.6534	2053.5	808.17
2006cq016	甘肃第六建筑工程股份有限公司经济适用房		619		2720	202.04
2006cq017	兰州市城关区351-1规划路拓建	13696.4	14045.77	1.0255	2474	4169.91
2006cq018	原兰州文化用品厂综合楼	1162.9	2845.8	2.4472	2334	797.05
2006cq019	孙家台经济适用房	33226	35171.12	1.0585	2280	9622.82
2006cq020	兰州蜜妮尔时装有限公司住宅楼	6466.602	3102.94	0.4798	2480	923.43
2006cq021	甘肃至城房地产开发公司综合楼	5692.4	9475.55	1.6646	2650	3013.22
2006cq022	砂坪村经济适用房	48660	35368	0.7268	2430	10313.31
2006cq023	城关区邓家花园道路拓建	18954.06	15163.25	0.8000	2980	5422.38
2006cq024	兰州市烧盐沟道路拓建	35903.06	28722.45	0.8000	1820	6272.98
2006cq025	西关什字周边综合治理	18913.71	15130.96	0.8000	3332	6049.96

续表

项目编号	项目名称	土地面积（平方米）	拆迁面积（平方米）	拆迁容积率	评估均价(元/平方米)	拆迁总成本（万元）
2006cq026	兰州新乐苑综合住宅楼	1575.464	642.83	0.4080	2250	173.56
2006cq027	耿家庄综合楼	8869	15732.69	1.7739	2260	4266.71
2006cq028	兰州建筑材料总公司经济适用房	2373	4688.45	1.9757	2400	1350.27
2006cq029	兰州石化公司七、八街坊住宅小区	8650	638·	0.0738	1950	149.29
2006cq030	甘肃华陇房地产开发有限责任公司经济适用房	7654	350	0.0457	3800	159.60
2006cq032	甘肃明珠电力房地产有限公司明珠家园住宅小区	82075.01	4043.95	0.0493	2265	1099.15
2006cq033	西固房管所2,3楼	17668.67	3685.55	0.2086	1980	875.69

注:其中的综合用地评估均价=住宅评估均价*0.9+商业评估均价*0.1。

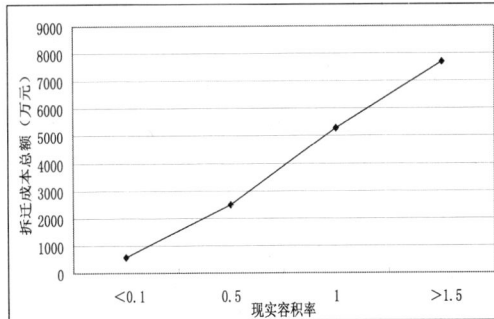

图 2-5-3　2006 年兰州市近郊四区拆迁成本总额随拆迁容积率变化曲线

四、其他因素

(一)区域房价

区域房价的普遍上涨使土地取得成本不断上升,从而影响地价的不断攀升,反过来地价的增加又进一步使得房价上涨,形成往复循环的"因果累积"效应。造成这一现象的原因是区域房价的普遍上涨使得被拆迁人难以承受买房的压力,从而将压力以拆迁成本的形式转嫁给拆迁人,从而使得土地取得成本(拆迁成本)随着房价的不断上升而增加。

　　根据数据显示,2007 年全国 70 个大中城市土地交易价格上涨较快,一至三季度累计平均上涨 12.8%,一季度上涨 9.8%,二季度上涨 13.5%,三季度上涨 15%。开发建设成本提高是房价上涨的主要原因之一,其中土地取得成本在开发成本中占了一定比重。因此,可以认为房价与土地取得成本之间"因果累积"效应较为明显,房价亦是影响土地取得成本高低的重要因素之一。

　　(二)土地政策

　　2003 年下半年以来,我国经济运行中出现了一些突出矛盾和问题,一些地方和行业盲目投资和低水平重复建设严重,全社会固定资产投资规模偏大,新上项目过多,增速过快,资源和能源压力大,局部经济发展过热;经济结构出现一定的失衡,生产资料价格上涨幅度大,并带动消费品价格上涨,经济发展面临通货膨胀的压力。党中央、国务院采取了果断措施,启动了新一轮的宏观调控,将土地作为宏观调控的重要手段,作为经济社会发展供应者的土地资源被赋予了调节者的新角色,而"从严从紧"则成为土地管理的主旋律,土地政策被提升到保障国家宏观经济平稳运行、社会可持续发展的战略高度。

　　2004 年 10 月发布了《国务院关于深化改革严格土地管理的决定》,2006 年 8 月下发的《国务院关于加强土地调控有关问题的通知》是在《决定》基础上的发展和完善。在此期间,国土资源部及国家相关部门也出台了相关规章制度,这些政策的出台,构成了我国土地宏观调控新的政策体系。

　　上述文件,在土地供应政策上归纳起来有以下几方面的要求:一是禁止供地项目,停止高档住宅、别墅类房地产用地和高尔夫球场等用地的审批,严格禁止修建大马路、宽广场。二是限制供地项目,主要有:1. 党政机关和国有企业、事业单位新建办公楼建设项目。2. 城市主干道路项目。城市主干道用地红线宽度(包括绿化带)不得超过下列标准:小城市和建制镇 40 米,中等城市 55 米,大城市 70 米。200 万人口以上特大城市主干道需超过 70 米的,城市总体规划中应有专项说明。城市游憩集会广场(其用地面积不得超过下列标准:小城市和建制镇 1 公顷,中等城市 2 公顷,大城市 3 公顷,200 万以上人口以上特大城市 5 公顷)。3. 严格限制低密度、大套型住房土地供应。4. 大学城项目。5. 严格控制开发区内供应房地产开发用地。三是优化供应结构,要求优先保证中低价位、中小套型普通商品住房(含经济适用住房)和廉租住房土地供应,其年度供应量不得低于居住用地供应总量的 70%,加强经济适用住房用地管理。要适当压缩工业用地,增加民生用地,保证必不可少的基础设施用地。

　　通过一系列行之有效的措施,2004 年第一季度国务院批准的城市分批次建设用地比 2003 年下降 46%。截止到 2004 年 6 月 17 日,除内蒙古以外,30 个省(自治区、直辖市)共清理各类开发区 6741 个,规划用地 3.75 万平方千米,超过全国实有城镇建设用地面积的总和。土地市场规范化迈进一步,2004 年 1—9 月份全国性土地招拍挂面积 3.63 万公顷,总价款达到 2100 多亿元。

受此影响,全国城镇土地征用、房屋拆迁规模明显下降,被动性住房需求释放节奏放缓,2004 年 1—11 月份,全国城镇房屋拆迁面积比 2003 年下降 43%。兰州市 2005 年实际征地面积比 2004 年下降 1677.5 亩。但正是这个时候土地开发的难度愈发加大,土地取得成本日渐攀升。

(三)金融政策

国家金融政策作为房地产市场的外生变量,从供给和需求两个角度影响房地产行业。对于供给方来说,其房地产开发投资所需大量资金均来自金融机构,对金融机构的依赖程度之高致使一旦出现金融政策紧缩,开发商的资金链可能会断裂。对于需求方来说,个人购房的大部分资金是通过银行抵押贷款获得,金融政策一方面直接影响当前贷款者的购房成本,另一方面从心理上影响潜在购房者的预期。

作为资金密集型行业之一的房地产业,多年来一直保持"高调"的姿态。从 2003 年 6 月央行的《关于进一步加强房地产信贷业务管理的通知》到 2008 年由于房屋次级贷款引起的美国金融危机。这一轮金融危机,表层原因是金融创新过度引发信贷风险失控,深层原因是过剩的产能与虚高的消费泡沫累积;这对国内房地产行业的发展具有重要借鉴意义,未来的房地产业也将面临产能过剩和消费边际效应下降的现实,这将对房地产业提出考验。

从 2006 年下半年到 2007 年,兰州市房地产业发展极为迅速。然而,迈入 2008 年的兰州楼市却逐渐步入了"寒冬",在面临行业转折点的重要关头,大多数开发商都感受到了沉重的压力。从 10 月份调查企业的销售情况看,商品房较去年同期相比,销量同比下降。另据央行 2008 年 8 月中下旬调查显示,未来三个月打算买房的居民人数占比为 13.3%,分别比上季和去年同期下降 1.8 和 2.8 个百分点,并创 1999 年调查开始以来的最低水平。房价的持续低迷也同样影响了土地开发商的投资,有可能导致土地取得成本呈下滑态势。

五、土地取得成本计算思路初探

综前文所述,土地取得成本分为征地取得成本和拆迁取得成本两类,对土地取得成本的计算,《城镇土地估价规程》(GB/T 18508-2001)中有明确规定:"征用农村集体土地时,土地取得费就是征地费用。征地中各项费用以待估宗地所在区域政府规定的标准,或应当支付的客观费用来确定。""城镇国有土地的土地取得费可按拆迁安置费计算。拆迁安置费主要包括拆除房屋及构筑物的补偿费及拆迁安置补助费。城镇拆迁安置费应根据当地政府规定的标准,或应当支付的客观费用来确定。"

在实际计算中,政府制定的标准和应当支付的客观费用有可能存在一定差距。在土地取得成本的计算中,既要符合政府制定的标准,又能较客观地反映实际发生的费用,同时还要具备科学性和可操作性。在此,根据我们此次调查到的相关资料及作出的相应研究,提出土地取得成本计算的一些初步探讨。

(一)征地中土地取得成本计算的探讨

《土地管理法》第四十七条明确规定:"征用耕地的补偿费用包括土地补偿费、安置补助费以及地上附着物和青苗的补偿费";"征用其他土地的土地补助费和安置费标准,由省、自治区、直辖市参照征用的土地补助费和安置补偿费的标准规定"。因此在征地中的土地取得成本应当明确按照土地补偿费、安置补助费以及地上附着物和青苗的补偿费四项计算。

国务院《关于深化改革严格土地管理的决定》(国发〔2004〕28号)中关于完善征地补偿和安置制度作出了明确要求:"省、自治区、直辖市人民政府要制订并公布各市县征地的统一年产值标准或区片综合地价,征地补偿要做到同地同价。"征地区片综合地价是指在城镇行政区土地利用总体规划确定的建设用地范围内(或者行政区全部集体农用地),依据地类、产值、土地区位、农用地等级、人均耕地数量、土地供求关系、当地经济发展水平和城镇居民最低生活保障水平等因素,划分区片并测算的征地综合补偿标准(不含地上附着物和青苗的补偿费)。征地区片综合地价的实质就是征地综合补偿标准,其中包含了土地补偿费和安置补助费,但不含地上附着物和青苗补偿费。征地统一年产值标准考虑被征收耕地的类型、质量、农民对土地的投入、农产品价格及农用地等级等因素,在一定区域范围内(以县域范围为主),在主导性农用地类别和耕作制度条件下,以前三年主要农产品平均产量、价格及相关附加收益为主要依据进行测算。在确定土地收益时,引进了综合收益的概念,更客观地反映土地收益。确定补偿倍数时综合考虑当地经济发展水平、居民生活水平、被征地农民社会保障需要等其他条件。因此统一年产值标准和区片综合地价是我们计算征地土地取得成本中前两项(土地补偿费和安置补助费)的最主要的依据。

在计算青苗补偿费时,应当根据被征地的实际情况,并结合统一年产值来计算确定。

在计算地上附着物时,要严格遵守国家、省、市的各项法规,对地上附着物的面积、用途、类型、造价、年限等,均应在合法的前提下,给予客观公正的评定和计算。

（二）拆迁中土地取得成本计算的探讨

拆迁方式是城市建成区中，取得土地的最主要的方式，其构成主要是：拆迁补偿或安置费用、拆迁补助及奖励费用。其计算的难点主要在于被拆迁建筑物面积的确定和补偿价格的确定。在计算时同样要兼顾合法性和客观性、科学性和可操作性。我们提出从区域拆迁案例和区域平均市场房价两个角度出发，进行拆迁土地取得成本的计算。

1. 以区域拆迁案例取得成本来计算

以被拆迁物所在区域或类似区域近年实际发生过的类似拆迁为案例，将案例的拆迁取得成本，经过容积率修正、区域因素修正、时点修正等，得出被拆迁物的土地取得成本。

这种方法的优点是计算较方便、可操作性强，缺点是对拆迁案例资料的可信度要求较高，而且案例必须和被拆迁物具有一定的相似性。

2. 以区域市场平均房价来计算

对被拆迁物所在区域的市场房价作出调查，并对调查结果进行分析和平均化计算。得出区域市场分用途平均房价，然后分别乘以被拆迁物分用途拆迁面积，再进行区域因素修正、时点修正等，得出被拆迁物的土地取得成本。

这种方法的优点在于区域市场房价较为透明、可信度较高，测算结果较为客观，缺点是必须分用途计算，较为烦琐，若被拆迁物分用途面积有误会直接影响测算结果的准确性。

不论是以区域拆迁案例还是区域平均市场房价来测算拆迁土地取得成本，均需要有一套科学合理的修正体系。该套修正体系可以参照调整后的兰州市基准地价的修正体系，也可根据拆迁工作的特性，另行制定一套修正体系。

第六章　结论

本书通过运用实证分析与规范分析相结合、动态分析和静态分析相结合、定性分析和定量分析相结合、地图表达与空间分析相结合的研究方法,共计调查土地取得样点131个,其中:征地样点50个,拆迁样点81个,分析了兰州市基准地价更新中土地取得成本的构成、现状、影响因素,在此基础上探讨了土地取得成本计算方法,得到如下结论:

第一,兰州市土地取得成本具有明显的地域分异特征,主要表现在:土地取得成本从城市中心向四周呈明显的递减趋势,由于拆迁样点主要集中在城关区,拆迁成本较高,征地样点主要分布于城乡结合部的边缘区域,主要集中于安宁区,取得成本相对较低,导致土地取得成本在中心区明显高于周边地区。

第二,土地取得成本对各用途不同级别的地价区段的影响存在差异,主要表现在:征地费用对商业、住宅用地影响不大,主要表现于较低级别用地;对工业用地影响较大,主要表现于较高级别用地;拆迁成本对各用途高级别土地取得成本的影响较大,对低级别土地用途土地取得成本的影响相对较小,表明拆迁成本对中心区土地取得的影响要比征地成本显著。

第三,《兰州市国家建设征用土地各项补偿、补助费规定》自1996年公布实施以来,未做过全面的调整和修订。就目前的补偿标准而言,已无法适应国家相关政策的发展。因此,建议修改并完善《兰州市国家建设征用土地各项补偿、补助费规定》。

第四,土地取得成本(以拆迁成本为主)占平均地价水平及基准地价的比例较大,一方面土地取得成本在很大程度上决定了平均地价水平,进而推动了房价水平的上涨,另一方面,由于地价及房价水平在2001—2008年内的上升,现行基准地价已无法准确反映地价水平的真实状况,对其进行全面更新已势在必行。

参考文献

1.《中华人民共和国国家标准城镇分等定级规程》(GB/T18507-2001),2001年11月12日由中华人民共和国国家质量监督检验检疫总局发布,2002年7月1日实施。

2.《中华人民共和国国家标准城镇土地估价规程》(GB/T18508-2001),2001 年 11 月 12 日由中华人民共和国国家质量监督检验检疫总局发布,2002 年 7 月 1 日实施。

3.《中华人民共和国土地管理法》,中国政府门户网站(www. gov. cn),2005 年 5 月 26 日。

4. 国土资源部土地利用管理司、中国土地勘测设计院:《全国城市土地价格调查与地价监测学术研讨会论文集》。

5.《土地估价理论与方法》,地质出版社 2004 年版。

6.《房地产估价理论与方法》,中国建筑工业出版社 2005 年版。

7. 刘瑞:《城镇土地定级与基准地价研究》,四川大学 2005 年硕士学位论文。

8. 王树良、曾旭平、王新洲:《试论我国基准地价》,《测量信息与工程》1999 年第 4 期。

9. 远燃城:《镇基准地价评估若干问题的探讨》,《中国土地科学》1998 年第 8 期。

10. 思奇、潘世炳:《浅议城市基准地价评估中的几个问题》,《中国土地科学》1996 年第 8 期。

11. 李满春:《基准地价调整初步研究与实践》,《中国土地科学》1996 年第 10 期。

专 题 三

兰州市基准地价——综合用地空间地价评估研究

第一章 绪论

一、研究背景与意义

(一)研究背景

我国目前城市发展面临的一个突出矛盾是:由于工业化和城市化的发展,大量的人口及其经济活动向城市集中,城市的急剧膨胀造成了对土地的巨大需求,城市土地日益稀缺,规划区内土地供求矛盾日趋尖锐;另一方面,长期以来,人们习惯以传统的平面式土地开发及其外向延伸来发展城市,"摊大饼式"的发展模式必造成城市土地资源供需有限性的矛盾日益突出,导致我国土地资源尤其是耕地资源稀缺性愈益明显,越来越受到包括政府在内的各方面的认识和重视,"十分珍惜和合理利用土地与切实保护耕地"成为我国三大基本国策中的资源国策。控制土地增量、高效节约利用土地资源是未来城市发展中土地利用的必然趋势。然而,城市土地增量控制已不能单靠片面增加建筑密度,人为缩小建筑间距,降低人均占地标准等简单做法来解决。经济的发展和人们生活方式的改变,使城市人均用地标准不但不能减少,反而应相应的提高,因为土地开发利用的配套水平越来越高,城市发展对土地的需求不得不改变城市规划只在地表这个平面上进行建设的传统观念,严峻的现实促使人们将拓展生存空间的目光投向了空中和地下,努力寻找城市土地立体化的空间利用模式,开发土地的立体空间,兴建高层甚至超高层建筑。

在平面多用途、多样化用地的同时,高层建筑在用途上也出现立体化和多样化趋势。一幢建筑中,多用途、多功能立体化空间布局已不少见。较为常见的一座大楼的立体用途是:地下一、二层为停车场、设备层,地上一至三、五层为商用裙楼,再上是餐饮用房,中部多为写字办公用房,上部往往是高层公寓住宅,顶层可能是综合娱乐的场所。近年来还出现了工、贸一体的综合大楼,即大楼的某些楼层为生产用工场所;另一些楼层为商务、贸易写字间。

土地立体化、多样化发展,带来高层建筑在产权上出现多元化和动态化。高层楼宇的立体用途决定了一幢高层建筑往往有众多的所有者、使用者,有的拥有或租赁了商场的一部分或是部分柜台,有的拥有或租赁了建筑物中的几层、一层或一层中的部分办公用房,有的拥有一套住宅单元,等等;且高层建筑中的众多所有者和使用者往往随着具体情况的变化,处于不断的变化中,即常为新的所有者、使用者所代替。

　　在高层建筑楼层、用途、产权呈现多样化,出现空间差异性的同时,自然提出了高层建筑的载体——土地在其中的作用,进而出现了土地价格的空间差异性问题。

　　一整幢楼宇的土地是同一块,实物形态上不可分割,土地有一定的价格,其上附有土地一定年限的使用权。当房地产开发商出售开发楼宇的某一部分给特定客户时,这块土地的使用权的一个相应份额也就随之转移,最后是购得这座大楼的共同所有者拥有这一块土地的使用权。但是大家各自拥有的份额为多少? 总体地价如何合理地分配到各楼层的楼价之中去? 就成了一个现实问题。

　　拥有一块土地,不仅享有这块土地的一定权利,而且要承担由此权利而产生的义务。例如,在建筑物寿命终了时或建筑物被毁后,大家决定将法定剩余的土地使用权转让,但转让的地价如何分配;另外,在建筑物使用过程中,政府要根据这块土地的位置或价格征收土地税,这部分土地税在各部分房屋所有者之间如何分担。解决这些问题,就是要求解决在建筑物建设完成后地价如何合理分摊的问题,由此找出每个所有者拥有的土地权利的份额。

　　事实上,由于立体空间用地有众多的所有者和使用者,并且其产权人常常发生变更,因此,对于立体空间多用途的所有者所拥有的与建筑物相对应的土地权利应该予以界定,以便在房地产发生买卖、租赁、抵押时,在需要补交地价款时,在参建联建中进行土地权益分配时,在政府向业主征收土地税费时,明确不同所有人各自拥有的与建筑物相对应的土地权益和义务。

　　(二)研究意义

　　基准地价是指在一定时间内,根据不同类型用地的土地收益或市场交易资料,从合理利用城市土地资产及调整、完善用地结构角度出发,在不同级别土地上分别评定的商业、住宅、工业等各类用地使用权的平均价格。基准地价所反映的是城市内部地价的总体分布趋势,各级、各类土地的一般价格水平。制定并公布基准地价是建立"公开、公平、公正"的土地市场的需要,是进一步深化土地使用制度改革、建立城市土地资产管理价格体系的基础。

　　基准地价是根据区域土地分等定级结果,按工业、商业、住宅三大用途测算更新的平面地价。近些年,城市化进程快速推进,土地利用形态日趋复杂,土地权属在立体空间上的分割带来了相应的土地价格空间分配问题,对传统的地面价格表现形式提出了新的挑战。同时,城市综合用地的研究结果表明,综合用地具有明显的集聚效应、财富效应、空间效应、内生效应、联动效应,与单一用途相比较而言,具有更高的效益。随着越来越多的综合用地的出现,对同一多用途的地价评估及其不同用途在立体空间的分摊研究就显得极为迫切和重要,特别是立体用地地价空间分配更具重要意义。

1. 有利于建筑物各层楼价的确定

在房地产开发经营过程中,定价策略处于十分重要的地位,直接影响整个开发经营项目的成败,即使在一个繁荣的市场、繁华的地段,供给方也不能随心所欲地制定价格,因为房地产市场仍有竞争对手和替代品存在,故企业在定价前需充分考虑楼价的各影响因素。除用途、品质、市场等因素对高层建筑的各楼层价格形成一定的影响外,不同楼层空间位置内部特性的差异,即楼层楼面地价,也是各楼层价格的重要影响因素。很多时候进行地价分摊,往往是在开发商需要对楼宇各楼层房地产价格进行定价的情况下,这时就需要估价师对楼宇各楼层地价进行合理分摊以计算出楼层楼面地价,用于帮助开发商对楼宇各楼层房地产价格的确定。

2. 有利于明确所有人各自拥有的与建筑物相对应的土地权益和义务

地价的分摊不仅是合理确定楼宇价格的基础,也是合理分配土地使用权的基础。总地价是土地总权益的体现,某部分的地价亦是该部分相应土地权益的反映;整幢楼宇的土地是同一块,建筑物实物形态不可分割,但价值形态是可以分割的。由于高层建筑有众多的所有者和使用者,并且其产权人往往发生变更,因此,合理分摊高层建筑基地价值,明确所有人各自所拥有与建筑物相对应的土地权益和义务,就可以在房地产发生买卖、租赁、抵押时,在需要补交地价款时,在参建联建中进行土地权益分配时,明晰产权,规范交易,形成一个便于流转、利于发育的房地产市场环境,促进我国城市土地产权改革制度的不断深化。

3. 有利于政府征收土地税费工作的开展

《中华人民共和国城镇土地使用税暂行条例》规定:在城市、县城、建制镇、工矿区范围内使用土地的单位和个人,应当依照国家规定依法缴纳土地使用税。根据此条例,对于拥有众多所有者和使用者的高层建筑占用的土地,其土地使用税应由所有土地使用权人共同承担。而各使用权人应缴纳的土地使用税,以往是把总的土地使用税平均分配到每个使用权人的头上;这种分配方法由于权责不明,往往造成各土地使用权人之间的纠纷,不利于政府征收土地税费工作的开展。而"高层建筑"地价分摊通过科学评估土地空间价值,明确了各土地使用权人的权责,为政府对土地使用税的征管提供依据;在缴纳土地使用税时可根据地价分摊比例来确定各使用权人应承担的税费,不仅解决了土地使用权人之间的矛盾,而且有利于政府顺利地开展土地税费的征收工作,实现了税负公正,为合理利用城镇土地,提高土地使用效益,加强土地管理打下了坚实的基础。

　　4.有利于推进立体地价评估工作的开展

　　当今世界,随着科学技术的发展和人地矛盾日益尖锐,城市建设势必向高空发展,土地的立体利用必有较大规模的拓展;城市土地的立体利用除了高层建筑、地下建筑外,立交桥下建筑物、超高层建筑物、两楼之间的空中过街走廊、在他人建筑物上增建楼层、立体广场等都早已出现。因此随着对土地立体空间需求的增加,就必须对土地立体空间价值即立体地价作出精确评估;让土地的"空间"开发利用直接进入土地开发成本,使国家立体收益得到回报。地价理论也不能仍然停留在原有水平上,必须在基础理论和传统观念上有所突破,由平面转入立体,由二维转入三维,以适应新形势的需要。而我国目前尚缺乏科学、规范的立体地价评估方法,给实际工作的开展带来了不少困难,难以保证立体空间利用的效率与公平。高层建筑地价分摊正是在这种新形势下产生的,它是一种"空间平面地价",是平面地价向立体地价的过渡,有利于推进我国对立体地价评估理论和实践工作的开展。在此基础上,进行立体区位、立体地价的讨论,尚需进一步作深入系统的研究;同时借鉴国外较为成熟的估价方法,并结合我国国情,建立起自己的立体地价评估方法体系,促进我国地价评估技术的全面发展。

　　综合用地是两种或两种以上用途的土地的统一体,其价格为复合价格,所以评估过程比单一用途的宗地价格评估复杂和困难,因为商住综合用地价格不可能用单一的商业或住宅用地的基准地价来反映,而必须在客观地分析商住综合用地收益实现的途径和特征的基础上,研究综合用地地价的评估方法具有重要的现实意义。

　　近年来,不少业界人士就地价的空间分配与综合楼宇地价评估进行了有益的探索与实践,使其无论是在评估工作的效率,还是在评估结果的科学性上,都比以前有较大的改进。但是,综合用地地价评估,仍然存在着诸多不足。因此,对同一项目含多用途基准地价评估进行深入的研究,有利于建立一体化的城市土地综合利用体系,为建立城乡一体化的土地综合利用体系打下了基础。

　　二、研究目标

　　1.理论研究:构建综合用地土地价格评估方法体系。
　　2.实证研究:运用科学方法对兰州市综合用地土地价格进行评估研究,确定综合用地立体空间地价分配系数。

　　三、研究内容

　　1.综合用地的内涵界定,对综合用地进行概念界定的内涵说明。

2.综合用地地价评估方法体系研究,根据土地评估原则,构建综合用地土地价格评估方法体系。

3.综合用地地价空间分配系数确定,通过调查与测算,对兰州市立体综合用地土地价格进行实证测算的基础上,确立兰州市立体综合用地土地价格空间分配系数。

四、研究思路

1.通过查阅文献资料,系统认识我国城市综合用地基准地价评估的背景和意义。

2.提出评估方法以及技术路线。

3.通过对目前有关综合用地地价评估方法的分析,研究确定适合兰州市综合用地地价评估的技术方法。

4.对兰州市近郊四区综合用地案例进行抽样调查,反复计算,确定兰州市综合用地的地价空间分配系数。

5.探讨规划条件和空间区位变化以及供地政策对综合用地基准地价的影响。

6.分析数据,得出结论,提出应用建议。

五、研究方法

1.文献法。通过文献查阅,了解掌握目前综合用地土地价格评估现状,界定同一项目多用途用地概念与内涵。

2.数学分析法。运用相关土地估价理论与原则,建立综合用地土地价格评估数学模型。

3.社会调查法。对兰州市近郊四区综合用地进行抽样调查,搜集数据,运用评估方法进行实证分析。

第二章　综合用地地价变化态势分析

一、综合用地的内涵

(一)土地价格

土地价格实际上是土地经济价值的反映,是为购买获取土地预期收益的权利而支付的代价,即地租的资本化。换言之,土地价格高低取决于可以获取的预期土地收益(地租)的高低。对于土地来讲,购买土地实际上是购买土地的权利,不同的土地权利为购买者带来的收益不同,因此其价格也不同,如在实际中可以表现为所有权价格、使用权价格、抵押权价格等价格形式。这些价格在我国都是以平面价格来表示的。

目前,我国实行土地公有制,土地价格是以土地使用权出让、转让为前提,一次性支付的多年地租的现值总和,是土地所有权在经济上的一种实现形式。因此,我国土地价格的含义不同于一般土地私有制国家:它是取得多年土地使用权时支付的一种代价,而不是土地所有权的价格。与土地所有权价格相比,不仅量不同,而且有质的差别。这类似于香港的情况,它是土地所有权价格的一部分;但由于我国土地使用年期较长,一般都在 50 年左右,而且在使用期间也同样拥有转让、出租、抵押等权利,也类似丁土地所有权。

(二)综合用地

综合用地是指同一宗地具有两种或两种以上用途的用地。根据《城镇土地估价规程》(GB/T 18508-2001)的划分,城镇用地包括居住用地;工业用地;教育、科技、文化、体育及卫生用地;商业、旅游业及娱乐业用地四类。

在评估过程中综合用地是普遍存在的,根据不同用途的分布情况,综合用地又分为平面综合用地、立体综合用地和混合综合用地三种情况。

1. 平面综合用地是指将一宗地划分为两个或两个以上用地单元,每一个用地单元有不同的用途。一宗地内多幢不同用途建筑物的综合,常见的如商品房开发中,一宗地内既有门面房等商业用房,又有住宅楼,还有其他如车库、社区服务中心等辅助配套设施,这种综合可以称为平面型综合用地。

2. 立体综合用地是指宗地单幢建筑物在楼层空间上多种用途的综合。一宗地上建造的建筑物,不同楼层有不同的用途。常见的如"底商+住宅"、"底商+办公"。

3.混合综合用地是指平面型综合用地和立体综合用地复合而成的综合用地类型。

(三)综合用地地价

在一个城市或某一个区域当中,不论是工业、商业或住宅,测算出的基准地价都有一个相应的容积率与之相对应,即该城市或某一个区域某种用途的平均容积率。当具体宗地的容积率低于或高于平均容积率时,则土地价格应作相应的修正。由此我们不难发现:土地利用是立体的,建筑物实物形态不仅仅占据平面的土地,而且也占据空间即立体的土地,容积率的增加实质上是增加了土地的利用空间,利用空间的增加与平面用地面积的扩大具有相同的效果。

立体地价是平面地价在立体空间上的分布。这种提法尽管正确但却是不全面的。这是因为,既然土地的利用本身并不是平面的而是立体的,那么,一切地价本质上都是立体的。因此,应当明确指出:平面地价是立体地价的浓缩,立体地价是平面地价的分割。所以,给立体地价作如下定义:立体地价是土地各层空间纯收益的资本化或使用价值的货币表现。

空间地价分摊实际上就是一个平面地价空间化、立体化的问题,因此立体综合用地地价分摊是本项目研究的主体。

二、综合用地地价评估方法的理论基础

(一)土地立体区位理论

目前我们在对城镇土地质量的综合评价中,是将土地作为二维平面的概念来考察的。谈土地的区位质量也是指土地在城市中的平面几何位置而决定的地理区位、交通区位和经济区位。具体体现为影响土地综合质量的各种地理因素、交通因素和经济因素,如土地在城市中的地理位置、坐落、商业服务繁华程度、交通状况、市政设施完备度、生活设施完善度、环境优劣度、人口密度和土地的地基承载力、地形地势、面积形状、临街状况等。这一系列因素综合地决定了土地的区位质量。

而实际上,关于土地的定义是,地球上一定高度和深度的岩石、矿藏、土壤、水文、气候、植被等要素组成的自然历史综合体。可见,土地的范围可分为横向和纵向两个角度:它具有立体的垂直剖面,在纵向范围上,包括地表、地面,也包括较深的地下,它向上、向下的范围是现今人们利用土地的技术所能达到的范围。事实上,从土地开发利用的角度来看,土地的区位不再是一个二维平面的量,而是一个三维立体上的量。

因此,土地的立体区位取决于其水平区位和垂直区位。就城市土地而言,土地

的水平区位通常是指其距离城市中心的远近,包括前文中所谈到的地理区位、交通区位和经济区位;而土地的垂直区位则通常是指其相对于地平面的高度或深度,而不是指其海拔高度。就一般建筑物而言,其整体或其中的一部分,都可以简化成为立体几何所界定的一个"六面体";这一"六面体"可以有立体坐标进行定位。这样的"六面体",无论是直接与地平面相连接,或者是"悬挂"于空中,"埋藏"于地下,其立体区位都是具体而明确的。

　　为了对立体区位进行直观地描述,我们引入简便直观的迪卡尔坐标,如图 3-1-1,

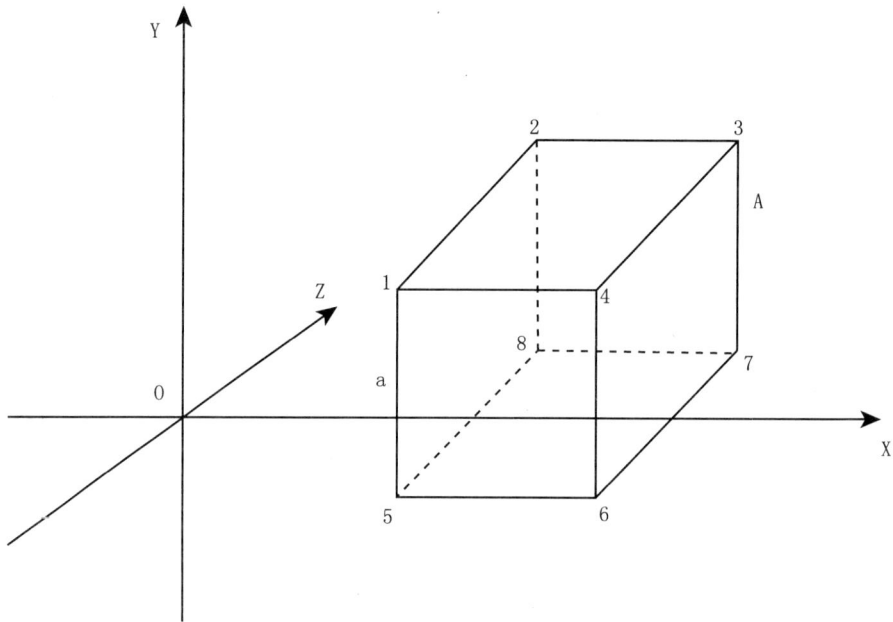

图 3-1-1　土地立体区位图

XOZ 为地面,O 点为城市坐标系统之原点,那么对 A 地产作如下记录:$X_1Y_1Z_1$,$X_2Y_2Z_2$,…,$X_8Y_8Z_8$;使用地产……立方米。对 a 地产也可做同样的描述。

　　(二)马克思的地租理论

　　地租是指报酬或收益。就各种社会经济形态下地租的最一般特征来讲,地租是直接生产者在使用土地过程中所创造的财富上交给土地所有者的部分,是土地所有权借以实现的经济形式。马克思认为,不论地租有什么独特的形式,它的一切类型有一个共同点:地租的占有是土地所有权借以实现的经济形式。

　　根据地租产生的原因和条件,马克思把地租分为级差地租和绝对地租,指出这是地租的两种最基本的形式。此外,还有垄断地租、矿山地租、建筑地段地租等形式。建筑地段地租是为获得生产场所和空间而支付给土地所有者的地租。

　　从经济的角度对土地立体区位进行分析,就涉及"土地立体区位价值"问题。在这里,"价值"是一个综合性概念,包括其经济上的重要性、效用等内涵,它与土地价格有着密切的关系。决定土地立体区位价值的主要是便利性、舒适性、安全性、观赏性等要素,这些要素的状况是土地立体区位重要性和效用状况的反映。而不同的土地区位价值决定了城市土地不同的地租量和地价,这个地租量和地价是一个三维的空间地租量和空间地价。"高层建筑"地价的分摊就是要体现土地的立体区位价值,以及由此决定的土地的空间地租量和空间地价。

　　如果我们将购房者购置房地产的行为视为一种投资活动(大部分的确也是一种投资行为,即使有些部分不是投资行为,如购买自用住房,但购房必定形成资金的占用,只要占用资金就必须考虑资金的机会成本,即资金用于购房而放弃的其他投资收益),购买者购置一定面积的楼宇,并非是为了获得实物形态上一定面积的房屋和土地,而是为了获得楼宇在未来利用中所产生的收益(即预期收益)。购买者在购买房屋的同时也就购买了一定份额的土地使用权,购买者愿意支付的地价,显然应该是在将来若干年的楼宇利用中由于土地的立体区位而给其带来的立体土地收益(或称为空间地租量)的折现值之和。

　　对土地的立体区位价值以及由此产生的空间地租量的大小进行判断和衡量是一个十分复杂的问题。通过观察,就一般现象而言,第一层楼的地租量最大,随楼层的提高地租量将逐渐减少,顶层的地租量最小,甚至为零,这有点类似于临街面土地的地价(地租)随临街深度的增加逐渐递减的规律。因此,可总结出地租量空间分布的一般规律,一块土地的地租总量在空间上的分布是随空间位置的不断提高而逐渐减少的,地面以上部分,大致呈上底短,下底长的梯形分布或三角形分布;地面以下的部分,地租量也随着距离的不断加深而减少,大致呈倒三角形分布。当然,也会有一些特殊的情形,如顶楼作为屋顶观景及休闲娱乐场所,由于其特殊的用途可能会产生比其下若干层都大的地租量,这就需要具体问题具体分析。

　　对空间地租垂直分布的一般规律有了一个了解,就从理念上把握住了地价分摊的总体思路。然而,要想具体确定各楼层楼面地价的分配比例仍然是比较困难的,因为影响这一分配比例的因素很多,并带有很大的不确定性。以下有四个值得参考的规律:第一,从城市规模来说,不同规模的城市,分配比例的变化是不相同的。地价随楼层提高而减少的幅度,跟城市规模成反比,规模越大的城市,地价随楼层提高而减少的幅度越小。如北京、上海、深圳等大城市,在若干楼层内,土地的立体区位价值差别并不十分明显,这是因为土地的集约化程度高,表现在一幢高层楼宇中作为商场的楼层比较多,一般可达五层甚至以上。相反,规模较小的城镇,地价随楼层提高而减少的幅度较大,如在一般的县城,在一幢多层楼宇内,最多就是一至二层作为商场,以上部分就只能作为其他用途,土地的集约化利用程度低。第二,即使是在同一城市,不同区域位置的土地有不同的分配比例。地价随楼层提高而减少的幅度,跟土地的区位质量好坏成反比。区位质量好的地段,地价随楼层提高而减少的幅度较小,而区位质量差的土地,地价随楼层提高而减少的幅度较大。当然,不同用途土地对不同区位质量也有不同的要求。第三,同一城市不同用地类型的土地有不同的分配比例。城市用地主要分为商业、住宅、工业三种类型。商业用地随楼层的提高,其地价减少的幅度较大;而工业用地由于空间利用效率低,其地价随楼层提高而减小的幅度就不明显;住宅用地的地价随楼层提高其变化有其特殊的规律。就纯居住用地地价随楼层增高的分布规律而言,多层楼宇中间楼层最大,从中间往上或往下都有所减小,但减小的幅度不太明显;而对高层、超高层居住楼宇来说则是随楼层的提高,空间区位越好,地价随楼层提高是逐渐增加的。第四,综合楼宇的地价分配和前面所谈到的又不相同,不同的立体用途有不同的分配比例。不同用途之间楼层的地价变化幅度较大,而同一用途各楼层之间地价的变化幅度相对来说要小一些。如商业层与办公层、办公层与居住层之间地价变动的幅度很明显,而在同一用途的各层之间,地价变动的幅度就不明显。

（三）空间价值理论

空间价值理论是传统的城市地租地价理论的一个补充。传统的城市地租地价理论是建立在土地平面利用的价值观上,研究不同平面位置的地租地价的分布规律,解释不同平面位置的土地用途确定问题,它是一个只有位置差别的各等级地价分布和土地用途分布的模式。但是,随着城市土地集约利用程度的提高,土地利用形态发生了变化,逐渐发展为立体利用的价值观,产生了空间地价理论。这是因为房屋位置不仅包括平面区域位置,而且也包括垂直空间位置,两者都对建筑地段地租地价的形成产生影响。房屋垂直空间位置不同,各层空间在可及性、视野、景观、采光、安全性等方面是各不相同的,其空间使用价值也不一样,体现的房屋价格(隐含着地价)出现较大的差异。

空间价值理论不仅研究地价的空间分布,还可以解释用途有不同立体空间分布的原因。由于商业通常依靠与消费者接近而取得良好的经济效益,并且商业竞租能力强,往往占据了可及性最好、价格最高的底层房屋,对于商业地价,它随楼层增加而迅速递减;而竞租能力较弱的住宅用途向较高空间依次发展。因为住宅房屋价格

(隐含着地价)远低于商业房屋价格(隐含着地价)。空间地价反映了土地价值在三维空间上的层次性分布,有利于引导城市土地利用方式的优化。然而,商住综合用地是复合价格,价格的评估远比单一用途的宗地价格评估复杂和困难,因为这种商住综合用地价格不可能用单一的商业或住宅用地的基准地价来反映,而必须在客观地分析商住综合用地收益实现的途径和特征的基础上,运用综合的方法来评估。所以我们认为,商住综合用地价格的评估基础是所在地段的商业用地基准地价与住宅用地基准地价。

地价空间分配理论是应用基准地价评估综合用地地价的理论基础。空间分配理论认为,由于建筑物各楼层的空间影响因素(如采光、视野、景观、使用的便利性、安全性等)存在差异,导致地价在各楼层分配的比例不同。这种地价楼层分配的规律是通过不动产的价格体现出来的。根据房价与地价的关系,可以测算出建筑物各楼层的地价空间分配比例,从而将这种空间分配规律加以量化,表现出来。

各用途的用地都有自己的地价空间分配规律。工业用地容积率一般较低,通常不考虑其空间分配规律。商业和住宅用地的地价空间分配规律是研究的重点。商业用地底层的竞租能力很强,这种能力随楼层的增加而明显减弱;住宅用地的地价空间分配比例相对而言比较均衡,但低层、多层、小高层、高层各类型住宅的分配规律不尽相同。

三、综合用地地价的影响因素分析

(一)规划条件变化对地价的影响

容积率与建筑密度作为控制土地利用强度的主要指标,在城市规划中起着重要作用,对土地价格的影响也十分明显。

容积率作为影响地价的重要因素,其基本点是容积率的变化可导致土地利用收益的大幅度变化。在房屋单方售价和建造成本保持不变的前提下,提高容积率指标,在同面积土地上开发能获得更多的建筑面积,产生更多的超额利润,地价上升;反之,容积率降低,地价下降。在建筑密度保持不变的条件下,地价与容积率的关系可简化为地价与建筑楼层数的关系。容积率修正系数可用楼层修正系数来代替。以第一层的楼面地价为基准,则楼层修正系数可用公式表示为:

$$K_{(h)} = \frac{\sum_{r=1}^{h} P_i}{P_1}$$

公式中:$K_{(h)}$——楼层数为 h 时的修正系数;

P_i——第 i 层楼的楼面地价;

P_1——第 1 层楼的楼面地价。

如上所述,随着楼层的增高,商业用地楼面地价呈明显的递减趋势。所以,在容积率一定的条件下,建筑密度的降低就意味着楼层数的升高,导致地价下降。

建筑密度小于 100% 是由土地在深度和宽度两个方向上的不完全利用所引起的,土地的最有效使用应是地上建筑物尽量靠近临街线且充分利用土地的宽度,即土地在深度方向上未完全利用的概率远远超过土地在宽度方向上未完全利用的概率。以此为权重,综合考虑两个方向后的建筑密度修正系数 $K_{(c)}$ 可表示为:

$$K_{(c)} = K_{(c1)} \times W_1 + K_{(c2)} \times W_2$$

式中: W_1——土地在深度方向上未完全利用的概率;

W_2——土地在宽度方向上未完全利用的概率;

$K_{(c1)}$——建筑密度为 100% 时深度方向上的建筑密度修正系数;

$W_{(c2)}$——建筑密度为 100% 时宽度方向上的建筑密度修正系数。

(二)土地区位变化对地价的影响

房地产区位优劣的形成,一是先天的自然条件,二是后天的人工影响。在实际评估中,关键是要搞清楚什么样的区位为优,什么样的区位为劣。具体来说,居住房地产的区位优劣,主要是看其周围环境、交通条件、公共服务设施完备程度等。商业房地产的区位优劣,主要是看其繁华程度、交通条件、临街状况等。

影响城市综合用地地价的区域因素有:

1. 住宅区的位置

包括商业服务业中心和城市中心的距离、所处的土地级别及区位、商业服务业对各类型住宅区的影响程度等。

2. 交通便捷度

主要指生活和工作的交通方便程度。交通便捷度是指空间地域上人们出行的可达性程度。反映交通便捷程度的因素主要包括道路功能、道路宽度、道路网密度、公交便捷程度和对外交通便利程度等;宗地与客运站、火车站距离。

3. 基础设施保证度

基础设施主要指直接用于居住服务的供电、供气、供水、供暖等设施。保证度则是用来衡量这些设施配置及运行状况。在我国,许多城市特别应着重供水、供电、供热的保证程度。

4. 公共设施完备度

公共设施完备度主要指为住宅区域服务的公用设施完善程度,包括学校、幼儿园、医院、邮电所、公园、电影院、游乐场所的配置状况。

5. 环境质量优劣度

环境质量优劣度一是人文环境,包括住宅区内居民的就业结构、受教育程度、社会阶层、居住条件等;二是自然环境,包括绿化状况、水污染及噪音污染,洪水及自然灾害,工程地质条件等。

6. 城市规划限制

主要指城市规划对住宅区建筑的高度、样式、密度、建筑容积率、消防间距以及土地使用等提出的具体规划和限制要求。

7. 其他因素

主要指不在以上影响因素中,但确实对住宅区土地价格产生重大影响的因素。如区域中不同类型住宅的销售状况及前景。

(三)供地政策变化对综合项目的影响

作为控制房地产"地根"的土地供应政策,对房价具有直接或间接的影响,是政府调控房地产市场的有效手段。但从供地政策对房地产价格的作用机制及其现实影响来看,其目的主要是在宏观层面保证房地产价格的平稳上涨,促进房地产市场长期稳定发展,因而其对房地产市场产生作用具有一定的渐进性,不可能立竿见影地影响到房价。因此,将目前房地产价格的非理性上涨全然归咎于供地政策有失偏颇。

房地产价格在短期内会有所波动,但从长期来看是趋向平稳的。土地储备供应制度以及土地招标拍卖挂牌出让制度建立之初,由于对土地供应总量调控力度较大,使得土地供应规模缩减幅度较大,加上开发商以及购房者的心理预期影响,房地产价格有可能会呈现上涨的态势,而且上涨的幅度在某些区域可能较大。但与此同时,由于政府通过调整土地供应结构对房地产市场进行干预,将对房地产市场需求形成较强的分流作用,从而对房地产价格上涨产生抑制作用。再者,随着土地储备制度的完善,土地利用规划、土地供应计划等的落实,政府将深度开发现有城市闲置或低效利用的土地,并根据市场需求进行土地供应,以避免房地产市场价格的大幅波动。因此,从中长期来看,土地供应政策调整对房地产价格的影响不会特别明显,市场价格总体上将保持平稳发展态势。

四、地价的空间变化态势

(一)商业用地地价的空间分配

对于经营商业来说,土地的可及性尤为重要,商业建筑对于高度的敏感性极强。

宏观上看,越靠近地面,其土地利用价值越高,带来的经济效益越大。从微观上分析,不同的商业经营形式或类型造成的效益空间差距也有所不同,反映在地价分配率上存在一定差异。通过实际调查和对已有各城市地价资料的分析,对于大型商厦来说(通常用于经营的面积达四层以上),其首层分配地价比例是二层的三倍左右,二层以上各层的地价分配差异不大,呈缓和递减态势。对于小型商铺来说,其地价随高度增加而下降的坡度更为明显,首层分配地价比例是二层的四至五倍。

(二)住宅用地地价的空间分配

人们对于住宅的选择、评价指标与商业有所不同,首层虽然使用方便但采光、环境条件较差,视野不够开阔且安全系数较低。对于多层住宅来说,由于没有电梯,随楼层的增高,虽然在采光、视野等方面条件较好,但人们的使用方便度下降,因此多层住宅的土地空间价值分配呈两头低中间各层较均匀分布的态势。对于总层数为八层的住宅楼来说,最大值多分布于三、四、五层。高层住宅中,电梯设备的增加消除了高度对价值的负面影响,因此高层住宅地价分布由首层起从小变大,达一定高度后,各层地价分配趋于均等。

(三)工业用地地价的空间分配

工业用地地价对高度变化的敏感性弱,通常不考虑地价的空间变化。

第三章　综合用地土地价格评估方法研究

一、现有评估方法介绍与分析

综合用地土地价格评估方法还处于探索阶段,目前评估的方法主要有以下几种:

(一)剩余法

剩余法是假定在最有效使用前提下按城市规划要求开发并按市场正常价销售,从开发价中扣除成本、税收等费用后剩余出地价的一种评估方法,这种方法对路段两侧综合用地评估来说是较为适合的。剩余法根据市场售价,直接反映了评估时房地产市场状况,评估出的地价保持了很强的现实性,反映了综合用地地价水平,操作起来也简便易行。但剩余法评估需要收集的数据繁多,而数据的准确性对价格影响很大,所以估价师完成项目需花费较大精力。

(二)灰色预测法

灰色预测法是基于我国房地产市场发展历史较短、数据缺乏的现实提出的。灰色预测法对样本的容量要求较为宽松,一般认为只要有 3 个以上的样本就可以达到一定的预测精度,可以作为地价预测的辅助方法之一。灰色预测法的思路是:通过对原始数据处理,将原数列变成生成数列。生成数列呈递增趋势,具有指数律性质,因而可用指数函数去拟合其规律,并用微分方程来描述,建立具有预测功能的 $GM(1,1)$ 模型。灰色预测法同样需要收集足够多的数据,而数据的准确性对价格影响也很大,在我国现阶段的基准地价评估工作中只能作为地价预测的辅助方法之一。

(三)每米加价法

有学者建立了商住综合用地评估的每米加价模型。假设在某个城镇中,已经评估出各路段的商业路线价和各区域的住宅级别价,并且假设除了容积率、建筑密度和使用年限外,上述三种价格的其他条件均一致。进行建筑密度和使用年限的修正,并对商业路线价的容积率进行修正后,通过对"影响商业街面房价格的宗地平均深度"的设定,将商住综合用地的路线价转化为在住宅用地级别价基础上的每米平均加价。"每米加价"法,可结合考虑商业路线价的商业繁华度修正幅度和住宅用地级别价的修正幅度,确定某一路段商住综合用地每米加价的范围或修正幅度。该法是路线价法的延伸,主要适用于平面综合地价,对于立体综合地价评估,影响因素较多,设定修正系数繁杂。

（四）基准地价分类修正综合法

基准地价分类修正法是在认定地块所处的土地级别,查阅相应级别的商业用地基准地价和住宅基准地价,调查宗地地价的个别影响因素、区域影响因素。采用基准地价系数修正法,根据商住用地的空间利用结构,分别测算该商住用地纯粹作为商业用地和住宅用地时的地价。然后按商住用地各楼层的实际用途,分别将相应用途的楼层地价相加,评估出商住综合用地价格的方法。从土地估价报告编制的角度看,应用基准地价评估的方法操作起来方便快捷,但要获得可信度较高的结果还需要注意很多问题。在实际评估过程中出现很多错用基准地价的情况,常见的如住宅和商业部分不动产售价水平相差很大,但仍采用建筑面积比例测算面积分摊系数,造成测算结果比实际地价水平低;或者由于采用的地价楼层分配系数覆盖的评估区域面积过大,会出现在评估区域的中心测算结果偏高,在区域的边缘测算结果偏低的情况。

二、地价空间分配综合评估法

学界对平面综合性用地评估已多有研究,一般采用上述方法进行评估。但对立体综合性用地的地价评估,目前所采用的方法,尚有一定的不足,需对其特点进行系统认真分析,建立相应的评估方法。对于立体综合用地,其楼层、用途、产权呈现多样化,出现空间差异性的同时,自然出现楼宇的载体——土地在其中的作用,进而出现了土地价格的空间差异性问题。

综合用地的土地是同一块,实物形态上不可分割,这块土地有一定的价格,其上附有土地一定年限的使用权。当房地产开发商出售开发楼宇的某一部分给特定客户时,这块土地的使用权的一个相应份额也就随之转移,最后是购得这座大楼的共同所有者拥有这一块土地的使用权。但是大家各自拥有的份额为多少？总体地价如何合理地分配到各楼层的楼价之中去？就成了一个现实问题。

拥有一块土地,不仅享有这块土地的一定权利,而且要承担由此权利而产生的义务。例如,在建筑物寿命终了时或建筑物被毁后,大家决定将法定剩余的土地使用权转让,但转让的地价如何分配;另外,在建筑物使用过程中,政府要根据这块土地的位置或价格征收土地税,这土地税在各部分房屋所有者之间如何分担。解决这些问题,就是要求解决在建筑物建设完成后地价如何合理分摊的问题,由此确定每个所有者拥有的土地权利的份额。

因此,对于综合用地土地价格评估主要解决的问题有二,其一是对其综合用地基准地价评估,其二是对不同用途的立体空间地价分摊。基于以上认识,结合相关土地估价理论与实践,对综合用地土地价格评估运用下述公式来测算,在确定相关参数过程中,解决空间地价分配问题。

$$V_i = P_0 \times U_i \times F_i \tag{3-1}$$

$$V = M \sum_{i=1}^n V_i \tag{3-2}$$

式中 V 为综合地价;V_i 为 i 层楼层楼面地价;P_0 为综合基准地价;U_i 为 i 层用途调整系数;F_i 为 i 层地价空间分配系数;M 为楼宇容积率。

（一）综合基准地价的确定

基准地价是宗地地价评估的基础。一般情况下,基准地价是同一土地级别内按商业、住宅、工业等不同用地类型基准地价,可称为类别基准地价。由于类别基准地价反映的是相应用途下的基准地价,因此即使在同一级别土地上,不同用地类别的基准地价必然也是不同的。但从城市规划要求、城市用地功能的合理组织以及土地出让等实务出发,有必要对类别地价进行综合,提出一个切合实际并有实务运作价值的综合地价水平。在类别基准地价基础上评定综合用地基准地价,不仅有其宏观指导意义,而且也具有明显的微观实践价值。

1. 边际分析法

在城市的中心地区,通常是商业用地的基准地价最高,住宅用地次之,工业用地的基准地价最低。这与用地效益的高低密切相关。设想市中心地区的土地要出让,从发挥土地最高效益出发,应该参照商业用地的基准地价确定其综合基准地价。以此综合基准地价为基础,通过各项因素修正,便可得到合理的宗地出让价格。从完善城市用地结构的角度而言,这种地价政策十分有利于促使市中心地区现有土地利用类别的置换,即可在地价这个经济杠杆的作用下,促使现有住宅用地,尤其是工业用地逐步让位于商业用地,以实现土地的最佳利用和发挥土地的最大效益。因此,遵循最佳利用和最高收益原则,综合基准地价就以同一级别土地最高类别基准地价为准。

2. 主导用途决定法

同一项目多用途用地中,不同用途在整个楼宇中所占的比例不同,如果某一种用途所占比例较大,超过60%以上,则该用途在整个楼宇中处主导地位,则综合基准地价即以该用途的类别基准地价为准确定。当然,主导用地所占比例可采用面积比例或预期效益比例。对于预期效益比例不便测算的情况下,一般采用面积比例。

3.多用途加权平均法

同一项目多用途用地中,如果没有一种用地类型中明显优势,综合基准地价则采用多用途类别地价加权平均法测算。

鉴于综合用地具有集聚效应、财富效应、空间效应、内生效应、联动效应,其基准地价也应高于单一类别基准地价,通过加权平均的基准地价,显然没有考虑综合用地多种效应,因此,对加权平均所得结果还须进行一定的调整,才能成为综合基准地价。综合基准地价用下式计算:

$$P = \sum_{j=1}^{n} p_j f_j \times (1 + \frac{p_{j\max} - \sum_{j=1}^{n} p_j f_j}{\sum_{j=1}^{n} p_j f_j - p_{j\min}}) \tag{3-3}$$

式中,p_i 为同一级别下 j 用途的基准地价,f_j 为 j 用途所占楼宇的权重。

(二)用途调整系数确定

用途调整系数是指在综合基准地价的基础上,根据楼层不同用途和行业进行地价修正的系数。由于类别基准地价与综合基准地价之间存在差异,故在综合基准地价的基础上进行修正。用途调整系数用下式计算:

$$U_j = (1 - \frac{P_0 - P_j}{P_0}) \times P_K \tag{3-4}$$

式中,U_j 为 j 用途的调整系数;P_j 为 j 用途类别基准地价;P_k 为行业修正系数,其取值参照《基准地价土地用途分类研究》确定方法与相关系数。

(三)地价空间分配率确定

1.现有分摊方法的解析

(1)按建筑面积分摊

所谓按建筑面积分摊是指将立体空间中的某权益人所拥有的建筑面积占该建筑物总面积的比例,作为该权益人所拥有的土地价值量,或土地份额。即用标的部分的建筑面积占大楼建筑总面积的比例确定其占有的土地份额。对于每一楼层应分摊的地价也遵循上述思路。即

$$r = \frac{s_i}{S} \tag{3-5}$$

式中:r 为某权益人应分摊的地价(或某楼层应分摊的地价)占总地价的比例;s_i 为该权益人占有的建筑面积(该楼层建筑面积);S 为总建筑面积。

这种地价分摊方法曾在香港采用过,但后来随着情况的变化出现了一些问题。具体情况如下:香港主要采用的是英国法律,根据英国法律,一项财产的共同占有人

不得分割财产,只能分配在其中占有的份额。但是,法律却没有规定按何种办法来分配这种份额。20世纪60年代以前,最流行的方法是每个单元分配相同的份额。例如,如果某个建筑物有100个单位,那么每个单位在土地中拥有的份额就是1/100。那时这种专断的份额分配办法并不影响业主的实际权益,因为这只是在法律虚幻上产生的对土地的权益。然而在70年代初期,当许多为期75年的地契在1973年就要到期时,政府决定再批出另一个75年的租期,并需补地价,这时这种专断的份额分配办法的问题就突出了。从上例来看,如果再批租需缴100万美元的地价,那么,将这个地价分摊给这些各在土地中拥有1/100份额的100个业主,最自然的做法是每个业主负担地价的1/100,即10000美元,但是如果这100个单位中有10个是处在楼底的商店,而在香港,商店的价值占了建筑物价值的大部分,这就引起了对这些商店业主应该负担比他们在土地中拥有的份额要大的地价份额的争论。

　　可见,立体综合用地地价的面积分摊法,其结果是:不论某人拥有的建筑处在任一楼层或某一楼层中的任一单元,只要建筑面积一样,其分摊的地价份额均相等。然而,不同楼层的利用价值是不一样的,尤以商业利用类型的差异最为明显,而不同楼层利用价值的差异显然不是因建筑物而引起,因为建筑物的造价可以被认为是相等的。这一差异是由土地所产生的,即相同建筑面积不同楼层的土地收益能力或效用是不同的,进而其所产生的收益及其价格是不相同的,因此按建筑面积分摊土地价值与土地权益不相符合,存在明显的缺陷。

　　(2)按房地产价值分摊

　　为了避免单纯按建筑面积来分摊地价的缺陷,人们又引入了房地产价值分摊方法,即将某权益人所拥有的部分房地产(土地加建筑物)的价值(即楼价),与整体房地产的价值比,作为该权益人所拥有的部分土地占整个土地权益的份额,通过已知部分和整体房地产的价值量,求取该权益人所拥有的土地使用权的份额,进而计算该部分的土地价值。对于不同楼层,也按其不同楼层的房地产价值来分摊。即

$$r = \frac{v_i}{V} \tag{3-6}$$

　　式中,r为某权益人应分摊的地价(或某楼层应分摊的地价)占总地价的比例;v_i为该权益人所占有的房地产价值(或该楼层房地产价值),V为房地产总值。

　　房地产价值分摊法反映了由于各楼层的楼价不同,其分摊的地价也相应不同,这是符合土地权益原则和要求的。但进一步分析,可以发现该方法分摊的结果使建筑物各层或同层各部分建筑的单位造价相差甚大,引起理论上一个悖论。例如,有一高层建筑,其房地产总价值为1000万元,地价为400万元,各楼层建筑面积均相

同。设甲拥有其中的一楼层,办公用途,其市场价值为 100 万元;乙也拥有其中的一楼层,住宅用途,其市场价值为 40 万元。则采用房地产价值分摊法,有:A 占有的土地份额为 100/1000＝10% ,分摊的地价为 400 * 10% ＝40;B 占有的土地份额为 40/1000＝4% ,分摊的地价为 400 * 4% ＝16 万元。A 拥有的 100 万元办公楼部分,扣除 40 万元的土地价值后,其拥有的建筑物价值为 60 万元;而 B 拥有同样建筑面积的建筑物价值仅为 24 万元。这种现象显示了该种地价分摊方法不甚合理,不能准确把握地价的空间差异。

（3）按土地价值分摊

这种分摊方法的思路是基于假设开发法的估价思路,运用了剩余法的原理,即地价等于楼价减建筑费、利息、利润等,所分摊的地价比例等于占有部分的房地产价格减建筑物价格与房地产总价值减建筑物总价值之比。即

$$r = \frac{v_i - v_k}{V - V_k} \tag{3-7}$$

式中,r 为某权益人应分摊的地价(或某楼层应分摊的地价)占总地价的比例;v_i 为该权益人所占有的房地产价值(或该楼层房地产价值),v_k 为该权益人所占有(或该楼层)建筑物价值(为房地产总值),V 为总楼价,V_k 为建筑物总价。

这一分摊方法从理论上来说是完善的,但在实践运用仍然存在不容忽视的三个方面的不足:第一,实际的总楼价在楼盘全部卖出前难以确定,而在现行的房地产市场中一座楼宇留有部分面积甚至相当部分面积数年空置不能清盘是十分普遍的现象。这一状况造成此类楼宇实际无法按剩余方式分摊地价。第二,该方法须以预知标的楼宇的楼价为前提,而很多实际情况是我们寻求地价合理分摊的目的就是为了要确定标的部分的房地产价格。第三,用该方法确定标的楼宇的占地份额必须同时输入四个变量,这并不是一件简单的事,且这些变量值将随着标的楼宇与楼层不同而变化。因此,这一方法一般情况下只适宜解决个案,批量处理的可操作性差,难以为房地产估价师及政府管理部门普遍采用。但是在满足所需的前提条件下,求取单幢楼宇的楼层楼面地价是可以采用此方法的。

通过上述对现有的、正在运用的立体综合地价分摊方法的分析,我们可以看出,三种方法都是以个案为研究对象,这是它们共同的不足。其中,按建筑面积和按房地产价值的分摊方法是早期采用的一种方法,他们在操作上是比较简单的,但其理论基础是不合理的,其分摊结果和实际值有较大的差别,因此在实际的地价分摊操作中一般不宜采用。按土地价值分摊的方法克服了前两种方法的缺陷,具有理论上的合理性,符合剩余法的原理,其分摊结果也和实际情况较为接近;但此方法批量处

理的可操作性差,只适宜解决个案,但在解决个案的过程中又需预知大量标的楼宇的变量,因此在运用上就难以推广。

2.按楼层地价分配率分摊

有鉴于以上三种方法的不完善性,结合前人研究成果,我们对楼宇楼层地价分摊提出了另一种思路,以便对土地价值分摊法进行补充和完善。其分摊思路是:收集典型楼宇样本,通过求取各楼宇各楼层的效用比,并将各楼宇建筑物效用分离出来后,即可得到每个楼宇样本的楼层地价分配比率系列;通过统计技术,得到某同质地区同结构某类型楼宇楼层地价分配率系列,运用概率论和数理统计方法对此地价分配率系列进行检验,以及求得各楼层地价分配率置信区间后,便可用于在楼层和用途与该类别建筑物相近或相似的其他楼宇地价的分摊。

(1)楼层地价分配率序列的取得

①各楼层效用比

由于立体用地各层楼的效用不同,造成了售价之间的差别,将各楼层的单价以百分率方法来表示,即称为楼层效用比。计算时测得各楼层的平均单价,以最低单价为基数,各楼层单价与最低单价之比即为各楼层的效用比率,可以简易求得。楼层效用比是利用市场支付意愿差异程度来观察各地段高层楼房各层间存在的差异比率,是求算地价分摊的基础资料。

②建筑物效用比

建筑物效用比是建筑物部分在整个楼层效用比中所占的比率。其计算方法是建筑物总价格与房地产总价格(即楼价)的比值与楼层效用比的平均值的乘积。建筑物价格由建造建筑物的土建安装、内部固定设备、室外配套及专业、管理费等全部直接和间接的成本费用组成,并含正常的利息、利润。一般认为各楼层、各部位的建筑物单位价格是相同的,是将建筑物总价按总面积分摊后的平均价格,若为特殊设备、特殊装修的楼层和部位,建筑费有明显差异的,应根据实际情况进行个别部位的调整,尽量排除因装修、设备而造成的建筑成本差异。

③楼层地价效用比

楼层地价效用比是按各楼层所处土地立体空间的位置给予分配的比率,各楼层价值差异,并非由建筑物引起,而是由土地空间位置不同所致,故用楼层效用比减去建筑物效用即可求得楼层地价分配系数。按算术平均数求得每一类别的楼层地价分配系数序列。

④用统计技术来确定楼层地价分配率序列

楼层地价分配率是楼层地价效用比与楼层地价效用比和的比值。依据楼层地价效用比即可求得。

要寻求各类别建筑物楼层地价分配率序列的统计规律,显然不能寄希望于经由市场调查直接获取各楼层的地价分配系数;可以遵循剩余法的思路,由各楼层效用比和建筑物效用比,反求楼层地价分配效用比,而前两者的数据资料是完全可以从市场调查中得到的。那么,我们又该如何从样本的市场调查资料推断得到总体规律呢?可采用数理统计技术,首先,广泛调查收集高层建筑的各楼层用途分布、交易价格及建筑物价格的市场资料;其次,对上述资料按房屋坐落地段相似、楼层用途分布相近、建筑层数相同的标准整理归类;再次,对属于同一类别的各楼宇分别按剩余法方式求取各楼宇的楼层地价分配率序列;最后,按算术平均数求得每一类别的楼层地价效用比,并获得楼层地价分配系数序列。

(2)对楼层地价分配率系列进行可靠性检验

所求得的楼层地价分配率是否可靠还需经过检验,在此我们运用概率论和数理统计的有关知识对所求得的楼层地价分配率进行假设检验。其方法是:收集与所求得的楼层地价分配率样本相似的样本资料(房屋坐落地段相似、楼层用途分布相近、建筑层数相同),对这些样本资料(称为检验样本)同样按上述四个步骤求出另一个楼层地价分配率系列(可称为检验样本楼层地价分配率系列),同时我们也能计算出各检验样本楼层地价分配率的不同方差,此时假设原所求得的楼层地价分配率是可靠值,并给定一定的检验水平,就可利用 t 分布来检验原楼层地价分配率系列是否可靠。如果通过原来的典型样本所求得的楼层地价分配率系列经检验是不可靠的,则需要重新收集典型样本资料米重新求取一个楼层地价分配率系列,经检验在其可靠度范围内时才能进行运用。具体方法将在后文中阐述。

(3)对楼层地价分配率系列作区间估计

简单地以典型样本平均数值直接作为总体平均数,是以样本数据推断总体参数的一种点估计方式。该方法虽然操作简便,但没有考虑样本误差,也没有说明估计的准确度和可靠性大小,特别是房地产具有的异质性特点使标的楼宇和它所归属类别中的样本楼宇必有很多的差异。因此,笔者以为从每一类别中的典型样本楼层地价分配率序列推断该类别总体的楼层地价分配率系列时,更宜采用区间估计方式,即给出楼层地价分配率的一个区间范围,而非仅仅一个确定的数值点。这样,有经验的估价师便可根据标的楼宇的具体情况,作弹性选择。

对楼层地价分配率作区间估计需要在完成上述四个步骤的基础上,再计算出各类别每一楼层地价分配率的样本方差,给定一个置信水平,利用 t 分布表,可以求得楼层地价分配率的置信区间。

3. 楼层地价分配系数确定公式

（1）求取各楼层效用比

大楼共有 n 层，各层的平均单位楼价为 $P_i(i=1,2,\cdots,m)$，建筑物总价格为 c，房地产总价格为 P，各楼层的效用比率为 $a_i(i=1,2,\cdots,m)$，建筑物的效用为 b，楼层地价分配率为 $c_i(i=1,2,\cdots,m)$，则，

根据上述思路，各楼层单价与最低单价之比即为各楼层的效用比率，即，

$$a_i = \frac{p_i}{p_{imin}} \qquad (3-8)$$

（2）求取建筑物效用比

建筑物效用是建筑物总价格与房地产总价格（即楼价）的比值与楼层效用比的平均值的乘积，即

$$b = \frac{1}{m}\sum_{i=1}^{n} a_i \times \frac{C}{P} \qquad (3-9)$$

（3）求取楼层地价效用比

楼宇楼层地价效用比为各楼层效用比与建筑物效用比之差的平均值。即

$$c_i = a_i - b \qquad (3-10)$$

（4）楼层地价分配率序列

楼层地价分配率是楼层地价效用比占各楼层地价效用比之和的百分比。即

$$F_i = \frac{c_i}{\sum_{i=1}^{n} c_i} \times 100\% \qquad (3-11)$$

$$F = \frac{1}{m}\sum_{j=1}^{m} F_j \qquad (3-12)$$

（5）对楼层地价分配率系列进行可靠性检验的相关步骤

采集与上述相同区域同类建筑相同用途楼宇样本，设该楼宇样本共 N 幢，每幢楼宇同样为 m 层，第 j 幢建筑第 i 层的平均单位楼价为 $Q_{ji}(j=1,2,\cdots,N;i=1,2,\cdots,m)$，第 j 幢楼房的建筑物总价格为 $V_j(j=1,2,\cdots,N)$，第 j 幢楼房的总楼价 $P_j(j=1,2,\cdots,N)$。

通过上述四个步骤，可以求得检验样本的楼层地价分配率系列 $x_1,x_2,\cdots,x_m$。设检验样本的楼层地价分配率系列各楼层样本方差为 S_i^2，利用方差公式

$$S_i^2 = \frac{1}{N-1}\sum_{j=1}^{N}(x_{ji} - x_i)^2 (i=1,2,\cdots,m) \qquad (3-13)$$

可以求得检验样本的楼层地价分配率系列的各样本方差。假设根据原典型样本所

求的楼层地价分配率是可靠值,即 $c_i(i=1,2,\cdots,m)$ 是可靠的,根据 t 检验方法,构造统计量 t,并确定其分布(计算出 t_i 的值):

$$t_i = \frac{x_i - c_i}{\sqrt{\dfrac{s_i^2}{N}}} \sim t(N-1) \tag{3-14}$$

对于给定的检验水平 $\alpha(0<\alpha<1)$,由 $P(|t_i|>\lambda)=\alpha$ 和自由度 N-1(自由度表示误差信息的个数),查 t 分布表,确定临界值 λ(分位数)。

若 $|t_i|>\lambda$,表明检验样本的楼层地价分配率在检验水平 a 的条件下分布是超出了临界值 λ,与典型样本所求取的楼层地价分配率系列 c_i 有显著差异,则通过典型样本所求取的楼层地价分配率系列 c_i 在检验水平 a 的条件下是不可行的,不能用于相似类别建筑物地价的分摊,这时需要收集更多的同类型样本资料,重复上述步骤,重新求取楼层地价分配率,再进行假设检验;若 $|t|\leqslant\lambda$,则通过典型样本所求取的楼层地价分配率系列 c_i 在检验水平 a 的条件下是可行的,可用于与样本楼宇(房屋坐落地段相似、楼层用途分布相近、建筑层数相同)相似的其他楼宇的地价分摊。

(6)对楼层地价分配率系列作区间估计的相关步骤

经过可靠性检验后,能确定一个可行的楼层地价分配率系列 F_i,这时我们需要对此系列作一个区间估计,以尽量减少误差,提高其准确度。

首先,根据方差公式

$$\delta_i^2 = \frac{1}{n-1}\sum_{j=1}^{n}(c_{ji}-c_i)^2 \ (i=1,2,\cdots,m), \tag{3-15}$$

计算出各类别每一楼层地价分配率的样本方差。

其次,取定显著性水平。$(0<a<1)$ 则第 i 层地价分配率的置信区间为:

$$\left(c_i - \lambda\sqrt{\frac{\delta_i^2}{n}}, c_i + \lambda\sqrt{\frac{\delta_i^2}{n}}\right) \tag{3-16}$$

其中,临界值 λ 的大小可从 t 分布表中相应于自由度为 n-1、置信水平为 1-a(又称为置信度)的位置处查到。通常,a 可取 0.01、0.05 或 0.1,视精度要求的具体情况而定。

第四章　立体用地地价空间分配率实证研究

理论的研究结果必须经过实践的检验。通过对兰州市安宁区房地产市场收集到一批商住楼的相关数据,经过筛选,选取 2006 年建成当年出售的 6 幢商住楼(分别用 A、B、C、D、E、F 表示)和 2007 的 5 幢商住楼作为地价分摊的典型样本,用以求取楼层地价空间分配系数。

选取样本位于兰州市安宁区,2006 年的 6 幢,其中 A、B 二幢是众邦金水湾楼盘内 1、2 号楼,C、D、E、F 是黄河家园楼盘内 13、14、25、26 号楼。六幢楼具有以下共同点:(1)楼盘位于同一地段,其平面地价上非常接近;(2)建筑形态相同,均为钢混结构,只有简单装修,不需要进行房地产状况修正;(3)开盘售出时间均为 2007 年,以 2007 年 9 月份出售公告价为基准,参考同期成交价进行适当修正,在同一时期,楼价与建筑物价格不需要进行价格时点修正;(4)底层均作为临街商铺。

各楼宇的建筑面积略有不同,有的为一梯两户三个单元,有的是一梯三户两个单元,但建筑面积的差异或容积率并不影响地价分摊率的求取。根据收订的资料,这些楼宇各楼层的单位价格 P_{ij},各建筑物总价格 C_j(包括建筑成本、费用及建筑部分的利润、利息部分),各楼宇总楼价 P_j,如表 3-4-1 所示。

表 3-4-1　各楼宇各层单位楼价 P_{ij}、各建筑物总价格为 C_j、各楼宇的总楼价 P_j

单位:元/平方米

楼宇 楼层	A	B	C	D	E	F
1	11000	11000	10000	10000	10000	10000
2	9000	9000	9000	9000	9000	9000
3	3960	3680	3900	3060	3900	3900
4	4120	3930	4180	3280	4080	4180
5	4280	4180	4268	3360	4220	4268
6	4420	4350	4380	3570	4280	4380
7	4570	4460	4500	3760	4360	4500
8	4730	4540	4690	3940	4490	4690

楼层 \ 楼宇	A	B	C	D	E	F
9	4980	4660	4780	4180	4580	4780
10	5130	4730	4880	4320	4680	4880
11	5280	4880	4980	4500	4780	4980
12	5380	4960	5090	4680	4900	5080
13	5510	5220	5210	4860	5120	5180
14	5650	5460	5340	5220	5280	5280
15	5820	5680	5520	5420	5340	5380
16	6100	5860	5690	5600	5580	5480
17	6270	6050	5580	5850	5440	5580
18	6120	5940	5580	5850	5380	5680
建筑物价格 C_j	38850	38850	38850	36000	36000	36000
楼盘总价 P_j	102320	98580	97568	126450	95410	97218

一、求取商住楼楼层地价分配系数

(一)求取各楼宇、各楼层效用比

运用公式(3-8),测算各楼宇楼层效用比,见表3-4-2。

表3-4-2 各楼宇楼层效用比

楼层 \ 楼宇	A	B	C	D	E	F
1	2.7778	2.9891	2.5641	3.2680	2.5641	2.5641
2	2.2727	2.4457	2.3077	2.9412	2.3077	2.3077
3	1.0000	1.0000	1.0000	1.0000	1.0000	1.0000
4	1.0404	1.0679	1.0718	1.0719	1.0462	1.0718
5	1.0808	1.1359	1.0944	1.0980	1.0821	1.0944
6	1.1162	1.1821	1.1231	1.1667	1.0974	1.1231
7	1.1540	1.2120	1.1538	1.2288	1.1179	1.1538
8	1.1944	1.2337	1.2026	1.2876	1.1513	1.2026

续表

楼宇 楼层	A	B	C	D	E	F
9	1.2576	1.2663	1.2256	1.3660	1.1744	1.2256
10	1.2955	1.2853	1.2513	1.4118	1.2000	1.2513
11	1.3333	1.3261	1.2769	1.4706	1.2256	1.2769
12	1.3586	1.3478	1.3051	1.5294	1.2564	1.3026
13	1.3914	1.4185	1.3359	1.7451	1.3692	1.3282
14	1.4268	1.4837	1.3692	1.7255	1.3538	1.3538
15	1.4697	1.5435	1.4154	1.7712	1.3692	1.3795
16	1.5404	1.5924	1.4590	1.8301	1.4308	1.4051
17	1.5833	1.6440	1.4308	1.9118	1.3949	1.4308
18	1.5455	1.6141	1.4308	1.9118	1.3795	1.4564

（二）求取各楼宇建筑物效用比

运用公式（3-9），计算各楼宇建筑物效用比，见表3-4-3。

表3-4-3 各楼宇建筑物效用值

楼宇	A	B	C	D	E	F
建筑物效用值	0.5450	0.5865	0.5534	0.4703	0.5140	0.5128

（三）各楼宇不同楼层地价效用比

运用公式（3-10），计算各楼宇不同楼层地价分配系数，见表3-4-4。

表3-4-4 各楼宇不同楼层地价效用比

楼宇 楼层	A	B	C	D	E	F
1	2.2327	2.4026	2.0107	2.7977	2.0501	2.0513
2	1.7277	1.8591	1.7543	2.4709	1.7937	1.7949
3	0.4550	0.4135	0.4466	0.5297	0.4860	0.4872
4	0.4954	0.4814	0.5184	0.6016	0.5322	0.5590

楼字 楼层	A	B	C	D	E	F
5	0.5358	0.5494	0.5409	0.6277	0.5680	0.5815
6	0.5711	0.5956	0.5697	0.6964	0.5834	0.6103
7	0.6090	0.6255	0.6004	0.7584	0.6039	0.6410
8	0.6494	0.6472	0.6491	0.8173	0.6373	0.6897
9	0.7125	0.6798	0.6722	0.8957	0.6604	0.7128
10	0.7504	0.6988	0.6979	0.9415	0.6860	0.7385
11	0.7883	0.7396	0.7235	1.0003	0.7116	0.7641
12	0.8136	0.7613	0.7517	1.0591	0.7424	0.7897
13	0.8464	0.8320	0.7825	1.2748	0.8552	0.8154
14	0.8817	0.8972	0.8158	1.2552	0.8398	0.8410
15	0.9247	0.9570	0.8620	1.3009	0.8552	0.8667
16	0.9954	1.0059	0.9056	1.3598	0.9168	0.8923
17	1.0383	1.0575	0.8774	1.4415	0.8809	0.9179
18	1.0004	1.0276	0.8774	1.4415	0.8655	0.9436

（四）求取此地段此类楼宇不同楼层地价分配率序列

运用公式3-11、3-12,计算此地段此类楼宇不同楼层地价分配系数序列,见表3-4-5。

表3-4-5　楼层地价分配系数序列

楼字 楼层	A	B	C	D	E	F	平均
1	13.9305	14.8027	13.3548	13.1533	13.4270	13.0681	13.6227
2	10.7794	11.4543	11.6517	11.6168	11.7477	11.4345	11.4474
3	2.8386	2.5476	2.9662	2.4904	3.1830	3.1037	2.8549
4	3.0907	2.9661	3.4430	2.8284	3.4853	3.5610	3.2291
5	3.3428	3.3847	3.5929	2.9513	3.7204	3.7048	3.4495
6	3.5634	3.6693	3.7836	3.2739	3.8212	3.8877	3.6665

楼层 \ 楼宇	A	B	C	D	E	F	平均
7	3.7997	3.8535	3.9880	3.5659	3.9555	4.0838	3.8744
8	4.0518	3.9874	4.3116	3.8424	4.1738	4.3941	4.1269
9	4.4457	4.1883	4.4648	4.2112	4.3250	4.5411	4.3627
10	4.6820	4.3055	4.6351	4.4263	4.4929	4.7045	4.5411
11	4.9183	4.5566	4.8055	4.7028	4.6608	4.8678	4.7520
12	5.0759	4.6906	4.9928	4.9794	4.8624	5.0312	4.9387
13	5.2807	5.1258	5.1972	5.9934	5.6013	5.1946	5.3988
14	5.5013	5.5277	5.4186	5.9013	5.5005	5.3579	5.5345
15	5.7691	5.8960	5.7251	6.1164	5.6013	5.5213	5.7715
16	6.2103	6.1973	6.0146	6.3929	6.0043	5.6846	6.0840
17	6.4781	6.5154	5.8273	6.7770	5.7692	5.8480	6.2025
18	6.2418	6.3313	5.8273	6.7770	5.6684	6.0113	6.1429

二、楼层地价分配率序列可靠性检验

(一)计算检验样本地价分配率

根据检验方法,需要在同一地段再采集一些在楼层、用途、建筑结构与原样本相同的检验样本资料。通过收集,得到北岸公馆3、4号和黄河家园17号共3幢楼宇的相关资料,其楼盘地段、建筑形态均相似。仍以2007年9月份公告价为基准,参考同期销售价修正。按上述方法测算其地价分配率序列(表3-4-6)。

表3-4-6 检验样本楼宇各楼层地价分配率

楼层 \ 楼宇	A	B	C	地价分配率
1	9900	9860	9600	13.4790
2	9000	8600	9200	12.0289
3	3960	3350	3330	2.7557
4	4120	3490	3400	2.9635

续表

楼层＼楼宇	A	B	C	地价分配率
5	4280	3650	3520	3.2136
6	4420	3755	3720	3.4697
7	4570	4055	3880	3.8211
8	4730	4110	4020	4.0217
9	4980	4300	4220	4.3847
10	5130	4380	4300	4.5582
11	5280	4520	4450	4.8096
12	5380	4630	4600	5.0174
13	5510	4800	4710	5.2517
14	5650	5060	4770	5.5135
15	5820	5120	4810	5.6612
16	6100	5400	5130	6.1658
17	6180	5655	5385	6.5125
18	6120	5630	5230	6.3722
建筑物价格 C_j	36800	33600	33600	
楼盘总价 P_j	101130	90365	88275	

（二）计算检验样本楼层地价分配率的方差

运用公式3-13,计算检验样本楼层地价分配率方差。见表3-4-7。

表3-4-7　检验样本楼层地价分配率方差

楼层	1	2	3	4	5	6	7	8	9
方差 S^2	1.2062	1.7113	0.0380	0.0526	0.0548	0.0383	0.0157	0.0176	0.0240
楼层	10	11	12	13	14	15	16	17	18
方差 S^2	0.0427	0.0370	0.0254	0.0140	0.0311	0.0627	0.0308	0.0195	0.0582

（三）计算出统计量 t_i 的值

假设根据典型样本所求的楼层地价分配率是可靠值,即 $q(i=1,2,\cdots,m)$ 是可靠的,根据 t 检验方法,构造统计量 t,并确定其分布,根据公式3-14,及前面计算出的

检验样本的楼层地价分配率和方差,求 t_i

表 3-4-8 检验样本楼层地价统计量 t_i 表

楼层	1	2	3	4	5	6	7	8	9
t_i	-0.0775	0.8489	-1.1547	-2.2103	-1.9196	-1.9254	-0.9923	-1.5883	0.0976
楼层	10	11	12	13	14	15	16	17	18
t_i	0.0478	0.4394	0.7772	-2.2069	-0.2108	-0.7426	0.8763	3.9683	1.7032

(四)确定临界值 λ

通常取检验水平 $\alpha=0.05(0<a<1)$,由 $P(|t_i|>\lambda)=\alpha$ 和自由度 2(等于 N-1,在这里只有三个样本,所以 N 取 3),查 t 分布表,可知临界值 λ=4.303。

(五)作出判断

对照 t_i 值可见,在检验水平 $\alpha=0.05$ 的条件下,$|t_i|<\lambda=4.303$,因此,该检验样本的楼层地价分配率系列 x_i 与典型样本的楼层地价分配率系列 F_i 没有显著差异,可知所求得的楼层地价分配率系列 $F(i=1,2,\cdots,m)$ 是可行的,可用于与样本楼宇(房屋坐落地段相似、楼层用途分布相近、建筑层数相同)的其他楼宇的地价分摊。

三、对楼层地价分配率系列 $F_i(i=1,2,\cdots,18)$ 作区间估计

(一)计算出典型样本楼宇各楼层地价分配率的方差

运用公式 3-13,计算检验样本楼层地价分配率方差,见表 3-4-9。

表 3-4-9 各楼层地价分配率方差

楼层	1	2	3	4	5	6	7	8	9
方差 S^2	0.2701	0.1731	0.0714	0.0826	0.0811	0.0488	0.0316	0.0391	0.0192
楼层	10	11	12	13	14	15	16	17	18
方差 S^2	0.0233	0.0175	0.0180	0.1112	0.0363	0.0451	0.0571	0.1847	0.1553

(二)求出各楼层地价分配率的置信区间

因 $\alpha=0.05$ 已符合求取地价分配率的精度要求,则取显著性水平 $\alpha=0.05$,则其置信水平 1-α 为 0.95;又因样本个数 n 为 6 个,所以自由度 n-1 等于 5;根据显著性水平和自由度从 t 分布表中相应位置可查到临界值 λ=2.5706。

根据公式 3-16,可求取各楼层的地价分配率置信区间(见表 3-4-10)。

表 3-4-10　各楼层地价分配率置信区间

楼层	楼层地价分配率	置信区间	
		下限	上限
1	13.6227	12.3839	12.9385
2	11.4474	11.0689	11.0817
3	2.8549	2.8033	2.5546
4	3.2291	3.2391	2.9072
5	3.4495	3.3996	3.1443
6	3.6665	3.6525	3.4312
7	3.8744	3.8934	3.6840
8	4.1269	4.1771	3.9099
9	4.3627	4.3898	4.2114
10	4.5411	4.5376	4.3742
11	4.7520	4.7248	4.6090
12	4.9387	4.8833	4.7908
13	5.3988	4.8416	5.0459
14	5.5345	5.1580	5.3346
15	5.7715	5.2971	5.5473
16	6.0840	5.4297	5.8291
17	6.2025	5.3885	5.7431
18	6.1429	5.5943	5.7259

统计表明,其他类似商住楼(18 层)各楼的地价分配率有 95% 的把握落在表 3-4-10 所列的区间范围内。

四、兰州市住宅和商业楼宇立体空间地价分配率

我国的房屋一般 8 层以上就需要设置电梯,对 10 层以上的房屋就要提出特殊的防火要求和防火规范,因此我国的《民用建筑设计通则》(GB 50352-2005)、《高层民用建筑设计防火规范》(GB 50045-95)将 10 层及 10 层以上的住宅建筑和高度超过 24 米的公共建筑和综合性建筑划称为高层建筑。

　　根据消防方面的定义,对于住宅来说,1—3 层的住宅是低层住宅;4—7 层的住宅是多层住宅; 9—12 层的住宅是小高层住宅;13—29 层的住宅是高层住宅;30 层(100 米)以上是超高层住宅。

　　因此,按照楼层地价分配率测算方法,就住宅(8 层、9 层、13 层、30 层)立体空间地价分配率进行调查和测算,其过程不再一一赘述,其结果表见表 3-4-11。

表 3-4-11　不同高度住宅楼宇楼层地价分配率

所在楼层＼总楼层	8	9	13	30
一楼	1	1	1	1
二楼	1.0296	1.0255	1.1197	1.1302
三楼	1.3002	1.1048	1.1988	1.1893
四楼	1.3212	1.1636	1.3854	1.2544
五楼	1.3078	1.2057	1.4442	1.3254
六楼	1.2428	1.1548	1.5193	1.4142
七楼	1.2084	1.0911	1.5984	1.4911
八楼	1.1501	1.0529	1.7262	1.5207
九楼		0.9951	1.7850	1.5680
十楼			1.8519	1.6213
十一楼			1.9331	1.6331
十二楼			1.8783	1.7101
十三楼			1.8398	1.7574
十四楼				1.8757
十五楼				1.9527
十六楼				2.0651
十七楼				2.1124
十八楼				2.1716
十九楼				2.2130
二十楼				2.2604
二十一楼				2.3018
二十二楼				2.3254

所在楼层 ＼ 总楼层	8	9	13	30
二十三楼				2.3905
二十四楼				2.5030
二十五楼				2.6450
二十六楼				2.7219
二十七楼				2.7751
二十八楼				2.8343
二十九楼				2.7101
三十楼				2.6982

第五章　结论与应用建议

一、研究得出的主要结论

1. 界定了综合用地的内涵。综合用地是指同一宗地包括两种以上的用途的土地,具体可分为平面多用途用地、立体多用地和混合多用途用地。

2. 综合用地土地价格的实质则是指同一宗地不同用途对地价的分割,立体地价是土地各层空间纯收益的资本化或使用价值的货币表现。随着土地利用形态的改变,土地价格必然由平面计算向立体空间发展。它对于目前广泛存在的同一宗地上不同权属的价格分割具有重要实际意义。

3. 同一宗地上多种用途呈立体分布时,其价格评估较为复杂。目前常用的方法有剩余法、灰色预测法、每米加价法、基准地价综合修正法等方法,但由于方法本身存在的问题,用于综合楼用地的评估,其不同用途的价格与用地面积如何分摊,如何作用于土地,一直为业界人士所探讨和争论,所提出的各种方法,均在一定程度上存在理论或应用方面的缺陷。

4. 近年来,越来越多的城市在基准地价评估中引入楼面地价这一表现形式,以统一内涵的地面地价满足国家与当地政府宏观管理的需要,同时以楼面地价应用于实际宗地评估。同一项目多用途用地具有明显的集聚效应、财富效应、空间效应、内生效应、联动效应,与单一用途相比较而言,具有更高的效益。因此,本书以综合地价为基础,附以用途修正、楼层楼面地价分配率修正法对综合用地土地价格进行评估。

5. 为增强研究的可靠性,引入统计学 t 检验,对研究结论检验,并测算其楼层地价分配率置信区间。通过检验,该方法测算的楼宇楼层地价分配率符合显著性水平 $\alpha = 0.05$ 的精度要求。

6. 基于 t 检验,分别测算了住宅楼宇 8 层(无电梯)、9 层、13 层、30 层的楼层地价分配率。如表 3-5-1 所示:

表 3-5-1　不同高度住宅楼宇楼层地价分配率

所在楼层＼总楼层	8	9	13	30
一楼	1	1	1	1
二楼	1.0296	1.0255	1.1197	1.1302
三楼	1.3002	1.1048	1.1988	1.1893
四楼	1.3212	1.1636	1.3854	1.2544
五楼	1.3078	1.2057	1.4442	1.3254
六楼	1.2428	1.1548	1.5193	1.4142
七楼	1.2084	1.0911	1.5984	1.4911
八楼	1.1501	1.0529	1.7262	1.5207
九楼		0.9951	1.7850	1.5680
十楼			1.8519	1.6213
十一楼			1.9331	1.6331
十二楼			1.8783	1.7101
十三楼			1.8398	1.7574
十四楼				1.8757
十五楼				1.9527
十六楼				2.0651
十七楼				2.1124
十八楼				2.1716
十九楼				2.2130
二十楼				2.2604
二十一楼				2.3018
二十二楼				2.3254
二十三楼				2.3905
二十四楼				2.5030
二十五楼				2.6450
二十六楼				2.7219
二十七楼				2.7751
二十八楼				2.8343

续表

所在楼层　　总楼层	8	9	13	30
二十九楼				2.7101
三十楼				2.6982

二、应用建议

　　本书针对综合用地的地价评估,结合目前研究的相关评估方法,提出以类别基准地价为基础,测算综合基准地价、用途调整系数、楼层地价空间分配率进行修正测算的评估方法,进而以兰州市商住综合用地为例,测算了楼层地价分配率,并进行了可靠性检验。该方法相应的楼层修正、用途修正等修正体系,共同构成分布于各层空间的立体地价,不失为一种较为直观、便于操作的方法,它是对传统的基准地价修正方法的有益补充。在具体应用过程中,应注意以下几点:

　　1. 该评估方法以类别基准地价为基础,相关的区位因素、经济发展因素、基础设施因素对地价的影响,已在定级和基准地价测算过程中进行了综合考虑,因此运用此方法时,重点考虑不同行业(土地利用方式)和楼层地价分配率。

　　2. 本书所提供住宅用途下几种不同楼宇各楼层的地价分配率,可作为一般意义上的修正系数来用。但考虑到地价分配率仍要受经济因素、区位因素、人口分布等因素的影响,在精度要求相对较高的土地估价中,其楼层地价分配率须按提供的方法,选取样点重新测算。

　　3. 本书以商住混合用地为例探讨基准地价体系中综合用地的评估问题,而现实生活中还存在办公+住宅、办公+商业、工业+商业、工业+住宅等多种混合用地方式,以及三种以上用途混合的用地方式。这类情况及更为复杂的混合用地,亦可用该方法进行测算评估。

参考文献

　　1. 胡存智:《关于我国土地估价体系、方法和管理制度的探讨》,《中国土地科学》1992 年第 4 期。

　　2. 范雪峰:《小城镇基准地价评估中立体综合地价评估研究》,吉林大学硕士论文,2006 年。

3. 赵哲远、吴次芳、欧阳安蛟:《城市商住综合用地地价评估方法探讨》,《地域研究与开发》2003 年第 4 期。

4.陆丽珍:《城镇综合用地宗地地价评估方法研究》,《经济地理》2002 年第S1 期。

5.赵松:《立体地价与综合楼地价评估》,《中国土地》2004 年第 1—2 期。

6.徐一萍、李国安、唐绍祥、陈群标:《商住综合用地评估的加价模型》,《宁波大学学报》(理工版)2000 年第 12 期。

7.郑坤明:《小城镇应用基准地价对商住综合用地评估方法探讨》。

8.冯友健、林志鹤:《小城镇综合用地宗地地价评估方法研究》,《中国资产评估》1999 年第 6 期。

9.杜彬、张丽、赵英娜:《应用基准地价评估城镇综合用地地价的方法》,《南京师范大学学报》(自然科学版)2005 年第 7 期。

10.杜彬、张丽:《应用基准地价评估小城镇立体型综合用地地价研究》,《农机化研究》2005 年第 7 期。

11.齐鹏、张林楠:《综合用地土地价格的评估方法》,《资产评估》。

12.周诚:《土地立体观》,《不动产纵横》1995 年第 1 期。

13.于伟:《立体地价评估的理论与方法研究》,《不动产纵横》1995 年第 3 期。

14.赵尚朴、黄立佳:《城市土地立体利用的探索》,《不动产纵横》2000 年第 2 期。

15.毕宝德、吕萍、张福有:《从平面区位到立体区位从平面地价到立体地价》,《不动产纵横》1997 年第 2 期。

16.杜葵、高平:《地价在楼价中的分摊问题》,《城市开发》1998 年。

17.刘雅莉、张锡明:《混合用地地价评估方法研究》,载王松林主编:《土地管理调查研究文集》,中国环境科学出版社 2000 年版。

18.董黎明、胡健颖:《房地产开发经营与管理》,北京大学出版社 1996 年版。

19.王克忠:《房地产经济学教程》,复旦大学出版社 1996 年版。

20.郑云有、周国华:《容积率与建筑密度对地价的综合影响研究》,《经济地理》2002 年第 1 期。

21.李国安、徐一萍、唐绍祥等:《商住综合用地评估的加价模型研究》,《宁波大学学报》(理工版)2000 年第 4 期。

22.柴强:《房地产估价》,北京经济学院出版社 1995 年版。

23.王克忠、张维然、杨国诚:《房地产估价理论与方法》,高等教育出版社 1998

年版。

　　24.周寅康:《房地产估价——理论、方法、实务》,东南大学出版社 2001 年版。

　　25.于伟:《立体地价评估的理论与方法研究》,《不动产纵横》1995 年第 3 期。

　　26.何蕴理、贺亚平、陈中和等:《经济数学基础概率论与数理统计》,高等教育出版社 1988 年版。

　　27.《经济应用数学基础》编写组:《概率论与数理统计》,同心出版社 1998 年版。

专　题　四

兰州市协议出让金与基准地价关系研究

第一章　绪论

一、研究目的

基准地价体系的建立和协议出让金的确定,能够从制度上、源头上杜绝国有资产流失,对加强土地资产的管理,防止随意处置土地资产和划拨土地使用权非法入市,促进土地市场健康发展,提高国有土地资源配置具有积极的作用。

本书根据兰州市经济发展情况、基准地价体系以及现有的土地协议出让案例,研究协议出让金与基准地价的内涵及二者之间的构成与数量关系。在此基础上,结合其他城市的相关经验,借鉴东部发达地区,对比相同发展水平下地区的政策及测算方法,在符合国家有关规定的前提下,探讨适合兰州市各协议出让类型土地协议出让金的测算办法及其修正体系,以进一步规范兰州市国有土地市场行为,促进兰州市区域经济快速稳定健康发展。

二、研究背景

自国家55号令后,兰州市通过出台相应政策法规,制定兰州市国有土地使用权出让金标准,建立基准地价体系,修订土地综合定级级别图,确定土地出让金计价方法,逐步完善了国有土地使用权出让市场,建立起兰州市国有土地使用权出让体系。并且针对现实情况,继续进行补充规定:如出台调整增加建筑容积率,调整出让年限等增收土地出让金的相关规定,使国有土地使用权出让体系更加趋于成熟。

2006年国家颁布了《协议出让国有土地使用权规范》(试行),其中对协议出让国有土地出让金的测算方法作出了新的规定:协议出让金等于土地市场价格扣除划拨土地权益价格。但是《协议出让国有土地使用权规范》(试行)中并没有规定划拨土地权益价格的标准测算方法,因此全国各地对划拨土地权益价格的计算因各地实际情况而异,并未形成一套统一的实施计算办法。在《协议出让国有土地使用权规范》(试行)的基础上,兰州市相继出台了一系列有关国有土地协议出让的文件,对国有土地协议出让进行规范,并根据兰州市多年来的土地评估体系形成一套国有土地协议出让实施细则及出让金测算方法。近年来,此套方法对兰州市国有土地协议出让起到了重要的指导作用,规范了兰州市国有土地出让行为,但是随着社会经济形势变化,各种新现象的产生以及划拨权益价格测算方法缺乏国家政策法规支持的情况下,在其实施过程中也暴露出一些不可忽视的问题,急需对土地协议出让金的具体测算方法进行修正。

三、研究思路

在研究中,我们将收集整理全国各典型城市有关协议出让的政策法规以及已有的土地出让金测算办法,总结分析全国各地不同的协议出让金测算方法并对先进地区成熟的协议出让金测算方法进行经验借鉴;进行实地调研,根据兰州市 2003—2007 年协议出让土地交易案例资料以及现行基准地价图文资料,对不同情况下的出让金测算方法进行归纳总结,探究其在实施过程中存在的问题;同时,从理论上分析土地出让金、基准地价的内涵及构成,探讨二者之间在性质和数量上的关系,对兰州市协议出让金的合理水平予以分析。在以上三方面相互结合的基础上,以理论研究为指导,借鉴先进地区的较为成熟的测算方法,针对兰州市目前协议出让金测算方法上存在的问题,探讨提出兰州市土地协议出让金测算方法及其修正体系的方案,并根据兰州市土地市场供需状况、产业发展和实际应用操作的需要提出相关配套建议。

研究的基本框架如图 4-1-1 所示:

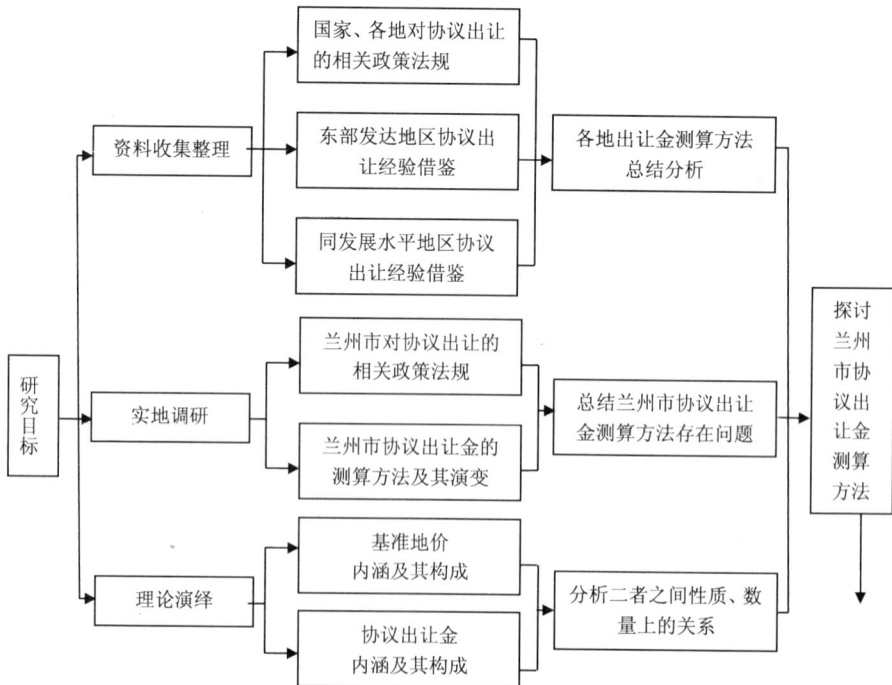

图 4-1-1　技术路线图

第二章　国家及其他城市关于协议出让的规定

一、国家关于协议出让的规定

自《中华人民共和国中外合资经营企业法（1979）》颁布以来，我国土地逐步进入市场。在土地市场发育不完善、发展面临资金压力的阶段，协议出让国有土地使用权对促进经济发展功不可没。为规范土地市场，国家出台了一系列有关协议出让的政策法规。

（一）关于协议出让的专门规定

专门针对协议出让全面进行规定的法规主要有 1995 年原国家土地管理局第 2 号令《协议出让国有土地使用权最低价确定办法》（已废止）、2003 年国土资源部第 21 号令《协议出让国有土地使用权规定》和 2006 年《协议出让国有土地使用权规范（试行）》等。

21 号令执行上、程序上规定了协议出让国有土地各个方面，重点在于对协议出让国有土地底价的确定进行规定。而最近新出台的《协议出让国有土地使用权规范（试行）》则从协议出让国有土地使用权的原则、范围、程序、协议出让金的计算、违反规定的处罚等各个方面作出了详尽的规定。其中最大的突破在于对协议出让金的计算方法提出了新的基本公式：应缴纳的土地使用权出让金额 = 拟出让时的出让土地使用权市场价格 – 拟出让时的划拨土地使用权权益价格。而上式所涉及的划拨土地使用权权益在《关于改革土地估价结果确认和土地资产处置审批办法的通知》（国土资发〔2001〕44 号）文件中进行的界定："依据划拨土地的平均取得和开发成本评定划拨土地使用权价格作为原土地使用者的权益。"另外，《国务院办公厅关于规范国有土地使用权出让收支管理的通知》（国办发〔2006〕100 号）也明确了国有土地使用权出让收入的范围："国有土地使用权出让收入（以下简称土地出让收入）是政府以出让等方式配置国有土地使用权取得的全部土地价款，包括受让人支付的征地和拆迁补偿费用、土地前期开发费用和土地出让收益等"，"土地使用者以划拨方式取得国有土地使用权，依法向市、县人民政府缴纳的土地补偿费、安置补助费、地上附着物和青苗补偿费、拆迁补偿费等费用（不含征地管理费），一并纳入土地出让收入管理。"

以上法规对协议出让国有土地进行了专门而全面的规范。除此之外，我国对在协议出让国有土地价款计算中占有重要地位的工业用地协议出让金最低标准也作出了规范。

(二)关于协议出让土地最低价标准、出让金最低标准的相关规定

1992年原国家土地管理局出台的《划拨土地使用权管理暂行办法》。第二十六条规定:"土地使用权出让金,区别土地使用权转让、出租、抵押等不同方式,按标定地价的一定比例收取,最低不得低于标定地价的40%。"

1994年《中华人民共和国房地产法》。第十二条规定:"土地使用权出让,可以采取拍卖、招标或者双方协议的方式。商业、旅游、娱乐和豪华住宅用地,有条件的,必须采取拍卖、招标方式;没有条件,不能采取拍卖、招标方式的,可以采取双方协议的方式。采取双方协议方式出让土地使用权的出让金不得低于按国家规定所确定的最低价。"

1995年《协议出让国有土地使用权最低价确定办法》。第五条规定:"协议出让最低价根据商业、住宅、工业等不同土地用途和土地级别的基准地价的一定比例确定,具体适用比例由省、自治区、直辖市确定,确定协议出让最低价应当综合考虑征地拆迁费用、土地开发费用、银行利息及土地纯收益等基本因素。"

1999年《国土资源部关于进一步推行招标拍卖出让国有土地使用权的通知》。第二条规定:"协议出让国有土地使用权的出让金,不得低于出让底价和国家规定的最低价,协议出让结果和地价评估结果要报上级土地行政主管部门备案,并向社会公开披露,接受上级土地行政主管部门和社会监督。"

2001年国发〔2001〕15号《关于加强国有土地资产管理的通知》。第三条规定:"采用协议方式供地的,必须做到在地价评估基础上,集体审核确定协议价格,协议结果向社会公开。"第五条规定:"要根据基准地价和标定地价,制定协议出让最低价标准。基准地价、协议出让土地最低价标准一经确定,必须严格执行并向社会公开。各级人民政府均不得低于协议出让最低价出让土地。"

2001年国土资源部《关于改革土地估价结果确认和土地资产处置审批办法的通知》(国土资发〔2001〕44号)中规定企业改制涉及划拨土地使用权协议出让最低价确定。企业改制时,划拨土地需转为有偿使用土地的,按出让土地使用权价格与划拨土地使用权价格差额部分核算出让金。据此核算出的土地出让金就有可能低于标定地价的40%,对于企业改制涉及的补缴土地出让金,不能按"不低于标定地价的40%"作为衡量低价出让国有土地的标准。

2001年国土资发〔2001〕174号《关于整顿和规范土地市场秩序的通知》。第四点规定:"要加大基准地价应用力度。要依据基准地价,评定标定地价,确定协议出

让国有土地使用权最低价。确定的宗地最低价,要作为考核协议出让土地时土地资产是否流失的标准。"

2004 年国发〔2004〕28 号《国务院关于深化改革严格土地管理的决定》。第一条第四款规定:"省、自治区、直辖市人民政府要依照基准地价制定并公布协议出让土地最低价标准。协议出让土地除必须严格执行规定程序外,出让价格不得低于最低价标准。违反规定出让土地造成国有土地资产流失的,要依法追究责任;情节严重的,依照《中华人民共和国刑法》的规定,以非法低价出让国有土地使用权罪追究刑事责任。"

国家有关协议出让国有土地使用权政策法规的一一出台逐步规范了协议出让土地市场,既完善了协议出让的法律体系,更规范了协议出让金的测算方法,有效地避免了国有资产的流失。

二、其他城市关于协议出让的规定及协议出让金的测算方法

(一)东部地区

1. 北京

(1)关于协议出让的规定

北京市在 2002 年 6 月 26 日即公布了《关于停止经营性项目国有土地使用权协议出让的有关规定》(京政办发〔2002〕33 号),其中第二条第五款中明确规定了可以协议出让的三种情况:绿化隔离带项目、小城镇建设项目、危旧房改造项目以及其他重大建设项目中的经营性项目用地,因和其他非经营性项目确实不可分割,而不能进入市土地交易市场公开交易的项目用地;属于规划为高科技、工业用途的经营性项目用地确需协议出让的;市政府批准的其他经营性项目用地。

并在 2004 年 1 月 17 日公布了对京政办发〔2002〕33 号文件的补充规定,着重强调了"市、区(县)发展改革、规划、国土房管、建设等行政主管部门要严格把关,对不符合协议出让条件的经营性用地,不得受理建设单位提出的立项、规划、用地、施工等申请"。并在第一条中进一步限制了协议出让的范围,自 2004 年 1 月 9 日起,对《规定》第二条第五款中的"绿化隔离地区建设项目用地"、"小城镇建设项目用地"、"开发带危改项目用地"、"国家级开发区和科技园区外生产加工型一般性高科技项目用地"四种经营性用地,需要办理国有土地使用权出让的,均须通过招标、拍卖、挂牌方式在土地交易市场公开进行。对在 2004 年 1 月 9 日以前政府有关部门已经受理的上述四类项目,由市发展改革委会同市规划委、市建委、市国土房管局提出需要办理国有土地使用权出让的处理意见,并报审市政府批准执行。

同时,北京实行国有土地使用权协议出让公示制度。办理国有土地使用权协议出让需经过受理、审查、地价评审、审核、复审、审定、签约和告知八个阶段。

(2)协议出让金的测算

在《北京市基准地价使用说明》中,明确规定"对于需要征收土地出让金的项目,凡在四环路道路中心线以内地区的,其土地出让金应按毛地价的40%征收;凡在四环路道路中心线以外地区的,其土地出让金应按毛地价的60%征收",并且"原审批的规划容积率发生调整的,应按重新核定的地价水平调整地价款(或出让金)"、"在补办存量房地产出让手续时,缴纳的地价款可根据房屋建成年代和市场交易类型,按照相应基准地价水平的80%至100%确定"。

为了鼓励集约利用建设用地,在计算土地出让金收缴总额时,计算方法为:

容积率≥1时,土地出让金＝楼面出让金×建筑面积;

容积率<1时,土地出让金＝楼面出让金×用地面积。

2.杭州

(1)关于协议出让的规定

2007年5月30日杭州市国土资源局出台了《关于进一步规范协议出让国有土地使用权的若干意见》的文件,该文件对协议出让国有土地使用权作了新的规定,要求各地认真贯彻落实国土资源部21号令和国土资发〔2006〕114号文(两个"规范")政策精神,严格按照上级规定把握好协议出让土地使用权的范围,规范协议出让的程序。同时《意见》还指出应加强用途管理,严格批后监管。除政策明确必须重新收回招拍挂出让的情况外,出让土地申请改变用途经批准后必须签订补充协议按规定缴纳出让金。同时要求各地通过完善复核验收等工作加强用地批后监管。建立完善相关工作制度,建立协议出让方案、土地出让价格公示和协议出让结果公布制度,进一步完善地价集体会审制度和严格责任追究制度。

为落实《国务院关于促进节约集约用地的通知》(国发〔2008〕3号)精神,浙江省2008年8月1日发布《浙江省人民政府关于切实推进节约集约利用土地的若干意见》(浙政发〔2008〕3号)中第十六条强调:"大力推进工业用地市场化配置。各地要认真落实国家和省关于工业用地招标拍卖挂牌出让的各项规定,严禁用地者与农村集体经济组织或者个人签订协议圈占土地,通过补办用地手续规避招标拍卖挂牌出让。要加强工业用地招标拍卖挂牌出让的组织领导和协调工作。工业用地实行'净地'出让,出让底价不得低于国家和省规定的工业用地出让最低价标准,严禁以财政补贴、返还、减免或变相减免土地出让金等形式低价出让土地。"

(2)协议出让金的测算

自 2003 年 8 月 1 日起施行的《杭州市土地管理规定》中第二十条第二款规定：
"以协议出让方式取得使用权的土地,确需改变用途或提高容积率的,由市、县(市)
计划、规划、土地行政主管部门提出意见后,报经同级人民政府批准。市、县(市)土
地行政主管部门应当补充签订土地使用权出让合同,相应调整土地使用权出让金。"

《关于调整杭州市区土地级别和基准地价标准的通知》(杭政函〔2004〕129 号)
中规定"凡符合有关规定,经批准需以协议方式出让土地使用权的,其出让价格按照
市政府《关于贯彻国务院国发〔2001〕15 号文件进一步加强国有土地资产管理的若干
意见》(杭政〔2001〕15 号)规定确定。为加强对以协议方式出让土地使用权的地价
管理,防止国有土地资产流失,决定建立协议出让土地使用权最低价标准。其中,属
净地方式出让的,工业等用地最低价不低于基准地价(含土地开发成本、级差地租和
市政配套费)的 70% ;属受让人自行承担征地拆迁的,工业等用地最低价不低于基准
地价(只含级差地租和市政配套费)的 70% 。"

具体的测算方法与国家 2006 年公布的《协议出让国有土地使用权规范(试行)》
完全一致。

3. 厦门

(1)关于协议出让的规定

闽政〔2005〕18 号文《福建省人民政府关于公布全省协议出让国有土地使用权最
低价标准及相关政策的通知》中规定:"协议方式出让国有土地使用权的适用对象为
依照法律、法规和规章的规定可以采用协议出让方式供地的项目。凡商业、旅游、娱
乐和房地产开发等经营性土地,必须由当地市、县国土资源行政主管部门采取招标、
拍卖或挂牌出让方式供地;工业、基础设施、公益事业等项目有两个或两个以上意向
用地者的,应当以招标、拍卖或挂牌出让方式供地。"

(2)协议出让金的测算

《福建省人民政府关于公布全省协议出让国有土地使用权最低价标准及相关政
策的通知》中规定:"协议出让最低价标准要以当地市、县政府公布的基准地价为基
础,凡基准地价已覆盖的地区,协议出让最低价标准为当地市、县人民政府批准公布
的相同级别相同用途的基准地价的 70% ;基准地价未覆盖的地区,协议出让最低价
标准为新增建设用地土地有偿使用费、征地(拆迁)补偿费用以及按照国家规定应当
缴纳的有关税费之和。"

2007 年公布的《厦门市地价征收管理若干规定》中进一步明确了一般性协议出
让最低价的测算方法,共分了四种类型来说明:

商业、住宅、办公、旅馆用地协议出让最低价＝基准地价系数修正值×地上建筑

面积；

工业用地协议出让最低价＝基准地价系数修正值×建设用地面积；

半地下室协议出让最低价＝基准地价×55％×地上建筑面积；

地下室协议出让最低价＝基准地价×50％×地上建筑面积。

同时对于地下建筑物也补充到"属于建设单位自营、不作为商品房出售的建筑物地下室，本着'谁投资、谁所有、谁受益、谁维护'的原则，免收土地出让金"。

对于划拨用地补办土地使用权出让手续，需缴纳土地出让金的，则：

不改变用途等土地使用条件的，应缴纳的土地出让金＝拟出让时的出让土地使用权市场价格－拟出让时的划拨土地使用权权益价格；

改变用途等土地使用条件的，应缴纳的土地出让金＝拟出让时的新土地使用条件下出让土地使用权市场价格－拟出让时的原土地使用条件下划拨土地使用权权益价格。

其中，划拨土地使用权权益价格可按（现行征地补偿标准＋相关税费）核定；也可由用地单位提供征地拆迁补偿费用和配套费付款凭证，经土地管理部门或征地拆迁管理部门结合剩余年限修正予以确认。

4. 湛江

（1）关于协议出让的规定

自 2006 年 8 月 1 日起施行的《关于公布和实施〈广东省协议出让国有土地使用权最低价标准3〉的通知》（粤国土资发〔2006〕144 号），首先明确了协议出让的范围为"除可以划拨和必须以招标、拍卖、挂牌等公开方式供地外的项目可采用协议出让方式，主要是指工业、基础设施、公益事业等项目"。文件中还对协议出让最低价标准的地价内涵、使用方法和管理方法作出了相应的说明。值得注意的是，"协议出让最低价，是各地在确定协议出让土地使用权价格时必须掌握的最低标准，不是土地出让的实际价格，当出让土地不符合设定条件时，应作相应修正。各地在协议出让国有土地使用权过程中必须确保国家土地所有权收益，防止国有土地资产流失。"

在 2007 年 4 月 4 日国土资源部和监察部联合下发了《国土资源部监察部关于落实工业用地招标拍卖挂牌出让制度有关问题的通知》（国土资发〔2007〕78 号）后，广州市国土房管局与市监察局联合拟出了具体贯彻意见和操作办法，并发出《关于工业用地出让有关问题的通知》，其中明确：对不符合 78 号文规定的可以协议出让的工业用地和不能在 2007 年 6 月 30 日前签订协议出让合同的已前置审批工业用地，规定采用招标拍卖挂牌方式出让或租赁。

（2）协议出让金的测算

湛江市自 2007 年 4 月 1 日起施行的《湛江市市区土地出让金标准计算办法》对协议出让金的计算作出了明确规定：

①对于划拨土地补办出让手续的，不改变原土地用途等土地使用条件，并经依法批准的：

应缴土地出让金＝拟出让时出让土地使用权市场价格×40%。

②划拨土地改变土地用途、容积率等土地使用条件，并经依法批准协议出让或公开交易的：

应缴土地出让金＝拟出让时的新土地使用条件下出让土地使用权市场价格－拟出让时的原土地使用条件下划拨土地使用权权益价格；

拟出让时的原土地使用条件下划拨土地使用权权益价格＝拟出让时的原土地使用条件下出让土地使用权市场价格×60%。

（二）东北三省及中部地区

1. 长春

自 2005 年 8 月 1 日起施行的《长春市国有土地使用权协议出让办法》中第八条规定了协议出让的范围为"非经营性用地；划拨土地不改变用途，原土地使用权人申请出让的；房地产转让涉及划拨国有土地使用权转让的；法律、法规和规章规定其他应当以协议方式出让的"，并在第十五条中作出了关于协议出让金的规定，"市、县（市）土地行政主管部门集体审核确定协议出让土地使用权的用途、面积、使用期限及出让金，出让金按评估的宗地地价核定。评估宗地地价低于国有土地使用权出让最低价的，按最低价核定"。

长府发〔2006〕10 号文《长春市人民政府关于公布实施长春市区基准地价等土地价格的通知》中明确规定"以有偿方式取得国有土地使用权的，土地出让底价由长春市国土资源局委托具有土地评估资格的中介机构进行评估，并由长春市国土资源局集体研究决定。协议出让土地价格评估，必须以基准地价为主要依据，以基准地价系数修正法为主要方法；招标、拍卖、挂牌方式出让的国有土地使用权的价格评估，必须采用两种以上评估方法，以竞价结果确定成交价"，同时，该文件公布实施了长春市区基准地价、土地使用权出让金均价、商业用地区段路线价、协议出让土地使用权最低价、土地租金标准。其中，土地使用权出让金均价是指政府土地纯收益，不包括新增建设用地有偿使用费和征地所发生的税费。从该文件公布的土地使用权出让金均价和基准地价的比值分析可知，商业用途土地的各级别土地使用权出让金和基准地价的比值在 30%—40% 之间，居住和工业用途土地则分别在 25%—40% 和 20%—40% 这一区间，即工业出让金标准的级别差距相对于商业用地的更加明显。

文件中对于工业用地还尤其指出:"工业用地的净地出让最低价按照工业用地基准地价的70%确定,工业用地毛地出让最低价按照工业用地出让金均价的70%确定。除国家有明确规定之外,工业用地的净地协议出让价格不得低于工业用地的净地出让最低价,工业用地的毛地协议出让价格不得低于工业用地的毛地出让最低价。"

2. 武汉

湖北省2004年11月份的"全省深化改革严格土地管理工作会议"中决定"湖北省将给协议出让土地制定最低价标准。今后土地出让价格如果低于该标准,情节严重的,将被追究刑事责任"。同时还规定,各地对商业、旅游、娱乐、商品住宅等经营性用地供应,必须采取招标拍卖挂牌方式。对未实行招标拍卖挂牌方式出让的,要查明原因,立即纠正。其他土地的供应计划公布后,同一宗地有两个或两个以上意向用地者,也应当采取招标拍卖挂牌方式供应。在企业改制中,原属划拨的国有土地使用权应进入土地有形市场公开交易,按市场价补缴土地出让金后才能进行转让。禁止将国有土地使用权与企业资产"捆绑"在一起,由各个行业部门或中介机构以协议方式交易后,再到土地管理部门办理协议出让手续。

随后,武政〔2004〕39号文《市人民政府关于公布武汉市市区土地出让金租金标准的通知》中给出了武汉市市区土地出让金标准、土地出让金(租金)级别及容积率修正系数等。文中规定"核算宗地土地出让金(租金)时,应以土地出让金标准为基础进行土地用途、容积率修正"。宗地出让金(租金)计算公式为 $P_s = P_n \times K$ 。式中 P_s 为宗地单位面积出让金(租金),P_n 为宗地对应的出让金(租金)标准,K 为容积率修正系数。此处的土地出让金为政府出让(出租)土地时应收取的土地所有权收益,不包括土地取得补偿费用、土地开发费用及新征地的新增建设用地有偿使用费。

分析土地出让金标准与其相对应的基准地价的比值(见表4-2-1)可知,在同一用途的各个级别中,该比值呈现先增大后减小的趋势;在同一级别中,该比值往往是商业大于居住大于工业;且该比值均界于15%—35%之内。

表4-2-1   武汉市土地出让金标准与其相对应的基准地价比值

出让金标准/基准地价	商业(40年)	居住(70年)	工业(50年)
I	19.82%	17.96%	18.78%
II	24.26%	21.42%	20.85%
III	27.26%	24.89%	19.94%
IV	31.20%	27.41%	18.56%

续表

出让金标准/基准地价	商业(40年)	居住(70年)	工业(50年)
Ⅴ	32.29%	28.95%	17.06%
Ⅵ	31.26%	27.51%	
Ⅶ	26.52%	23.32%	
Ⅷ	27.19%		
Ⅸ	28.92%		

3. 重庆

1995 年重庆市人民政府第 68 号令《重庆市国有土地使用权出让办法》中,对协议出让的范围、流程、需要的材料等作出了详尽的规定。2005 年重庆市人民政府办公厅发布 229 号文《重庆市关于切实加强我市国有土地使用权出让金管理意见》,对其现有的国有土地使用权出让金管理工作提出了更高的要求,并公布《重庆市国有土地使用权出让金测算技术规定》,自 2006 年 1 月 1 日起施行。

《技术规定》中称,重庆市协议出让金测算办法的基本公式为:

$$V = S_建 \times \sum_{i=1}^{3} k_i v_i m_i \tag{1}$$

V——宗地土地出让金标准,楼面地价

$S_建$—— 出让的计价建筑面积

V_i——重庆市人民政府公布的土地级别用途出让金标准

m_i——规划行政主管部门给定的用途比例

k_i——用途年限修正系数

对于改变土地用途其应补交的出让金按下式测算:

$$\Delta V = S_建 \times (n_1 - n_2)$$

ΔV——改变用途应补交的出让金

$S_建$——修订出让合同时经规划部门确定的需改变用途的建筑面积

n_1 ——修订出让合同时重庆市人民政府公布的土地级别用途出让金标准

n_2 ——签订原出让合同时,重庆市人民政府公布的土地级别用途出让金标准

除了进行用途和年限的修正外,规定还指出"所列土地出让金可根据实际用途的效益差异及土地位置条件的优劣进行适当浮动,浮动范围不超过正负 20%"。将土地出让金标准的楼面地价按基准地价的容积率内涵换算成地面地价后,与其相对应的基准地价比较可知,重庆市的协议出让金大致占基准地价的 30%—40%。

（三）西部地区

1.青海省

按照有利于规范土地市场秩序,促进地方经济发展的原则,青海省政府于2005年1月4日颁布了《青海省协议出让国有土地使用权最低出让金标准》青政〔2005〕1号,为青海省出让国有土地使用权从市场价格角度标定了下限。

《标准》的适用范围是:适用于法律、法规和有关政策规定可以协议出让的国有土地使用权。对于商业、旅游、娱乐和房地产开发等经营性项目用地和工业项目用地有两个以上用地者,必须由当地政府组织以招标、拍卖或挂牌方式供地。其中"国有土地使用权出让金内涵"是指协议出让国有土地使用权最低出让金中仅包含的国家土地所有权收益,不包括拆迁、安置、土地取得补偿费等其他费用。《标准》规定城镇内的实际开发程度为:宗地外要实现三通至五通,宗地内要达到土地平整,而城镇外建设用地实际开发程度可以不达到三通。今后,《标准》适用范围、地域内的协议出让国有土地使用权宗地必须坚持地价评估、集体决策、结果公开的原则。出让国有土地使用权最低出让金价格将实行动态管理,并根据经济社会发展和土地市场情况适时调整。

据了解,《标准》确定的是协议出让国有土地使用权出让金的最低限度,而不是实际出让金。《标准》将全省州(地、市)、县政府所在地城镇划分了四个等级,通过对城镇规划区内及城镇规划区以外的建设用地国有土地使用权进行了价格评估、测算,制定出了该省城镇规划区内协议出让国有土地使用权最低出让金标准,并制定了城镇规划区外建设用地协议出让国有土地使用权最低出让金标准。现将西宁市规划区内协议出让国有土地使用权最低出让金标准举例如下:

表4-2-2　　西宁市规划区内协议出让国有土地使用权最低出让金标准　　元/平方米

	一级地	二级地	三级地	四级地	五级地	六级地	七级地
商业土地	555	421	254	236	163	115	90
住宅用地	375	260	168	123	116	90	68
工业用地	202	140	116	98	78	67	56

同时,该出让金标准的应用还必须遵循严格标准、动态管理、监督检查三大原则。

青海省国土资源局在2008年6月17日发表的《青海加大宏观调控严格落实土地管理制度》中称"在土地市场建设中,严格执行经营性用地招拍挂出让制度,不以任何理由协议出让经营性土地"。进一步规范了现有的交易土地市场。

2. 银川

1993 年 3 月 6 日银川市国土资源局第 54 号令《银川市国有土地使用权出让和转让暂行规定》中明确指出"土地使用权出让金＝〔征地费（含土地补偿费、青苗附着物补偿费、劳动安置补助费、菜田开发基金）＋税金＋土地管理费＋土地开发整治费（不开发整治不计收）〕×（1＋20%—30%）"。由此可以看出，不论何种出让方式，土地纯收益部分为土地开发取得成本的 20%—30%。第十一条中还指出"土地使用权的出让，要在城市总体规划指导下，主要通过招标、拍卖等方式进行，减少协议出让"。

1995 年银川市国土资源局第 76 号令《银川市划拨土地使用权管理暂行办法》中规定："划拨土地使用权转让、出租、抵押应缴纳出让金，标准是：土地使用权转让按标定地价的 40% 缴纳；土地使用权出租，包括地上建筑物或附着物连同土地一并出租的按标定地价的 30% 缴纳；以地易房、以地联建房屋或以地举办联营企业的视为转让土地的行为，转让方按标定地价或土地收益的 40% 缴纳；出售房屋的，土地使用权随之转移，按标定地价的 30% 缴纳；机关事业单位改变土地使用权用途进行盈利性经营活动的，应向政府交纳地租，每平方米交纳年地租 7—27 元，并到市、县土地管理部门办理经营性用地许可证；土地使用权抵押的，应交纳抵押金额或抵押贷款金额万分之三的抵押登记费。"该办法的第十八条同时规定："因企业转机建制成立股份制企业或企业兼并引起划拨土地使用权转移，补办出让手续的，按本办法规定补交出让金。"

另外，2008 年 7 月 5 日公布的《银川市建设项目增加容积率补缴土地出让金的暂行规定》（银政发〔2008〕113 号）中对于银川不同地段建设项目"经批准修改的总平面规划图，容积率比原批准容积率提高的，建设单位要对新增加的建筑面积，按照补缴土地出让金标准缴纳土地出让金"。同时规定，市人民政府根据社会经济发展情况，对补缴土地出让金的标准可进行适当调整。

（四）各地协议出让金测算方法总结

1. 各地协议出让金测算方法总结

如上所述，目前各地对于土地协议出让金的规定与测算方法还存在着很大的不同。总结各地方土地协议出让金测算方法，其主要可以分为以下几类：

（1）使用成本法、基准地价修正法进行测算

使用此种方法的城市将土地出让金定义为"全地价"的概念。主要代表有郑州市，2004 年《郑州市人民政府关于协议出让国有土地使用权土地出让金征收标准有关问题的通知》中规定"协议出让土地使用权时土地出让金按下列标准执行：有基准

地价的区域,土地出让金不得低于出让地块所在级别基准地价的70%;无基准地价的区域,土地出让金不得低于新增建设用地的土地有偿使用费、征地(拆迁)补偿费用以及按照国家规定应当缴纳的有关税费之和。"据此,可发现郑州市将出让金定义为"全地价"的概念:基准地价本身为"全地价",出让金不低于基准地价的70%,即说明将出让金也当成是"全地价"理解;另外,对于"无基准地价的区域"所规定的出让金为土地使用费、征地费用等,也与我国"全地价"的概念相对应。

此外,深圳市厂房的出让金计算方法中将出让金规定为包括土地开发投资费用和使用期内的全额土地使用费;而1993年银川市国土资源局第54号令《银川市国有土地使用权出让和转让暂行规定》中明确指出:"土地使用权出让金=[征地费(含土地补偿费、青苗附着物补偿费、劳动安置补助费、菜田开发基金)+税金+土地管理费+土地开发整治费(不开发整治不计收)]×(1+20%—30%)",即将协议出让金定义为由征地费、开发费、税费以及收益部分之和组成。因此,虽然以上城市对土地出让金的定义并不尽相同,但是,其对于土地出让金的理解本质上是可以看作是各种费用的相加,即"全地价"的概念。因此,这些城市就使用了成本法、基准地价法等估价方法进行协议出让金的测算。

(2)根据全地价乘以一定比例测算

此方法是将协议出让金看成地价的一部分,直接用地价乘以一定比例得到协议出让金。采用此方法的城市较多,代表城市有北京市、海口市、绵阳市等。在此类方法中,所选用的地价与比例又因不同城市而不同。其中,大部分城市(如银川、海口、西安等)是以标定地价作为基数,而北京市、绵阳市则是以基准地价作为基数进行测算。另外,由于各城市的经济发展状况以及土地用途的不同,选择的比例也存在一定的差异。发达地区选取40%—60%,如北京市;中部地区选取30%—40%,如长沙市;西部地区一般选取20%—30%,如绵阳市。

此类方法的关键点在于如何选取合理的比例与作为基数的是何种地价。这就需要正视协议出让金与基准地价或是标定地价的关系,由此定出的比例关系,才能在计算中准确、客观、合理地反映出土地的真实价值。

(3)依据《协议出让国有土地使用权规范》(试行)规定公式进行测算

《协议出让国有土地使用权规范》(试行)中规定协议出让金等于拟出让时土地使用权市场价格扣除拟出让时划拨土地使用权权益价格。杭州、厦门、湛江等城市是严格按照该文件中所规定的公式进行测算。对市场价格的测算是根据具体宗地选择合适的估价方法。

此类方法的关键点在于划拨土地使用权权益价格的测算方法。在具体测算拟出让划拨土地使用权权益价格时,国家并没有统一的规定。因此,对此的测算因各地方规定而异。以湛江市为例,其对划拨土地使用权权益价格是以市场价格为基础,在此基础上乘以一个百分比(不改变用途的为40%,改变用途的为60%)。而厦门市则是以现行征地补偿标准加相关规费核定或由用地单位提供征地拆迁补偿费用和配套费付款凭证,经土地管理部门或征地拆迁管理部门结合剩余年限修正予以确认。另外,各地对划拨土地使用权权益价格的定义也不尽相同。如浙江省国土资源厅《关于明确划拨土地权益价格和承租土地使用权市场价格内涵的批复》(浙土资厅函〔2007〕382号)中规定:"划拨土地使用权是一种财产权,有相应的权益价格。其价格内涵包括土地取得成本、开发成本、利息、利润和产生的土地增值。土地增值须根据宗地所处区位、土地用途、土地使用条件、成熟度等方面情况确定。"

(4)以所制定的出让金标准为基础直接进行修正

武汉、重庆、沈阳等城市制定了国有土地协议出让金标准,并以所制定的出让金标准为基础直接进行修正得出协议出让金。其中,武汉市主要进行容积率修正,而重庆市则由于采用楼面地价进行计算而主要进行年期修正。

此类方法对协议出让金标准的依赖性很强,因此,对协议出让金标准制定的准确、客观、合理提出了很高的要求。

2. 先进地区测算方法借鉴

各地区由于经济发展程度不同,各地实际情况不同而导致协议土地出让金测算方法的不同。本书综合全国三十多个城市的土地协议测算方法,并且进行对比分析,发现以杭州市为代表的经济较为发达的江浙地区的测算方法较为成熟,能够为其他地区所借鉴。其先进性与优越性主要体现在该方法的全面、细致、科学、合理。

(1)严格按照《协议出让国有土地使用权规范》(试行)中规定的公式进行测算。有一定的理论支持和科学合理性。

(2)考虑协议出让国有土地中的各种实际情况并分情况规定测算方法。如:划拨改出让、划拨土地进行转让并考虑是否改变土地使用条件。

(3)根据不同用地类型进行有针对性的规定。除住宅、商业、工业三大用地外,对办公、综合、地下室的土地权益、出让金计算等也进行了区分规定。

(4)有完善的土地估价方法体系及修正体系。由于有丰富的土地估价经验,各种估价方法的选用以及年期、容积率修正的相关规定也是十分完善,使协议出让土地使用权出让金的测算方便、准确。

(5)建立了完善的基准地价体系、最低价标准及协议出让金标准。标准制定细致,不仅区分用途,甚至对楼层也进行了区分,具体而细致。

第三章　兰州市现行协议出让政策

一、兰州市关于协议出让的规定

兰州市近年来相继出台各政策法规,形成较为完善的协议出让法律法规体系,对完善兰州市国有土地使用权协议出让制度,规范国有土地使用权出让行为,加强国有土地资产管理,推进土地市场建设有着积极作用。

自国土资源部2006年5月31日以国土资发〔2006〕114号发布,2006年8月1日实施的《协议出让国有土地使用权规范》(试行)后,兰州市相应出台新的文件对协议出让国有土地使用权进行规范。目前,兰州市关于协议出让的现行规定主要有:兰政发〔2006〕132号文《兰州市贯彻国土资源部〈协议出让国有土地使用权规范〉(试行)实施意见》、兰国土资发〔2007〕5号《关于执行〈兰州市贯彻国土资源部协议出让国有土地使用权规范(试行)实施意见〉的通知》、兰国土资地〔2007〕41号《关于对兰国土资地〔2007〕5号文中有关具体问题的补充规定》。

以上文件中明确规定了兰州市国有土地使用权出让实行集体决策。市土地管理领导小组为兰州市国有土地使用权出让决策机构,负责协调解决出让的相关问题,集体确定有关事项。同时规定了适用协议出让的十六种情况。严格按照《协议出让国有土地使用权规范》(试行)所规定的程序进行土地协议出让。同时,基于兰州市本身实际情况,形成一套协议出让土地中出让条件(年限、容积率、用途)以及出让金的确定方法体系。

(一)国有土地使用权协议出让条件的确定

1. 关于出让年限的确定

(1)混合建筑用途的用地,根据建筑用途,按建筑面积分摊出相应用途土地面积,各相应用途的土地使用权出让年限分别按《中华人民共和国城镇国有土地使用权出让和转让暂行条例》规定确定。

(2)原为不含商业的出让用地,变更使用条件出现商业用途,剩余使用年限,商业部分按最高年限40年计(起始时间以商业部分开始使用时间计),其余部分仍按剩余年限计。

(3)原为包含商业的出让用地,变更使用条件后,剩余使用年限,仍按剩余年限计(起始时间以原合同为准)。

2. 关于容积率的确定

(1)2005 年 3 月 1 日前,已进行企业改制申请办理土地出让的,容积率根据实际情况由局业务会确定;对 2005 年 3 月 1 日后企业改制申请办理出让的,容积率按国土部门确认的地价评估报告中的容积率确定。

(2)地下人防的建筑面积不计入容积率的计算。

(3)其他纳入有偿使用的地下部分的建筑面积纳入容积率的计算。

3. 关于商业、住宅、工业三大类用地外土地用途的确定

(1)教育用地土地用途参照工业用途确定。

(2)科研等用地根据实际情况由局业务会确定;科研、设计用地出让金评估用途的划分:建筑、勘测、规划等设计单位所使用的科研、设计用地参照住宅用地评估;以研究为主的科研院、所使用的科研用地参照住宅用地评估;原大型企业或中央在兰企业所属的科研机构,经改制后形成以生产为主的科研用地参照工业用地评估;以研究为主的科研用地参照住宅用地评估;其他的科研、设计用地根据具体情况确定。

(3)对于办公及写字楼用地,属工业企业的办公,参照工业计;属房地产开发的办公,分别参照同级别住宅的划拨权益价格和最低出让金标准修正值的130%计;属其他用地的办公,分别参照同级别住宅的划拨权益价格和最低出让金标准修正值的115%计;办公的最高出让年限按50年计。

(4)2005 年 3 月 1 日前已进行企业改制申请办理土地出让的,其土地用途根据实际情况由局业务会确定;2005 年 3 月 1 日后企业改制申请办理土地出让的,其土地用途按国土部门确认的地价评估报告中的用途确定。

(5)住宅小区中的门房、值班室、配电室等配套设施按住宅确定用途,但商业性质的会所、体育锻炼中心等按商业用途确定。

(二)国有土地使用权协议出让金的确定

兰州市国土资源部门应根据土地估价结果、产业政策、土地市场情况等集体决策,综合确定协议出让金,协议出让金不得低于最低出让金标准。土地协议出让金分为原划拨土地协议出让金和已出让土地改变土地使用条件出让金。根据相应的计算公式进行测算。

在出让金确定过程中,划拨用地改变用途补办出让手续的,出让金为负值或小于改变用途后最低出让金标准的,应按改变用途后的最低出让金标准计收。出让用地改变用途后,出让金为负值,按改变后用途的最低出让金标准扣减原用途新标准剩余年限的出让金计收,如仍为负值,则不再收取出让金。其中最低出让金标准是指法定最高出让年限,商业、住宅标准容积率为3时的生地出让金。

另外,宗地跨越级别确定出让金时,宗地面积在 20 亩以内(含 20 亩),越级比例近似,以越级基准地价或出让金算术平均数为基准;其中一个级别的比例明显超过 50% 以上的,以该级别的基准地价或出让金标准为基准;宗地面积在 20 亩以上的,以宗地范围图内实际量算的比例计算。

除地下人防用途的地下室外,其他用途的地下室均应缴纳土地使用权出让金。

熟地的土地出让金按照市场价格进行评估;如工业熟地的市场评估价格低于国家工业用地出让最低价标准的,按国家工业用地出让最低价标准执行。

二、兰州市现有地价体系

地价体系是在土地市场中,由若干个既相互联系,又相互区别的地价构成的,共同满足土地市场管理和运行需要的价格系列。其具有公示、参考、税收和政策调控作用以及对土地利用方式和利用强度的引导作用。

兰州的地价体系以基准地价为核心。就目前情况来讲,兰州基准地价体系较为完善,但是要建立兰州市全域范围的土地价格体系,特别是要建立的兰州市全域范围的土地出让体系还有待进一步完善。

(一)基准地价

目前,兰州市现行的基准地价是 2001 年测算而成的,于 2006 年在全市范围内进行了基准地价图的调整。此次调整仅有部分定级边界发生了改变,各级别地价仍沿用 2001 年的基准地价体系。

2001 年,兰州市根据国土资源部下发的《城镇土地定级规程》、《城镇土地估价规程》和《城市地价动态监测体系技术规范》的要求,在全面调查和综合分析影响土地质量的各个因素的基础上,采用计算机辅助系统对兰州市区进行土地综合定级和按照商业、住宅、工业三类用地的分类定级和不同用途土地基准地价的测算,并通过若干个不同用途、不同级别地价监测点的建立,建立兰州市地价动态监测系统。从而为兰州市协调土地供求关系,强化城市土地管理、规范土地市场、制定各类规划和提高土地利用的经济、社会和环境效益提供科学依据。

基准地价的内涵设定为:在城镇规划区范围内,在设定土地开发程度(现状利用条件及现状开发)条件下不同级别或不同均质地域的土地,按照商业、住宅、工业等用途,分别评估在某一估价期日法定最高出让年期完整土地使用权区域平均价格。

兰州市基准地价的估价期日是指 2001 年 1 月 1 日。设定土地开发条件(平均土地开发程度)和现状利用条件均指"七通一平","七通"是指供水、排水、通路、通电、通讯、供热、通气,"一平"指场地平整。法定土地使用权最高出让年限为商业用地 40

年、工业用地 50 年、住宅用地 70 年。设定容积率取兰州市平均容积率计算结果为商业:4.47,住宅:3.15,工业:0.5(根据调查及有关单位提供的资料,兰州市平均容积率测算结果约为 1)。

同时,根据不同类型土地级别划分的原则和依据,对兰州市城市规划区的土地级别进行更新,全面完成兰州市土地综合用地定级、商业用地定级、住宅用地定级、工业用地定级工作。以上各用地均定为 1—7 级。现行的基准地价如表 4-3-1 所示:

表 4-3-1 兰州市各类用地基准地价　　　　单位:元/平方米

	一级地	二级地	三级地	四级地	五级地	六级地	七级地
商业土地	6318	4516	3039	2133	1501	961	549
住宅用地	3408	2756	2076	1309	762	564	420
工业用地	984	750	614	534	484	420	365

通过全国土地等别和 GDP,我们将兰州市基准地价与银川、西宁、西安等西部省会城市的基准地价作比较,具体数据如下列各表所示。

表 4-3-2 银川市各类用地基准地价　　　　单位:元/平方米

	一级地	二级地	三级地	四级地	五级地	六级地
商业土地	1710	801	485	250	144	91
住宅用地	649	425	283	190	130	89
工业用地	518	341	228	155	110	80

表 4-3-3 西宁市各类用地基准地价　　　　单位:元/平方米

土地级别	一级	二级	三级	四级	五级	六级	七级
商用土地	555	421	254	236	163	115	90
住宅用地	375	260	168	123	116	90	68
工业用地	202	140	116	98	78	67	56

表4-3-4　西安市各类用地基准地价　　　　单位:元/平方米

	一级	二级	三级	四级	五级	六级	七级	八级	九级	十级	十一	十二
商业土地	3300	2535	1965	1470	900	570	435	330	270	158	45	28
住宅用地	2610	2070	1620	1251	765	495	390	300	240	147	40	26
工业用地	1950	1560	1230	870	555	375	300	240	210	135	36	22

表4-3-5　西部省会城市土地等别

城市	等别
兰州	六等
银川	七等
西宁	七等
西安	五等

表4-3-6　西部省会城市 GDP　　　　单位:亿元

时间	兰州	银川	西宁	西安
2006	638	335	282	1450
2007	730	393	343	1737
2008 年上半年	381	216	187	937

　　通过以上各表的比较可知,兰州市的全国土地等别和 GDP 在四个西部省会城市中均属中等水平,劣于西安,优于银川和西宁,而基准地价却在这四个城市中遥遥领先,比较可知,兰州的土地市场发展较快,在周边城市中的地价水平处于领先地位。

　　(二)标准宗地地价

　　基准地价仅可反映这一时点的区域地价平均状况,是一个静态地价,而实际上地价是随时会发生变化的。为了较为客观地反映兰州市的地价动态,需要按一定的布设原则在评估区内设置若干标准宗地,以随时反映兰州市的地价变化。基于此,建立兰州市地价动态监测体系,形成兰州市标准宗地地价,并利用标准宗地地价编制兰州市地价指数,以及时反映地价的变动趋势,是十分有必要的。

　　兰州市地价动态监测体系是根据国土资源部 2001 年制定的《城市地价动态监测体系技术规范》要求建立的。通过在兰州市设立标准宗地和市场交易点,建立兰州市标准宗地与市场交易样点档案库、资料库,编制兰州市地价指数,达到了解和掌握兰州市地价水平和地价动态分布的规律,提高城市地价管理效率,揭示地价在城市经济发展中的地位和作用的目的。

地价指数是以正常市场条件下,城市商业、住宅、工业及综合用途的土地价格在一定时期内的变动趋势和程度。兰州市地价指数体系主要按商业、住宅、工业三种用地类型划分,并计算不同用地类型的地价指数。

(三)土地出让价格

土地出让价格主要包括协议出让价格与招拍挂价格。目前,协议出让在兰州国有土地出让中占有很大部分的份额。造成这种现象的原因,与目前兰州市社会经济的现实情况是分不开的。

首先,近年来,兰州市申请土地出让的原因多是由于要进行划拨用地补办出让手续以及变更规划条件(土地用途的改变,土地使用年限的延长以及容积率超过规划等)而需要补交出让金。也就是说,兰州市在进行土地出让时,绝大多数都以划补、超容、变更规划条件等属于协议出让的方式进行。相对地,以招标、挂牌、拍卖等方式进行出让的地块就少了。2001 到 2007 年 7 年间仅有 61 宗招拍挂案例,但是仅2007 年一年的协议出让就达 100 多宗。

其次,对于工业用地在以下情况下仍然保留了协议出让:(一)企业进行改制,或企业自身发生变化时,所需用地以协议出让方式出让;(二)企业本身的存量土地用于安置职工而需要改变地块用途时,进行协议出让;(三)国资委监管企业上市重组时,虽然走的是招拍挂形式,但是实质上的出让价格还是按协议出让进行评估的。虽然国家已经规定工业用地要从以前的协议出让变更成为招拍挂方式出让,但是由于兰州市地处西部地区,经济欠发达,投资相对不足,工业用地改成招拍挂后还未有成功交易案例。

(四)协议土地出让金

如上所述,协议出让在兰州国有土地出让中占有很大部分的份额,划补、超容、变更规划条件等情况众多,这些情况均需补交协议出让金。因此,协议出让金也是兰州地价体系的重要组成部分。

兰州市协议土地出让金为纯收益的概念,为做好土地出让金评估工作,兰州市于 2006 年颁布《兰州市近郊四区协议出让国有土地使用权最低标准(生地)》(见表4-3-7),同时出台一系列文件规定协议出让金的测算方法。

表 4-3-7　兰州市近郊四区协议出让国有土地使用权最低标准（生地）

单位：元/平方米

	一级地	二级地	三级地	四级地	五级地	六级地	七级地
商业土地	847.26	651.47	468.96	276.45	241.72	121.9	48.3
住宅用地	399.67	338.32	211.67	140.65	110.31	86.17	19.11
工业用地	433.93	347.25	214.02	124.51	70.52	44.75	11.19

　　基于兰州市目前的地价体系发展情况，兰州市应该依据基准地价更新成果，制定完善的兰州地价体系。土地级别反映出土地区位效益和级差收益水平，基准地价的测算具体量化了各级别土地的区位效益和级差收益，土地的定级估价从定性和定量两方面反映了土地的质量。建议在此基础上，进一步建立兰州市全域范围的土地价格体系，特别是建立兰州市全域范围的土地出让体系，为土地有偿使用提供科学依据。

三、兰州市协议出让金测算方法的演变

　　兰州市协议出让金测算方法大致经过了两个阶段：

　　（一）第一阶段（2007 年 3 月之前）

　　国土资源部国土资发〔2006〕114 号《协议出让国有土地使用权规范》（试行）出台之前土地协议出让金的测算方法。

　　1.协议出让或原划拨用地申请补交出让金

　　非工业土地出让时土地出让金计价方法为：土地出让金＝土地出让金标准÷3×容积率×用地面积×年限修正系数。

　　土地出让金进行建筑容积率修正，容积率不足 2 按 2 计收，超过 2 按实际容积率计收；土地出让金进行年限修正，修正系数按还原利率 5% 测定。

　　工业用地土地出让金计价方法为：土地出让金＝土地出让金标准×土地出让面积×年限修正系数。

　　2.关于变更出让年限补收出让金办法

　　对已协议出让用地，若原出让年限低于法定最高年限，受让者申请延长年限的，经批准同意后，最多可延长至法定最高年限。计算出让金时，相应用途用地年限变更条件下评估的出让金减去原出让年限条件下评估的出让金为相应用途的补收金额，变更后的出让年限与原出让年限的出让金均按现行评估办法确定，按相应用途分别计算。

即:补收土地出让金=土地出让金标准÷3×容积率×用地面积×现年限修正系数-土地出让金标准÷3×容积率×用地面积×原年限修正系数。

3. 关于变更规划条件出让金补收办法

对出让用地经批准提高建筑容积率、建筑分项面积发生变更需补收土地出让金,变更后条件下评估的出让金减去变更前条件下评估的出让金为补收金额,变更后条件下和变更前条件下的出让金均按现行评估办法确定。若核算后总补收值为负数,不予退款。

其中,关于调整出让用地增加建筑容积率增收土地出让金计算办法的计算公式为:增收土地出让金=政府颁布的出让金标准÷3×增加的建筑面积×土地出让补充合同出让年限修正系数。

调整后的计算办法亦适用于建筑容积率超过"8"的建设项目用地。增加建筑容积率后不超过"2"或者增加工业用地建筑面积的,不再增收土地出让金。

(二)第二阶段(2007年3月之后)

国土资源部国土资发〔2006〕114号《协议出让国有土地使用权规范》(试行)出台之后,土地出让金主要按原划拨土地协议出让土地出让金和已出让土地改变土地使用条件出让金分别进行测算。

1. 原划拨土地协议出让土地出让金的确定

测算公式为:

原划拨土地协议出让土地出让金=拟出让时土地使用条件的市场价-拟出让时原使用条件划拨土地使用权权益价格。其中:

拟出让时土地使用条件的市场价=拟出让时土地使用条件下的划拨权益价格+拟出让时土地使用条件最低出让金标准×(1+因素修正系数)×地价指数修正×年期修正系数×容积率修正系数

拟出让时的划拨权益价格=拟出让时土地使用条件下的基准地价×地价指数修正×X%

拟出让时原土地使用条件划拨权益价格=拟出让时原土地使用条件下的基准地价×地价指数修正×X%

即:原划拨土地协议出让土地出让金=拟出让时土地使用条件最低出让金标准×(1+因素修正系数)×地价指数修正×年期修正系数×容积率修正系数+(拟出让时土地使用条件下的基准地价-拟出让时原土地使用条件下的基准地价)×地价指数修正×X%

当土地使用条件不发生变化时,即出让方式为企改、划补时,拟出让时土地使用

条件下的基准地价＝拟出让时原土地使用条件下的基准地价,即:

原划拨土地协议出让土地出让金＝拟出让时土地使用条件最低出让金标准×修正系数

2.已出让土地改变土地使用条件出让金的确定

已出让土地改变土地使用条件土地出让金＝批准改变时的新土地使用条件下土地使用权市场价格－批准改变时原土地使用条件下剩余年期土地使用权市场价格。其中:

批准改变时的新土地使用条件下土地使用权市场价格＝批准改变时土地使用条件下的划拨权益价格＋批准改变时土地使用条件的最低出让金标准×(1＋因素修正系数)×地价指数修正×年期修正系数×容积率修正系数

批准改变时原土地使用条件下剩余年期土地使用权市场价格＝批准改变时原土地使用条件下的划拨权益价格＋批准改变时原土地使用条件下最低出让金标准×(1＋因素修正系数)×地价指数修正×剩余年期修正系数×容积率修正系数

土地出让金可看成是土地增值收益,而在公式中土地出让金又等于市场价格扣除权益价格,因此,也可以看成是权益价格等于市场价格减去土地增值收益。兰州市规定的土地增值收益率分别是,商业:25％;住宅:20％;工业:15％。因此,经过倒算,计算权益价格的 X％就确定为商业:75％;住宅:80％;工业:85％。

划拨用地改变用途补办出让手续的,出让金为负值或小于改变用途后最低出让金标准的,应按改变用途后的最低出让金标准计收。出让用地改变用途后,出让金为负值,按改变后用途的最低出让金标准扣减原用途新标准剩余年限的出让金计收,如仍为负值,则不再收取出让金。其中最低出让金标准是指法定最高出让年限,商业、住宅标准容积率为 3 时的生地出让金。

四、兰州市现行方法存在的问题及修改意见

兰州市现行方法所存在的问题主要分为两种,其一是目前所执行的测算方法及其修正体系中存在的漏洞;其二是现行方法测算结果存在不合理之处。

(一)测算方法及其修正体系中存在的漏洞

1.土地用途分类不明晰,与出让金标准不衔接

现行基准地价及出让金标准体系设定用途是按商业、住宅、工业分为三大类,这种分类方法过于粗略化,不能满足实际操作的需要,致使很多用地类型无法"对号入座",给测算出让金、签订出让合同、颁发土地证时的用途归类造成很多困难,比如教育、科研、办公用地的土地用途的确定。

目前,兰州市在出让金测算过程中,规定将教育用地按工业用地测算;科研用地按住宅用地测算;办公用地分情况归于工业、住宅用地下进行测算。这一处理方式虽然解决了用途归类问题,却不能实现土地用途与出让金标准关系之间的衔接,直接导致了核算出来的协议出让金不准确、不合理。因此,不仅要进一步细化土地用途分类的二级分类体系,更需要在测算土地出让金时加入土地用途修正因素。

2. 土地还原率长年不变,与经济发展形势变化不相适应

目前在土地出让金的测算过程中,兰州市确定的商业、住宅、工业三种用途的土地还原率均为5%,且此还原率连续使用了五年仍未进行修正。

土地还原率是确定地价的关键因素之一,是把土地纯收益还原成土地价格的一个比率。投资者付出地价期待将来获得收益,而将来的收益是具有风险性的,这种风险应予以折扣,土地还原利率就代表这种折扣率。土地还原率发生变动,将会导致地价发生相应的变化。

影响土地还原率的因素众多,主要包括:(1)银行利率;(2)行业利润率;(3)房地产供求态势;(4)经济增长速度;(5)城市区位因素;(6)通货膨胀因素;(7)政策因素。

兰州市在长达五年的时间内,以上因素均发生了巨大的改变,但是与之相联系的土地还原率却没有发生丝毫改变,由其求得的地价和出让金则不能体现当前经济形势、市场状况下的真实土地价值。另外,商业、住宅、工业不同的行业利润率理应对应不同的土地还原利率,才能更好地反映不同的土地利用效益。

因此,兰州市应区别对待商业、住宅、工业三种用途的土地还原利率。同时建立土地还原利率的浮动与调整机制,随着经济与社会条件的变化定期调整土地还原率,使之与经济发展、形势变化相适应。更有效、准确地测算土地出让金,促进兰州市土地协议出让市场的完善。

3. 协议出让金测算公式存在漏洞,无法客观反映土地真实价值

目前兰州市现行的土地协议出让金测算方法是由兰国土资发〔2007〕5号《关于执行〈兰州市贯彻国土资源部协议出让国有土地使用权规范(试行)实施意见〉的通知》所规定的。该文件通过一系列的计算公式以及对各种使用条件(如容积率、使用年限等)的限定建立起兰州市目前的土地协议出让金测算方法及其修正体系。经过近年来在估价实践中的运用,该计算公式已明显暴露出不能客观反映土地真实价值的漏洞,其中,最大的问题出现在对于土地使用权市场价格的计算方法上。

按照兰州市现行的土地协议出让金测算方法,土地使用权市场价的计算公式为:

土地使用权市场价格=土地使用条件下的划拨权益价格+最低出让金标准修正

该公式存在的具体漏洞如下：

第一，过分依赖兰政发〔2006〕132 号《兰州市贯彻国土资源部〈协议出让国有土地使用权规范〉（试行）的实施意见》中所规定的"兰州市近郊四区协议出让国有土地使用权最低标准"。

文件中将土地使用权市场价格设定为划拨权益价格与最低协议出让金标准修正后之和，而土地协议出让金等于土地使用权市场价格减去土地使用条件下的划拨权益价格，虽然具体宗地会因为出让前后土地使用条件的改变而导致划拨权益价格的细微不同，但是，两个划拨权益价格相抵后，整个出让金的计算实际上还是在很大程度上依靠最低协议出让金标准的确定，该标准的数值在很大程度上决定了实际协议出让金水平的高低。

而如前所述，目前现行基准地价与协议出让金标准之间的关系无规律，"协议出让国有土地使用权最低标准"不尽合理，急需进行重新制定。若继续采用此公式进行土地使用权市场价格的测算，是无法客观反映土地使用权的真实价值的。

第二，划拨权益价格计算过程中 X% 的确定有待进一步讨论。

划拨权益价格＝基准地价×地价指数修正×X%，其中 X% 是一个百分比，分别为商业：75%；住宅：80%；工业：85%。X 的确定主要是根据成本法中土地增值收益率进行倒算而得到的。目前作为土地成本占基准地价的比例 X 只从三大用途上加以区分，而由于基准地价是分用途用级别进行确定，不同用途、不同级别的土地成本占基准地价的比例也是不同的。因此，建议 X% 则可通过分级别、分用途选取多个样点进行土地成本核算来确定。

综上，在现有的测算方法中，对于土地使用权价格的确定公式，存在许多主观上设定的数值（X%、最低出让金标准），这些设定的值存在很大的人为主观性，不易反映市场，不足以客观地反映土地使用权的真实价值。在估价过程中，容易造成土地协议出让金的不合理，诸如工业用地出让金过高，阻碍招商引资；高效益的土地协议出让金过低，不能真实反映市场价值等一系列漏洞的产生，这些漏洞给拿地企业制造了可乘之机，极易造成国有资产的流失。

因此，极有必要进行土地使用权市场价格测算方法的重新制定，使土地使用权市场价格能够真正反映出土地的真实价值，进而测算出合理的协议出让金价格。

（二）测算结果中的不合理之处

依据兰州市现行的国有土地协议出让金的测算方法进行计算而得的结果也存在着不合理之处，据此可说明兰州市必须尽快重新制定国有土地协议出让金的测算方法及其修正体系。

1. 现行基准地价与协议出让金标准之间的关系无规律

为研究基准地价与协议出让金之间的关系,我们将兰州市各类用地协议出让金标准与基准地价之间的比例关系进行了测算,结果如表4-3-8所示:

表4-3-8　兰州市各类用地协议出让金与基准地价标准比例

	一级地	二级地	三级地	四级地	五级地	六级地	七级地
商业用地	13.41%	14.43%	15.43%	12.96%	16.10%	12.68%	8.80%
住宅用地	11.73%	12.28%	10.20%	10.74%	14.48%	15.28%	4.55%
工业用地	44.10%	46.30%	34.86%	23.32%	14.57%	10.65%	3.07%

从上表中可以看出,现行基准地价与出让金标准之间的比例数值分布毫无规律。工业一至四级出让金占基准地价比例高达23.32%—46.3%,五至七级的比例只有3.07%—14.57%;而商业、住宅出让金占基准地价比例基本维持在4.55%—16.1%之间。这与现行评估方法所定增值收益系数(1-X%)差异较大,并且同一用途的出让金占基准地价的比例关系在级别间及不同用途出让金占基准地价的比例关系在级别间的变化没有统一规律可循。

协议出让金标准制定的过程中应该以基准地价成果为基础,分级别、分用途选取多个样点进行土地成本核算来反推土地增值收益的部分,并应体现土地用途、土地级别之间的规律性。只有制定出科学合理的土地出让金标准,才能更好地将其成果应用于土地协议出让金测算体系上,才更有利于地价体系与土地出让市场的完善。

2. 未能较好解释地价"倒挂"现象

同一块宗地,其对应的商业、住宅、工业的土地级别可能会不一样。在计算划拨土地申请补办出让手续且改变土地用途应缴出让金和已出让土地变更规划条件应补缴土地出让金时,其计算结果有可能出现负值。比如在安宁区,一块土地可能同时是住宅五级地762元/平方米、工业一级地984元/平方米。土地使用者将原规划用途工业变更为住宅时,那么计算出的"应缴纳土地使用权出让金额"则为负值,即为俗称的地价"倒挂"现象。出现这种现象的原因有多种。

其一,有可能是这种转变表面看来是低收益行业用途转为高收益行业用途,其实是高效益土地利用方式转为低效益土地利用方式。

从理论上说,这种现象的存在是必然的。以上述地块为例,考虑它的商服繁华度、道路通达度、公益配套完备度、环境优劣度、工业聚集程度等因素后,其最适宜的用途应为工业用地,换句话说,工业是最能体现该块土地价值的利用方式,因此,政府可以获得的土地增值收益较多。而土地使用者将其用途改变为住宅用地后，表面上看是一种行业收益率更高的土地利用方式，应该收取更多的土地增值收益，但是实际上，该地块作为住宅五级地必然是存在不适宜居住的因素或者说没有达到宜居的条件，住房建成后收益率很有可能低于该地块用作工业用途的收益率，不能很好地体现该地块的价值，其结果就是政府应获得的土地增值收益将会减少。由此可见，对于这块宗地来说，工业是其高效益土地利用方式，住宅是其低效益土地利用方式，将工业用地转为住宅用地后，"应缴纳土地使用权出让金额"出现负值并不奇怪。

但是，对于划拨用地申请补办出让手续的，国家不可能不收取土地出让金；而对于已出让土地变更规划条件的，国家也不可能退还已缴出让金。此时，建议政府利用行政手段予以规定。

以上分析是基于兰州市各用地类型及各级宗地的基准地价制定合理的基础上进行的。该现象出现的另一原因有可能是当地基准地价的不合理。

如果基准地价本身就存在问题，无法真实准确反映出土地价值，即使是高效益土地利用方式转为低效益利用方式，在计算划拨土地申请补办出让手续且改变土地用途应缴出让金和已出让土地变更规划条件应补缴土地出让金时，其计算结果也可能出现负值。假设一块土地可能同时是住宅四级地 1309 元/平方米、工业一级地 984 元/平方米。考虑它的商服繁华度、道路通达度、公益配套完备度、环境优劣度、工业聚集程度等因素后，其最适宜的用途应为工业，换句话说，工业是最能体现该块土地价值的利用方式。那么，如果由住宅用地转为工业用地的话，所计算出来的出让金也是负值。实际上该土地的功能在工业用途下得到了更好的发挥，取得了更大的效益，反而不用交纳土地出让金。因此，保证兰州市现行基准地价的合理准确是目前的一大重点。

其二，利用容积率的合理规划，可以在一定程度上避免土地"倒挂"现象的出现。如前文所举安宁区事例，一块土地可能同时是住宅五级地 762 元/平方米、工业一级地 984 元/平方米。土地使用者将原规划用途工业变更为住宅时，由于非工业用地计算出让金时所要测算的市场价格是需要进行容积率修正的，当合理规划住宅的容积率，使其处于较高水平的情况下，容积率修正系数也是较高的，会产生拟出让时新土地使用条件下的市场价格高于拟出让时原土地使用条件下的市场价格。这样，就可以避免土地出让金价格为负值，即土地价格"倒挂"现象的出现。

第四章　基准地价与出让金内涵界定

一、基准地价

（一）基准地价的内涵

基准地价是我国城市土地使用制度改革的产物。它最重要的作用是反映土地市场中的地价水平和变动趋势，为国家的各种决策提供依据。多年的实践证明，基准地价对于我国土地市场的培育、发展和规范，作出了巨大的贡献。

依照《城镇土地估价规程》规定，基准地价是指在城镇规划区范围内，对现状利用条件下不同级别或不同均质地域的土地，按照商业、居住、工业等用途，分别评估确定的某一估价期日上法定最高年限土地使用权区域平均价格。基准地价是我国城镇地价体系的重要组成部分，是我国政府法定的公示地价之一，反映城镇整体地价水平，是目前我国地价评估的基础，是政府对地价实施宏观管理的依据和手段。

1. 基准地价是土地使用权价格

基准地价是城镇土地定级单元或者均质单元区域内的"七通一平"（或"五通一平"）土地开发程度下，平均容积率下，同一土地用途的完整土地使用权的平均价格；用地类型按用途区分，各用途均确定为法定最高出让年限。基准地价更新是建立在一定的土地开发程度、一定的基准期日、一定的使用年限、一定的容积率和土地权利状况之上的。

虽然关于土地价格的本质还存在争议，但比较统一的观点认为：土地的价格是土地权利和收益的购买价格。土地的权利是一束权利的集合，包括土地的所有权、使用权、租赁权抵押权等。由于我国城镇土地所有权属于国家，不能直接进入市场，土地只能在不改变其所有权的条件下进行使用权的出让、转让和出租等，基准地价作为一种评估地价应该是具有一定年期的土地使用权价格。

2. 基准地价与地租

基准地价的起源与级别地价是密不可分的，对土地级别的划分或者对均质地域的划分，是基准地价产生的要件。基准地价评估应以马克思的地租地价理论和区位理论为依据。

（1）基准地价与地租各组成部分的关系

①基准地价与级差地租的关系

在城市土地中,"等级差别"表现为区位、基础设施和环境状况等方面的差别。级差地租Ⅰ产生的条件是土地区位的差别,这里的"区位"是一个综合概念,它是指社会经济等活动在空间分布的位置,包括自然地理位置、经济位置和交通位置,这三种位置有机联系,相辅相成,共同作用于地域空间,形成土地区位的优劣差异。基准地价是对现状利用条件下各级土地或均质地域分别评估确定的区域平均价格,反映了土地区位差别对土地价格的影响,是级差地租Ⅰ的宏观价值体现。

城市政府对地块附近及地块上的交通环境、生态环境等进行改良,带来土地作为建设用途的价值的提高,从而转化成的级差地租。而土地使用者在特定地块上进行基础设施投资,既是在改变地块的相对位置,也是在对地块的生产力连续追加投资,也可以创造级差地租Ⅱ。因此,政府基准地价应该包含因政府投入所产生的那一部分级差地租Ⅱ。

②基准地价与绝对地租的关系

我国实行土地的社会主义公有制,即全民所有制和劳动群众集体所有制,在城镇中存在土地国家所有权的垄断和使用者对土地使用权的占有,土地的所有权与使用权事实上相分离,土地所有权必然要求合适的利益表达方式。基准地价是一定年期的土地使用权区域平均价格,必然包括土地的绝对地租。

③垄断地租

垄断地租可以分为两个部分:由位置特殊性带来的地租和由土地供求关系变化带来的地租增值。由于土地在一定程度上的不可替代性和国家作为城市土地的唯一拥有者,垄断地租是对土地所有者垄断较好地段的土地所有权的补偿。由于不同用途的土地对土地垄断的弹性不同,因此,不同用途的土地存在不同的垄断地租。随着城市土地的日益稀缺,土地所有权的垄断性不断增强,垄断地租在城市土地地租中所占的比重在不断扩大,尤其是商业用地中垄断地租的比重增长得更快。

(2)基准地价是绝对地租、级差地租Ⅰ、部分级差地租Ⅱ和垄断地租资本化的结果

基准地价作为一种评估地价,是具有相同土地级别或者均质地域土地地租的外在经济体现,是地租资本化的结果。基准地价包含绝对地租、级差地租Ⅰ、部分级差地租Ⅱ和垄断地租四个部分,因此,基准地价是土地所提供的绝对地租、级差地租Ⅰ、部分级差地租Ⅱ和垄断地租的购买价格,即按一定利率还原的绝对地租、级差地租Ⅰ、部分级差地租Ⅱ和垄断地租之和。用公式表示为:

基准地价=(绝对地租+级差地租Ⅰ+部分级差地租Ⅱ+垄断地租)/利息率。此处的利息率应该是各种社会投资的平均利润率。

（二）基准地价的构成

1．基准地价的理论构成

土地既是一种物质，也是一种资本。作为物体的土地资源具有使用价值，是作为实物的土地价格；土地是一种财产，其权利的不同部分在经济上体现为不同的地价类型。土地是一种资产，可划分为土地物质（有形资产）和土地资本（无形资产）两种形态。地价是土地所有权在经济上实现的直接形式，地租是土地使用权的价格，是土地所有权在经济上实现的间接形式。

土地价格由土地物质价格与土地资本价格构成。土地物质（或资源）价格是由对土地所有权的垄断所决定的地租的资本化价格，土地物质价格由绝对地价、级差地租Ⅰ和垄断地价构成。土地资本价格是由于人类一般社会劳动对土地性状的改变而使土地租金超出绝对地租与级差地租Ⅰ的资本化，即级差地租Ⅱ的资本化。这一部分收益应当由本宗土地使用者和外部投入者（国家）分享。

从基准地价的内涵来看，基准地价是地租资本化的结果，包括四个方面：绝对地租，级差地租Ⅰ，部分级差地租Ⅱ，垄断地租。因此，基准地价：

基准地价＝（绝对地租+级差地租Ⅰ+部分级差地租Ⅱ+垄断地租）/利息率。

2．基准地价的实际构成

基准地价是取得土地权利的价格，即权利本身的价值和取得这个权利所产生的其他费用之和。从土地成本角度看，基准地价应由征地安置补偿费、拆迁费、土地开发配套费、土地所有权收益四个部分组成。即：

基准地价＝安置补偿费+拆迁费+土地开发配套费+土地所有权收益

二、土地出让收益、土地出让金和土地协议出让金

（一）土地出让收益和土地出让金的内涵和确定

1．土地出让收益和土地出让金界定

根据2006年《国务院办公厅关于规范国有土地使用权出让收支管理的通知》第一条规定，国有土地使用权出让收入是政府以出让等方式配置国有土地使用权取得的全部土地价款，包括受让人支付的征地和拆迁补偿费用、土地前期开发费用和土地出让收益等。

土地使用权出让金包括哪些部分，国家未作统一规定。出让金的概念早在1990年5月19日《中华人民共和国城镇国有土地使用权出让和转让暂行条例》中就曾明确提到，但是其含义没有在法律条文中得到界定。《条例》第二章第八条规定，"土地使用权出让是指国家以土地所有者的身份将土地使用权在一定年限内让与土地使用者,并由土地使用者向国家支付土地使用权出让金的行为。"1995 年 1 月 1 日施行的《中华人民共和国城市房地产管理法》第二章第七条的规定与上相同,由此可知,出让金是土地使用者取得国有土地使用权所应支付的代价。

根据《划拨土地使用权管理暂行办法》第二十六条,"土地使用权出让金,区别土地使用权转让、出租、抵押等不同方式,按标定地价的一定比例收取,最低不得低于标定地价的 40%。"由于标定地价就是土地使用权价格,那么出让金显然只是土地价格的一部分,一般情况下不到地价的一半。《协议出让国有土地使用权规定》第五条规定:"协议出让最低价不得低于出让地块所在级别基准地价的 70%。"此时,国有土地使用权出让金在构成上已经类似于地价了。

对土地出让收入、土地出让收益和土地出让金等概念的区分,虽然引起了部分学者的关注,但由于国家规定的模糊性和概念本身的复杂联系,有些学者并未对这些概念作出区分,有些学者则绕开了对这些概念的界定。吕萍教授认为,对土地出让收入、土地出让收益和土地出让金这些概念的界定非常重要,有利于理清地价体系中的很多问题。

为更好地界定土地出让金和土地出让收益的内涵,课题组分析了对土地出让金有规定的法律法规。从这些法律法规的发展来看,土地出让金和土地出让收益的概念是逐渐明晰的。综合《中华人民共和国城镇国有土地使用权出让和转让暂行条例》、《城市房地产管理法》和《国务院办公厅关于规范国有土地使用权出让收支管理的通知》等规定,课题组成员认为:国有土地使用权出让收益是政府以出让等方式配置国有土地使用权取得的除去开发费用和拆迁补偿费用等成本以外的土地价款,包括土地出让金和风险溢价等;真正的"国有土地使用权出让金"应该是指,国家作为土地所有者因让渡土地使用权而应该向土地使用者收取的资金性代偿,不包括土地使用者为此花费的开发费用、税费以及土地的风险溢价等。故《协议出让国有土地使用权规定》第五条中的"土地使用权出让金"的理解应该是土地出让收入,并非土地出让金。

2. 土地出让收益和土地出让金的确定

土地出让收益主要来自于城市经济发展和土地政策带来的城市土地利用效率提高、城市经济发展与市政建设改善、土地的追加投入、土地市场供求、通货膨胀、规划条件改变等方面的影响而形成的土地增值。由于土地招拍挂过程中不确定因素的影响,在土地出让金的基础上,土地出让收益会形成一定的难以预测的土地溢价,即"土地出让收益=土地出让金+土地溢价"。

通过对地租地价理论模型的变形(见图 4-4-1、图 4-4-2),我们可以看到,土地

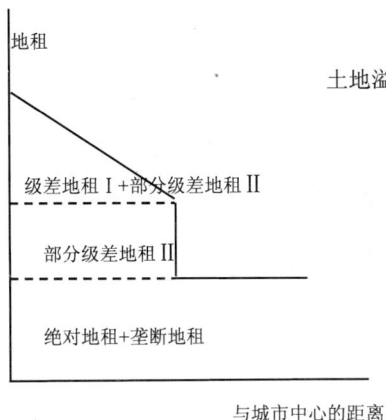

图 4-4-1　城市地租曲线　　　图 4-4-2　城市地价曲线

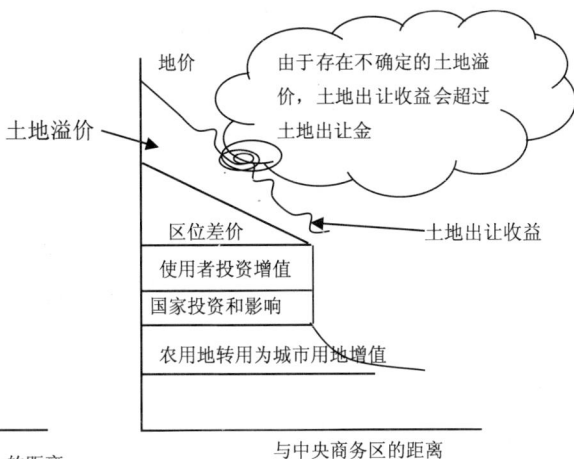

出让收益不仅要反映绝对地租、级差地租Ⅰ、部分级差地租Ⅱ和垄断地租,而且还包括不确定的土地溢价。

（二）土地协议出让金的界定及其内涵

1. 协议出让金界定

土地协议出让使土地管理部门与用地者通过不公开的协商而进行的土地出让。往往是用地者先物色好适当的宗地,然后向土地管理部门提出。协议出让国有土地使用权出让金,是市、县国土资源管理部门以协议方式将国有土地使用权在一定年限内出让给土地使用者,并由受让方向政府缴纳的一种土地使用费。

土地出让金是土地的批租价格,因此,土地协议出让金也是协议出让土地的批租价格,是地租的资本化。土地出让金的收取是以国家拥有对土地的所有权为前提的,作为土地在出让期内使用权的报偿,土地协议出让金是一种土地使用权价格;同时,由于协议出让土地一般存在于划拨土地使用权转让、国有企业改革处置划拨土地使用权、变更规划条件等用地情形。

2. 协议出让金确定

（1）协议出让金

政府之所以收取出让金,是因为政府对城市土地拥有所有权。土地使用权出让金是指政府作为城镇土地的所有者将土地使用权在一定年限内让与土地使用者时收取的地租资本化的费用,即土地资源价格。

（2）补缴协议出让金

土地使用权划拨制度是与土地使用权有偿出让制相对应的,如果不考虑缴纳土地使用税、安置补偿等费用,划拨土地的取得就是无偿的。在划拨土地使用权转让、国有企业改革处置划拨土地使用权、变更规划条件等情形下,土地使用者需要向国家缴纳协议出让金,以获得土地的使用权。

根据2006年《国务院办公厅关于规范国有土地使用权出让收支管理的通知》第一条规定,补缴协议出让金包括:转让划拨国有土地使用权或依法利用原划拨土地进行经营性建设应当补缴的土地价款,变现处置抵押划拨国有土地使用权应当补缴的土地价款,转让房改房、经济适用住房按照规定应当补缴的土地价款,改变出让国有土地使用权的土地用途、容积率等土地使用条件应当补缴的土地价款等。

既然补缴协议出让金后,土地使用者与正常出让方式享有相同的权利,那么补缴协议出让金就应该是土地协议出让收入与划拨土地使用权价格之间的差额。

从理论上来说,补缴协议出让金应该是对土地资源的购买价格。即:补缴协议出让金=(绝对地租+级差地租Ⅰ+垄断地租)/利息率。

三、划拨土地使用权价格

(一)划拨土地使用权价格的内涵

2001年2月13日国土资源部发布了第44号文件《关于改革土地估价结果确认和土地资产处置审批办法的通知》,通知规定:"企业改制时,可依据划拨土地的平均取得和开发成本,评定划拨土地使用权价格,作为原土地使用者的权益,计入企业资产","划拨土地经批准可以转让,划拨土地使用权价格部分可计为转让方的合法收益"。首次明确了企业国有划拨土地权益,承认划拨土地使用权是一种财产权。但法律法规对划拨土地使用权价格并没有明确界定。

划拨土地使用权作为一种用益物权,是有价格的。划拨土地使用权价格,即划拨土地使用权权益价格,是对划拨土地使用权人在取得和使用划拨土地过程中投入部分的补偿,也就是新的土地使用者为取得划拨土地使用权而支付的代价。划拨土地使用权价格与出让土地使用权价格没有本质的差别,都是取得土地权利的一种代价,只是因为土地权利的内涵和限制不同,因而所付出的代价也就不同。除原《划拨目录》中所列的国家政权机关、事业单位、军队以及国有企业等单位所需用地由国家无偿划拨外,其他用地者在取得划拨土地使用权时缴纳了拆迁安置、补偿费用,而且划拨土地使用权人在长期使用土地中对土地是有投入的。

(二)划拨土地使用权价格构成

1.划拨土地使用权价格的理论构成

划拨土地使用权是国家无偿给予的土地使用权,在划拨土地使用权人长期使用土地的过程中,土地价格会产生时间差别即土地增值。划拨土地使用权价格确定的核心是使用划拨土地所产生的增值收益,是对使用国有土地资产产生的增值在土地所有者和土地使用者之间的一种利益再分配。土地增值有投资性增值、供求性增值和用途性增值三种形态。在划拨土地的取得和开发过程中,土地的用途往往会发生变化,形成土地的增值,这一部分就是用途性增值的部分;在划拨土地持有和出(转)让过程中,土地会发生供求性增值,这种增值既发生在持有过程中,也发生在土地转移时;在从取得到出(转)让的整个过程中,土地会因受到直接投资和外部投资辐射形成劳动价值量的增加而增值,这一部分增值,就是投资性增值。从这个角度分析,划拨土地使用权价格理论上就是对这三部分土地增值的价格体现,是土地资本的价格。而土地资本价格又可分解为两个方面:本宗土地资本价格和外部其他土地投入对本宗土地的辐射价格。

因此,划拨土地使用权价格=本宗土地上的土地积累价格×(1-由于社会劳动生产率提高所导致的土地资本贬值系数)×(1-土地资本损耗系数)+最近一次和几次由于土地所有者和土地使用者当前对土地开发投资所形成的价格-灭失掉的土地资本价格。

其中,"本宗土地上的土地积累价格"是指土地因增值产生的现时价格;"由于社会劳动生产率提高所导致的土地资本贬值系数"是指由于生产的发展和技术的进步,社会劳动生产率提高,土地价格会降低;"土地资本损耗系数"是指土地在使用过程中,土地可能会像其他资本一样产生损耗;"最近一次和几次由于土地所有者和土地使用者当前对土地开发投资所形成的价格"是指国家和划拨土地使用者共同投入使土地产生的增值;"灭失掉的土地资本价格"是指土地会因供求、不可抗力等外部原因而损失。

2. 划拨土地使用权价格的实际构成

根据国土资源部《关于改革土地估价结果确认和土地资产处置审批办法的通知》规定,划拨土地使用权价格由两个方面构成:一是划拨土地使用权的取得成本,即无偿或有偿取得划拨土地使用权直接支出的有关费用,如拆迁补偿安置费等;二是在对应的划拨土地上所投入的土地开发成本。

目前,关于划拨土地使用权价格构成的观点主要有三种。一种是沿用国家的规定,认为划拨土地使用权价格由取得成本和土地开发两部分组成;一种观点认为划拨土地使用权价格包括土地取得成本、开发成本、利息、利润和产生的土地增值(以浙江省国土资源厅的观点为代表);还有一种观点认为划拨土地使用权价格包括土地取得费用、土地开发费用、税费、利息和利润。

显然,后两种观点认为"土地取得费用"、"土地开发费用"是土地划拨时的费用,这种理解方式在理论上是可行的,但他们忽略了这种划分方式在实践上的可行性。经过多年的使用后,土地划拨时的"土地取得费用"、"土地开发费用"多数已不可考,利息和利润等较难衡量。而国家规定的"土地取得费用"、"土地开发费用"可视为划拨土地的重置价格,是拟划拨时的价格,这在理论和实践上都是行得通的。因此,划拨土地使用权价格=土地取得费用+土地开发费用+土地取得、开发过程中的各项税费。

四、基准地价、划拨土地使用权价格与土地协议出让金

(一)从内涵和构成上看基准地价、划拨土地使用权价格与土地协议出让金的关系

1. 基准地价、划拨土地使用权价格和土地协议出让金在权能上的联系

三者所对应的权能构成是有区别的。在划拨土地使用权到出让土地使用权的转变过程中,无论是补缴协议出让金还是空转,作为财产的土地使用权性质都发生了较大变化,从"无偿"变为"有偿"。从权能角度来讲,划拨土地使用权是占有、使用权能和部分收益权能;协议出让土地使用权是受限制但具有相对权限较大的部分占有、使用、收益和处分权能。因此,补缴协议出让金所购买的应该是应划归土地所有权人所有的部分收益和处分权能。因此,三者具有如下关系:

划拨土地使用权价格=经过基准地价修正的出让土地使用权价格-补缴协议出让金

即,补缴协议出让金=经过基准地价修正的出让土地使用权价格-划拨土地使用权价格

从这个意义出发,我们不难发现:如果变更已出让土地的规划条件或改变使用者享有的权利范围,那么,应补缴土地使用权出让金=新土地使用条件下的土地出让金-原土地使用条件下的土地出让金。

2. 基准地价包含的内容比土地协议出让金更广泛

基准地价=(绝对地租+级差地租Ⅰ+部分级差地租Ⅱ+垄断地租)/利息率

土地协议出让金=(绝对地租+级差地租Ⅰ+垄断地租)/利息率。

显然,基准地价中包含着土地划拨使用权价格,而土地协议出让金不包括。从性质上判断,基准地价应该包括土地协议出让金,后者是前者的一部分。

(二)从实证的角度看基准地价与土地协议出让金的关系

从武汉市土地协议出让金与基准地价的比值(表)可以看出,在各种土地利用类

型内部,出让金/基准地价(假设这个比值为 K)都在一个较小的范围内浮动。商业用地的 K 值平均值为 27.64% ,标准差为 0.0392419;住宅用地的 K 值平均值为 24.50% ,标准差为 0.038962473;工业用地的 K 值平均值为 19.04% ,标准差为 0.014439193。

表 4-4-1　武汉市土地协议出让金与基准地价比值计算表

出让金标准/基准地价	商业(40 年)	居住(70 年)	工业(50 年)
Ⅰ	19.82%	17.96%	18.78%
Ⅱ	24.26%	21.42%	20.85%
Ⅲ	27.26%	24.89%	19.94%
Ⅳ	31.20%	27.41%	18.56%
Ⅴ	32.29%	28.95%	17.06%
Ⅵ	31.26%	27.51%	
Ⅶ	26.52%	23.32%	
Ⅷ	27.19%		
Ⅸ	28.92%		

表 4-4-2　长春市住宅用地土地协议出让金与基准地价比值计算表

K 值	居住	K 值	居住
Ⅰ	24.32%	Ⅶ	39.13%
Ⅱ	29.26%	Ⅷ	39.47%
Ⅲ	35.26%	Ⅸ	40.74%
Ⅳ	35.00%	Ⅹ	40.91%
Ⅴ	36.96%	Ⅺ	38.89%
Ⅵ	35.38%	Ⅻ	37.50%
均值	36.07%		

但是,武汉市各种用地 K 值标准差为 0.047974962,远高于各土地用途内部的 K 值标准差。由此可见,对于不同的土地类型,土地协议出让金占基准地价的比例也是有差异的。

　　下面对比分析武汉市和长春市住宅用地土地协议出让金与基准地价比值。通过综合分析表4-4-1和表4-4-2,可以知道,武汉市住宅用地的K值平均值为24.50%,标准差为0.038962473;长春市住宅用地的K值平均值为36.07%,标准差为0.04895。可见,对于不同的城市,土地协议出让金占基准地价的比例是不一样的,甚至相差还比较大。

　　(三)划拨土地使用权的处置

　　在现实的划拨土地使用权价格评估中,由于国家没有对划拨土地使用权的评估细则作出明确规定,一般都是由评估师在《城镇土地估价规程》规定的基本原则和基本方法的基础上,考虑划拨土地使用权与出让土地使用权的权利差异,利用几种不同的评估方法进行评估。

　　划拨土地使用权价格与土地出让收益在价格处置行为中是融为一体的,是按照权责利相对称的原则分割划拨土地使用权和有偿使用权转化的产权增值收益。因此,在实际评估中,我们必须考虑划拨土地使用权转化后的重置价格,这样才能保障原划拨土地使用权和国家的利益,并能保证划拨土地使用权评估的公正合理。

第五章　兰州市协议出让金测算方法及其修正体系探讨

一、指导思想和技术思路

(一)指导思想

为进一步规范兰州市协议出让国有土地使用权出让金测算,加强国有土地资产管理,防止国有土地资产流失,促进土地市场的健康发展,现对兰州市协议出让金的测算方法及修正体系进行探讨。其指导思想主要为以下三点:

第一,国家规定与地方创新相结合的设计方法。探讨过程严格遵照国土资发〔2006〕114 号《协议出让国有土地使用权规范》(试行)和甘政办发〔2006〕9 号《甘肃省人民政府办公厅关于印发甘肃省协议出让国有土地使用权最低价标准的通知》的指导思想,结合兰州现有的兰政发〔2006〕132 号文《兰州市贯彻国土资源部〈协议出让国有土地使用权规范〉(试行)实施意见》、兰国土资发〔2007〕5 号《关于执行〈兰州市贯彻国土资源部协议出让国有土地使用权规范(试行)实施意见〉的通知》、兰国土资地〔2007〕41 号《关于对兰国土资地〔2007〕5 号文中有关具体问题的补充规定》以及其他省市的有关规定,针对兰州市的具体情况探讨协议出让金的测算方法及其修正体系。

第二,利用国家规定与理论分析控制测算标准。财综字〔1999〕117 号《新增建设用地土地有偿使用费收缴使用管理办法》中规定,新增建设用地土地有偿使用费是指国务院或省级人民政府在批准农用地转用、征用土地时,向取得出让等有偿使用方式的新增建设用地的县、市人民政府收取的平均土地纯收益。2007 年 1 月 1 日起执行的《关于调整新增建设用地土地有偿使用费政策的通知》中规定兰州市(安宁区、城关区、七里河区、西固区)属于新增建设用地土地有偿使用费征收等别的第六等,其对应的征收标准为 56 元/平方米。但无论出让土地是否属于新增建设用地,其测算结果均应大于该值,该值可以看作是国家对于有偿取得国有建设用地所应缴纳的土地纯收益的最低标准。

第三,测算方法和修正体系的制定需合理、简要易行。要本着公平公正、科学合理的原则,既确保国有资产不流失,又不损害土地使用者的利益。同时方案必须具有可行性和可操作性,各项参数均须科学测算,尽量简化计算过程,以使对外公布时能够得到群众的广泛认可。

（二）技术思路

探讨兰州市协议出让金测算方法及其修正体系时,首先应以国家关于协议出让金的规定为宗旨,参考全国 35 个城市的实际操作经验,结合兰州市的实际情况,给出切实可行的三种方案及其相应的修正体系。通过已有案例进行实证分析,并在实证分析的基础上综合评价三个方案,给出最终结论。具体技术思路如图 4-5-1 所示:

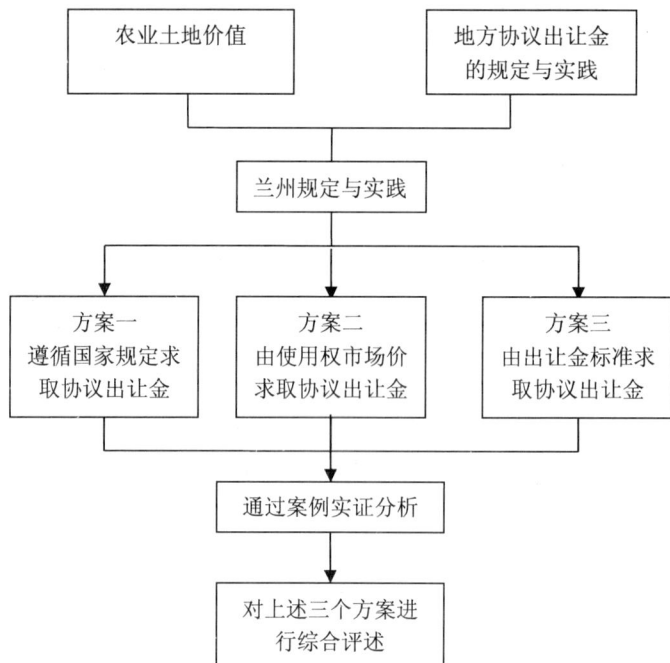

```
┌──────────────────┐        ┌──────────────────┐
│    农业土地价值    │        │   地方协议出让金   │
│                  │        │    的规定与实践    │
└────────┬─────────┘        └─────────┬────────┘
         │                            │
         └──────────────┬─────────────┘
                        │
              ┌──────────────────┐
              │   兰州规定与实践   │
              └─────────┬────────┘
         ┌──────────────┼──────────────┐
         │              │              │
┌────────────────┐┌────────────────┐┌────────────────┐
│     方案一      ││     方案二      ││     方案三      │
│  遵循国家规定求  ││ 由使用权市场价  ││  由出让金标准求  │
│  取协议出让金    ││ 求取协议出让金  ││  取协议出让金    │
└────────┬───────┘└───────┬────────┘└────────┬───────┘
         │                │                  │
         └────────────────┼──────────────────┘
                          │
              ┌──────────────────┐
              │   通过案例实证分析  │
              └─────────┬────────┘
                        │
              ┌──────────────────┐
              │  对上述三个方案进   │
              │  行综合评述        │
              └──────────────────┘
```

4-5-1　兰州市协议出让金测算方法探讨技术思路

二、方案一:遵循国家规定求取协议出让金

（一）基本公式

国土资发〔2006〕114 号文件《协议出让国有土地使用权规范》（试行）中对于核定协议出让金的计算公式如下:

原划拨土地使用权人申请办理协议出让,不改变用途的:

应缴纳土地使用权出让金额=拟出让时的出让土地使用权市场价格-拟出让时的划拨土地使用权权益价格。

原划拨土地使用权人申请办理协议出让,改变用途的:

应缴纳的土地使用权出让金额=拟出让时的新用途出让土地使用权市场价格-

拟出让时的原用途划拨土地使用权权益价格。

出让土地改变用途等土地使用条件的：

原土地使用权人应当补缴的土地出让金额＝批准改变时的新土地使用条件下土地使用权市场价格－批准改变时原土地条件下剩余年期土地使用权市场价格。

其中主要涉及两个概念，"土地使用权市场价格"和"划拨土地使用权权益价格"。以下进一步说明。

1.土地使用权市场价格

土地使用权市场价格可以由多种方法确定。比如通过分析土地市场交易价格，运用市场比较法得出评估对象的土地使用权市场价格；对于经营性用地，也可以通过在预计开发完成后不动产正常交易价格的基础上，扣除预计的正常开发成本和利润，以价格余额求取土地使用权市场价格的假设开发法来评估。

但在协议出让中，土地使用权市场价格推荐使用基准地价修正法核算。基准地价2—3年更新一次，同时由地价指数监控，能够较好地反映市场的变化；另一方面，其测算方法相比市场比较法、假设开发法等更加简便，反映市场供需变化的溢价较小。因此基准地价修正法更适用于协议出让土地使用权市场价格的测算。

土地使用权市场价＝土地使用条件下的基准地价×土地用途修正系数×地价指数修正×（1+因素修正系数）×年期修正系数×容积率修正系数。

2.划拨土地使用权权益价格

划拨土地使用权权益价格主要可以通过以土地取得开发的重置成本测算、以土地使用权市场价的一定比例估算、以重置成本和使用者投资产生的增值收益综合测算这三种方法来求取。

（1）以土地取得、开发的重置成本测算

对于划拨土地使用权权益价格，其测算方法之一即为土地取得、开发的重置成本。

国土资源部国土资发〔2001〕44号文中规定："可依据划拨土地的平均取得和开发成本，评定划拨土地使用权价格。"土地使用者以划拨方式取得土地使用权时，除要支付土地取得成本（对集体土地转为国有建设用地而言，该项费用包括土地补偿费、安置补助费、地上附着物及青苗补偿费、新菜地开发建设基金和新增建设用地有偿使用费、耕地占用税等相关税费；对城区内取得国有土地而言，该项费用包括拆迁补偿费、拆迁管理费和相关税费）外，还要投入资金对土地进行开发，比如通上水、通下水、通讯、通路、通电等基础设施的配套，才能满足企业的生产需要。土地取得费、开发费和各种税费均应按照现行标准予以测算，可遵照《兰州市人民政府关于上报征地统一年产值标准和征地区片综合地价调整平衡结果的报告》、《甘肃省财政厅关于调整耕地占用税的通知》、《关于降低征地管理费等收费标准的通知》、《兰州市城市房屋拆迁补偿安置暂行规定》、《甘肃省城市基础设施配套费收费管理暂行办法》等法规进行核算。

划拨土地使用权权益价格＝土地取得费＋土地开发费＋土地取得、开发过程中的各项税费。

（2）以土地使用权市场价的一定比例估算

对于每一宗土地，都有其相应的、特定的土地成本，即划拨土地使用权权益价格。但每宗土地均单独测算则操作过于复杂，增加土地估价工作者的工作量，降低工作效率，也因其人为操作因素过大而容易导致腐败等不法行为的产生。

同时，土地成本作为土地全地价的一个重要组成部分，同一城市中同一用途土地二者的比例应在一个大致的区间浮动。本着客观公正且操作方便的原则，我们计算划拨土地使用权权益价格时也可以直接以土地使用权市场价为基础，乘以划拨土地使用权权益价格在全地价中所占的平均比例 X% 来估算。即：

划拨土地使用权权益价格＝土地使用权市场价×X%

（3）以重置成本和使用者投资产生的土地增值综合测算

划拨土地使用权权益价格的第三种测算方法即以重置成本和使用者投资产生的土地增值综合测算。即借鉴浙江对于"划拨土地使用权权益价格"内涵的界定，为了更加充分地保障划拨土地使用者合法、合理的权益，将土地使用者对土地投资而产生的土地增值收益归还土地使用者。

通过马克思的地租理论我们知道，对土地追加投资可以带来的更强的生产力，产生超额利润，从而追加投资后的土地亦能够获得更多的地租，即级差地租Ⅱ。但是政府和划拨土地使用者均对土地进行了投资。以供水为例，政府对土地的投资是铺设整个城市供水管网并将其与水源地相连接的费用；而土地使用者对土地的投资则是宗地内的供水设施建设并将其与城市供水管网最近接入点相连接的费用。这两部分投资都会使土地产生增值，但如何将两部分增值清晰地剥离开，分别求取政府对土地投资所产生的增值和土地使用者对土地投资所产生的增值则是一个难题。

因此，课题组认为该问题应由甲方酌情解决，针对不同的土地用途、土地级别设定不同的"使用者投资产生的土地增值率"a%，在第一种测算方法测算出的土地重置成本的基础上加上使用者投资产生的土地增值来求取划拨土地使用权权益价格，即：

划拨土地使用权权益价格＝土地重置成本＋使用者投资产生的土地增值

　　=土地使用权市场价×X%+土地使用权市场价×X%×a%

（4）公式中的参数确定

①X%的确定

X%的取值是决定能否合理测算协议出让金的关键,应依靠大量数据科学地推算,而不能仅凭经验估值。可以以基准地价体系为基础,分级别、分用途选取多个样点进行土地使用权市场价和土地成本的估算,从而确定各级别、各用途 X% 的平均值。

即在兰州市土地定级的成果基础之上,将兰州市土地按照商业、住宅、工业三大类型以及一至七级的划分方式,分为 21 种情况。每种情况下选取一些样点,对所选取的样点土地利用合适的土地估价方法,进行市场价格的评估与成本的估算,得到该地块土地成本所占土地市场价格的比例。将同种情况下的样点所得到的比例进行综合归纳,进行相关因素修正,最终提炼出该情况下 X% 的数值。

目前湛江市正是采取"划拨土地使用权权益价格＝土地使用权市场价×X%"的计算方法对划拨土地使用权权益价格进行估算。其中,X% 的取值不分用途不分级别统一确定为60%。兰州市可以对湛江市的经济发展状况以及土地市场情况进行借鉴之后,对其 X% 的取值进行修正后作为参考。

另一方面,若求取出的 X% 与经验值或其他经济水平相当的城市差别较大,则应找出问题的所在,积极完善,并在未来的工作中进一步规范兰州土地市场。

②a%的确定

土地增值率的大小往往遵循以下规则:

第一,用途不同,土地增值率不同。一般地,从高到低排序为"商业——住宅——工业";第二,级别不同,土地增值率不同。一般地,从高到低排序为"一级——七级"。

在土地估价的成本法中,将土地增值率分商业、住宅、工业三种不同用途区分,分别为25%、20%、15%。但为了更加合理准确地评估土地增值,兰州市在确定土地增值率的过程中,可以考虑不仅按不同的土地用途区分,同时对不同的土地级别进行区分。

土地增值率的大小可以根据样点地价的测算结果,参考前几年出让、转让的估价资料,并结合专家的意见来确定。一般地,先确定中间级别的土地增值率,然后根据一定的递减、递增幅度来确定其他级别的土地增值率。

(二)协议出让金测算方法

1.原划拨土地补办出让手续

(1)不改变土地用途

划拨土地申请补办出让手续、企业改制成立股份制企业或企业兼并引起划拨土地使用权转移补办出让手续,不改变土地用途且符合规划,报经市、县人民政府批准后,可以采取协议出让手续的,其出让金测算方法为拟出让时土地使用权市场价格减去拟出让时土地使用条件划拨土地使用权权益价格,即:

应缴纳土地使用权出让金=拟出让时土地使用权市场价格-拟出让时划拨土地使用权权益价格

(2)改变土地用途

划拨土地申请补办出让手续、企业改制成立股份制企业或企业兼并引起划拨土地使用权转移补办出让手续,经规划部门同意可以改变土地用途,《国有土地划拨决定书》、《国有土地使用权租赁合同》、法律、法规、规章、地方政府规定没有明确应当收回划拨土地使用权公开出让,报经市、县人民政府批准,可以办理协议出让手续的,其出让金测算方法为拟出让时新用途出让土地使用权市场价格减去拟出让时原用途划拨土地使用权权益价格,即:

应缴纳土地使用权出让金=拟出让时新用途出让土地使用权市场价格-拟出让时原用途划拨土地使用权权益价格

当高效益土地利用方式转为低效益土地利用方式时,该式计算结果可能会出现负值。出现负值时,则:

应缴纳土地使用权出让金=拟出让时新用途出让土地使用权市场价格-拟出让时新用途划拨土地使用权权益价格

2.已出让土地变更规划条件

已出让土地申请改变土地使用条件,取得规划部门同意,且《国有土地使用权出让合同》、法律、法规、地方性法规、行政规定没有明确应当收回土地使用权重新公开出让的,经市、县国土资源管理部门审查同意,可由原土地使用权人与国土资源管理部门签订国有土地使用权出让合同变更协议或重新签订国有土地使用权出让合同,调整国有土地使用权出让金。

变更规划条件主要分为两种情况。第一种是综合用地中各用途土地所占比例发生改变。第二种是超容,即容积率增大,建筑面积增加。

变更规划条件后应补缴出让金的测算公式为:

应补缴土地使用权出让金=批准改变时的新土地使用条件下土地使用权市场价

格-批准改变时原土地使用条件下剩余年期土地使用权市场价格

若计算得出的出让金为负值,则按照零计算,政府不予以补退。

另外,为了鼓励集约节约利用工业用地,对于已出让工业用地在符合规划、不改变用途的前提下,提高土地利用率增加容积率的,原则上不再收取或调整土地出让金。

三、方案二:由市场价求取协议出让金

（一）基本公式

1. 公式内容

土地使用权市场价作为全地价,包括土地取得开发成本和土地出让收益两个大部分。而由基准地价修正法求出的土地使用权市场价是不包含土地风险溢价的,扣除土地取得开发成本后即可得到土地出让金,即协议出让金。同前文提到的"同一用途土地的开发取得成本和土地使用权市场价二者的比例应在一个大致的区间浮动"类似,协议出让金与土地使用权市场的比例也应该在一个大致的区间浮动。其公式为:

土地出让金＝土地使用权市场价×Y%

2. 公式中参数 Y% 的确定

合理正确运用该公式的关键仍然在于出让土地使用权市场价中出让金比例的确定。从大的分类上来看,土地使用权市场价中主要包括土地成本和土地出让金两部分。而商业、住宅、工业三种用途土地市场价中两者的比例有较大区别。应在城市范围内分用途选取各类土地的多个样点进行测算,并求取土地出让金占土地使用权市场价的比重 Y% 的平均值。该值最终的确定亦需考虑城市间的横向比较和兰州市自身的时间轴纵向比较,需与兰州市整体经济发展水平相适应,与其他西部同类城市的水平相当。

首先,同样是在兰州市土地定级的成果基础之上,将兰州市土地按照商业、住宅、工业三大类型以及一至七级的划分方式,分为 21 种情况。每种情况下选取一些样点,利用合理的估价方法或是综合以往的协议出让案例的数据,对该情况下的 Y% 进行测算。

同时,以按照这一方法测算土地协议出让金的城市所选取的 Y% 值作为参考,代表城市有北京市、海口市、绵阳市等。其中,大部分城市(如银川、海口、西安等)是以标定地价作为基数,而北京市、绵阳市则是以基准地价作为基数进行测算。另外,由于各城市的经济发展状况以及土地用途的不同,选择的比例也存在一定的差异。发达地区选取 40%—60% ,如北京市;中部地区选取 30%—40% ,如长沙市;西部地区

一般选取 20% —30% ,如绵阳市。

最后,将计算结果结合其他城市的数值,得到不同土地用途、不同土地级别的 Y% 的数值。

(二)协议出让金测算方法

1.原划拨土地补办出让手续

(1)不改变土地用途

划拨土地申请补办出让手续、企业改制成立股份制企业或企业兼并引起划拨土地使用权转移补办出让手续,不改变土地用途且符合规划,报经市、县人民政府批准后,可以采取协议出让手续的,其出让金测算方法为:

应缴纳土地使用权出让金＝土地使用条件下的土地出让金

(2)改变土地用途

划拨土地申请补办出让手续、企业改制成立股份制企业或企业兼并引起划拨土地使用权转移补办出让手续,经规划部门同意可以改变土地用途,《国有土地划拨决定书》《国有土地使用权租赁合同》、法律、法规、规章、地方政府规定没有明确应当收回划拨土地使用权公开出让,报经市、县人民政府批准,可以办理协议出让手续的,其出让金测算方法为:

应缴纳土地使用权出让金＝拟出让时新用途土地使用条件下的土地出让金

与方案一相比,此处没有考虑划拨土地的原用途,从公式上看,缺少了"拟出让时新用途划拨土地使用权权益价格－拟出让时原用途划拨土地使用权权益价格"。划拨土地使用权权益价格是对划拨土地使用权人在取得和使用划拨土地过程中对土地投入部分的补偿,主要包括土地开发费、土地取得费和相关税费三部分。商、住、工三种用途土地的地价差异主要来自我国土地用途管制下的土地出让金的差异,而前期对土地的投资,即划拨土地使用权权益价格是类似的。

2.已出让土地变更规划条件

已出让土地申请改变土地使用条件,取得规划部门同意,且《国有土地使用权出让合同》、法律、法规、地方性法规、行政规定没有明确应当收回土地使用权重新公开出让的,经市、县国土资源管理部门审查同意,可由原土地使用权人与国土资源管理部门签订国有土地使用权出让合同变更协议或重新签订国有土地使用权出让合同,调整国有土地使用权出让金。

此类情况称为"变更规划条件",主要分为两种情况。第一种是综合用地中各用途土地所占比例发生改变。第二种是超容,即容积率增大,建筑面积增加。

变更规划条件后应补缴的出让金为:

应补缴土地使用权出让金＝批准改变时的新土地使用条件下的土地出让金－批准改变时原土地使用条件下的土地出让金

若计算得出的出让金为负值,则按照零计算,政府不予以补退。

另外,为了鼓励集约节约利用工业用地,对于已出让工业用地在符合规划、不改变用途的前提下,提高土地利用率和增加容积率的,原则上不再收取或调整土地有偿使用费。

四、方案三：由出让金标准求取协议出让金

（一）基本公式

1. 公式内容

同基准地价体系类似,出让金也可以按照不同用途土地的特征划定不同的级别,同一用途同一级别中的土地相对均质,形成一个面状的土地出让金标准。并建立与之相符的修正体系,从而针对各个地块的特质性,求取其相对应的土地出让金。其公式为：

土地使用条件下的土地出让金＝土地使用条件下的土地出让金标准×土地用途修正系数×地价指数修正系数×(1+因素修正系数)×年期修正系数×容积率修正系数

2. 出让金标准的确定

这种测算方法的关键即在于土地出让金标准的确定。土地出让金标准的制定应以基准地价体系为基础,设定内涵与基准地价内涵保持一致。土地出让金标准是该级别、该用途土地在设定内涵下的出让金的平均值,即政府的纯收益部分。在数量上应等于基准地价减去土地取得费、土地开发费和相关税费之后的土地增值收益部分。因此,土地出让金标准的确定可以通过测算各级别、各用途土地基准地价中的土地增值收益来确定。

若出让金标准制定过低,则会导致国有资产流失;若过高,则会损害土地使用者的权益,降低投资积极性。因此,最终确定土地出让金标准除了参考基准地价中的增值收益部分外,还必须借鉴其他城市的经验。使兰州市国有土地出让金标准无论从全国范围横向对比还是自身的时间轴纵向对比,均与兰州市整体经济发展水平相适应,与其他西部同类城市的水平相当。此外,出让金标准必须大于区域对应的新增建设用地土地有偿使用费。

（二）协议出让金测算方法

1. 原划拨土地补办出让手续

(1) 不改变土地用途

划拨土地申请补办出让手续、企业改制成立股份制企业或企业兼并引起划拨土地使用权转移补办出让手续,不改变土地用途且符合规划,报经市、县人民政府批准后,可以采取协议出让手续的,其出让金测算方法为:

应缴纳土地使用权出让金=土地使用条件下的土地出让金

(2)改变土地用途

划拨土地申请补办出让手续、企业改制成立股份制企业或企业兼并引起划拨土地使用权转移补办出让手续,经规划部门同意可以改变土地用途,《国有土地划拨决定书》、《国有土地使用权租赁合同》、法律、法规、规章、地方政府规定没有明确应当收回划拨土地使用权公开出让,报经市、县人民政府批准,可以办理协议出让手续的,其出让金测算方法为:

应缴纳土地使用权出让金=拟出让时新用途土地使用条件下的土地出让金

2.已出让土地变更规划条件

已出让土地申请改变土地使用条件,取得规划部门同意,且《国有土地使用权出让合同》、法律、法规、地方性法规、行政规定没有明确应当收回土地使用权重新公开出让的,经市、县国土资源管理部门审查同意,可由原土地使用权人与国土资源管理部门签订国有土地使用权出让合同变更协议或重新签订国有土地使用权出让合同,调整国有土地使用权出让金。

此类情况称为"变更规划条件",主要分为两种情况。第一种是综合用地中各用途土地所占比例发生改变。第二种是超容,即容积率增大,建筑面积增加。

变更规划条件后应补缴的出让金为:

应补缴土地使用权出让金=批准改变时的新土地使用条件下的土地出让金-批准改变时原土地使用条件下的土地出让金

若计算得出的出让金为负值,则按照零计算,政府不予以补退。

另外,为了鼓励集约节约利用工业用地,对于已出让工业用地在符合规划、不改变用途的前提下,提高土地利用率和增加容积率的,原则上不再收取或调整土地有偿使用费。

(三)修正体系

出让金标准表达的是一个区片内均质土地的平均土地出让金,具体到各个地块则需要进行一系列的修正,从而得出更加精准的土地出让金。因此,修正体系的建立健全是准确、合理测算协议出让金的有力保证,同时也能够规范标准化测算过程,减少人为因素的不确定性。各项修正系数应根据其各自的制定规则和方法,结合兰州市土地市场的实际情况,自行制定。

1. 土地用途修正系数

目前,我国土地利用现状分类已经拥有了全国统一的国家标准,即由中国质量监督检验检疫总局和中国国家标准化管理委员会联合发布的《土地利用现状分类》(GB/T 21010-2007)。《土地利用现状分类》国家标准采用一级、二级两个层次的分类体系,共分 12 个一级类、57 个二级类。其中一级类包括:耕地、园地、林地、草地、商服用地、工矿仓储用地、住宅用地、公共管理与公共服务用地、特殊用地、交通运输用地、水域及水利设施用地和其他土地。每一种土地用途都可以通过《土地利用现状分类》中的二级分类查找到其对应的一级类,比如加油站、洗车场等均属于商服用地。

无论是基准地价还是土地出让金标准,其用途分类大都分为商业、居住、工业三类。但是,在土地交易市场上,还大量存在着这三类土地之外的土地,像是新闻出版用地、机关团体用地、科教用地等公共管理和公共服务用地,宗教用地、殡葬用地等特殊用地等。这些用地与出让金标准所划分的三类用地应该有明确的规定和修正幅度,以使二者能够有效地相衔接。比如采矿、仓储、公共基础设施、机关团体、教育用地、文体、医疗卫生、慈善用地等建设用地参照工业用地确定基准地价、土地出让金标准;而科研、设计用地根据其具体情况参照住宅用地或工业用地确定土地出让金标准,并按照一定的比例进行用途修正。

另一方面,土地用途修正系数也可以起到合理配置有限资源,调节固定资产投资方向的作用。比如高档住宅(别墅)用地适用居住土地出让金标准时,按一定比例进行正向用途修正,抑制投资;制造业用地适用工业用地基准地价、土地出让金标准时,按一定比例进行负向用途修正,鼓励投资。

在确定土地用途分类修正系数时,可以将典型用途的修正系数设为 1.0,特殊用途则视其相应的收益情况和市场成交案例情况,合理确定其用途修正系数。如加油站用地因其收益明显高于典型的商业用地,确定其修正系数为 1.3;而科研设计用地其收益明显低于典型的住宅用地,确定其修正系数为 0.8。

当一块土地为多种用途的综合用地,则应按照各用途建筑面积的比例进行分摊,按其权重对应收缴的土地出让金进行计算。

2. 地价指数修正

地价指数是指正常市场条件下,城市商业、住宅、工业用途的土地价格在一定时期内的变动趋势和程度的相对数。

兰州市地价指数体系主要按商业、住宅、工业三种用地类型划分,通过对不同时间的地价监测点的变化进行编制。具体编制方法是以土地定级成果为依据,在同一用途不同土地级别内选择若干地价区段,并在每一地价区段内设立若干地价监测点;进行土地价格的调查,收集市场交易样点地价资料,以各级别内地价监测点资料计算各级别地价指数。地价指数的编制基期应为制定基准地价、土地出让金标准的时间。对于某一用途土地各级别地价指数的具体测算公式为:

$$I_m = \frac{\sum\limits_{i=1}^{n} P_{mi} W_i}{\sum\limits_{i=1}^{n} P_{mi}^0 W_i}$$

其中:I_m 为 m 级地价指数

　　　P_{mi} 为 现年 m 级第 i 个地价监测点的地价

　　　P_{mi}^0 为基期 m 级第 i 个地价监测点的地价

　　　W_i 为 m 级第 i 个地价监测点的土地面积

　　　n 为 m 级地价监测点的总数

在基准地价修正法评估土地使用权市场价格、土地出让金标准修正法评估土地出让金时,地价指数是唯一反映市场波动的指标。因此,为了更好地反映市场状况,地价指数应及时更新。在土地市场稳定时期,可以一年更新一次;在土地市场交易频繁、市场波动较大的情况下,则应一个季度更新一次。

兰州市应按照该市土地定级及地价监测成果、监测点地价对地价指数进行编制。

3. 因素修正系数

因素修正主要分为"区域因素修正"和"个别因素修正"两个部分。应根据实际情况决定修正因素,同时选取土地出让金标准的"因素修正"因素也应根据不同的土地用途有所侧重,各个因素的修正幅度和权重应合理确定。

(1)修正因素的选择

区域因素由宗地与区域其他宗地的相邻关系决定,而个别因素对地价的影响由宗地自身条件决定。区域因素是指城市内部宗地所在区域的自然条件与社会、经济条件等,这些条件相互组合所产生的地区特性,对地区内的地价水平有决定性的影响,主要包括繁华程度、交通条件、基础设施完善度、环境质量等因素。个别因素是指构成每一宗地的具体特征,同时对宗地价格又有重大影响的因素。其主要包括宗地面积、宽度、形状、深度、地势、坡向、朝向、宗地市政设施条件、城市规划限制、土地使用年限等因素。因素的选取应根据不同的土地用途有所侧重。

具体进行因素选择时主要考虑的前提条件是:地价区片或出让金标准区域是否合适? 如果区域面积过大,则超出修正规则,无法进行正确修正;如果区域面积适中,则主要进行中观主要区域因素的修正和个别因素修正;如果区域面积足够小,则可视同一区域的区域因素条件相对一致,即可不再进行区域因素修正,只进行个别因素修正。

中观区域因素结合全国普遍适用情况和兰州市自身的特点,建议其各用途的修正因素选用如表4-5-1所示:

表4-5-1 建议各用途中观区域因素的选取

用途	因素
商业	临街条件
	距商服中心
	公交车线路
住宅	距学校距离
	距商服中心
	距离公园或南北滨河路等
工业	交通便捷度
	产业聚集度

个别因素修正对于商业用地显得尤为重要,比如临街深度和形状。一般来说,临街分布的商业企业,土地深度与用地效益有较大的影响,在相同的营业面积和管理水平下,随着临街距离的增加,土地商业利用价值会迅速减小。而地块形状,即宽深比率对商业企业用地经营效益的影响主要体现在宽深比率大小影响店面装饰,宽深比率大,使柜台的布置处于有利的地位,增加对过往行人的吸引力和接触机会,促进商业企业利润最大化,从而提高土地利用价值,引起地价上涨。对于住宅用地和工业用地,其宗地面积、地势、城市规划限制等因素对其土地价值的体现影响比较大。

(2)因素修正总幅度的确定

根据《城镇土地估价规程》,因素修正总幅度值的确定应以级别为单位,调查各级别内正常地价的最高样本组平均值、最低样本组平均值与基准地价作相对值比较确定。计算公式如下:

上调总幅度计算公式为:

$$F_1 = [(I_{nh} - I_{lb}) / I_{lb}] \times 100\%$$

下调总幅度计算公式为:

$$F_2 = [(I_{lb} - I_{ni}) / I_{lb}] \times 100\%$$

式中,F_1为基准地价上调最大幅度值;F_2为基准地价下调最大幅度值;I_{1b}为基准地价;I_{nh}为级别或评估区域正常地价的最高样本组平均值;I_{ni}为级别或评估区域正常地价的最低样本组平均值。

根据上述方法和公式,分别测算商业、住宅、工业用地各个级别的上调、下调总幅度值,并内插修正值,一般将宗地地价按优、较优、一般、较劣、劣分为五个档次确定修正系数。

(3)各因素权重值及修正幅度值确定

修正因素权重值确定一般采用层次分析法、因素成对比较法。根据各因素对不同用途地价的影响程度,按以下公式确定各因素的修正幅度,并通过样本地价的检验来校正。计算公式如下:

$$F_{1i} = F_1 \times W_i$$

$$F_{2i} = F_2 \times W_i$$

式中,F_{1i}为i因素的上调幅度;F_{2i}为i因素的下调幅度;W_i为i因素对宗地地价的权重值。

具体因素修正系数的测算应严格参照兰州市各级别、各用途基准地价、出让金标准修正系数说明表执行,尽量减少评估人员主观因素对因素修正系数、地价的影响。

4.年期修正系数

(1)土地还原利率的选取

十地还原利率又可称资本化率,是土地纯收益与土地价格的比率,实质是资本投资的收益率。求取土地还原利率是一项复杂、精度要求非常高的工作,因为如果发生微小变动(如增大1%或减小1%),都会使评估价格发生显著的变化,使求得的结果不能正确反映土地的价格。因此,我们应科学合理地确定土地还原利率。

计算土地还原利率的典型的计算公式为:

土地还原利率 = 安全利率+ 行业平均风险系数×个别风险附加值- 投资带来的优惠率

在上式中,安全利率是指无风险的资本投资利润率,是资金的机会成本,可以选定近一年的定期存款利率为安全利率。

行业平均风险系数在此可以等同于行业平均投资风险补偿率和平均管理负担补偿率之和。在一定的时期和一定的经济大环境下,这个系数在某个区域的房地产行业应该有一个统计上的平均值或者说是基准值,而且具有较长期的稳定性。

个别风险附加值是指当投资者投资于个别收益不确定的、具有个别特殊风险特性的房地产时所要求的对其额外风险进行的补偿。

最后,由于投资房地产可能获得某些额外的好处,如易于获得融资,投资者因此会降低所要求的报酬。所以,针对个别投资估价对象可以获得的好处,要对风险值作相应的扣减。

需要说明的是,不管怎么样,从理论上来讲,投资收益率不能低于贷款利率,如果低于贷款利率,那么就没有投资的必要了。

①三大类用途土地的土地还原利率应有区分

从上述公式可以看出,风险大,土地还原利率就高;风险小,则土地还原利率就低。

因此,从特殊的土地需求来讲,对于投资回报率较低、风险较小的工业用地,即使价格低廉,需求者也不多,尤其对经济欠发达的西部地区更是如此,所以土地还原利率要定得低一些;而对于收益高、风险较大的商业用地,即使价格高昂,需求者还是很多,所以还原利率要定的高一些,但由于行业整体收益水平的限制,仍应低于东部城市的商业用地土地还原利率水平。总之,土地购买者把商业、住宅、工业用地当作不同的投机对象,正是看重其不同的投资风险和收益率,三者的土地还原利率必须有所区分。

②建立土地还原利率的浮动与调整机制

安全利率通常选取为一年期定期存款利率。在经济稳定运行期间,其为固定值;但当经济发生波动时,国家首先用到的宏观调控手段是调整存贷款利率,此时,土地还原利率也应该作出相应的调整。比如,当发生通货膨胀时,物价上涨,货币贬值。在通货膨胀期间,投资者除了希望得到真报酬之外,还要收回具有与投资相同购买力的资金,作为对通货膨胀的补偿。因此,在通货膨胀时期,土地还原利率要高一些。此外,通货膨胀还影响到一般利率和行业平均利率,这些都是构成土地还原利率的基础。所以,一些估价人员认为在房地产评估中通货膨胀时期还原利率要提高1%—2%,以反映未来收入增加的不确定性。

2007年,央行6次加息,一年期定期存款利率从年初的6.39%涨到年末的7.47%;而进入2008年以来,又4次降息,一年期定期存款利率跌到5.58%,低于2007年年初的水平。在利率变化如此频繁且变化幅度如此之大的时期,兰州市从始至终采用5%的土地还原利率显然是不科学的。土地市场是经济市场的一部分,其应该符合也必须符合整个经济的大环境才能健康地发展,土地还原利率恰恰应该作为最能反映经济波动、土地价格波动的因素随市而动。因此,建议随着央行的利率调整政策及时地调整土地还原利率。

兰州市将要执行的还原利率可以设定为:商业 7%,住宅 6.5%,工业 5.5%。

(2)年期修正系数的确定

对使用年期与法定最高年期不一致的宗地,要进行年期修正。土地使用年期修正系数可按下式计算:

$$年期修正系数 = \frac{1-\left(\dfrac{1}{1+r}\right)^{m}}{1-\left(\dfrac{1}{1+r}\right)^{n}}$$

其中,n 为土地使用权法定最高出让年限;m 为宗地剩余使用年限;r 为该用途土地还原利率。

5. 容积率修正系数

容积率的修正系数主要起到两个作用。其一,正确反映楼面地价,防止土地资产的流失;其二,计价方式应有利于集约节约利用土地,将地产开发引向合适的高度和密度。

例如,协议出让土地,商业用地容积率小于 3 的以 3 为准进行修正,大于 8 的以 8 为准进行修正;住宅用地容积率小于 2.5 的以 2.5 为准进行修正,大于 6 的以 6 为准进行修正;工业用地则不进行容积率修正。此处的数值仅作为参考,具体确定应遵照兰州城市的实际情况。

另外,为了鼓励集约节约利用工业用地,对于已出让工业用地在符合规划、不改变用途的前提下,提高土地利用率和增加容积率的,原则上不再收取或调整土地有偿使用费。

具体容积率修正系数参见另一课题制定的容积率修正系数表。

此处还需要对计算容积率时是否包含地下部分建筑面积的问题做一个说明。凡用作地下停车场的地下室建筑面积不纳入计算容积率时的建筑面积;其他用于商业经营性活动用房或为其服务的辅助用房的建筑面积按商业用地标准纳入计算容积率时的建筑面积;用于人防、仓库等其他用途的用房建筑面积按其建筑主体性质标准纳入计算容积率时的建筑面积。

五、三方案对比分析

通过以上分析可知,遵循国土资发〔2006〕114 号文件《协议出让国有土地使用权规范》中的规定求取协议出让金的方案一虽然过程是三种方案中最烦锁的,但其结果最准确,对原划拨土地补办出让手续的和变更规划条件补缴出让金的两种情况均普遍适用。由市场价求取协议出让金的方案二结果相对准确、普遍适用,且其过程最为简便,但协议出让金和市场价的比例较难确定,对土地管理部门、政策制定者的专业水平要求较高。由出让金标准求取协议出让金的方案三仅适用于原划拨土地补办出让手续的,不适用于变更规划条件补缴出让金的情况,如果选用方案三必须配合方案一和方案二,且出让金标准的确定也较难把握,因此并不推荐。综合各个因素,三个方案的比较结果如表4-5-2所示:

表4-5-2　三个方案综合比较分析表

	结果准确性	普遍适用性	技术难度性	操作简易性
方案一	5	5	3	3
方案二	4	5	4	5
方案三	3	3	5	4

注:表中1—5分别表示对应评价指标值的大小,数值越大,指标值越高。

　　基于以上各种情况的综合考虑,建议兰州市首选方案一,其次为方案二,当然也可以选用方案三和方案一、二配合使用的方法。

第六章　协议出让典型案例实证分析

现根据前文所制订的方案一、方案三(因方案二与方案一类似,此处不作实证分析),选取兰州市典型协议出让案例,进行新旧测算结果的比较分析。

一、拟定未知因素值

方案一和方案三中涉及的很多关键数据均需建立在大量数据分析的基础上才能准确得出,而此处为进行实证分析,仅根据已有的兰州市案例,并借鉴其他西部城市的经验,初步拟订方案及案例涉及的各个未知因素值以方便验证各方案的可行性。值得说明的一点是,方案一中的土地使用权市场价采用基准地价修正法,其修正体系借用方案三中的出让金标准修正体系;划拨土地使用权权益价格采用以土地使用权市场价为基础乘以一定比例估算的方法。

(一)划拨土地使用权权益价格占市场价的比例 X%

此处不考虑因土地使用者投资而产生的土地增值部分,仅以土地成本作为划拨土地使用权权益价格,拟定其占出让土地使用权市场价的比例 X% 如表 4-6-1 所示。

表 4-6-1　初步拟定 X% 的取值

	一级地	二级地	三级地	四级地	五级地	六级地	七级地
商业土地	70%	72%	74%	75%	77%	79%	80%
住宅用地	75%	77%	79%	80%	82%	84%	85%
工业用地	80%	82%	84%	85%	87%	89%	90%

(二)兰州市土地出让金标准

土地出让金标准作为设定内涵下土地出让金的平均值,从数量上可以看作相同土地使用条件下的基准地价扣除土地成本的值,即可以根据表 4-6-1 推算土地出让金标准,其结果如表 4-6-2 所示。

表4-6-2 初步拟定兰州市土地出让金标准

	一级地	二级地	三级地	四级地	五级地	六级地	七级地
商业土地	1895.4	1264.48	790.14	533.25	345.23	201.81	109.8
住宅用地	852	633.88	435.96	261.8	137.16	90.24	63
工业用地	196.8	135	98.24	80.1	62.92	46.2	36.5

（三）地价指数

根据现有地价指数和2007年交易案例,初步拟定2008年地价指数为:

商业:109.00

住宅:114.00

工业:104.00

（四）因素修正系数

表4-6-3中选取具有代表性的区域因素对各用途基准地价、出让金标准进行修正,修正幅度未经过仔细测算。此处仅为实证分析使用,实际应用过程则仍需对因素的选取和幅度的确定进一步考量。且此处仅选用了区域因素,未选用个别因素。

表4-6-3 因素修正系数表

用途	因素		修正系数		修正系数		修正系数		修正系数		修正系数
商业	临街条件	两面临街	0.02	一面临街	0.01	临巷道	-0.01	不临街	-0.02		
	距商服中心	≤300m	0.02	300—600m	0.01	600—900m	0	900—1200m	-0.01	>1200m	-0.02
	公交车线路	≥10条	0.02	5—8条	0.01	3—4条	0	1--2条	-0.01	0条	-0.02
住宅	距学校距离	≤1000m	0.02	1000—2000m	0.01	2000—3000m	0	3000—4000m	-0.01	>4000m	-0.02
	距商服中心	≤300m	0.02	300—600m	0.01	600—900m	0	900—1200m	-0.01	>1200m	-0.02
	距离公园或南北滨河路等	≤500m	0.02	500—1000m	0.01	1000—1500m	0	1500—2000m	-0.01	>2000m	-0.02

用途	因素		修正系数		修正系数		修正系数		修正系数		修正系数
工业	交通便捷度	临主干道	0.02	临次干道	0.01	临巷道	-0.01	不临道	-0.02		
	产业聚集度	临工业仓储用地	0.02	临行政事业用地	0.01	临住宅用地	0	临旅游园林用地	-0.01	临商业用地	-0.02
备注	一、兰州市的主要商业街分为以下级别: 一级:张掖路、永昌路(中、南段)、武都路、庆阳路、甘南路(南关什字至平凉路段)、中山路(西关什字至胜利宾馆段); 二级:永昌路(北段)、甘南路(剩余部分)、平凉路、皋兰路、中山路(剩余部分)、西津路(文化宫至小西湖段、七里河北街至武威路段)、东岗路(五里铺桥至气象局、油漆厂西界); 三级:安宁西路(水挂庄桥至万新路段)。 如果所临街道为上述商业街,则在临街的基础上再增加以下修正: 临一级商业街+0.02;临二级商业街+0.015;临三级商业街+0.01。 二、兰州市的商服中心分为以下级别: 一级:西关什字、东方红广场、南关什字、东部市场; 二级:铁路局、小西湖、西站、西固城、培黎广场。 三、以上商业街、商服中心的修正系数仅针对商业用地。										

另外值得说明的一点是,实证分析中容积率修正系数仍按照兰州市原有方法操作。

二、原划拨土地补办出让手续——工业用地不改变用途

该地块原为工业划拨用地,现拟以协议出让方式取得该土地的使用权,需评估其应缴纳的土地使用权出让金,现用方案一和方案三分别测算其应缴纳土地使用权出让金。

具体测算过程如下:

(一)宗地情况

宗地位置	兰州市七里河区建兰路街道				
宗地出让类型	划补	出让面积	12507.8 平方米	出让用途	工业

宗地位置	兰州市七里河区建兰路街道				
拟出让年期	50 年	土地级别	一级	建筑容积率	/
宗地影响因素	工业	交通便捷度	临主干道	修正系数	0.02
		产业聚集度	临住宅用地	修正系数	0

（二）对应基准地价及各项修正系数

宗地位置	土地用途	分类用途面积百分比	土地级别	基准地价(元/平方米)	用途修正系数	因素修正系数	地价指数修正	年期修正	容积率
吴家园	工业	1	一级	984	1	0.02	1.04	1	/

（三）各个方案的测算结果及对比分析

（元/平方米）	兰州市现行方案	方案一	方案三
应缴纳土地使用权出让金	442.78	204.67	208.77

　　原测算方法得到的结果为 442.78 元/平方米,是两种新测算方法得出结果的 2 倍还多,这主要是因为工业一级地的出让金标准占其对应级别基准地价的 44.10%,对于工业用地来说这一比例明显过高,从而导致了最后的结果处于较高的出让金水平。工业用地对于西部经济欠发达地区来说是招商引资较有力的筹码,因此,新测算方法得到的土地使用权出让金更接近于兰州市的实际情况,也更符合工业用地基准地价中土地增值收益所应该占的百分比。

三、原划拨土地补办出让手续——住宅用地改为商住综合用地

　　该地块原为住宅划拨用地,土地利用现状为商业和住宅综合用地,现拟以协议出让方式取得该土地的使用权,现用方案一和方案三分别测算其应缴纳土地使用权出让金。

　　具体测算过程如下：

（一）宗地情况

宗地位置	城关区雁宁路603-7号				
宗地出让类型	划补	出让面积	1641.42平方米	出让用途	原为住宅现为住宅商业
拟出让年期	商业40年住宅70年	土地级别	商业三级住宅二级	建筑容积率	3.62
宗地影响因素	商业	临街条件	一面临街	临商业街状况	/	修正系数	0.01
		距商服中心	东方红广场	距离	>1200m	修正系数	-0.02
		公交车线路	5条	/	/	修正系数	0.01
	住宅	距离学校	雁滩小学	距离	≤1000m	修正系数	0.02
		距商服中心	东方红广场	距离	>1200m	修正系数	-0.02
		距离公园或南北滨河路	南滨河路	距离	≤500m	修正系数	0.02

（二）对应基准地价及各项修正系数

宗地位置	土地用途	分类用途面积百分比	土地级别	基准地价（元/平方米）	用途修正系数	因素修正系数	地价指数修正	年期修正	容积率
雁宁路603-7	商业	2.66%	三级	3039	1	0	1.09	1	3.62
	住宅	97.34%	二级	2756	1	0.02	1.14	1	3.62

（三）各个方案的测算结果及对比分析

（元/平方米）	兰州市现行方案	方案一	方案三
应缴纳土地使用权出让金	478.77	892.89	893.41

原测算方法得到的土地使用权出让金结果为478.77元/平方米,与上一案例原划拨工业用地申请出让补交出让金测算的土地使用权出让金442.78元/平方米相

近。而该地块为商业、住宅综合用地，且均处与较高级别，其出让金应该远远高于工业用地所补交的出让金。由此可见，原出让金测算方法得到的结果明显不合理。而方案一和方案三得到的土地使用权出让金均为 890 元/平方米左右，占其市场价的 23% 左右，与该地块的土地用途、土地级别相对应，吻合兰州市当今的经济发展水平，因此判断方案一和方案三的测算方法更适用于此案例。

四、已出让土地变更规划条件——商业用地超容

该地块原为通过出让方式取得的商业用地，由于规划所核定方案的建筑面积超过原出让合同所规定的建筑面积，现用方案一和方案三分别测算其应缴纳土地使用权出让金。

具体测算过程如下：

（一）宗地情况

宗地位置	西固区西固巷 4 号						
宗地出让类型	超容		出让面积	765.1 平方米	出让用途		商业
剩余使用年期	37 年		土地级别	三级	建筑容积率		应为 3.59 现为 3.77
宗地影响因素	商业	临街条件	一面临街	临商业街状况	/	修正系数	0.01
		距商服中心	二级（西固城）	距离	<300m	修正系数	0.02
		公交车线路	3 条	/	/	修正系数	0

（二）对应基准地价及各项修正系数

宗地位置	土地用途	分类用途面积百分比	土地级别	基准地价(元/平方米)	用途修正系数	因素修正系数	地价指数修正	年期修正	原容积率	新容积率
西固巷 4 号	商业	1	三级	3039	1	0.03	1.09	0.9839	3.59	3.77

(三)各个方案的测算结果及对比分析

（元/平方米）	兰州市现行方案	方案一	方案三
应缴纳土地使用权出让金	30.48	201.42	52.37

该宗地土地面积为 765.1 平方米,则容积率从 3.59 提高至 3.77 时建筑面积增加 137.718 平方米。现将原计算方法得到的结果与方案一得到的结果进行对比,分析数据如表 4-6-4 所示:

表 4-6-4   原计算方法与新计算方法结果对比

	兰州市现行方案	方案一
补交出让金单价(元/平方米)	30.48	201.42
补交出让金总价(元)	23320.25	154104.33
补交部分楼面地价(元)	169.33	1118.98
新使用条件下市场价(元/平方米)	3100.06	4218.57
新使用条件下楼面地价(元/平方米)	822.30	1118.98

由此可见,使用兰州市原计算方法测算补交土地出让金时,新增建筑面积的楼面地价为 169.33 元/平方米,远远低于原出让部分建筑面积的楼面地价,仅占其 20%左右。造成这种结果的主要原因是其竞标底价与协议出让价(全地价)的计算方法不同所导致的。从一定程度上说,这将鼓励开发商拿地时设定较低容积率,并在实际操作时私自、任意变更规划条件,通过补交少量的土地出让金摊薄其楼面地价、地面地价,从而导致国有资产的流失。而使用方案一测算时,前后楼面地价一致,能够有效地杜绝此现象的发生,规范开发商行为,树立政府威信。另外,方案三的测算结果与兰州市现行方案的计算结果接近,显然不适用。

通过以上三个案例的实证分析可知,新方案测算出的协议出让金占其对应基准地价的比例更加符合兰州市现阶段的经济发展水平,商、住、工三种用途土地协议出让金的数量关系也更加合理。而对于已出让土地变更规划条件补缴协议出让金的案例而言,兰州市原方案和方案三在设计上均存在漏洞。

第七章　结论与讨论

一、研究结论

由于历史的原因,土地协议出让方式还将在一定时期一定范围内存在。如何规范土地协议出让方式、科学测算土地协议出让金,对于加强土地资产管理,提高国有土地资源有效配置具有积极作用。

本研究首先探讨了国家和全国 35 个典型城市有关土地协议出让的政策法规,并在此基础上分区域总结了各典型城市土地协议出让规定的特点和协议出让金测算办法;其次,结合各典型城市的做法,在对兰州市现行土地协议出让政策、协议出让金测算办法详细分析的基础上,探讨了兰州市现行土地协议出让金测算办法的不足;最后,在对土地出让金和基准地价关系作了详细的理论分析之后,制定出新的兰州市土地协议出让金测算办法及修正体系。

我们得出的研究主要结论有:

(一)兰州市现行的协议出让金测算方法已不能与经济社会的发展相适应

兰州市现行的协议出让金测算方法及其修正体系中存在一些漏洞:土地用途分类不明晰,与出让金标准不衔接;土地还原率长年不变,与经济发展形势变化不相适应;协议出让金测算公式存在漏洞,无法客观反映土地真实价值。测算结果存在不合理之处:现行基准地价与协议出让金标准之间的关系无规律;未能较好解释地价"倒挂"现象。

基于协议出让金测算方法所暴露出来的问题,兰州市必须重新建立起协议出让金测算体系,该体系的建立应该从以下几个方面入手:形成协议出让金测算方法(包括协议出让金定义、测算公式等);对修正因子进行确定(用途修正、年期修正、地价指数修正、容积率修正等);对相关标准、参数进行确定(协议出让金最低标准、土地还原利率等)等。

(二)目前全国各地使用的土地协议出让金测算方法并不完全相同

国家向来重视土地协议出让,出台了许多法律法规对土地协议出让进行规范。除了对协议出让进行全面性的规定外,对协议出让金的最低标准及测算方法也作了单独详细的规定。目前,协议出让在我国出让土地中还占据一席之地,特别在补办存量用地出让土地手续过程中,协议出让还占有很大一部分份额,规范协议出让行为,明确协议出让金,制定好土地协议出让金测算方法,具有重大的意义。但由于对土地协议出让金概念界定的差异和现实操作的复杂性影响,目前全国各地还没有形成一个统一的土地协议出让金测算方法。

目前主要使用的方法有:以成本法、基准地价修正法进行测算(方案二),"全地价乘以一个百分比例"、"按照'应缴纳的土地使用权出让金额=拟出让时的出让土地使用权市场价格-拟出让时的划拨土地使用权权益价格'公式进行计算"(方案一)、"制定协议出让金标准并进行修正而得"(方案三)。

各种方法各有所长,可以依据实际情况进行选择。按照国家规定求取协议出让金的方案一虽然过程是三种方案中最烦锁的,但其结果准确,普遍适用。由市场价求取协议出让金的方案二同样结果准确、普遍使用,且其过程最为简便,但协议出让金和市场价的比例较难确定,对土地管理部门、政策制定者的专业水平要求较高。由出让金标准求取协议出让金的方案三仅适用于原划拨土地补办出让手续的,不适用于变更规划条件补缴出让金的情况,如果选用方案三必须配合方案一和方案二,且出让金标准的确定也较难把握,因此并不推荐使用。

(三)补缴土地协议出让金的确定要围绕变化的土地市场

基准地价反映的是一个区域总体的地价水平,其制定过程有一定的周期,致使其结果往往滞后于市场的变化。随着我国土地市场的日益发展和完善,以基准地价或出让金标准为基础的协议出让金确定办法已经相对无法适应快速变化的市场,故补缴土地协议出让金应该结合变化的土地市场来确定。

在使用基准地价修正法计算土地使用权市场价格时,要参考现时的市场交易价格。在计算划拨土地使用权权益价格时,可以直接以土地使用权市场价或市场交易价格为基础,乘以划拨土地使用权权益价格在全地价中所占的平均比例 X% 来求取;或者针对不同的土地用途、土地级别设定不同的"使用者投资产生的土地增值率"a% ,在使用现时的土地重置成本的基础上加上使用者投资产生的土地增值来求取划拨土地使用权权益价格。无论是哪一种方法,都体现了市场的因素。

二、进一步探讨的问题

协议土地出让金测算涉及范围广,所含内容丰富。本研究仅从理论上对基准地价和协议出让金的关系做了较细致的探讨,并利用实际案例对新的测算体系进行了初步分析和检验;要建立一套完善的测算及修正体系,可能还需要在实践中进一步深化和完善。与本书相关的、需要在实践中进一步探讨的方面包括:

（一）土地还原利率的确定方式,还有待进一步研究

土地还原率是确定地价的关键因素,而影响土地还原率的因素众多,相对难以确定。因此,要结合财务管理、风险投资等相关知识,进一步有区别地探讨商业、住宅、工业三种用途的土地还原利率,同时建立土地还原利率的浮动与调整机制。受本课题研究范围和研究者能力所限,课题组对这一问题的探讨还不够深入。但是,土地还原利率的确定对于土地协议出让金价格的确定意义重大,值得进一步研究。

（二）建议在操作过程中,按区域性质划分更小的区段,从而替代区域修正因素

区段的划分应本着成果可操作性的原则,分商业、住宅、工业三种不同用途,同时考虑与现行基准地价和协议出让现状相衔接。划分的过程应按照同一区段的区域因素相类似、地价水平相接近、地块以自然地物为界限的原则,并主要参考基准地价级别范围进行细分。进一步细化的基准地价级别区域,能更精准地反映全市各区段的地价变化情况,且在修正体系上也可以省去区域修正因素。既简化了修正过程,也可以避免区域修正过程中的主观性过强而产生的地价误差。

（三）要研究减少采用新的土地协议出让金测算办法可能导致出让金水平提高产生的影响

近几年来兰州市经济快速发展,土地市场活跃,受土地市场供需影响,招拍挂土地价格上涨较快。而兰州市土地基准地价和土地还原率长期没有随形势调整,使现行的以协议出让金标准为基础的土地协议出让金已严重背离当前市场状况下的真实土地价值。在调整土地还原利率、采用新的土地协议出让金测算办法后,可能会导致土地协议出让金价格出现上涨,对土地市场的稳定有一定影响。因此,需要进一步探讨逐步过渡的方法,使得兰州市协议出让土地市场能够平稳顺利地走向成熟。

总之,确定合理的土地协议出让金,既要保证国有土地资产不流失,又要正确引导市场走向,还需要充分考虑到市场的承受能力。

参考文献

1. 刘卫东等:《城市地价评估理论探索与实践》,科学出版社 2008 年版。

2. 蔡兵备、欧阳安蛟:《城市地价评估方法——发展与创新》,社会科学文献出版社 2002 年版。

3. 程瑶:《从马克思地租理论看土地出让金》,《甘肃联合大学学报》(社会科学版)2008 年第 5 期。

4. 殷跃建、殷海民:《武汉市基准地价与土地出让区位分析》,《西南大学学报》(自然科学版)2008 年第 6 期。

5. 王树良、曾旭平、王新洲:《试论我国基准地价》,《测绘信息与工程》1999 年第 4 期。

6. 肖云、冯宗容:《关于确定土地还原利率的探讨》,《理论界》2006 年第 4 期。

7. 李俊梅:《关于土地还原利率的若干思考》,《国土经济》2001 年第 2 期。

8. 周诚:《土地经济学原理》,商务印书馆 2003 年版。

9. 秦文彦、巫文强:《农民土地出让收益分配问题探析》,《改革战略》2006 年第 9 期。

10. 张鸣明、朱道林:《我国土地出让收益分配的代际关系分析》,《农村经济》2005 年第 4 期。

11. 周诚:《土地经济学原理》,商务印书馆 2003 年版。

12. 殷琳:《浅议收回划拨土地使用权的补偿》,《中国地产市场》八月号, 2004 年。

13. 郭艳丽、李铁能:《浅谈划拨土地使用权价格及其评估方法》,《国土资源》2008 年增刊 1。

专　题　五

兰州市招拍挂地价与基准地价关系研究

第一章　项目概述

基准地价反映城镇地价水平,是政府对地价实行宏观管理和控制的标准,是我国地价体系中最核心的地价形式。招拍挂交易底价作为招标、拍卖、挂牌出让的最低控制价格,在地价体系中位于基准地价之下。基准地价是区域平均地价形式,招拍挂底价及其招拍挂过程中形成的招拍挂成交地价是对于具体宗地而言,属于宗地地价类型。

根据国土资源部〔2002〕11号令《招标拍卖挂牌出让国有土地使用权规定》,商业、旅游、娱乐、商品住宅等四类经营性用地及工业用地必须采取招标、拍卖或挂牌方式出让。兰州市自2002年开始实施招拍挂。土地招拍挂是一种公开、公平、公正的市场行为,真正体现了土地的内在价值,是市场经济的必然选择。

兰州市招拍挂地价与基准地价关系研究的目的是通过全面研究兰州市招拍挂市场的运行情况,分析招拍挂地价与基准地价的内在联系,从而为兰州市基准地价的更新提供基础依据,为兰州市基准地价更新奠定基础。

一、研究区概况及特点

兰州是甘肃省省会,位于甘肃省中部,黄河上游,地处祖国的地理中心,黄土高原与青藏高原的交汇处。其地理位置为东经102°36′至104°34′,北纬35°34′至37°07′,黄河穿城而过。北与武威相临,西靠青海省,西南接临夏回族自治州,东南和东部与定西地区接壤。兰州市土地总面积为13103平方千米,其中城市市区规划面积为221平方千米,建成区面积约为160平方千米。辖8个县(区),61个乡(镇),51个街道办事处,806个行政村。

兰州市呈东西狭长带状盆地特征,黄河穿城而过,南北群山环抱,由于独特的"两山夹一河"的地貌特征,致使兰州市增量建设用地非常有限,随着城镇化进程的加快,兰州市城镇人口呈现出快速增长的趋势,人地矛盾日益突出。

近几年,兰州市商品房开发和交易非常活跃,商品房价格一路攀升,上涨幅度多超过10%。2007年兰州市商品住宅销售平均价格已达3700元/平方米,上涨幅度位于西北五省会城市之首。

二、研究内容和技术路线

（一）研究内容

1. 剖析基准地价与招拍挂地价的价格内涵、构成与作用。

2. 搜集历年兰州市近郊四区土地使用权招拍挂项目资料。

3. 调查历年兰州市近郊四区土地使用权招拍挂项目后续土地使用情况及开发状况、销售状况等资料。

4. 根据调查情况，选出具有典型代表意义的重点案例，测算其最终投入产出和收益情况。

5. 分析招拍挂地价在项目投资中所占比例，并初步测算招拍挂项目中各类成本和收益所占的比重。

6. 研究招拍挂底价的测算方法。

7. 比较招拍挂底价和基准地价的差别和相互关系。

（二）技术路线

通过剖析基准地价与招拍挂地价、招拍挂底价的价格内涵，收集整理兰州市近年来招拍挂市场资料，从中筛选出典型案例，对比兰州市土地招拍挂价格与基准地价的关系，对典型的招拍挂项目进行投资收益分析，研究招拍挂底价与基准地价的关系和招拍挂底价的测算方法，从而为兰州市基准地价的更新提供技术参考。

第二章 招拍挂地价与基准地价的基本概念

一、招拍挂地价的内涵、构成与作用

（一）招拍挂地价的内涵

土地招拍挂地价评估，是估价人员根据拟出让地块规划条件和土地市场情况，依据《城镇土地估价规程》，组织对拟出让地块的正常土地市场价格进行评估，作为确定出让底价的依据。此价格通过正常的土地使用权招拍挂程序，真实形成的土地使用权市场价格，即为招拍挂地价。

（二）招拍挂地价的构成

在价格构成上，招拍挂底价由毛地价（指已完成基础设施配套开发而未进行宗地内拆迁平整的正常市场条件下一定年期的土地使用权价格）和土地开发费构成。其中毛地价部分是确保政府作为土地所有者的收益；土地开发费包括以下几项费用：拆迁补偿费及有关税费；收购、收回和置换过程中发生的有关补偿费用；招标、拍卖和挂牌交易中发生的费用；贷款利息；土地储备开发供应过程中发生的中介等费用，不可预见费以及经同级财政和土地主管部门核准的其他支出。

（三）招拍挂地价的特点

土地招拍挂交易在我国尚处于起步阶段，其地价相对于其他目的的地价有着鲜明的特点。

1. 招拍挂地价是正常的市场价

传统的土地价格评估结果不是正常交易情况的市场价。而土地招拍挂则是在公开、公平的市场条件下展开的，是完全的市场化行为。就单个项目而言，实现土地交易价值的最大化是土地出让方的目标，因此招拍挂评估是正常的市场价值评估。

2. 招拍挂地价是规划条件下的地价

土地抵押、土地征收等目的的评估，都是基于土地的现状用途基础之上的。而招拍挂地价则是对宗地规划条件下的市场价，符合规划是招拍挂地价的重要特征。

3. 招拍挂地价是综合价值的体现

招拍挂出让的土地用途涉及住宅、配套、商业、写字楼、工业等，评估项目多为包含两种以上用途的多用途综合用地，建设规模达到数万甚至数十万平方米不等。因此，招拍挂土地出让评估必须依据已批准的规划条件，区分不同规划批准用途，分别进行评估,最后确定其多用途综合价值,其评估价值是综合价值。

4.招拍挂地价受市场和政策的影响较大

招拍挂土地存在规模大、情况复杂、有待开发、风险高等特点,其受让方往往只能是具有较强资金和技术实力的开发商。在招拍挂交易过程中,这些开发商必然会对政策和房地产市场进行理智的分析和预见,每一个政策和市场的细微变化,都会直接对土地招拍挂市场产生较大的影响,直接关系到具体宗地能否成交。

(四)招拍挂地价的作用

招拍挂地价,是一种市场价格。

根据招拍挂地价的价格构成,招拍挂底价具有以下作用:一是其中的毛地价部分是确保政府作为土地前期投资完成基础设施建设的收益。二是土地开发费,根据土地来源不同,对于储备土地,要满足土地储备开发成本;对于直接入市的土地,要满足对原土地使用权人的补偿和前期开发成本。三是招拍挂底价是计算土地增值收益的起始价格,招拍挂成交价超过底价部分的价差作为土地增值收益。只有确定了底价,才能从成交价中计算出土地增值收益。目前,土地入市交易后成交价格相比底价有增值的,增值部分均为政府的土地收益。

二、基准地价的内涵、构成与作用

(一)基准地价的内涵

基准地价是政府对城镇各级土地或均质地域及其商业、住宅、工业等土地利用类型分别评估的土地使用权平均价格。基准地价是分用途的土地使用权区域平均价格,对应的使用年期为各用途土地的法定最高出让年期,由政府组织或委托制定,其结果须经政府认可并公布实施。

基准地价的内涵是指决定其水平高低的具体条件指标,一般至少包括土地使用年期、开发程度和容积率三个方面。兰州市现行2001版基准地价的内涵设定为:在城镇规划区范围内,在设定的土地开发程度和设定容积率条件下,对现状利用条件及现状开发条件下不同级别或不同均质地域的土地,按照商业、住宅、工业等用途,分别评估在设定估价期日为2001年1月1日,法定最高出让年期完整土地使用权区域平均价格。兰州市各类用地基准地价的内涵条件如下:

商业用地设定为土地使用权年限40年,土地开发程度为"七通一平"(宗地红线外通路、供水、排水、通电、通讯、供气、供热,宗地红线内场地平整)。

住宅用地设定为土地使用权年限70年,土地开发程度为"七通一平"(宗地红线外通路、供水、排水、通电、通讯、供气、供热,宗地红线内场地平整)。

工业(仓储)用地设定为土地使用权年限50年,土地开发程度为"七通一平"(宗地红线外通路、供水、排水、通电、通讯、供气、供热,宗地红线内场地平整)。

(二)基准地价的构成

由于土地所有权的垄断产生了绝对地租和级差地租,而除了这种真正意义的地租外,因土地开发而投入的资本及其利息也往往以地租的形式表现出来,在地租总额中作为一个外来组成部分。所以,地租就包括了绝对地租、级差地租和土地开发投资的折旧和利息两部分构成。基准地价作为一定条件下的土地价格也应该是由这两部分构成的。

(三)基准地价的特点

1.全域性。城市规划区范围内任何一个区域,应有至少一种用途类型的基准地价。

2.分用途性:同一区域中,不同土地利用类型的土地,有不同的基准地价标准。

3.平均性:基准地价反映一个区域中土地收益或土地租金、价格的平均水平,可以采取平均数或众数表示一个区域中的基准地价标准。

4.有限性:基准地价是有年期的土地使用权价格,按国家规定,不同用途土地使用权的出让最高年限是不一致的,因而不同用途基准地价的年期也不同。

5.时效性:基准地价只反映一定时间的价格标准。

(四)基准地价的作用

1.揭示城市地价的分布规律。基准地价可以宏观控制地价,指导土地的最有效利用,反映地产市场中的地价水平和变动趋势,为政府制定管理措施和投资者制定投资决策提供依据。通过分用途评估基准地价,找出了城市各片区域、各类用途的地价分布规律,可以指导土地资源的最佳、最有效利用,防止重复建设,避免土地资源和资金的浪费。

2.基准地价是国家征收土地使用税等的依据。征收土地税费是调节收入分配、建立公平竞争的市场秩序、保护国家土地所有权在经济利益上得以实现的一种重要手段。参考基准地价可以对申报地价明显偏低的土地交易行为实行政府优先购买权制度,从而防止土地交易双方虚报、瞒报地价,保障政府的土地收益。

3.基准地价是地价评估和房地产交易的主要参考依据。随着城市的发展,土地的出让、转让、出租、抵押以及房屋拆迁等经济活动日益频繁,基准地价可以指导土地市场交易价格,保护土地所有者、使用者的合法权益,调节国家、集体、个人三者之间的利益分配关系。

4.是制定协议出让国有土地使用权最低价的依据和参考标准。

5.满足计划调节土地供需关系的要求。基准地价的变化是反映土地供需状况的晴雨表,通过观察基准地价的变化,可以调节土地供给的数量,实现政府对土地市场的宏观调控,防止房地产业的泡沫。

6.扩大对外招商引资、促进外向型经济发展。土地是企业生产经营过程中不可缺少的基本要素。通过公布基准地价,可以增加城市地价政策的透明度,让投资者及时了解城市发展现状和地价水平等信息,理智分析,明白投资,增强城市吸引力。

7.有利于建立一体化的城市土地综合利用体系。城市化的一个重要特征就是建立城乡一体化的城市土地综合利用体系。城市基准地价一般是以规划区范围制定的,覆盖面广、分类细,涵盖了城市建成区和近期发展的城郊结合部以及各县区主要城镇的土地,建立了城市土地综合利用一体化的地价体系,为建立城乡一体化的土地综合利用体系奠定基础。

第三章　兰州市近郊四区土地使用权招拍挂基本情况

一、兰州市土地招拍挂概况

兰州市自 2002 年开始逐步推行实施土地使用权招拍挂制度,2003 年至 2008 年,兰州市已经累计成交 59 宗,其中 2003 年出让 7 宗(其中熟地出让 3 宗,生地出让 4 宗),2004 年出让 6 宗(均为熟地出让),2005 年出让 11 宗(其中熟地出让 7 宗,生地出让 4 宗),2006 年出让 15 宗(其中熟地出让 9 宗,生地出让 6 宗),2007 年出让 12 宗(其中熟地出让 9 宗,生地出让 3 宗),2008 年出让 8 宗(其中熟地出让 6 宗,生地出让 2 宗)。

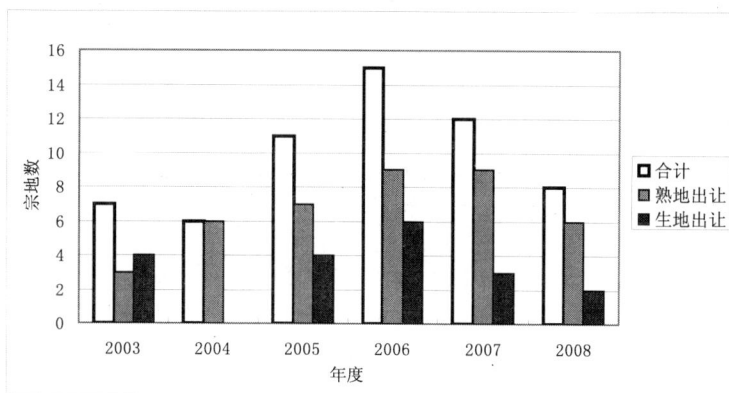

图 5-3-1　城市年度招拍挂数量分布图(2003—2008 年)

二、兰州市土地招拍挂分布状况分析

(一)招拍挂类型分布

2003 年至 2008 年,兰州市已经累计以招拍挂形式供地 59 宗,其中挂牌 31 宗,拍卖 26 宗,招标 2 宗。

(二)招拍挂地域分布

2003 年至 2008 年,兰州市经累计以招拍挂形式出让的 59 宗土地中,位于城关区的 29 宗,位于七里河区的 13 宗,位于安宁区的 11 宗,位于西固区的 6 宗。

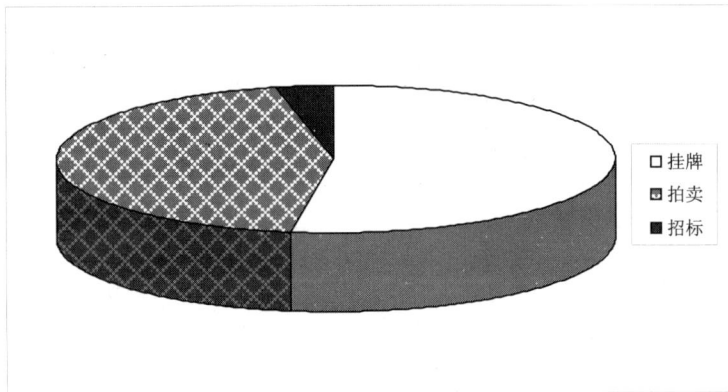

图 5-3-2　城市招拍挂类型分布图(2003—2008 年)

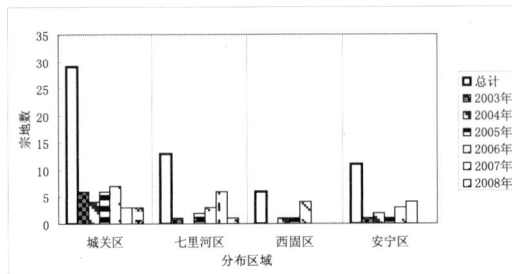

图 5-3-3　城市招拍挂地域分布图(2003—2008 年)

(三)招拍挂用途分布

兰州市已累计以招拍挂形式供地的 59 宗土地中,其中住宅、商业用途 33 宗,住宅、商业、办公用途 9 宗,住宅用途 6 宗,商业用途 7 宗,商业、办公用途 1 宗,其他综合用途 3 宗。

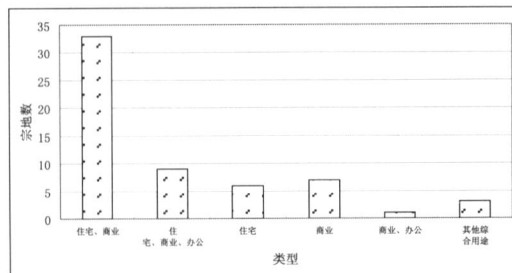

图 5-3-4　城市招拍挂用途分布图(一)(2003—2008 年)

以上分析中,有 46 宗用地是两种以上用途的综合用地,只有 13 宗用地为单一住宅、商业用途用地。

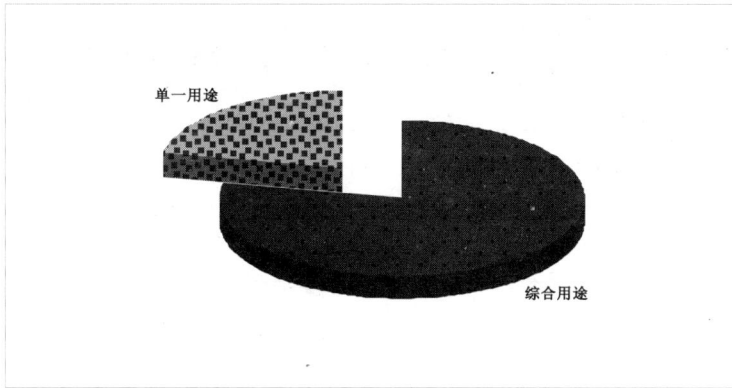

图 5-3-5　城市招拍挂类型分布图(二)(2003—2008 年)

(四)招拍挂级别分布

兰州市已累计以招拍挂形式供地的 59 宗土地中,位于商业一级地的 5 宗,商业二级地的 16 宗,商业三级地的 10 宗,商业四级地的 7 宗,商业五级地的 5 宗,商业六级地的 5 宗,商业七级地的 2 宗;位于住宅一级地的 14 宗,住宅二级地的 18 宗,住宅三级地的 11 宗,住宅四级地的 6 宗,住宅六级地的 1 宗。

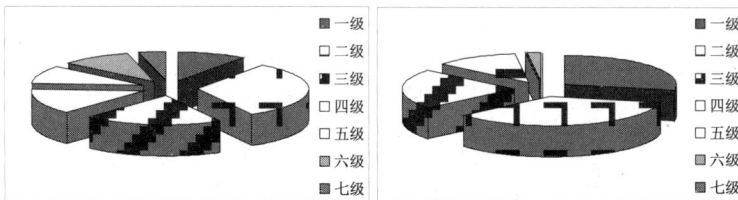

图 5-3-6　城市招拍挂级别分布图(2003—2008 年)

三、兰州市土地招拍挂后续开发及销售状况

2003—2008 年,兰州市已累计以招拍挂形式供地的 59 宗土地中,已经建成销售的 14 项。开发、销售情况如下:

表 5-3-1 2003—2008 年兰州市以招拍挂形式供地中已建成销售项目情况表

类别	宗地编号	宗地位置	出让面积（平方米）	规划用途	容积率	成交价（万元）			销售均价（元/平方米）	单位建筑面投资（元/平方米）	楼面价占投资额（%）	楼面价占售价（%）
						亩均	楼面价（元/平方米）	总额				
生地出让	G0204	金昌路	7792	综合	8	256.7	481.2	3000	7500	5364	8.97	6.42
	G0205	一只船北街	8421	综合	7	111.6	239.2	1410	3450	2185	10.95	6.93
	G0305	邸家庄	2765	住、商	3	247.2	1236	1025	4300	3232	38.23	28.74
	G0325	十里店街道	7595	住、商	4.15	64.08	231.6	730	2604	1853	12.5	8.89
	G0320	十里店附中巷	5660	住、商	4	58.89	220.8	500	3340	1766	12.5	6.61
平均比例											16.63	11.52
熟地出让	G0301	金轮广场	39320			205.7	688.7	12132	4200	3636	18.94	16.4
	G0311	雁西路东	1961	综合	10	320	480.4	942	3031	1985	24.21	15.85
	G0326	7437 工厂以东	53826	住、商	3.5	161	690.1	13000	3428	1980	34.85	20.13
	G0327	一只船北街南	1843	住、商、办	8.73	95.84	165.3	265	5328	2209	7.48	3.1
	G0310	41 号规划路以北	2621	住、商	4.5	114	381.5	450	3680	1782	21.41	10.37
	G0405	段家滩路北	5938	住	2.95	88.13	448.8	785	4000	2770	16.2	11.22
	G0423	白银路南	602.9	住、商	7.884	149.3	283.4	135	3000	2067	13.71	9.45
	G0408	火星街北	14810	住、商	3	122.2	611.1	2715	3630	1991	30.7	16.83
	G0629-G0628	营门滩	94048	商、住、办	3.8	201.6	795.9	18900	3270	1682	47.32	24.34
平均比例											23.87	14.19

四、招拍挂典型案例分析

（一）案例一

1. 项目基本状况

"众邦金水湾"（G0613）用地位于兰州市安宁区,宗地四至为:北至兰州众邦电线电缆公司用地,南至 520#规划路,西至 578#规划路,东至农地。宗地面积为:34770.9 平方米(合 52.156 亩)。规划用途为住宅为主的综合用地(商业、住宅),土地使用年限为 70 年。

"众邦金水湾"项目位于兰州新城核心位置,临近黄河风情线及湿地公园。周边生活配套设施完善,北京华联大型超市满足日常所需。项目一层规划大型商业步行街,其他配套设施有银滩路标准化小学、西北师大及附中、甘肃交通大学及附中等各级院校。

宗地的建筑规划条件为:

①土地用途:以住宅为主的综合用地(商业、住宅)建设用地。

②建筑容积率:4.84。

③建筑密度:30%。

2006 年,该宗地采用挂牌方式以熟地出让,挂牌成交价为 253.22 万元/亩(合3798.3 元/平方米),楼面地价为 784.77 元/平方米,成交总额 13207 万元,并于2006 年 7 月 19 日签订出让合同。

"众邦金水湾"项目共建设有住宅房屋 1224 套,拥有超大地下停车场,400 余个车位。配备有休闲会所、幼儿园、标准化网球场、羽毛球场等高档生活设施。项目净绿地面积 22 亩,绿化率高达 42%。面朝黄河,紧邻 1000 亩生态湿地公园。

建筑设计为板式高层,南北朝向,大开间落地飘窗。集中地热式供暖,宽带、有线电视、天然气入室。智能化物业设施。全剪力墙结构,每单元四户双电梯,所有户型均双卫双厅,楼顶皆为复式。

"众邦金水湾"主体工程为高层建筑,采用全剪力墙结构,单位建筑面积投资成本为 3703.18 元/平方米;平均售价为 5400 元/建筑平米,其中住宅销售均价为 4900元/建筑平米。

2. 项目成本分析

（1）土地费用

2006 年,该宗地采用挂牌方式以熟地出让,拍卖成交价为 253.22 万元/亩(合3798.3 元/平方米),楼面地价为 784.77 元/平方米。

（2）基础设施配套费

根据甘肃省物价局、甘肃省财政厅、甘肃省建设厅甘价服务〔2002〕216号文件《关于印发甘肃省城市基础设施配套费收费管理暂行办法的通知》的有关规定,该项目每建筑平方米应缴纳的配套费为80.00元。

(3)建安成本

ⅰ建筑部分投资:根据甘肃省民用项目建筑工程(建安费用)估算指标(DBJD25-12-2002),建筑部分投资(含人工费、材料费、机械费、综合费)为1178元/平方米。

ⅱ装饰部分投资:根据甘肃省民用项目建筑工程(建安费用)估算指标(DBJD25-12-2002),装饰部分投资(含人工费、材料费、机械费、综合费)为775.80元/平方米。

ⅲ室外部分投资:根据甘肃省民用项目建筑工程(建安费用)估算指标(DBJD25-12-2002),室外部分投资(含人工费、材料费、机械费、综合费)为81.58元/平方米。

以上三项费用合计为2035.38元/平方米。

(4)专业费用及其他费用

包括办理用地手续费、规划设计等费用,按照兰州市目前建筑行业状况,综合考虑,确定专业费用及其他费用为建安成本的5%。

2035.38元/平方米×5%=101.77元/平方米

(5)管理费用

包括开发企业的人员工资、业务费、销售费用等,按照兰州市目前建筑行业状况,综合考虑,确定管理费用为建筑成本与专业费用及其他费用的3%。

(2035.38+101.77)元/平方米×3%=64.11元/平方米

(6)销售税费

指销售开发完成后的不动产所需缴纳的税金(包括营业税、城市建设维护税及教育附加、契税等),为不动产售价的7%。

5400元/平方米×7%=378元/平方米

(7)财务费用

根据兰州市建筑行业实际情况,该项目开发期为二年,贷款利率为6.5%,则财务费用为:

$(784.77+80)$元/平方米$\times(1.065^2-1)$

$+(2035.38+101.77+64.11)$元/平方米$\times6.5\%$

$=259.15$元/平方米

3.项目收益分析

该项目单位总投资成本3703.18元/平方米,单位总收入为5400元/平方米,总

投资收益率为45.82%,年投资收益率为22.91%。具体投资成本及收益如下表:

表 5-3-2 "众邦金水湾"项目投资收益表

项目总收入			5400 元/平方米
项目总投资	土地费用	784.77 元/平方米	3703.18 元/平方米
	基础设施配套费	80 元/平方米	
	建安成本	2035.38 元/平方米	
	专业费用及其他费用	101.77 元/平方米	
	管理费	64.11 元/平方米	
	销售税费	378.00 元/平方米	
	财务费用	259.15 元/平方米	
项目总收益			1696.82 元/平方米
项目总收益率			45.82%
项目年收益			848.41 元/平方米
项目年收益率			22.91%

(二)案例二

1.项目基本状况

"雁京罗马小区"(G0629)用地位于兰州市安宁区营门滩,东临574#规划路,南临599#规划路,西临规划内路,北邻银滩街道农地及孔家崖街道农地。宗地面积为:62494.7平方米(合93.742亩)。规划用途为住宅为主的综合用地(商业、办公、住宅),土地使用年限为50年。

该宗地地处兰州新城区营门滩黄河风情线上,紧邻北滨河路及拟建中的深安黄河大桥、世纪黄河大桥。小区正前方是已建成开放占地1000亩的兰州湿地公园。根据第四版城市规划,委估宗地所在区域是兰州市的新城区,也是兰州市未来几年内各项发展较快的区域。

宗地的建筑规划条件为:

①土地用途:以住宅为主的综合用地(商业、办公、住宅)建设用地。

②建筑容积率:3.8。

③建筑密度:25%。

④绿化率:30%。

2007年,该宗地采用拍卖方式以熟地出让,出让评估价为168.08万元/亩(合

2521.16元/平方米),挂牌成交价为201.62万元/亩(合3024.30元/平方米),楼面地价为795.87元/平方米,成交总额18900万元。并于2007年3月20日签订出让合同。成交价高出评估价19.95%。

在该宗地上建设的"雁京罗马小区"整体外观为欧式罗马建筑风格。小区建设以高层住宅为主,并配套有幼儿园、医疗保健室、超市、游泳馆、会所、网球场、健身场、洗衣店、家政服务中心、商务中心、高档写字楼、银行等设施。建筑结构采用板式剪力墙结构,隐梁隐柱。整个小区规划采用南北朝向;大面积落地观景窗;窗户采用目前国内最为先进的铝合金隔热断桥中空窗。小区内修建有欧式风格庭院,以雕塑、喷泉、大理石为基本要素,分布有音乐喷泉、中心绿地、社区广场、游泳池等。

"雁京罗马小区"主体工程以高层建筑为主,采用板式剪力墙结构,隐梁隐柱,单位建筑面积投资成本为3413.85元/平方米;平均售价为4170元/建筑平米,其中住宅销售均价为3400元/建筑平米。

2. 项目成本分析

(1)土地费用

2007年,该宗地采用拍卖方式以熟地出让,拍卖成交价为201.62万元/亩(合3024.30元/平方米),楼面地价为795.87元/平方米。

(2)基础设施配套费

根据甘肃省物价局、甘肃省财政厅、甘肃省建设厅甘价服务〔2002〕216号文件《关于印发甘肃省城市基础设施配套费收费管理暂行办法的通知》的有关规定,该项目每建筑平方米应缴纳的配套费为80.00元。

(3)建安成本

ⅰ建筑部分投资:根据甘肃省民用项目建筑工程(建安费用)估算指标(DBJD25-12-2002),建筑部分投资(含人工费、材料费、机械费、综合费)为1178元/平方米。

ⅱ装饰部分投资:根据甘肃省民用项目建筑工程(建安费用)估算指标(DBJD25-12-2002),装饰部分投资(含人工费、材料费、机械费、综合费)为570元/平方米。

ⅲ室外部分投资:根据甘肃省民用项目建筑工程(建安费用)估算指标(DBJD25-12-2002),室外部分投资(含人工费、材料费、机械费、综合费)为100元/平方米。

以上三项费用合计为1848元/平方米。

(4)专业费用及其他费用

包括办理用地手续费、规划设计等费用,按照兰州市目前建筑行业状况,综合考虑,确定专业费用及其他费用为建安成本的5%。

1848元/平方米×5%=92.40元/平方米

（5）管理费用

包括开发企业的人员工资、业务费、销售费用等,按照兰州市目前建筑行业状况,综合考虑,确定管理费用为建筑成本与专业费用及其他费用的 3%。

（1848+92.40）元/平方米×3% =58.21 元/平方米

（6）销售税费

指销售开发完成后的不动产所需缴纳的税金（包括营业税、城市建设维护税及教育附加、契税等）,为不动产售价的 7%。

4170 元/平方米×7% =291.90 元/平方米

（7）财务费用

根据兰州市建筑行业实际情况,该项目开发期为二年,贷款利率为 6.5%,则财务费用为

（795.87+80）元/平方米×(1.065^2-1)

+（1848+92.40+58.21）元/平方米×6.5%

=247.47 元/平方米

（8）项目收益分析

该项目单位总投资成本 3413.85 元/平方米,单位总收入为 4170 元/平方米,总投资收益率为 22.15%,年投资收益率为 11.07%。具体投资成本及收益如下表:

表 5-3-3 "雁京罗马小区"项目投资收益表

项目总收入			4170 元/平方米
项目总投资	土地费用	795.87 元/平方米	3413.85 元/平方米
	基础设施配套费	80 元/平方米	
	建安成本	1848 元/平方米	
	专业费用及其他费用	92.40 元/平方米	
	管理费	58.21 元/平方米	
	销售税费	291.90 元/平方米	
	财务费用	247.47 元/平方米	
项目总收益			756.15 元/平方米
项目总收益率			22.15%
项目年收益			378.08 元/平方米
项目年收益率			11.07%

(三)案例三

1.项目基本状况

G0405用地位于兰州市城关区段家滩路以北、段家滩村委会以东、兰州照相机厂以西,宗地面积为:5937.7平方米(合8.907亩)。规划用途为住宅用地,土地使用权年限为50年。

该宗地附近的基础设施基本齐全,供水、供电、排水、供暖均纳入兰州市市政管网,保证度较好;附近有402-1#规划路及403#规划路,但该宗地不临路,通往该宗地的道路由油泵油嘴厂的内路连接,道路通达度较差;通讯分为有线通讯和无线通讯,均纳入兰州市电信、中国移动、中国联通的通讯范围;宗地附近有10路、143路公交车通过,公交便捷度一般;宗地附近无大型的商业中心,商业购物均为居住小区级的商业零售点,商业繁华度一般。

根据该宗地的规划设计条件通知书(城规2005—001号),委估宗地的主要技术指标参数为:

(1)容积率控制在2.95以内;

(2)建筑密度控制在25%以内;

(3)绿地率不小于25%。

2005年,该宗地采用挂牌方式以熟地出让,出让评估价为83.11万元/亩(合1246.65元/平方米),挂牌成交价为88.13万元/亩(合1321.95元/平方米),成交总额785万元。并于2005年5月31日签订出让合同。

该宗地规划建筑面积为17492.4平方米,主体工程为地上17、18住宅楼各一栋,地下均为二层,主体采用框剪结构,总投资为4846万元,单位建筑面积投资为2770.41万元/平方米,销售均价为4000元/平方米。

2.项目成本分析

(1)土地费用

2005年,该宗地采用挂牌方式以熟地出让,挂牌成交价为88.13万元/亩(合1321.95元/平方米),楼面地价为448.77元/平方米。

(2)基础设施配套费

根据甘肃省物价局、甘肃省财政厅、甘肃省建设厅甘价服务〔2002〕216号文件《关于印发甘肃省城市基础设施配套费收费管理暂行办法的通知》的有关规定,该项目每建筑平方米应缴纳的配套费为80.00元。

(3)建安成本

ⅰ建筑部分投资:根据甘肃省民用项目建筑工程(建安费用)估算指标(DBJD25

-12-2002），建筑部分投资（含人工费、材料费、机械费、综合费）为1150元/平方米。

ⅱ装饰部分投资：根据甘肃省民用项目建筑工程（建安费用）估算指标（DBJD25-12-2002），装饰部分投资（含人工费、材料费、机械费、综合费）为366.20元/平方米。

ⅲ室外部分投资：根据甘肃省民用项目建筑工程（建安费用）估算指标（DBJD25-12-2002），室外部分投资（含人工费、材料费、机械费、综合费）为125.29元/平方米。

以上三项费用合计为1641.49元/平方米。

（4）专业费用及其他费用

包括办理用地手续费、规划设计等费用，按照兰州市目前建筑行业状况，综合考虑，确定专业费用及其他费用为建安成本的5%。

1641.49元/平方米×5% = 82.07元/平方米

（5）管理费用

包括开发企业的人员工资、业务费、销售费用等，按照兰州市目前建筑行业状况，综合考虑，确定管理费用为建筑成本与专业费用及其他费用的3%。

（1641.49+82.07）元/平方米×3% = 51.71元/平方米

（6）销售税费

指销售开发完成后的不动产所需缴纳的税金（包括营业税、城市建设维护税及教育附加、契税等），为不动产售价的7%。

4000元/平方米×7% = 280元/平方米

（7）财务费用

根据兰州市建筑行业实际情况，该项目开发期为二年，贷款利率为6.5%，则财务费用为

（448.77+80）元/平方米×(1.065^2-1)

+（1641.49+82.07+51.71）元/平方米×6.5%

=186.37元/平方米

3. 项目收益分析

该项目单位总投资成本2770.41元/平方米，单位总收入为4000元/平方米，总投资收益率为44.38%，年投资收益率为22.19%。具体投资成本及收益如表5-3-4所示。

表 5-3-4　G0405 项目投资收益表

项目总收入			4000 元/平方米
项目总投资	土地费用	448.77 元/平方米	2770.41 元/平方米
	基础设施配套费	80 元/平方米	
	建安成本	1641.49 元/平方米	
	专业费用及其他费用	82.07 元/平方米	
	管理费	51.71 元/平方米	
	销售税费	280 元/平方米	
	财务费用	186.37 元/平方米	
项目总收益			1229.59 元/平方米
项目总收益率			44.38%
项目年收益			614.80 元/平方米
项目年收益率			22.19%

第四章　招拍挂成交状况及与基准地价比较

一、兰州市基准地价标准

基准地价是分用途的土地使用权区域平均价格,兰州市各类用地基准地价如下:

表 5-4-1　兰州市基准地价标准(单位:元/平方米)

土地用途、级别	一级	二级	三级	四级	五级	六级	七级
商业	6318	4516	3039	2133	1501	961	549
住宅	3408	2756	2076	1309	762	564	420
工业	984	750	614	534	484	420	365

基准地价基准日期为 2001 年 1 月 1 日。

二、兰州市土地招拍挂成交价格状况

(一)熟地成交价格

2003 至 2008 年,兰州市已累计以招拍挂形式供地的 59 宗土地中,其中熟地出让 40 宗,占招拍挂出让用地总数的 67.80%。成交均价为 3226.30 元/平方米,最高成交价为 7930.95 元/平方米,位于商业、住宅二级地,其项目批准规划用途为商业、住宅、办公用地。最低成交价为 1079.55 元/平方米,位于住宅三级、商业四级地,其项目批准规划用途为住宅、商业综合用地。成交价格在 1000—2000 元/平方米的 10 宗,2000—3000 元/平方米的 10 宗,3000—4000 元/平方米的 10 宗,4000—5000 元/平方米的 5 宗,5000—6000 元/平方米的 2 宗,6000 元/平方米以上的 3 宗。具体成交情况见表 5-4-2。

表 5-4-2　兰州市招拍挂熟地成交状况表

序号	宗地编号	出让面积	规划用途	土地级别	出让年限（年）	成交价（万元）亩均（万元/亩）	成交价（万元）（元/平方米）
1	G0301	39319.8	住、商	住1商2	50	205.69	3085.35
2	G0304	2195.7	住、商	住1商1	50	412.00	6180
3	G0401	869.6	住、商	商2住1	50	260.74	3911.1
4	G0520	423.9	住、商	1	50	298.74	4481.1
5	G0310	2621.3	住、商	住2商3	50	114.00	1710
6	G0311	1960.7	住、商	住2商2	50	320.00	4800
7	G0327	1843.1	住、商、办	住2商2办2	50	95.84	1437.6
8	G0403	2420.4	住、商	住2商2	50	362.43	5436.45
9	G0211	45556.3	住、商	住2商3	50	168.29	2524.35
10	G0423	602.9	住、商	2	50	149.34	2240.1
11	G0420-1	30390.5	住、商、办	2	50	247.88	3718.2
12	G0412	12888.7	住	2	70	165.52	2482.8
13	G0523-1	82445.2	住、商	2	50	143.93	2158.95
14	G0522-1	5936.7	商、办	2	50	390.79	5861.85
15	G0522-2	9898	住、商、办	2	50	528.73	7930.95
16	G0307	9355.8	住、商	住3商4	50	71.97	1079.55
17	G0309	17455.1	住、商	住3商5	50	108.85	1632.75
18	G0326	53825.8	住、商	住3商4	50	161.01	2415.15
19	G0408	14810.1	住、商	3	50	122.21	1833.15
20	G0405	5937.7	住	3	50	88.13	1321.95
21	G0505	48866.4	住、商	3	70	100.27	1504.05
22	G0409	82033.9	住	3	50	94.27	1414.05
23	G0607	38391.1	住、商、办	住3商4	50	182.33	2734.95
24	G0523-2	29048.2	住、商	3	50	140.00	2100
25	G0605	81992.3	住、商	住3商5	70	232.54	3488.1
26	G0616	5340.6	住、商	3	50	209.71	3145.65
27	G0617	9989.4	住、商、办	商5住3	50	300.32	4504.8

续表

序号	宗地编号	出让面积	规划用途	土地级别	出让年限（年）	成交价(万元)	
						亩均（万元/亩）	（元/平方米）
28		17800.2	住、办	住:3	50	292.13	4381.95
29	G0801	6333.2	公共交通用地,可兼容商业、住宅、办公用地	3	50	426.32	6394.8
30	G0706	25884.5	住、商	3	50	196.26	2943.9
31	G0306	8551.2	住、商	住4商4	50	251.00	3765
32	G0613	34770.9	住、商	住4商6	70	253.22	3798.3
33	G0610-G0611	18679.9	住、商	住4商6	50	142.76	2141.4
34	G0612	19557.7	住、商	4	50	289.75	4346.25
35	G0629	62494.700	住、商、办	4	50	201.62	3024.3
36	G0628	31553.5				211.28	3169.2
37	G0703	1439371.1	居住用地可兼容商业	4	居住70,商业40	262.15	3932.25
38	G0819	51105.3	居住兼容商业	4		199.59	2993.85
39	G0420-3	9359.8	住、商	商7住6	50	75.50	1132.5
40	G0805	47482.6	市场及配套设施用地	商7	40	126.36	1895.4

（二）生地成交价格

2003—2008年,兰州市已累计以招拍挂形式供地的59宗土地中,以生地出让19宗,占招拍挂出让用地总数的32.20%。成交均价为1411.18元/平方米,最高成交价为4122元/平方米,最低成交价为135元/平方米。成交价格在100—200元/平方米的2宗,200—300元/平方米的2宗,300—500元/平方米的3宗,500—1000元/平方米的4宗,1000—2000元/平方米的3宗,2000元/平方米以上的5宗。

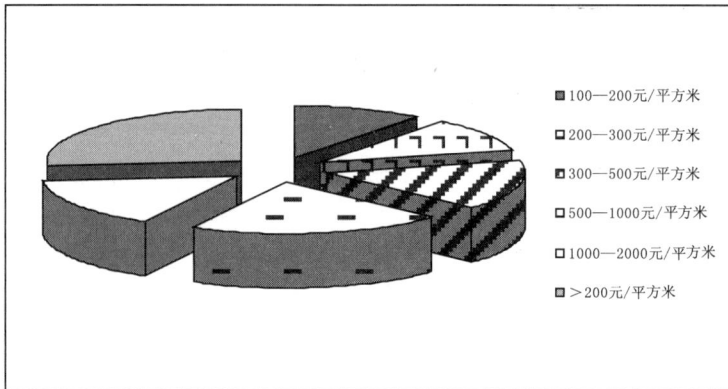

图 5-4-1 城市招拍挂生地成交分布图(2003—2008 年)

三、兰州市招拍挂成交价格与基准地价比较分析

2003—2008 年,兰州市已累计以招拍挂形式供地的 59 宗土地中,其中熟地出让 40 宗,占招拍挂出让用地总数的 67.80%,其成交价格与基准地价比较情况详见下表。

表 5-4-3 兰州市招拍挂成交价与基准地价分级别价格对比表

序号	宗地编号	出让面积	规划用途	土地级别	主要用途级别	出让年限(年)	容积率	成交价(万元)		修正后基准地价	上涨幅度
								亩均(万元/亩)	亩均(元/平方米)		
1	G0301	39319.8	住、商	住1商2	1	50		205.69	3085.35	3375.28	91%
2	G0304	2195.7	住、商	住1商1	1	50		412.00	6180	3567	173%
3	G0401	869.6	住、商	商2住1	1	50	10.65	260.74	3911.1	3375.28	116%
4	G0520	423.9	住、商	1	1	50		298.74	4481.1	3567	126%
			一级地平均					4414.39		3471.14	127%
1	G0310	2621.3	住、商	住2商3	2	50	4.5	114.00	1710	2664.32	64%
2	G0311	1960.7	住、商	住2商2	2	50	10	320.00	4800	2821.46	170%
3	G0327	1843.1	住、商、办	住2商2办2	2	50	8.73	95.84	1437.6	2821.46	51%
4	G0403	2420.4	住、商	住2商2	2	50	9.5	362.43	5436.45	2821.46	193%

序号	宗地编号	出让面积	规划用途	土地级别	主要用途级别	出让年限（年）	容积率	成交价（万元）		修正后基准地价	上涨幅度
								亩均（万元/亩）	亩均（元/平方米）		
5	G0211	45556.3	住、商	住2 商3	2	50	3	168.29	2524.35	2664.32	95%
6	G0423	602.9	住、商	2	2	50	7.884	149.34	2240.1	2821.46	79%
7	G0420-1	30390.5	住、商、办	2	2	50	≤3.5	247.88	3718.2	2821.46	132%
8	G0412	12888.7	住	2	2	70	≤2.5	165.52	2482.8	2756	90%
9	G0523-1	82445.2	住、商	2	2	50	≤3.2	143.93	2158.95	2821.46	77%
10	G0522-1	5936.7	商、办	2	2	50	≤5.0	390.79	5861.85	3734.76	157%
11	G0522-2	9898	住、商、办	2	2	50	≤3.0	528.73	7930.95	3734.76	212%
	二级地平均							3663.75	2952.99		120%
1	G0307	9355.8	住、商	住3 商4	3	50	3.5	71.97	1079.55	1990.33	54%
2	G0309	17455.1	住、商	住3 商5	3	50	2.8	108.85	1632.75	1923.09	85%
3	G0326	53825.8	住、商	住3 商4	3	50	3.5	161.01	2415.15	1990.33	121%
4	G0408	14810.1	住、商	3	3	50	3	122.21	1833.15	2086.72	88%
5	G0405	5937.7	住	3	3	50	2.95	88.13	1321.95	1959.33	67%
6	G0505	48866.4	住、商	3	3	70	3	100.27	1504.05	2086.72	72%
7	G0409	82033.9	住	3	3	50		94.27	1414.05	1959.33	72%
8	G0607	38391.1	住、商、办	住3 商4	3	50	≤4	182.33	2734.95	1990.33	137%
9	G0523-2	29048.2	住、商	3	3	50	≤5.0	140.00	2100	2086.72	101%
10	G0605	81992.3	住、商	住3 商5	3	70	3.5	232.54	3488.1	1923.09	181%
11	G0616	5340.6	住、商	3	3	50	3.5	209.71	3145.65	2086.72	151%
12	G0617	9989.4	住、商、办	商5 住3	3	50	≤4.0	300.32	4504.8	1923.09	234%

序号	宗地编号	出让面积	规划用途	土地级别	主要用途级别	出让年限（年）	容积率	成交价（万元）		修正后基准地价	上涨幅度
								亩均（万元/亩）	亩均（元/平方米）		
13	G0801	6333.2	公共交通用地,可兼容商业、住宅、办公用地	3	3	50	≤6.5	426.32	6394.8	2596.26	246%
14	G0706	25884.5	住、商	3	3	50	≤3.4	196.26	2943.9	2086.72	141%
15	G0703	17800.2	住、办	住3	3	50	4.2	292.13	4381.95	1959.33	224%
三级地平均								2726.32	2043.21		132%
1	G0306	8551.2	住、商	住4商4	4	50	2.9	251.00	3765	1338.32	281%
2	G0613	34770.9	住、商	住4商6	4	70	≤4.84	253.22	3798.3	1214.13	313%
3	G0610-G0611	18679.9	住、商	住4商6	4	50	≤3.5	142.76	2141.4	1214.13	176%
4	G0612	19557.7	住、商	4	4	50	≤4.5	289.75	4346.25	1338.82	325%
5	G0629	62494.700	住、商、办	4	4	50	≤3.8	201.62	3024.3	1338.82	226%
6	G0628	31553.5		4				211.28	3169.2	1338.82	237%
7	G0703	439371.1	居住用地可兼容商业	4	4	居住70,商业40	3.5	262.15	3932.25	1391.4	283%
8	G0819	51105.3	居住兼容商业	4	4		≤3.5	199.59	2993.85	1338.82	224%
四级地平均								3396.32	1314.16		258%
1	G0420-3	9359.8	住、商	商7住6	6	50	1.7	75.50	1132.5	537.48	211%
2	G0805	47482.6	市场及配套设施用地	商7	7	40	≤1.5	126.36	1895.4	549	345%
全部平均								3364.84	2216.14		161.00%

表5-4-4　兰州市招拍挂成交价与基准地价分区域价格对比表

序号	宗地编号	出让面积	规划用途	土地级别	主要用途级别	出让年限（年）	容积率	成交价（万元）		修正后基准地价	上涨幅度
								亩均（万元/亩）	亩均（元/平方米）		
1	G0211	45556.3	住、商	住2商3	2	50	3	168.29	2524.35	2664.32	95%
2	G0301	39319.8	住、商	住1商2	1	50		205.69	3085.35	3375.28	91%
3	G0304	2195.7	住、商	住1商1	1	50		412.00	6180	3567	173%
4	G0306	8551.2	住、商	住4商4	4	50	2.9	251.00	3765	1338.32	281%
5	G0307	9355.8	住、商	住3商4	3	50	3.5	71.97	1079.55	1990.33	54%
6	G0311	1960.7	住、商	住2商2	2	50	10	320.00	4800	2821.46	170%
7	G0326	53825.8	住、商	住3商4	3	50	3.5	161.01	2415.15	1990.33	121%
8	G0327	1843.1	住、商、办	住2商2办2	2	50	8.73	95.84	1437.6	2821.46	51%
9	G0401	869.6	住、商	商2住1	1	50	10.65	260.74	3911.1	3375.28	116%
10	G0405	5937.7	住	3	3	50	2.95	88.13	1321.95	1959.33	67%
11	G0412	12888.7	住	2		70	≤2.5	165.52	2482.8	2756	90%
12	G0420-1	30390.5	住、商、办	2	2	50	≤3.5	247.88	3718.2	2821.46	132%
13	G0420-3	9359.8	住、商	商7住6	6	50	1.7	75.50	1132.5	537.48	211%
14	G0423	602.9	住、商	2	2	50	7.884	149.34	2240.1	2821.46	79%
15	G0520	423.9	住、商	1	1	50		298.74	4481.1	3567	126%
16	G0805	47482.6	市场及配套设施用地	商7	7	40	≤1.5	126.36	1895.4	549	345%
城关区平均								2904.38	2434.72	138%	
1	G0403	2420.4	住、商	住2商2	2	50	9.5	362.43	5436.45	2821.46	193%
2	G0408	14810.1	住、商	3	3	50	3	122.21	1833.15	2086.72	88%
3	G0409	82033.9	住	3	3	50	3	94.27	1414.05	1959.33	72%
4	G0522-1	5936.7	商、办	2	2	50	≤5.0	390.79	5861.85	3734.76	157%
5	G0522-2	9898	住、商、办	2	2	50	≤3.0	528.73	7930.95	3734.76	212%

序号	宗地编号	出让面积	规划用途	土地级别	主要用途级别	出让年限（年）	容积率	成交价（万元）		修正后基准地价	上涨幅度
								亩均（万元/亩）	亩均（元/平方米）		
6	G0523-1	82445.2	住、商	2	2	50	≤3.2	143.93	2158.95	2821.46	77%
7	G0523-2	29048.2	住、商	3	3	50	≤5.0	140.00	2100	2086.72	101%
8	G0605	81992.3	住、商	住3商5	3	70	3.5	232.54	3488.1	1923.09	181%
9	G0801	6333.2	公共交通用地,可兼容商业、住宅、办公用地	3	3	50	≤6.5	426.32	6394.8	2596.26	246%
	七里河区平均							4068.7	2583.89		147%
1	G0310	2621.3	住、商	住2商3	2	50	4.5	114.00	1710	2664.32	64%
2	G0505	48866.4	住、商	3	3	70	3	100.27	1504.05	2086.72	72%
	西固区平均							1607.03	2375.52		68%
1	G0309	17455.1	住、商	住3商5	3	50	2.8	108.85	1632.75	1923.09	85%
2	G0607	38391.1	住、商、办	住3商4	3	50	≤4	182.33	2734.95	1990.33	137%
3	G0610-G0611	18679.9	住、商	住4商6	4	50	≤3.5	142.76	2141.4	1214.13	176%
4	G0612	19557.7	住、商	4	4	50	≤4.5	289.75	4346.25	1338.82	325%
5	G0613	34770.9	住、商	住4商6	4	70	≤4.84	253.22	3798.3	1214.13	313%
6	G0616	5340.6	住、商	3	3	50	3.5	209.71	3145.65	2086.72	151%
7	G0617	9989.4	住、商、办	商5住3	3	50	≤4.0	300.32	4504.8	1923.09	234%
8	G0628	31553.5			4			211.28	3169.2	1338.82	237%
9	G0629	62494.7	住、商、办	4	4	50	≤3.8	201.62	3024.3	1338.82	226%
10	G0703	17800.2	住、办	住3	3	50	4.2	292.13	4381.95	1959.33	224%

续表

序号	宗地编号	出让面积	规划用途	土地级别	主要用途级别	出让年限（年）	容积率	成交价（万元）		修正后基准地价	上涨幅度
								亩均（万元/亩）	亩均（元/平方米）		
11	G0703	1439371.1	居住用地可兼容商业	4	4	居住70，商业40	3.5	262.15	3932.25	1391.4	283%
12	G0706	25884.5	住、商	3	3	50	≤3.4	196.26	2943.9	2086.72	141%
13	G0819	51105.3	居住兼容商业	4	4		≤3.5	199.59	2993.85	1338.82	224%
安宁区平均									3288.43	1626.48	212%

通过招拍挂成交价格与基准地价比较可知,兰州市招拍挂成交价格在各级别及大多数区域均高于基准地价,通过分析,造成这种情况的原因如下:

(1)招拍挂的特点

土地招拍挂价格是一种公开竞价的市场行为,因此受现场竞争气氛的影响较大。

(2)基准地价的时点较早

兰州市基准地价设定估价期日为 2001 年 1 月 1 日,随着兰州市房地产市场的发展,地价水平总体上逐年上升。

(3)招拍挂用地容积率较高

兰州市现行基准地价的容积率较低,而招拍挂用地的容积率大多数高于基准地价的设定容积率,土地的利用及收益程度较高。

表 5-4-5　兰州市土地招拍挂项目容积率状况表

序号	宗地编号	出让条件	出让面积	规划用途	容积率	成交价（万元）	
						亩均（万元/亩）	亩均（元/平方米）
1	G0805	熟地	47482.6	市场及配套设施用地	1.5	126.36	1895.4
2	G0420-3	熟地	9359.8	住、商	1.7	75.50	1132.5
3	G0412	熟地	12888.7	住	2.5	165.52	2482.8

续表

序号	宗地编号	出让条件	出让面积	规划用途	容积率	成交价(万元)	
						亩均 （万元/亩）	亩均 （元/平方米）
4	G0405	熟地	5937.7	住	2.95	88.13	1321.95
5	G0309	熟地	17455.1	住、商	2.8	108.85	1632.75
6	G0306	熟地	8551.2	住、商	2.9	251.00	3765
7	G0408	熟地	14810.1	住、商	3	122.21	1833.15
8	G0211	熟地	45556.3	住、商	3	168.29	2524.35
9	G0505	熟地	48866.4	住、商	3	100.27	1504.05
10	G0409	熟地	82033.9	住	3	94.27	1414.05
11	G0522-2	熟地	9898	商、住、办	3	528.73	7930.95
12	G0523-1	熟地	82445.2	住、商	3.2	143.93	2158.95
13	G0706	熟地	25884.5	商、住	3.4	196.26	2943.9
14	G0307	熟地	9355.8	住、商	3.5	71.97	1079.55
15	G0326	熟地	53825.8	住、商	3.5	161.01	2415.15
16	G0420-1	熟地	30390.5	住、商、办	3.5	247.88	3718.2
17	G0610- G0611	熟地	18679.9	住、商	3.5	142.76	2141.4
18	G0605	熟地	81992.3	住、商	3.5	232.54	3488.1
19	G0616	熟地	5340.6	住、商	3.5	209.71	3145.65
20	G0703	熟地	1439371.1	居住用地 可兼容商业	3.5	262.15	3932.25
21	G0819	熟地	51105.3	居住兼容商业	3.5	199.59	2993.85
22	G0304	熟地	2195.7	住、商	3.58	412.00	6180
23	G0301	熟地	39319.8	住、商	3.7	205.69	3085.35
24	G0629	熟地	62494.700	商、住、办	3.8	201.62	3024.3
25	G0628	熟地	31553.5		3.8	211.28	3169.2
26	G0607	熟地	38391.1	商、住、办	4	182.33	2734.95
27	G0617	熟地	9989.4	商、住、办	4	300.32	4504.8
28	G0703	熟地	17800.2	住、办	4.2	292.13	4381.95

续表

序号	宗地编号	出让条件	出让面积	规划用途	容积率	成交价(万元)	
						亩均 (万元/亩)	亩均 (元/平方米)
29	G0310	熟地	2621.3	住、商	4.5	114.00	1710
30	G0612	熟地	19557.7	住、商	4.5	289.75	4346.25
31	G0613	熟地	34770.9	住、商	4.84	253.22	3798.3
32	G0522-1	熟地	5936.7	商、办	5	390.79	5861.85
33	G0523-2	熟地	29048.2	住、商	5	140.00	2100
34	G0801	熟地	6333.2	公共交通用地, 可兼容商业、 住宅、办公 用地	6.5	426.32	6394.8
35	G0423	熟地	602.9	住、商	7.884	149.34	2240.1
36	G0327	熟地	1843.1	住、商、办	8.73	95.84	1437.6
37	G0403	熟地	2420.4	住、商	9.5	362.43	5436.45
38	G0311	熟地	1960.7	综合	10	320.00	4800
39	G0401	熟地	869.6	住、商	10.65	260.74	3911.1
40	G0520	熟地	423.9	住、商		298.74	4481.1
平均					4.30		

(4)兰州市城市发展对地价影响较大

通过对兰州市招拍挂成交价格情况分析,位于四级地的8宗招拍挂土地成交价格均价远远高于其所在级别的基准地价,这8宗土地均位于兰州市安宁区新城区、城关区雁滩地区及黄河沿河地带。这是由于近年来兰州市加大对城市环境以及城市基础设施的建设和城市环境优化投资建设,市政府投资168亿元用于城市生态环境、市政基础设施和黄河沿岸景观等的项目建设。雁滩路等城市主次干道改建整治工程均完成,新建了大量的城市道路,南滨河路西延段全线贯通,北滨河西延段建成通车,北滨河路东段拓建至徐家山森林公园接盐什公路。并在黄河上新架设了银滩大桥、盐雁大桥和小西湖大桥等3座大桥。这些项目的建成大大改善了兰州市,特别是兰州市安宁区新城区、城关区雁滩地区及黄河沿河地带的交通状况和出入难的问题。极大地改善了这些地区的基础设施水平和城市生态环境,优化了环境景观,改善了人居环境。安宁区新城区建设项目的启动,新城区内多条规划路的拓建等诸多因素的改善,极大地提升了这些地区的土地质量,这些区域基准地价更新也是势在必行的。

(5)兰州市房地产市场的影响

近几年我国房地产市场需求旺盛。从2002年到2006年,我国房地产销售面积同比增长率依次是20%、29%、19%、46%、9%,房地产供求比依次是1.3∶1、1.23∶1、1.11∶1、0.87∶1、0.87∶1。2007年前三季度,全国房地产销售面积同比增长32%,供求比达到1∶1.96。很明显,从2005年开始,我国房地产市场由供大于求转变为供不应求。在这种情况下,房价必然持续上涨,尤其是2007年二、三季度,全国主要城市房价增幅加大,开发商对未来房地产市场的预期保持乐观态度,因此,拿地热情持续高涨,甚至不惧报出天价竞拍。兰州市的房地产市场受全国的房地产市场的影响,房地产价格快速上涨,造成兰州市的土地招拍挂成交价格上涨较快。从兰州市招拍挂成交价格比较可以看出,2003年、2004年招拍挂成交价与基准地价基本相符,2005年、2006年以后,招拍挂地价呈现出快速上升趋势。

第五章　招拍挂底价测算方法研究

《招标拍卖挂牌出让国有土地使用权规范》要求，国有土地使用权出让时，市、县国土资源管理部门应当会同有关部门，依据国有土地使用权出让计划、城市规划等拟定土地使用权招标拍卖挂牌出让方案。市、县国土资源管理部门应当根据拟出让地块的条件和土地市场情况，依据《城镇土地估价规程》组织对拟出让地块的正常土地市场价格进行评估，在此基础上，综合土地市场等情况，确定出让底价。

影响招拍挂土地使用权价格主要有四个因素。（1）成本费用。包括土地取得成本（征地补偿安置和拆迁费用）、土地前期开发成本（几通一平费用）和按规定收取的相关费用（税费和土地纯收益）；对于招拍挂用地还包括收购、收回和置换过程中发生的有关补偿费用，招标、拍卖和挂牌交易中发生的费用，贷款利息，土地储备开发供应过程中发生的中介费用，不可预见费以及经同级财政和土地主管部门核准的其他支出。（2）级差地价。这主要是指区位因素。土地区位的差异直接影响土地收益的高低。这是决定招拍挂地价水平差异的主要因素。（3）土地稀缺程度和供求状况。土地供应量、结构、供应节奏及供应时间都会直接影响地价水平。（4）对土地未来升值的预期。

招拍挂土地"招拍挂"的底价主要由成本费用是决定的，土地行政主管部门在综合分析招拍挂评估价格及成本费用的基础上，应充分考虑政府产业政策和地价政策等因素综合确定招拍挂底价。而级差地价、土地稀缺程度和供求状况、对土地未来升值的预期等因素对地价的影响，则是在"招拍挂"的竞价中需要重点考虑的。

科学合理地评估与确定国有土地使用权招拍挂出让底价，已经成为土地公开出让工作的重要环节。招拍挂底价的评估应在严格遵循《城镇土地估价规程》的前提下，依据估价原则，依据招拍挂评估的特点，选用适当的评估方法。

一、土地招拍挂价格是正常的公开市场价格

国有用地使用权招拍挂出让遵循公开、公平、公正的原则，属于一种真正的市场行为；招拍挂地价在土地市场通过公开竞价形成，能够充分反映市场价格；就单个项目而言，实现土地交易价值的最大化是土地出让方的目标，因此招拍挂评估是正常的市场价值评估。土地招拍挂评估理应采用公开市场价值标准。也就是拟出让宗地在估价基准日时，并且在设定的容积率、建筑密度、绿地率、开发程度等条件下的

正常公开市场价格确定土地招拍挂出让底价应采取公开的市场价值标准。在评估过程中,估价人员必须明确其评估的价格应当是在估价基准日正常的市场氛围中,各项规划指标及利用条件的限定下,规划设定用途、基础设施开发程度、使用年限下的价格。

土地招拍挂价格受规划条件影响巨大,同一宗地,在用途、开发程度、使用年限等条件不变时,仅规划指标及利用条件的一些调整,就足以使土地价格产生较大幅度的波动。因此,《招标拍卖挂牌出让国有土地使用权规范》明确规定,拟出让宗地应有详尽的出让方案,包括出让地块的具体位置、四至、用途、面积、年限、容积率、供地时间、供地方式等。

二、估价基准日应为招拍挂起始日

在实际估价工作中,估价人员通常将实地查勘估价期间的某一个日期定为估价基准日,但估价基准日并非总是在估价期间,也可能因特殊需要,将过去或未来的某个日期定为估价基准日。而国有建设用地使用权招拍挂出让,土地出让方即市、县国土资源管理部门一般都会提前一段时间在新闻媒体上刊登公告,土地出让人要先行委托专门的估价机构对拟出让土地进行评估。为真正体现出所评估的土地使用权价格是在出让日正常、公开市场条件下的价格水平,其估价基准日应与出让时间相一致。

三、首选假设开发法和市场比较法

针对国有土地使用权招拍挂底价评估的特点及兰州市土地市场状况,招拍挂土地评估遵循的原则有替代原则、最有效利用原则、预期收益原则、需求与供给原则和多种方法相结合的原则等。按照评估原则与估价方法衔接一致的要求,评估土地招拍挂底价,首先应重点选用假设开发法和市场比较法。

假设开发法是估算未来房地产正常交易价格的基础上,扣除建筑物建造费用及相关的专业费、利息、利润、税费等费用后,以价格余额来确定估价对象土地价格的评估方法,适用于待开发土地、待拆迁改造的再开发房地产的土地价格评估。假设开发法要求有详尽的规划条件及对房地产市场状况充分了解。就目前招拍挂项目而言,《招标拍卖挂牌出让国有土地使用权规范》明确规定,拟出让宗地应有详尽的出让方案;同时,招拍挂用地竞买方也充分了解拟出让土地在规划条件限制范围内最有效的利用方式、建筑成本以及当前房地产市场现状和未来可能带来的收益等因素的前提下参加竞买的。假设开发法则运用该方法测算的地价,对竞买人确定购买价或出让方确定底价都具有一定的指导作用。

市场比较法是指待估宗地与在较近时期内发生的类似宗地进行比较,根据期日、交易情况、区域及个别因素等差别,对发生的类似宗地的交易价格进行修正,从而得到待估宗地价格的一种评估方法。因为市场比较法充分考虑了在估价基准日近期市场上类似房地产的交易行情、市场承受能力,其测算的价格简单明了,容易被交易双方认同和接受。自2002年起,兰州市对商业、旅游、娱乐和商品住宅等各类经营性用地,实行以招标、拍卖、挂牌等方式出让国有土地使用权,兰州市招拍挂交易案例日渐丰富,为市场比较法的应用奠定了基础;兰州市基准地价各种修正体系的逐渐完善也为市场比较法的应用提供了参考。因此,市场比较法必将成为兰州市土地招拍挂评估的一种主要方法。

当然,运用上述两种评估方法,相对而言也需要一定的前提条件,如果在市场不发达、缺乏交易案例的区域,或是无城市规划主管部门审定的详细规划设计方案的情况下,也可以选取基准地价系数修正法来进行评估,最终地价可选取多种评估方法所得结果的加权平均值。

第六章　招拍挂底价与基准地价的关系

　　基准地价、招拍挂底价是我国地价体系中不同层面的地价。基准地价反映城镇地价水平,是政府对地价实行宏观管理和控制的标准,是我国地价体系中最高层次的地价形式。招拍挂交易底价作为招标、拍卖、挂牌出让的最低控制价格,在地价体系中位于基准地价之下。基准地价是区域平均地价形式,招拍挂底价是对于具体宗地而言,属于宗地地价类型。

　　基准地价与招拍挂底价价格内涵的差异,一是基准期日:兰州市现行基准地价的基准期日是 2001 年 1 月 1 日,招拍挂底价的基准期日因宗地而异,由交易时间决定。二是土地开发程度:基准地价土地开发程度是统一的。兰州市商业、居住、工业用地的开发程度均设定为"七通一平"。招拍挂底价的土地开发程度根据具体宗地的自身条件,以及入市交易的方式而定。三是容积率:基准地价设定了分用途土地的平均容积率,招拍挂底价的容积率因宗地的规划条件而定。

　　在价格构成上,基准地价和招拍挂底价的熟地价都是毛地价加土地开发费,价格的构成一致,但基准地价与招拍挂底价在土地开发费的构成上存在差异。

　　首先,兰州市 2001 年基准地价体系中,土地开发费主要是指房屋拆迁安置补偿、征地安置补偿;土地招拍挂底价中,土地储备开发成本包括六项费用:征地、拆迁补偿费及有关税费;收购、收回和置换过程中发生的有关补偿费用;招标、拍卖和挂牌交易中发生的费用;贷款利息;土地储备开发供应过程中发生的中介费用,不可预见费以及经同级财政和土地主管部门核准的其他支出。

　　通过比较可以看出,随着土地储备制度的建立,土地开发费中不仅仅是征地、拆迁补偿费和基础设施建设费用,还包括土地储备过程中发生的相关费用。所以,土地招拍挂底价中土地开发费的内涵要大于基准地价。

　　在经营性用地的招拍挂出让中,要控制底价过高的现象发生。当招拍挂底价过高时,可能存在夸大土地开发成本的现象,使招拍挂出让中无人竞价,难以形成真正的、公开的有序竞争。制定过高的底价,也难以形成土地增值收益,损害土地所有者的权益。

　　我国的地价体系中,基准地价反映的是区域平均价格水平,并且经过公示,对房地产市场具有一定的指引作用。因此,以基准地价指导和控制招拍挂底价,符合基准地价的功能,也是政府进行地价管理的一种手段。

第七章　兰州市工业用地招拍挂

2006 年 8 月 31 日国务院发布的《关于加强土地调控有关问题的通知》(国发 31 号)明确规定,工业用地必须采用招标拍卖挂牌方式出让,其出让价格不得低于公布的最低价标准。这一规定犹如石破天惊,是继《国务院关于加强国有土地资产管理的通知》规定"商业性房地产开发用地必须采用招标拍卖方式出让"以来,国务院加强和改善宏观调控的又一重大决策,它打破多年来工业用地一直由协议出让的局面,转变为市场化配置的重大制度变革,彻底改变工业用地的管理制度和利用方式,是严把土地供应"闸门"的关键措施,必将产生深远的影响。

兰州市工业用地一直采取划拨和协议出让方式配置,存在工业用地出让价格和土地利用水平较低、粗放低效利用等问题。兰州市人多地少,经济社会发展与土地供需矛盾突出,经济社会发展长期面临后备土地资源缺乏的硬约束,走集约节约用地道路、建设资源节约型社会是兰州市社会经济发展的必然选择。工业用地推行招标拍卖挂牌出让是促进集约节约用地最基本的手段,是成效最为显著的集约节约用地措施。在促进土地的集约节约利用,防止土地资产流失,缓解建设用地供需矛盾等方面具有重大的意义。因此积极推进兰州市工业用地招拍挂出让就显得十分重要。

一、工业用地招拍挂的特点

1. 工业用地招拍挂出让具有不同于经营性用地出让的特殊性和复杂性

涉及产业政策、产业类型、环境保护等多方面的约束,不能简单地照搬照套经营性用地出让的操作模式,必须按照"供地前注重规划,供地时细化方案,供地后加强监管"的思路,科学确定工业用地公开出让程序。

2. 工业用地招拍挂应反映城市产业发展规划

编制中长期工业用地规划和年度工业用地出让计划。按照兰州市城市发展规划确定发展目标,科学合理地编制兰州市的产业发展规划,增强工业用地供应前的前瞻性和主动性。为了解决低水平重复建设和产业雷同引发的内部恶性竞争的问题,年度出让计划内容应包括产业结构、用地布局和规模等方面内容。

3. 工业用地规划使用条件的特殊性

工业用地招拍挂的规划使用条件,除了规定建设项目用地规模、规划用途、规划设计条件、出让年限等,还应规定产业准入条件、环境保护要求,投资强度、开工竣工期限等。

4. 工业用地招拍挂出让方式

国务院 31 号文件规定,工业用地可以采取招标、拍卖、挂牌三种方式出让,这三种方式在政策上是平等的。但从兰州市目前的实际来看,工业用地的市场竞争并不充分,还不可能跟发达地区相比,意向用地者较少,因此采用挂牌方式出让是目前较为稳妥的办法。

二、工业用地招拍挂评估

1. 工业用地价格构成

工业用地的价格主要由四个要素构成。(1)成本费用。(2)级差地价。(3)土地稀缺程度和供求状况。(4)对土地未来升值的预期。其中,成本费用是确定工业土地"招拍挂"底价的基础,也是工业土地市场成交价的基础。而级差地价、土地稀缺程度和供求状况、对土地未来升值的预期等因素对工业地价的影响,则是在"招拍挂"的竞价中得以实现的。

2. 评估方法选择

在实际工业用地评估中,除了基准地价系数修正法外,无论是采用假设开发法还是收益还原法,均导致在评估时的各种影响因素信息提取上的困难和方法标准等诸多难点。因此,成本逼近法是工业用地价格评估的首选方法,虽然成本逼近法有其自身的缺陷,但在工业地价交易案例不多、市场不活跃的地区,工业用地招拍挂评估时,成本逼近法仍是首选的评估方法。

市场比较法更能体现土地价值,随着兰州市工业用地招拍挂的有序推进和工业用地出让转让市场进一步成熟,从长远来看,市场比较法将成为工业用地招拍挂评估的主要方法。

基准地价是各级土地或均质地域的土地使用权平均价格,由政府组织或委托制定,其结果须经政府认可并公布实施,是政府对地价实行宏观管理和控制的标准,是我国地价体系中最核心的地价形式。基准地价系数修正法简单直观,易于各方面接受,在现阶段,也不失为一种可行的评估方法。

3. 工业用地招拍挂评估的特殊性

工业用地招拍挂反映了城市产业发展方向,对政府财政税收、安置就业关系重大,因此有必要制定工业用地招拍挂价格产业和投资强度调整系数。对于政府鼓励的产业,如无污染、单位面积投资大和技术附加值高的高新技术、电子信息等产业,可以制定较低的出让地价;对于政府限制的产业,如有污染、单位面积投资小和技术附加值低的纺织、化工等产业制定较高的出让地价,提高进入门槛,限制投产。同时,可将工业项目的投资规模和建设规划与出让价格制定相结合,专门制定地价与土地集约度的调节系数,对土地利用率低的项目提高供地价格,对土地投资强度高的项目降低地价,这样不仅有利于土地资源的优化配置和产业结构的调整,也有利于城市经济的协调发展。

第八章　对兰州市土地招拍挂制度的建议

第一,强化土地储备制度的调控作用。土地招拍挂的运作应根据市场的实际需要和经济发展状况,及时调整土地投放总量,控制土地价格和土地成本。这样,政府可以运用土地储备机制,维持城市地价和房价的合理水平。

第二,探索新的供地方式。城市储备土地供应采取招拍挂的方式,是实现"公开、公平、公正"市场原则的保证,但价高者得的竞价规则应该予以改变,应积极研究和探索新的地价供应形势,尽快推出"限套型、限房价、竞地价、竞房价"的"两竞两限"供地方式,为降低房价,解决兰州市居民自住需求,完善兰州市土地招拍挂制度。同时,优先保证普通商品住房特别是保障性住房用地供应,增加中低价位、中小套型普通商品住房(含经济适用住房)和廉租住房的土地供应。我国许多城市在这方面进行了有益尝试,如:江苏省已经改变过去传统的一味以"价高者得"的招拍挂方式,开始尝试"价优者得"的土地拍卖方式,解决中低收入家庭的保障性住房用地,实行限房价、竞地价;南京、苏州等地已进行实践,房价限定下来之后再定地价,更好地体现土地招拍挂的社会效应。

第三,积极拓展土地储备的范围。兰州市土地储备的范围主要以征用农民集体土地、破产企业闲置用地及旧城拆迁改造用地为主,建议进一步拓展土地储备的范围,对于土地转让过程中成交价格明显低于市场价格的,依照相关法律法规,实施优先收购。

第九章 结论

本书通过运用实证分析与理论分析相结合的研究方法,共计调查 2003—2008 年兰州市已累计以招拍挂形式供地的 59 宗土地,其中熟地出让 40 宗,生地出让 19 宗,分析了兰州市基准地价的内涵、构成,调查分析了兰州市土地招拍挂的开发状况和销售情况,分析对比了兰州市土地招拍挂价格与基准地价的关系和影响因素,探讨了土地招拍挂地价的评估方法,得到如下结论:

第一,2006 年以前,兰州市土地招拍挂区域主要集中在城关区,近年来,安宁区的土地招拍挂数量快速增长,反映了兰州市新城区建设和基础设施发展,对城市房地产市场的地域发展的指导和影响。

第二,通过对兰州市招拍挂项目开发销售情况进行分析,大多数项目的招拍挂地价占投资及售价的比例与全国平均情况相比所占比例较低。由此可知,兰州市房地产价格的上涨主要是由供需关系决定的,土地招拍挂不是兰州市房地产价格上涨的主要因素。

第三,兰州市招拍挂项目主要位于 1—4 级范围内,其中,位于一、二、三级地的招拍挂平均价格相对于基准地价的比例分别为 127%、120%、132%,在考虑基准地价的评估期日及地价指数的影响后,其比例相应为 115%、108%、120%,综合分析招拍挂地价的特点后,可以认为,兰州市招拍挂价格与基准地价的关联性较强,反映了基准地价对招拍挂地价的指导作用。

第四,兰州市位于四级地的招拍挂项目,其招拍挂平均价格相对于基准地价的比例为 258%,招拍挂土地成交价格远远高于其所在级别的基准地价,这是由于成交的八宗土地均位于兰州市安宁新城区、雁滩地区及黄河沿河地区,这些地区是近年来兰州市加大对城市环境以及城市基础设施的建设和城市环境优化投资建设的重点区域,安宁新区建设启动,使这一地区成为兰州市近年来的投资热点,现行基准地价已无法准确反映地价水平的真实状况,对其进行全面更新已势在必行。

参考文献

1.《中华人民共和国国家标准城镇分等定级规程》(GB/T18507-2001),2001 年 11 月 12 日由中华人民共和国国家质量监督检验检疫总局发布,2002 年 7 月 1 日实施。

2.《中华人民共和国国家标准城镇土地估价规程》(GB/T18508-2001),2001 年 11 月 12 日由中华人民共和国国家质量监督检验检疫总局发布,2002 年 7 月 1 日实施。

3.《中华人民共和国土地管理法》。

4. 国土资源部土地利用管理司、中国土地勘测设计院:《全国城市土地价格调查与地价监测学术研讨会论文集》。

5.《土地估价理论与方法》,地质出版社 2004 年版。

6.《房地产估价理论与方法》,中国建筑工业出版社 2005 年版。

7. 国土资源部土地利用管理司、中国土地勘测设计院:《中国城市地价状况》。

8.《兰州市土地价格调查报告》,2001 年。

9.《2006 年兰州市土地级别更新报告》。

10.《兰州市土地使用权出让金标准》。

专　题　六

兰州市容积率及建筑密度与基准地价关系研究

第一章 总论

一、研究背景与目的

为使兰州市新一轮的土地定级和基准地价更新工作顺利开展并完成,本专题主要研究目的有二:

1. 测算兰州市建成区(即近郊四区)及其分区、分用途、分等级的相关平均容积率和平均建筑密度,并分别分析其与土地级别、基准地价之间的关系。

2. 建立兰州市分用途的容积率和地价之间的关系模型,编制兰州市容积率对(商业、居住)基准地价的修正系数表。

二、研究的空间范围及其概况

兰州市近郊四区建成区范围以内,即包括城关区、七里河区、安宁区和西固区处于河谷盆地的建成区。

兰州是甘肃省的省会,处在东经 $102°30'—104°30'$、北纬 $35°5'—38°$ 之间,位于中国陆域版图的几何中心,在大西北处于"坐中四连"的独特位置。市区南北群山对峙,黄河自西向东穿城而过,蜿蜒百余里。城市依山傍水而建,层峦叠嶂,既体现了大西北的浑壮雄阔,又展现了江南的清奇秀丽。

近年来,随着雁滩、三滩城市副中心的开发与建设,旧城改造、"城中村"改造、工业"退二进三"的进行,以及城市大规模基础设施的建设,尤其是道路的拓宽和新建,城市的土地利用结构发生了深刻的变化,如大量开发商完成的房地产项目导致城市功能结构的调整过程进一步依赖于市场的机制和功能。

近 20 年来,兰州市城市经济以大约 10% 以上的速度增长,特别是房地产市场发展活跃。兰州市的房地产市场取得了长足的发展,住房消费已成为兰州居民总体消费中一个最重要的部分。随着兰州市作为西部地区中心城市之一的吸引力和辐射力的逐步增强,投资和居住环境的不断改善,来兰投资置业的外地居民会不断增多,为兰州房地产市场带来新的需求,并将不断扩大。兰州中心区以外的楼盘已作为兰州房地产市场的主体部分出现,而其中大部分处在雁滩和安宁板块。近年在几大房地产板块中,以雁滩板块居首,涨幅最大,其次为黄河河北、城中心和安宁板块。

三、工作时序安排

1. 准备工作

第一，前期数据资料准备，包括熟悉研究区域，策划野外工作路线，遥感数据的拷贝转移、空间数据属性表的编辑整理，为后面野外数据的空间表示和属性编辑作准备。

第二，把握课题研究的重点和野外工作的分工，对野外工作者进行培训并讲解工作重点和细节。

第三，野外调查表格设计，相关证件办理。

2. 野外调查工作阶段

在 2008 年 10—12 月期间，主要进行了下列工作：

第一，相关资料的收集。主要包括国内其他城市相关研究与工作实践的收集，如北京、杭州等城市的相关资料。

第二，野外调查工作。多个调查组按照空间相对均衡、选点边界完整等原则，合理分工组织野外调查工作，调查内容主要包括：宗地范围、建筑占地和层数、建筑分层使用用途、租金、售价并拍照等。

第三，室内工作。课题主要技术成员完成室内的数据和图件等的输入工作。

3. 数据处理和报告撰写阶段

此工作在 2008 年 12 月—2009 年 2 月期间完成，主要包括以下内容：

第一，继续完善基础资料收集工作，如宗地批准用途、交易单价、交易时间、交易时地物状况等。

第二，处理野外调查数据，如计算各宗地的容积率、建筑密度等，按照需要对野外调查信息进行分类汇总，对样本进行样点检测和剔除，选取符合要求的宗地样点，进行野外补充调查。

第三，地价评估工作。主要以收益还原法、假设开发法（剩余法）等为基础，评估房地产价格和土地价格。

第四，建筑信息更新工作。主要包括区域定位、剔除原建筑、更新 2005—2008 年新建建筑信息的上图、属性编辑及其计算工作。

第五，兰州市相关容积率的求算，如兰州市整体容积率、分区容积率、分区分用途容积率等。

第六，容积率与地价关系模型的建立。借助分析软件，构建容积率与地价之间的关系模型，明确容积率和地价的关系。

第七,以平均容积率作为标准容积率,运用容积率与地价模型关系,编制修正系数表。

第八,报告撰写。总结思路,撰写报告。

四、相关法律依据

以相关法律及其技术规范资料为基本依据,统筹考虑课题的各个环节。主要包括国家法律规范和地方法律规范两部分:

1. 国家法律规范

主要有:《中华人民共和国土地管理法》、《中华人民共和国城市房地产管理法》、《房地产估价规范》、《城镇土地估价规程》、《全国工业用地出让最低价标准》、《城市用地分类与规划建设用地标准》等。

2. 地方法律规范

主要有:《2006年土地定级和基准地价更新报告》、《兰州规划管理主要控制指标》、《兰州市城乡规划管理暂行规定》、《兰州市城市规划管理若干规定》等。

五、资料来源及其修正

1. 关于建筑占地面积、空间位置、用途、楼层数等相关信息

2004年及以前的建筑资料是根据2005年的Quick bird(空间分辨率为0.61米)遥感影像图,进行了近两年的调查和分析(接近于"建筑普查"性质),包括建筑的楼层数、建筑的用途等。2004年以后的建筑的信息由规划局相关部门提供(2005至2008年的新建建筑或更新建筑的信息,来源于修建许可证的内容),我们依据2007年遥感影像图集进行了相关修正后,即获得了2008年兰州市的相关信息。在平均容积率和平均建筑密度的修正过程中,我们采取了两种方法。第一,凡是新建建筑的空间位置信息可以精确确定的,我们将直接替换;第二,对那些在空间位置很难确定的部分建筑,我们首先确定其所处的用地级别,然后用其新增建筑占地面积、建筑面积分别减去依据《2003—2007年拆迁面积统计》所得到拆迁的平均建筑占地面积、平均建筑面积,最后得出修正后的2008年各个级别相应的建筑占地面积和建筑面积,由于城市建筑数量众多,但拆迁建筑毕竟只有一部分,虽然存在误差,但基本不影响平均容积率和建筑密度计算的客观性。在宗地容积率和建筑密度的修正过程中,全部采用野外实地调查方法获取建筑占地面积和建筑面积的相关信息进行修正,以保证样点地价、容积率和建筑密度计算的科学性和客观性。因此,为了能够准确计算各类容积率的数值,我们一方面采用了2004年利用遥感图像和实地调查的建筑信

息,另一方面在原有资料的基础上进行新建建筑以及拆迁建筑的更新,将建筑信息数据更新到 2008 年,这样就保证了所用数据的现实性。

2. 建筑工程造价信息

根据《甘肃省建筑工程消耗量定额地区基价(GBJD25-21-2004)》、《甘肃省建设工程费用定额暨造价管理文件汇编》、《甘肃省建设工程工程量清单计价规则之一综合费用(GBJD25-35-2006)》、《兰州建设工程造价指南(2008 年第四季度)》等相关文件,以及与兰州市建筑造价站相关人员的座谈中所获取的信息,参考其他城市经验并根据兰州市实际情况加以确定。

3. 房地产市场销售价格等市场交易资料

根据兰房网(http://www.lzhouse.com/)、星空网(http://www.lzfc.com.cn/)楼盘、售价等获取的相关公开发表的信息,以及与相关售楼服务部的工作人员、房地产企业的相关负责人和部分业主等的访谈,以获取房地产市场销售价格等资料。

4. 房地产市场出租信息

对相关出租房屋的房东及业主等相关人员的访谈和现场调查,以及部分数据根据易居网(http://lz.eeju.com/)、兰州租房网(http://www.lzzufang.com/rent/)等所发表的公开房屋出租租金信息修正,以获取房地产市场出租的资料。

5. 土地级别及其基准地价等相关资料

此部分资料来源于《2006 年土地定级及基准地价更新技术报告》及其图纸。

6. 估价的宗地资料

参与计算的商业样点 120 个,居住样点 175 个。其中,招拍挂信息资料主要来源于 2003—2008 年所有兰州市的招拍挂宗地资料(共 61 宗)。另外根据研究的需要,招拍挂样点资料的空间分布和数目并不能满足我们的需要,因此,根据研究要求,利用《2006 年土地定级及基准地价更新技术报告》、《兰州市 2008 年地价监测工作汇报》、《兰州城区 2008 影像地图集》等图件和资料,我们自己又选择了 240 余个样点。此部分样点的相关信息主要是根据实地调查所得。结合宗地调查和建筑物调查的调查基本思路,综合考虑本专题研究的实际情况,调查过程和步骤如下:

◆宗地的边界确定:通过实地向本宗地或是相邻宗地指界人询问制定,结合比较明显的界址点或界址线(如道路、围墙等),再在打印的遥感影像(分辨率为 0.61 米)上标出或是绘制宗地草图反映宗地边界细部信息,并记录宗地的编号和使用用途(工业、商业、居住等)。

◆建筑信息记录:在宗地草图中标出建筑物的建筑编号、建筑边界、建筑分层使用用途、建筑的楼层数、建筑使用状况。若一栋建筑出现不同的建筑楼层数时,结合目视解译的方法取折中的楼层数。

　　◆野外宗地及建筑物拍照:拍照的目的是为了后期处理过程中对宗地及建筑的充分了解(如宗地的土地估价过程中)。

　　7. 道路、河流信息的获取

　　道路网络的布局及河流的信息取自于 2004 年的 Quick bird(空间分辨率为 0. 61米)遥感影像图,以及《兰州城区 2008 影像地图集》,并根据近几年的实际情况加以修正。道路宽度是根据近年《兰州市交通规划研究报告(清华大学编制)》的相关信息以及兰州市近几年的实际情况加以修正,例如雁滩和"三滩"城市副中心等地。

第二章　研究思路、创新与方法

一、国内外研究进展及其实践应用

1. 容积率、建筑密度及其与地价关系研究的新进展

容积率最初是在国外提出和采用的。容积率(Floor Area Ratio)又称楼板面积率,它作为一项典型的区划控制技术,首先于 1957 年在芝加哥提出和采用,后来于 1961 年被纽约的区划条例采用。美国和日本称作 Floor Area Ration,缩写为 FAR,英国称作 Plot Ratio,两者的含义一样,都是指"区划地块上允许修建的建筑面积与地块面积之比值"。容积率作为衡量城市用地强度的重要指标之一,在城市地价、城市规划等方面发挥了重要作用,容积率是把握城市人口、城市建筑和用地规模以及协调经济、社会、环境三种效益的交点。

Myeonghun Lee 等通过对东京市 1980 年至 1995 年的分析研究得出:规划最低容积率限制对提高土地使用强度的影响不大,提高土地使用强度的有效途径是增加基础设施的容量和质量。Xiaolu Gao 等对东京的有关数据分析表明:有效容积率低于 1.1 或者是在 1.7—2.1 之间的地块地价要比有效容积率在 1.1—1.6 之间的地块地价明显低。原因是有效容积率低于 1.1 的建筑面积受到限制,而有效容积率在 1.7—2.1 之间土地的景观不够吸引人。Xiaolu Gao 等进一步地分析说明,目前由区划确定的容积率越低,其有效性越高,而从物质形态的角度制订的容积率越高,其有效性越高。新加坡的 Ong Boon Lay 提出了一个新的建设规划指标:绿色容积率(Green plot ratio),指单位地块上绿化的平均叶面积指数。这是借鉴建筑容积率的逻辑而提出绿化定额的指标,并已经应用到了具体的规划设计中。

在人口众多、城市用地紧张的国家或地区,进行容积率与地价关系问题的研究工作意义重大。近年来,中国台湾地区、日本等做了大量的研究工作。在此仅以台湾地区为例,通过对中文电子论文服务论文网的搜索,以容积率与地价关系研究为主要研究的学位论文达十几篇,如林聪达(2001)的《地价与容积率关系之研究——以旗山都市计划区为例》(硕士论文),吴亿如的《容积外部对房价影响之实证——以台北市为例》(硕士论文),施甫学的《高密度发展对房价之影响——以台北市为例》(硕士论文)等。

在我国的地价评估实践中,容积率对土地价格的影响已受到广泛关注,欧阳安

蛟等人对容积率影响地价的机制和规律进行了较为深入的研究,但建筑密度对地价的影响却一直很少被综合考虑进来。

我国对容积率的研究,是从 20 世纪 90 年代初随着房地产业的崛起而逐步展开的。研究的主要内容包括:容积率的内涵与特性,容积率的制约因素,容积率与城市规划、环境保护的关系,容积率对综合建筑造价、开发效益的影响,容积率与建筑进深、建筑层数、建筑密度等的相互作用关系,容积率的计算模式和指标体系,容积率与地价的相关关系及其量化研究等。

2. 容积率、建筑密度及其与地价研究的基本原理和主要结论

容积率与建筑层数、建筑密度关系的研究,经历了一个从定性分析到定量研究的过程。现在,一般认为容积率(R)、建筑密度(C)与层数(H)的关系可以表示为:$R = C \cdot H$,其中建筑层数和建筑密度都是影响环境的重要因素,随着人们对高标准环境质量的要求,对三者之间关系的研究也越来越多。

李准(1996 年)认为,容积率的变化遵循以下规律:(1)不同城市容积率的变化。a. 城市性质不同的变化:金融、商业、贸易城市的容积率较高,而政治、文化、历史名城、风景城市的容积率则较低。b. 城市规模不同的变化:大城市、特大城市的容积率较高,而建制镇、小城市的容积率则较低。c. 城市位置不同的变化:从日照要求看,城市所在位置纬度高的容积率较低,纬度低的则较高;从通风、气候条件要求看,在潮湿低洼环境条件下城市的容积率不宜过高。d. 各城市的不同特点、风格、习惯也要考虑。(2)不同区位容积率的变化。a. 城市核心地区的容积率较高,边缘地区则较低。b. 公共建筑集中地区较高,生产、居住地区则较低。

陈顺清(1995 年)认为:(1)地价等于楼面地价乘容积率。当单位出让价一定时,容积率越大,楼面地价愈小,对开发者有利;当楼面地价一定时,容积率愈高,则地价愈高,对土地出让者有利。(2)容积率对地价的作用区位差异显著。一般来说,城市规模越大,容积率对地价的作用程度也就越大,反之则越小;对单中心城市,从中心到外围的各地块,容积率对地价的作用程度逐渐减弱。(3)容积率是有一定弹性的"相对指标"。在完全竞争的房地产市场,容积率影响土地价格、商业生产成本、房屋建设成本和政府收入。(4)容积率存在理论上的最佳值。

林目轩(1994 年)指出容积率是通过影响土地利用效率从而影响地价的。容积率对地价的影响遵循"报酬递增递减规律",假设土地面积不变,当不断追加建筑投资,增加建筑面积,提高容积率时,单位土地价格不断提高,但当提高到一定容积率时,单位土地价格不再增加甚至降低,这时的容积率称为最佳容积率,土地价格称为最佳容积率下的最高地价。并根据容积率修正系数表得出:(1)地价是一定容积率

的地价,同一地块不同容积率下的地价是不一样的,差异很大。(2)容积率对地价的
影响不是正线性关系,容积率越高不一定地价越高,最佳容积率下才是最高地价。
(3)不同区域容积率对地价影响程度是不一样的,最佳容积率也是不同的。容积率
对地价的影响也与区域经济活动强度密切相关,不同经济活动强度的城市或城市中
的不同区域边际效益点不一样。

3. 中国的实践与应用

葛京凤等(2003年)以石家庄市为例,对样点地价的容积率用样点地价法分不同
用地类型进行修正。张雅彬等(2005年)以南京市六合区为例,用样点地价法对样点
地价的容积率修正和基准地价的容积率修正做了详细介绍。

黄志勤(2002年)以遂宁市居住用地为例,详细介绍了运用数学模型法拟合样点
地价的回归方程,以求每个容积率对应的样点地价,进而求出容积率修正系数。

井元霞等(2006年)以德惠市一级商业用地为例,运用数学模型法,以容积率为
横坐标,以样点地价为纵坐标描绘出二维坐标下的散点图,根据散点图选择适合的
回归函数,建立回归方程,计算容积率修正系数。

马文明等(2005年)结合平顶山市一级商业用地,运用复合系数法(即收益分配
法)测算容积率修正系数。指出应用此种方法的关键是确定受市场供求关系作用的
收益分配系数,并详细阐述了收益分配系数取值不同代表的不同意义。

王冰寒(2007年)以西安市为例研究了容积率对地价的影响规律及其修正系数
的确定,得出指数函数 $y = ae^{bx}$ 最能反映容积率与地价的关系。依据该函数可以求
出容积率对应的地价,再根据容积率修正系数公式 $kr = pin / pi$ 计算容积率修正系
数,进而对地价进行修正,取得较好的土地估价效果。

另外,北京、杭州等城市也各自编制了基准地价的容积率修正系数表,对地价的
多因素修正做了很好的补充。

二、容积率、建筑密度与土地质量关系研究的理论分析

西方城市经济学理论一般认为,在市场经济体制环境下,容积率、建筑密度从城
市中心至外围大致在空间上是递减的。土地地租竞标曲线表明,市场原则是将土地
出租给最高的竞标者,因而靠近市中心的土地一般用于商务目的,中间是工业用地,
外围是居住用地,再向外是农业用地。假设城市的所有就业机会在市中心,区位越
远离市中心,交通通勤费用越高,为使住在城市外围的居民的满意度(效用函数)不
变,单位面积住房价格就要下降。同理,区位越靠近市中心,交通通勤费用就越小,
单位住房面积价格越高。也就是说,房屋价格随离城市中心的距离增加而下降。一

般来说,私有经济成分和土地开发融资机制肯定直接或间接地影响城市土地开发的资本投入量,因而影响土地开发强度(即容积率的变化)。资金供给量或土地供给量在空间上不一定是均衡的,土地或资金相对的稀缺程度将影响容积率与建筑密度在城市空间变化的轨迹。在其他要素不变的前提下,如果资金相对紧缺,那就意味着土地成本相对较低,容积率与建筑密度曲线的斜率应是相对平缓的,城市空间扩张相对较快。反之,该斜率将较为陡峭,城市空间扩张将较为平缓。

经过 30 余年的发展,伴随着市场经济体制的不断深入,中国的经济、社会、环境以及土地市场进入转型或过渡阶段,中国土地市场的相关假设条件同完全计划经济时期相比发生了很大变化:

①除少部分单位如高校、军队、政府机关等可无偿获得用地外,其余单位已很难无偿获得建设用地。即使能得到,也大都在城市边缘地带或新开发区;

②各单位在转型过程中逐步成为自负盈亏的市场经济中的个体,不断加强了经济自主能力和加深了参与市场竞争的程度,但这与单位性质或类型密切相关,例如生产性企业转变最快;

③逐步实行了土地有偿使用政策和征收-拍卖的土地管理政策。该政策将已破产的企业或因城市改造、新建土地在给予一定补偿的基础上,强行收回或转为国有,统一整理后再进行公开招标、拍卖,这样不仅有利于市场经济活动的转变,而且有利于城市规划方面的约束和限制,即购得土地的单位或公司必须按照规划限制的用途方向和容积率指标,在核定年限内开发和利用;

④城市规划约束不断强化,各单位建筑设计与容积率、规划、用地用途转换等均需规划局等相关单位批准,要求符合相关规划的许可范围;

⑤虽然如此,传统单位制度依然影响颇深,例如各单位的规划与建设、单位制社区(居住区)建设依然保持了很强的独立性和计划经济时期运行的惯性;

⑥出现了大量的房地产公司,形成了市场化运营的规模巨大的商品性房地产市场。同时,城市政府实施了大规模的“退二进三”政策,对改善城市形象和人居环境的期望以及对农用地转化为城市建设用地的强力控制,对城市中心区或老城区进行了大规模的整治和改造,向城市基础设施领域投入巨资(如改善了道路系统,拓宽了部分街道等),允许单位企业破产,建设了一定数量的各类开发(园)区和所谓的“新城区”等。

在上述对中国现实理论分析的条件下,至少可得出以下推论:

①中国经济 30 多年来处于高速增长期,资金实力逐渐提升,各行业或单位所分得的用地已不同程度地被开发使用了,采取了加大土地开发强度的政策(如拆旧换

新,增加建筑密度和容积率等),不同程度地提高了单位容积率与建筑密度,也即单位容积率与建筑密度上升速度和强度是该单位拥有的土地面积、资金量(效益水平)的函数。由于单位效益水平的拉大,导致单位之间容积率与建筑密度差异增大,也同时导致高层或低层建筑空间上的"插花"分布现象十分显著,各行业建筑高度与计划经济时期相比也将得到不同程度的提高。同时,鉴于不同单位的性质,各单位开发用地模式的差别较大,如沿边建设、中心开花等,致使单位内部容积率与建筑密度差异也在发生变化。加上效益好或效益差(如一些效益逐年下滑的国有企事业单位)的单位在城市空间分布的非均衡特征逐步显著,将必然逐渐打破计划经济模式下产生的城市容积率与建筑密度的空间分布格局;

②一般地,处于城市中心区的业主普遍意识到了土地的商务价值,在提高土地集约度的同时,大都实施了临街的"沿边"开发策略,即在临街处商住混合楼,大致1—4层用于商服出租,4层以上用于居住或办公,提高了容积率与建筑密度。但到城市边缘,此策略就难以奏效。

根据以上假设和推论可以证明:由于转型期经济模式不断接近市场经济运作模式,在30多年的发展过程中,中国城市容积率与建筑密度空间分布由市中心向外围的逐渐递减现象日益显著。而且,市场化水平越高,用地内部转换越活跃(市场调节或控制的用地比例越高),该曲线的波动周期越短、波幅越小,曲线越陡峭,越接近典型市场经济条件下的理论模型(见图6-2-1)。

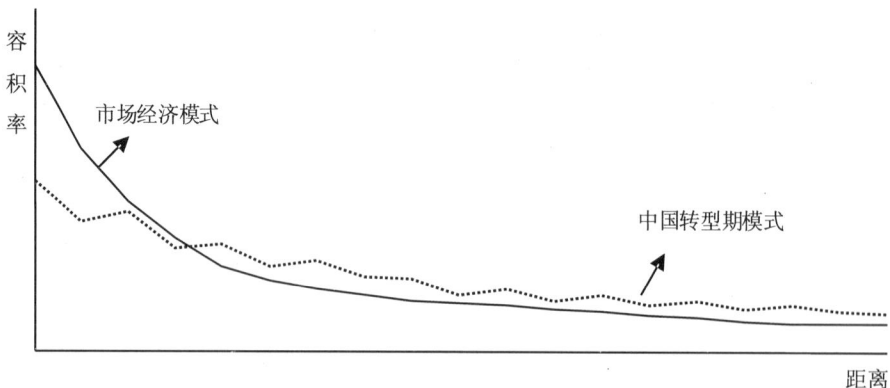

图6-2-1　不同制度下的城市容积率与建筑密度的空间变化模式

但是,由于单位性质的差异,各单位之间和单位内部容积率与建筑密度的差异,市场化运营地块的区位差异,以及旧城改造和新城(含开发区)建设强度和区位的差异,最终使中国城市的容积率与建筑密度在转型期依然出现了与市场经济体制不一致的规律,即容积率随着距离呈现波动降低的空间分布规律。因此,客观地讲,中国城市容积率与建筑密度从中心到外围逐渐降低或者随着土地质量的降低而降低。

对兰州市而言,由于城市主城区主要处于河谷盆地中,并且建设用地面积仅为160平方千米左右,而兰州城区外围的发展空间和基础设施等,又与主城区有很大的差距,导致了城市发展向河谷盆地内集聚的必要性。旺盛的市场需求和严重不足的土地供给两种要素共同诱发了土地供给的不足,这就进一步导致理论模型曲线斜率的平缓性,即低级别土地的容积率与建筑密度相对于平原型城市而言提高幅度较大,后文的实证分析也证明了这一观点,因为容积率与建筑密度的土地级别间的差异并不太大,甚至个别级别之间出现了低级别土地建筑密度高于相邻高级别土地的"异常"现象。

三、容积率与地价关系研究的理论设想与创新

(一)西方典型的理论模式与概要分析

根据国内外相关研究成果,城市容积率与地价的关系大致呈现倒"U"字型关系,即假设其他条件不变,随着容积率的提高地价先上升而后下降。这是因为在最佳容积率时(如果考虑城市规划、文化保护等因素,此值将发生变化),在市场经济条件下的土地利用收益和用途达到最佳,地价为最高值(见图6-2-2的F值)。如果低于最佳容积率,对于开发商而言,因为容积率偏低,建筑面积受到限制,在房屋价格一定的条件下减小了收益,在市场交易中将必然导致土地价格的下降。如果容积率为零时,对于开发商而言,此宗地将毫无开发价值;如果高于最佳容积率,随着建筑成本的逐步提高,以及西方国家居民普遍认为越来越拥挤,房屋出售价格将逐步下降,在其他条件不变的前提下,这将引起地价下降。然而,在西方国家,为了合理高效地利用土地资源,对于容积率低于最佳容积率的情况,一般采取了惩罚性措施,即采取规划、税收等多种手段,强制性地尽可能使土地开发接近最佳容积率。而且,相对于中国而言,西方欧美国家大致都是人少地多,城市化过程中的土地供应相对充足,接近于完全市场经济模型,故此理论模型较为典型和科学,在西方发达国家的城市中广为应用并付诸于政策实践当中。

不过,西方国家容积率与地价关系模型的成立需要有以下条件的支撑:

第一,土地供给是自由的,即土地的供给在完全市场条件下是基本均衡的;

第二,房地产市场的发展程度是成熟的,其发展的程度和管理的水平是完全符合市场经济的运行准则;

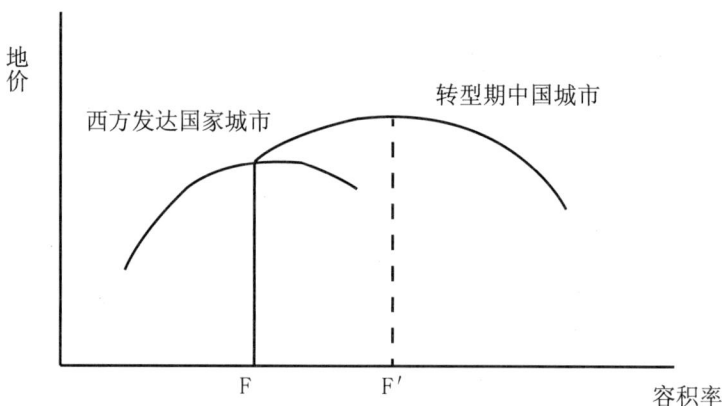

图 6-2-2　容积率与地价关系示意图

第三,经济处于平稳发展时期和成熟发展阶段,该模型尤为适用;

第四,市场运行,尤其是土地供给和房地产市场的管理与发育是基于市场经济体制下的民主化管理,尤其是杜绝官商勾结的那种垄断式经营;

第五,不存在因为宏观土地供给限制而导致客观或人为的土地供给限制。

所以,此模型在实践中需要一定的条件支撑和合理的管理模式。

(二)适合于中国城市现阶段模型的理论设想

改革开放以来,中国的城市发展及其房地产市场的运行与西方国家相比有很大的不同,即所谓国情、发展阶段、管理模式等差别很大,导致西方的理论模型在中国城市有一定程度的不适用性。具体而言,中国城市的发展及其土地市场的运行具有下列特征:

第一,土地的供给远远小于实际的需求,市场运行尚不规范;

第二,在今后 10 至 20 年内,随着中国城市化进程的推动,房地产的实际需求是大于供给的,只是因为市场结构的原因,例如高房价、以大中型面积住房为主的商品房结构特征等,引起了一些畸形的市场现象,并不是供过于求;

第三,中国经济已经持续高速增长 20 余年,可以预期,在今后的 10 至 20 年内,中国经济仍然持续高速的增长,经济的高速增长将推动房地产市场的持续繁荣和房地产需求的快速增长。

以上特征将导致前述城市容积率与地价关系模型发生下列变化:

第一,倒“U”字型模型的顶部持续向外移动,即随着容积率的增加,城市地价转入下降的拐点因为持续增高的房价而大幅度在模型中向外移动,或者在容积率很高的情况下,地价仍在持续上升,而不是下降。

　　第二,中国人多地少,土地供给远远小于需求,根据市场经济原理,地价上升是必然的。而且实际需求导致房地产价格居高不下,利润持续增高,甚至是暴利,这样必然导致地价随之上扬。

　　第三,中国的城市新增建设用地土地供给是政府垄断的,由于土地供给远远小于需求,垄断供给的结果就是地价的快速上升,近20年的土地市场证明,北京、上海、天津等大中城市的土地市场都符合此规律。

　　第四,城市规划限定的宗地规划容积率实际上小于市场确定的理论模型的拐点,例如从目前现状来看,中国各大城市的地价随着房地产的暴利而快速上扬,各大开发商拼命增加容积率,为此和政府讨价还价,容积率的提高不但没有导致地价下降,实际上刺激了地价的快速上扬;

　　第五,因此,在中国城市的容积率和地价的关系中,一般地,容积率越高,地价越高(如图6-2-2),后面兰州的实证分析也证实了这一观点,即容积率对地价的修正,因为尚未达到下降的拐点,一般地应为正修正。而且,杭州等一些城市在大于标准容积率2时,也同样采取了正修正方式。

　　对兰州市而言,主城区主要处于河谷盆地中,并且建成区用地面积仅为160平方千米左右,而兰州城区外围可供城市扩张的用地,发展环境与基础设施状况又与主城区的要求有很大的差距,导致了城市向河谷盆地内集聚。旺盛的市场需求和严重不足的土地供给两种要素诱发了理论模型中的拐点进一步右上方推移。所以,近十余年来,兰州市土地价格及其上升速度相对于其经济水平而言高于西安、成都等西部城市,即其容积率与地价关系的实证模型中的拐点向右上方移动得更快。所以,兰州市容积率与地价关系更加带有自身的特征,即随着容积率的提高,地价增长与平原城市相比更为迅速,容积率对地价的修正应采取正修正方式。

　　上述理论主要分析了中国的土地市场供给与需求关系、容积率与地价的倒“U”字型顶点持续外移理论。当容积率一直升高时(未达到倒“U”字型的顶点),地价的增加速度会放缓,最后逐渐趋近于一恒定值,这样变化的主要原因是:第一,随着容积率的持续升高,建筑楼层数增加,建筑物建设成本增加并且增加速度越来越快,最终导致房价不可接受,开发商的开发利益受到很大的制约,对于这种待开发用地更不愿意支付很高的地价;第二,城市规划上也不允许过高容积率的出现(特别是多块宗地容积率过高),理由一是过高的容积率会影响城市景观,特别对于河谷型城市的兰州市而言,过高的容积率导致南北两山、黄河的视野开阔度降低甚至紊乱,理由二是过高的容积率导致城市人口过于密集,房价会迅速攀升而超过市民的可支配收入水平,并且过高的容积率会不利于城市防火防灾,不能保障基本的公共安全。

然而,也应当注意下列问题:

第一,适用条件:当城市经济发展停滞或城市空间向外大规模扩张后,城市空间格局基本稳定后,此结论需要重新思考和慎重对待,即有可能靠近西方的理论模型。不过,在近十年之内,上述情况出现的可能性不大,所以我们建议采用正修正方法。

第二,当容积率小于最佳容积率,因为我国人多地少的国情,建设用地供给十分紧张,为了提高土地利用效率,建议采取惩罚性的土地管理措施,即在最佳容积率以下,随着容积率的减小,依然采取正修正方式。

(三)最佳容积率、规划容积率与平均容积率

实际上,国内外关于最佳容积率只是一个理论假设,从土地开发的经济效益角度出发,随着容积率的逐渐提升,房屋造价会迅速提升(如加固地基、增加电梯、抗震设施等),房价上升幅度有限,导致边际效益递减,边际成本递增,二者相交点即为最佳容积率。然而若考虑到市场需求、文化保护、人居环境质量、土地供给、文化理念与传统、经济发展水平与阶段等多种因素的影响,各个城市很难求出一个公认的最佳容积率。

规划容积率是指考虑到宗地周围城市布局要求(日照、采光、视野开阔度、古文物保护等),结合宗地的规划用途和区位条件而确定的容积率。其实,各宗地规划容积率的合理性也很难确定一个标准,大多数依据管理者或规划者的经验而定,因此,修建许可证中的规划容积率有很大的人为因素,并且各宗地差异显著。在城市用地容积率对地价的修正过程中,需要将不同容积率下的地价修正到某区域某用途的规划容积率水平(有学者称为"标准容积率"),其实该数据是很难获取的,也即标准容积率达不到"标准"的要求,如大多数城市取标准容积率为2,但是不同城市的不同区域不同用途的规划容积率肯定是不同的,这样就有很大的盲目性。

如果采用城市平均容积率代替规划容积率,虽然也存在一定的问题,但却最接近规划容积率,因为平均容积率显然是市场、政府、管理和百姓选择的综合性结果。目前,国内城市尚无平均容积率的计算结果,只有本项目率先对兰州市进行了较为完整的测算。

总的来看,我国城市容积率与地价研究与应用过程中,大部分城市仍然拘泥于西方的经济理论模式,没有提出适合于中国实际的创新性理论模式,个别城市(如杭州市)在基准地价容积率对地价修正系数表的编制中部分地考虑了中国的实际情况,但仍不是系统性的分析和应用。

四、研究思路与方法

项目的开展主要有前期数据整理和相关资料收集、野外调查工作阶段、数据分析与结果验证等三个主要阶段,课题组结合各个阶段的工作内容和主要工作特点,综合采用了野外调查法、遥感设计与分析、归纳法以及模型法等数量分析方法以及定性分析方法(见图 6-2-3)。

其中,前期数据整理和相关资料收集包括法律规范收集、"建筑普查"资料的前期处理工作、野外工作培训和工作部署、野外调查表格设计、证件办理等内容;野外调查工作阶段包括野外调查工作内容、宗地范围、建筑占地和层数、建筑分层使用用途、租金、售价和拍照、室内利用 Arc GIS 上图和数据库处理数据;数据分析与结果验证包括处理野外调查数据(如计算各宗地的容积率、建筑密度等)、样点检测和剔除以及野外补充调研工作、地价评估工作、建筑信息更新工作和相关平均容积率的求算、容积率与地价关系建立和修正系数表的编制、报告撰写等内容。

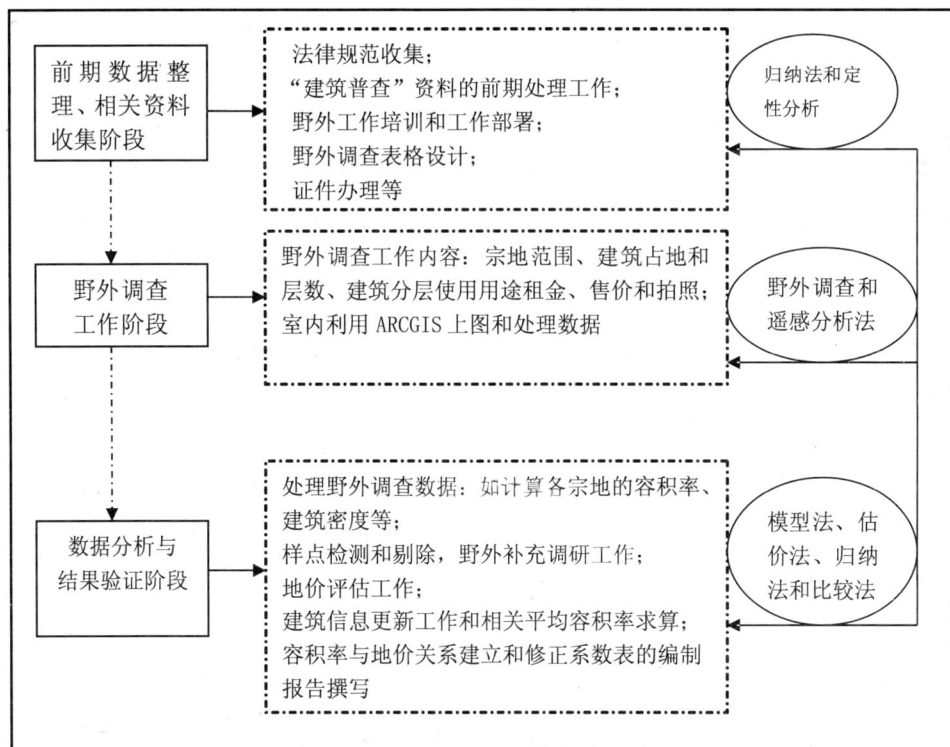

图 6-2-3　项目的研究思路、方法与程序

第三章　平均容积率与建筑密度的求算与分析

一、计算方法选择

1. 求算方法

宗地容积率与建筑密度的计算一般应严格按照其概念进行,即用宗地的建筑面积除以宗地用地面积获得容积率,宗地建筑占地面积除以宗地用地面积获得建筑密度。

在计算整个城区或分区的平均容积率或建筑密度时,理论上我们一般可采用两种方法:第一,调查出区域中各宗地的用地面积、建筑占地面积和建筑总面积,求出各宗地的容积率或建筑密度,进而对各宗地容积率或建筑密度算术平均后得出整个城区或分区的平均容积率或建筑密度;第二,求出各宗地的用地面积、建筑占地面积和建筑总面积后,将各宗地的用地面积、建筑占地面积和建筑总面积累计相加,分别得出整个城区或分区的总用地面积、总建筑占地面积和总建筑面积,然后利用公式求出整个城区或分区的平均容积率或平均建筑密度。不过,因为上述两种方法缺乏整个城区的所有宗地数字化了的宗地界限,此工作难以在短时间内完成。

因此,我们在兰州市平均容积率或建筑密度的计算过程中,创造性采取了网格分析与统计方法来求算。该方法在国内城市使用尚不多见,因为缺乏整个城市的建筑面积和建筑占地面积的详细调查数据。

2. 网格分析与统计方法

运用网格分析与统计方法,进行兰州市的平均容积率和建筑密度计算的主要步骤如下:

第一,建筑相关数据的处理:首先,利用 ArcGIS 软件在兰州市区地图上录入建筑信息,进行相关建筑面积及建筑占地面积的计算;然后,利用 Visual FoxPro 和 Excel 软件将数据分区域、分用途、分等级进行统计。这样,就获得了相关容积率计算中所需要的建筑面积和建筑占地面积的相关信息。

第二,宗地面积的计算:首先,利用 ArcGIS 软件中 ArcToolbox 中的 Create Fishnet 工具,在市区范围内建立 80m×80m 的网格,并剔除掉黄河、铁路以及所有公共道路、绿化面积,但不剔除所有小区内道路。这样,我们在宗地面积的计算过程中就基本剔除了道路、河流、广场、铁路和绿地面积,大致接近宗地的概念;然后,利用相关工具计算各个城区建筑所占的网格个数、分用途建筑所占的网格个数、分城区分用途建筑所占的网格个数,再利用统计方法就可得到相关宗地面积。

第三,容积率和建筑平均密度的计算:利用前述计算所得的相关建筑总面积、建筑占地面积和宗地面积,并根据容积率和建筑密度的定义计算相关平均容积率和平均建筑密度。

按照上述方法,根据 ArcGIS 软件,计算得出的每个单元格容积率和建筑密度的空间分布见图6-3-1至图6-3-6。

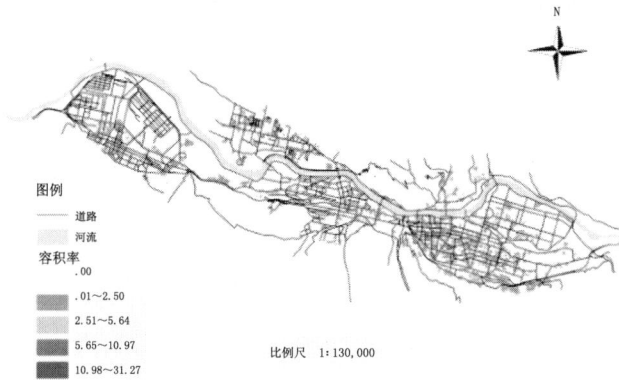

图6-3-1 兰州市商业容积率分类图

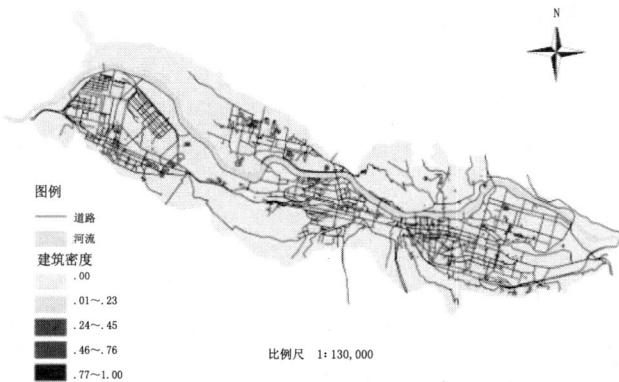

图6-3-2 兰州市商业建筑密度分类图

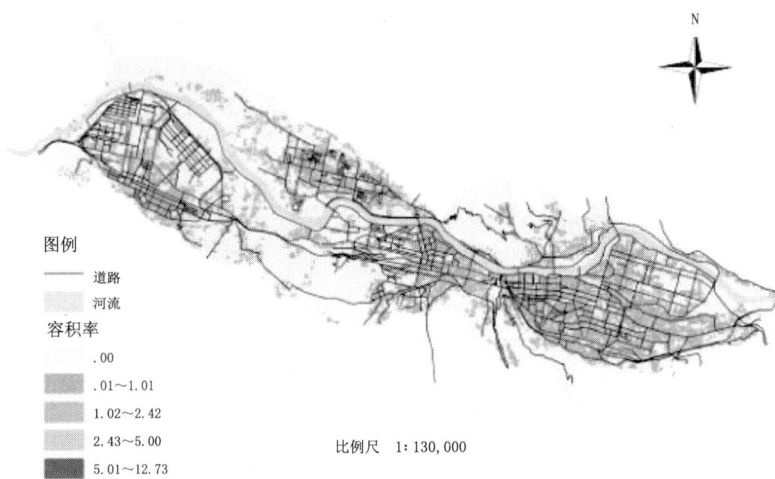

图例
— 道路
河流
容积率
.00
.01~1.01
1.02~2.42
2.43~5.00
5.01~12.73

比例尺 1:130,000

图6-3-3 兰州市居住容积率分类图

图例
— 道路
河流
建筑密度
.00
.01~.12
.13~.27
.28~.59
.60~1.00

比例尺 1:130,000

图6-3-4 兰州市居住建筑密度分类图

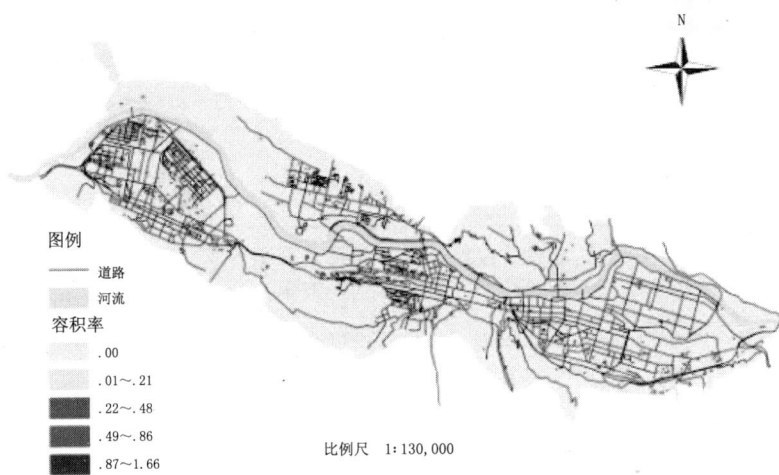

图例
道路
河流
容积率
.00
.01～.21
.22～.48
.49～.86
.87～1.66

比例尺　1:130,000

图 6-3-5　兰州市工业容积率分类图

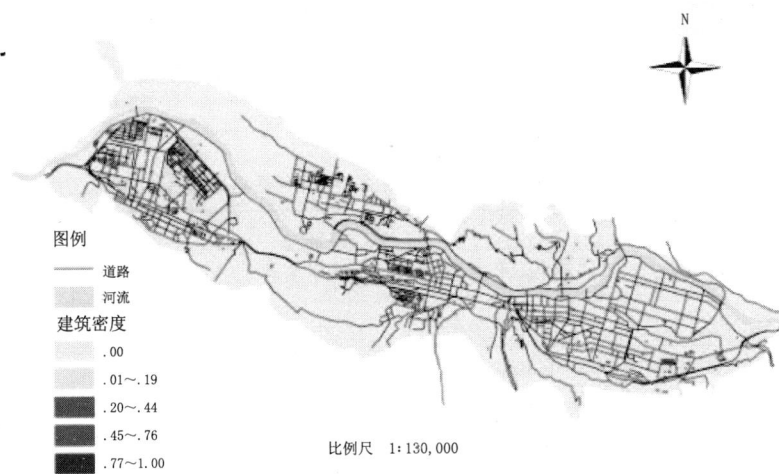

图例
道路
河流
建筑密度
.00
.01～.19
.20～.44
.45～.76
.77～1.00

比例尺　1:130,000

图 6-3-6　兰州市工业建筑密度分类图

二、变化与趋势分析

　　兰州市的平均容积率与平均建筑密度分别为 1.42 和 0.37。如表 6-3-1 所示，城关、七里河、西固和安宁等四区的平均容积率分别为 1.91、1.57、0.78 和 1.12，而城关、七里河、西固和安宁等四区的平均建筑密度分别为 0.42、0.38、0.31 和 0.37。

表 6-3-1　兰州市及其分区的平均容积率和平均建筑密度

分区	建筑总面积（平方米）	建筑占地总面积（平方米）	宗地总面积（平方米）	平均容积率	平均建筑密度
城关区	76134003.22	16622683.34	39906033.65	1.91	0.42
七里河区	26162361.08	6284366.86	16698565.19	1.57	0.38
西固区	23025011.25	9074669.25	29344964.21	0.78	0.31
安宁区	17630120.05	5771250.64	15782100.42	1.12	0.37
兰州市	142972244.73	37756428.28	100983302.61	1.42	0.37

　　1. 分用途分区平均容积率和平均建筑密度

　　兰州市居住用地总的平均容积率为 1.53。其中，在四区中（见表 6-3-2），以城关区的平均容积率最高，而西固区的平均容积率最低，其余两区居中。兰州市居住用地总的平均建筑密度为 0.32。其中，在四区中（见表 6-3-2），以城关区的平均建筑密度最高，西固区的平均建筑密度最低，其余两区居中。

表 6-3-2　兰州市及其分区的居住用地的平均容积率和平均建筑密度

分区	建筑总面积（平方米）	建筑占地总面积（平方米）	宗地总面积（平方米）	平均容积率	平均建筑密度
城关区	79862688.38	12340965.44	35995089.49	2.22	0.34
七里河区	20535360.39	4549384.54	14460387.21	1.42	0.31
西固区	14673939.50	5316686.53	18767983.79	0.78	0.28
安宁区	12550557.79	4478087.72	14051459.26	0.89	0.32
兰州市	127622546.06	26685124.23	83274919.75	1.53	0.32

　　如表 6-3-3 所示，兰州市商业用地平均容积率为 1.38。其中，以城关区商业用地的平均容积率最高（1.89），七里河次之，为 0.89，而安宁区的平均容积率最低；兰州市

商业用地平均建筑密度为 0.26。其中,七里河区商业用地的平均建筑密度最高,为 0.29,西固区次之,为 0.28。而安宁区和城关区的平均建筑密度最低,为 0.25。

表 6-3-3　兰州市及其分区的商业用地平均容积率和平均建筑密度

分区	建筑 总面积(平方米)	建筑占地总 面积(平方米)	宗地 总面积(平方米)	平均 容积率	平均 建筑密度
城关区	17651136.24	2304915.65	9315267.14	1.89	0.25
七里河区	2799688.22	912666.56	3128549.85	0.89	0.29
西固区	1368653.71	719709.49	2575637.27	0.53	0.28
安宁区	617314.77	313778.72	1249142.65	0.49	0.25
兰州市	22436792.95	4251070.419	16268596.92	1.38	0.26

整个兰州市工业用地平均容积率为 0.42(见表 6-3-4),以七里河区的最高,为 0.59,城关区最低,为 0.31,西固和安宁两区分别为 0.42 和 0.41;兰州市工业用地的平均建筑密度为 0.26。而且,同样以七里河区最高,为 0.31,而城关区最低,仅为 0.24,西固和安宁两区分别为 0.26 和 0.25。

表 6-3-4　兰州市及其分区的工业用地平均容积率和平均建筑密度

分区	建筑 总面积(平方米)	建筑占地总 面积(平方米)	宗地 总面积(平方米)	平均 容积率	平均 建筑密度
城关区	2020137.51	1605604.00	6616756.55	0.31	0.24
七里河区	2049665.79	1083943.29	3445985.47	0.59	0.31
西固区	4851620.61	2992442.83	11508752.03	0.42	0.26
安宁区	1425432.66	711178.83	2885293.57	0.41	0.25
兰州市	10346856.58	6393168.946	24456787.62	0.42	0.26

2. 兰州市分用途分级别的平均容积率和建筑密度

为了便于对比分析和进一步研究其规律,并为后续工作提供参考,我们计算和分析了分级别的平均容积率和建筑密度。

(1)商业用地

从表 6-3-5 可看出,商业用地各级别土地,在土地级别降低时,其平均容积率也随之降低;而其平均建筑密度与土地级别关系虽然不是很明显,但也大致呈现下降趋势。

表 6-3-5　　兰州市商业用地分级别的平均容积率和平均建筑密度

级别	建筑总面积 （平方米）	建筑占地 总面积 （平方米）	宗地总面积 （平方米）	平均 容积率	平均建筑 密度
1	4732009.37	448650.09	1416769.27	3.34	0.32
2	9321000.56	960113.13	3258143.66	2.86	0.29
3	3626878.89	749781.14	3033810.25	1.20	0.25
4	2178983.55	524424.02	2621649.32	0.83	0.20
5	1245527.91	881272.90	2691338.54	0.46	0.33
6	1150199.66	575534.76	2665186.88	0.43	0.22
7	182193.00	111294.38	581698.99	0.31	0.19

（2）居住用地

如表 6-3-6 所示,居住用地随着土地级别的降低,其平均容积率和平均建筑密度均呈下降趋势。

表 6-3-6　　兰州市居住用地分级别的平均容积率和平均建筑密度

级别	建筑总面积 （平方米）	建筑占地 总面积（平方米）	宗地总面积 （平方米）	平均 容积率	平均建筑 密度
1	19275830.92	2600063.00	5571049.40	3.46	0.47
2	44997894.58	6273451.85	15819929.33	2.84	0.40
3	43609300.97	9764620.20	29051001.09	1.50	0.34
4	9945166.59	3357914.01	12079220.19	0.82	0.28
5	4521608.39	2023107.00	8924831.92	0.51	0.23
6	4352501.14	2112180.88	9210912.97	0.47	0.23
7	920243.48	553787.29	2617974.87	0.35	0.21

（3）工业用地

工业用地比商业、居住用地的同等指标低很多,如表 6-3-7 所示,工业用地各级别的平均容积率随着土地级别的下降大致呈现降低趋势,但五级用地的平均容积率略高于四级用地;其平均建筑密度随土地级别的降低同样大致呈下降趋势,只有六级用地略高于五级用地。

表6-3-7 兰州市工业用地分级别的平均容积率和平均建筑密度

级别	建筑总面积（平方米）	建筑占地总面积（平方米）	宗地总面积（平方米）	平均容积率	平均建筑密度
1	2152945.96	1212310.32	4094260.01	0.53	0.30
2	5274072.65	3368542.68	11138425.28	0.47	0.30
3	1865449.43	1120912.73	5093767.96	0.37	0.22
4	729502.94	514686.78	2871031.74	0.25	0.18
5	286614.06	144971.61	1054979.20	0.27	0.14
6	30619.86	24093.14	142689.51	0.21	0.17
7	7651.69	7651.69	61633.92	0.12	0.12

3. 分用途分区分级别的平均容积率和平均建筑密度

（1）商业用地

如表6-3-8和表6-3-9所示，城关区、七里河区两区的商业用地各级别中，分别以一级和二级用地（七里河区没有一级商业用地）的平均容积率和平均建筑密度最高，七级用地为最低，基本规律为：随着土地级别的降低而下降。

表6-3-8 兰州市城关区分级别商业用地的平均容积率和平均建筑密度

级别	建筑总面积（平方米）	建筑占地总面积（平方米）	宗地总面积（平方米）	平均容积率	平均建筑密度
1	4732009.37	448650.09	1416769.27	3.34	0.32
2	8206534.41	772262.65	2781876.07	2.95	0.28
3	2679929.25	492355.09	1999947.20	1.34	0.25
4	1162365.58	255745.83	1249855.46	0.93	0.20
5	275359.65	103381.16	519546.51	0.53	0.20
6	542514.99	213897.69	1205588.87	0.45	0.18
7	52422.99	18623.14	141683.76	0.37	0.13

表 6-3-9　兰州市七里河区分级别商业用地的平均容积率和平均建筑密度

级别	建筑总面积 （平方米）	建筑占地 总面积（平方米）	宗地总面积 （平方米）	平均 容积率	平均建筑 密度
1	—	—	—	—	—
2	1114466.15	187850.48	476267.58	2.34	0.39
3	477096.92	79951.56	463200.89	1.03	0.17
4	495538.17	106796.37	604314.84	0.82	0.18
5	322117.67	304994.32	685356.74	0.47	0.45
6	337759.44	211580.92	767635.10	0.44	0.28
7	52709.88	21492.91	131774.69	0.40	0.16

　　然而,如表6-3-10所示,西固区商业用地以三级用地的平均容积率最高(西固区没有一级、二级商业用地),以七级用地的平均容积率最低,各级别的平均容积率随着土地级别的下降而降低。但是,对于平均建筑密度而言,以五级用地为最高,六级用地为最低,各级别的平均建筑密度与土地级别无明显规律。

　　与西固区相似(见表6-3-11),安宁区商业用地各级别土地中,以三级用地的平均容积率最高(安宁区没有一级、二级商业用地),以七级用地的平均容积率最低,各级别的平均容积率随着土地级别的降低而下降。对于平均建筑密度,以三级用地为最高,七级用地为最低,各级别的平均建筑密度与土地级别无明显关系。

表 6-3-10　兰州市西固区分级别商业用地的平均容积率和平均建筑密度

级别	建筑总面积 （平方米）	建筑占地 总面积（平方米）	宗地总面积 （平方米）	平均 容积率	平均建筑 密度
1	—	—	—	—	—
2	—	—	—	—	—
3	421126.26	154821.27	507381.03	0.83	0.31
4	381501.48	107311.75	522604.77	0.73	0.21
5	400114.21	335179.60	1000285.53	0.40	0.34
6	103495.97	57958.17	295702.78	0.35	0.20
7	62415.79	64438.69	249663.16	0.25	0.26

表 6-3-11　兰州市安宁区分级别商业用地的平均容积率和平均建筑密度

级别	建筑总面积 （平方米）	建筑占地 总面积（平方米）	宗地总面积 （平方米）	平均 容积率	平均建筑 密度
1	—	—	—	—	—
2	—	—	—	—	—
3	48726.47	22653.21	63281.13	0.77	0.36
4	139578.33	54570.07	244874.26	0.57	0.22
5	247936.38	137717.82	486149.76	0.51	0.28
6	166429.25	92097.98	396260.12	0.42	0.23
7	14644.35	6739.65	58577.38	0.25	0.12

（2）居住用地

如表 6-3-12 所示，城关区居住用地各级别土地中，以一级用地的平均容积率为最高，以七级用地的平均容积率为最低，除六级用地高于五级用地外，各级别的平均容积率大致随着土地级别的降低而下降。对于平均建筑密度，以一级用地为最高，七级用地为最低，除六级用地高于五级用地外，各级别的平均建筑密度大致随着土地级别的降低而下降。

表 6-3-12　兰州市城关区分级别居住用地的平均容积率和平均建筑密度

级别	建筑总面积 （平方米）	建筑占地 总面积（平方米）	宗地总面积 （平方米）	平均 容积率	平均建筑 密度
1	19275830.92	2600063.00	5571049.40	3.46	0.47
2	32894590.18	4144152.30	10928435.28	3.01	0.38
3	21393649.97	3653919.06	11142526.03	1.92	0.33
4	3204362.86	813865.50	2762381.78	1.16	0.29
5	628997.96	231771.11	1103505.19	0.57	0.21
6	1864146.92	726892.34	3055978.55	0.61	0.24
7	601109.57	170302.14	1431213.27	0.42	0.12

七里河区居住用地（见表 6-3-13），以二级用地的平均容积率最高（无一级与七级居住用地），各级别用地的平均容积率随着土地级别的降低而下降。对于平均建筑密度而言，以二级用地为最高，六级用地为最低，除五级用地高于四级用地外，各

级别的平均建筑密度大致随着土地级别的降低而下降。

表6-3-13　兰州市七里河区分级别居住用地的平均容积率和平均建筑密度

级别	建筑总面积 （平方米）	建筑占地 总面积(平方米)	宗地总面积 （平方米）	平均 容积率	平均建筑 密度
1	—	—	—	—	—
2	8878439.05	1393187.97	3495448.45	2.54	0.40
3	8131868.11	1936790.65	6353021.96	1.28	0.30
4	2257504.29	696191.44	2536521.68	0.89	0.27
5	905884.83	379352.18	1352066.91	0.67	0.28
6	361664.11	143862.31	723328.21	0.50	0.20
7	—	—	—	—	—

如表6-3-14所示,西固区以二级居住用地的平均容积率最高(无一级居住用地),七级用地的最低,平均容积率随土地级别的降低而下降;平均建筑密度以二级用地为最高,七级用地为最低,除六级用地高于五级用地外,各级别的平均建筑密度大致随着土地级别的降低而下降。

表6-3-14　兰州市西固区分级别居住用地的平均容积率和平均建筑密度

级别	建筑总面积 （平方米）	建筑占地 总面积(平方米)	宗地总面积 （平方米）	平均 容积率	平均建筑 密度
1	—	—	—	—	—
2	3224865.34	736111.59	1396045.60	2.31	0.53
3	5990286.59	1703770.02	4754195.71	1.26	0.36
4	1779884.29	905622.68	3358272.25	0.53	0.27
5	1845955.89	847485.31	4395133.07	0.42	0.19
6	1799362.46	1105132.33	4735164.37	0.38	0.23
7	33584.93	18564.61	129172.79	0.26	0.14

如表6-3-15所示,安宁区居住用地以三级用地的平均容积率最高(安宁区无一级、二级居住用地),以七级用地的平均容积率最低,各级别的平均容积率大致随着土地级别的降低而下降;平均建筑密度则以三级用地为最高,六级用地为最低,除七

级用地高于六级用地外,各级别的平均建筑密度大致随着土地级别的降低而下降。

表 6-3-15　兰州市安宁区分级别居住用地的平均容积率和平均建筑密度

级别	建筑总面积 (平方米)	建筑占地 总面积(平方米)	宗地总面积 (平方米)	平均 容积率	平均建筑 密度
1	—	—	—	—	—
2	—	—	—	—	—
3	8093496.30	2470140.48	6801257.39	1.19	0.36
4	2703415.14	942234.38	3422044.49	0.79	0.28
5	1140769.71	564498.41	2074126.74	0.55	0.27
6	327327.66	136293.90	696441.83	0.47	0.20
7	285548.98	364920.54	1057588.81	0.27	0.35

(3)工业用地

城关区工业用地中(见表 6-3-16),平均容积率最高出现在土地级别为一级的土地上,而七级土地的平均容积率最低,其平均容积率随土地级别的降低而呈下降趋势;对平均建筑密度以二级用地为最高,五级土地最低,平均建筑密度与土地级别没有明显的关系。

表 6-3-16　兰州市城关区分级别工业用地的平均容积率和平均建筑密度

级别	建筑总面积 (平方米)	建筑占地 总面积(平方米)	宗地总面积 (平方米)	平均 容积率	平均建筑 密度
1	143976.26	69794.09	341299.02	0.42	0.20
2	610746.29	640100.39	1535538.35	0.40	0.42
3	561560.58	398022.62	1901179.27	0.30	0.21
4	482513.84	387706.27	1911417.28	0.25	0.20
5	191647.63	82525.13	767539.99	0.25	0.11
6	22041.22	19803.83	98148.73	0.22	0.20
7	7651.69	7651.69	61633.92	0.12	0.12

七里河区一级工业用地的平均容积率最高,六级最低(七里河区没有四级和七

级工业用地),平均容积率随土地级别的降低而下降;平均建筑密度则以一级用地最高,六级用地最低,各级别用地的平均建筑密度随着土地级别的下降呈下降趋势。

表 6-3-17　兰州市七里河区分级别工业用地的平均容积率和平均建筑密度

级别	建筑总面积（平方米）	建筑占地总面积(平方米)	宗地总面积（平方米）	平均容积率	平均建筑密度
1	952074.63	498698.10	1496608.26	0.64	0.33
2	978203.54	530059.44	1628957.88	0.60	0.33
3	86273.98	38628.92	195206.90	0.44	0.20
4	—	—	—	—	—
5	25225.43	12612.71	91784.20	0.27	0.14
6	7888.21	3944.11	33428.23	0.24	0.12
7	—	—	—	—	—

西固区工业用地(见表6-3-18)中,一级地的平均容积率最高,六级用地最低,平均容积率从一级地到四级地时,随土地级别的降低而下降,但到五级用地时,骤然上升,到六级用地时下降,到七级用地时略微上升但比较平稳;平均建筑密度以一级用地为最高,六级用地为最低,除五级用地的平均建筑密度高于四级用地外,其余各级用地平均建筑密度基本遵循随土地级别降低而下降。

表 6-3-18　兰州市西固区分级别工业用地的平均容积率和平均建筑密度

级别	建筑总面积（平方米）	建筑占地总面积(平方米)	宗地总面积（平方米）	平均容积率	平均建筑密度
1	1056895.07	643818.13	2256352.73	0.47	0.29
2	3149440.89	1930143.91	7021659.58	0.45	0.27
3	456918.91	305848.69	1649411.37	0.28	0.19
4	117934.33	62453.13	374560.79	0.31	0.17
5	69741.00	49833.77	195655.01	0.36	0.25
6	690.42	345.21	11112.55	0.06	0.03
7	1950.38	1560.30	39007.56	0.05	0.04

安宁区(见表6-3-19)各级别工业用地的平均容积率和平均建筑密度均为二、

三级用地最高,且分别均为 0.56 和 28%,最低为四级用地,分别为 0.22 和 11%。

表 6-3-19　兰州市安宁区分级别工业用地的平均容积率和平均建筑密度

级别	建筑总面积 (平方米)	建筑占地 总面积(平方米)	宗地总面积 (平方米)	平均 容积率	平均建筑 密度
1	—	—	—	—	—
2	535681.928	268238.95	952269.46	0.56	0.28
3	760695.96	378412.49	1347970.43	0.56	0.28
4	129054.78	64527.39	585053.67	0.22	0.11
5	—	—	—	—	—
6	2564.75	1465.57	36639.35	0.07	0.04
7	2752.54	2064.41	68813.58	0.04	0.03

三、平均容积率、平均建筑密度与基准地价的关系分析

为便于对比分析和进一步研究其规律,并为后续基准地价更新工作提供参考,我们利用 2006 年的基准地价,计算和分析了平均容积率和建筑密度与基准地价的关系。

(一)容积率与基准地价关系分析

如图 6-3-7 至图 6-3-9 所示,兰州市城关、七里河、西固、安宁四区各土地级别的平均容积率与基准地价的相关关系与特征如下:

◆ 随着土地级别的下降,各区各级别的平均容积率呈现下降的趋势;

◆各区各用地中,随着土地级别的下降,平均容积率随基准地价的下降速度逐步放缓;

◆在各区的商业用地中,七里河区的平均容积率随基准地价的下降速度最快,而城关区平均容积率随基准地价下降的速度最慢,安宁区与西固区则适中;

◆在各区的居住用地中,每个区的平均容积率随地价的下降速度都大致相同;

◆在各区工业用地中,各区平均容积率随地价的下降速度大致相同;

◆在各区商业用地中,平均容积率与基准地价的相关系数分别是,城关区 0.98,七里河区 0.95,西固区 0.97,安宁区 0.98,可见在商业用地中,各区的平均容积率与基准地价的相关性很高;

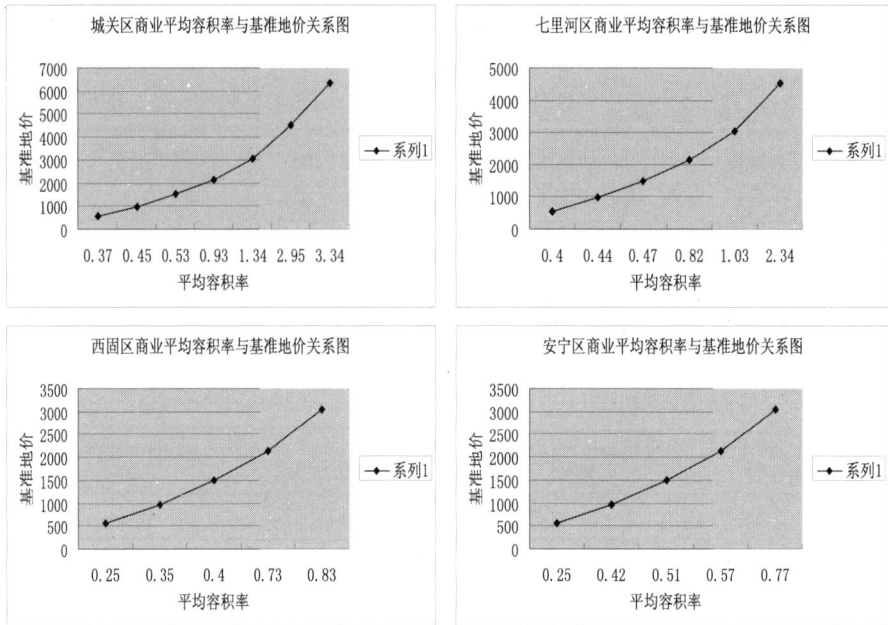

图 6-3-7   兰州市城关、七里河、西固、安宁四区商业用地平均容积率与基准地价的关系

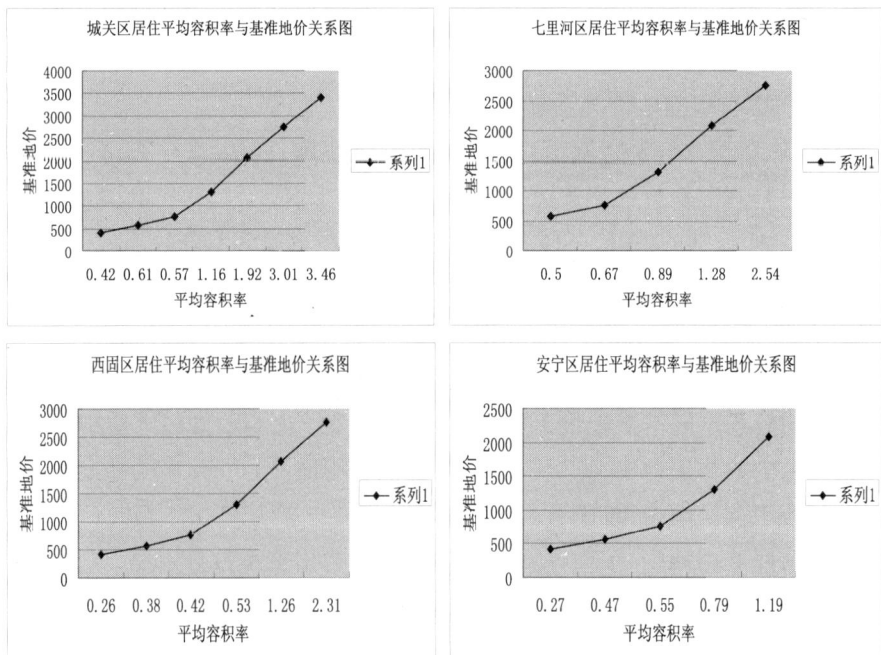

图 6-3-8   兰州市城关、七里河、西固、安宁四区居住用地平均容积率与基准地价的关系

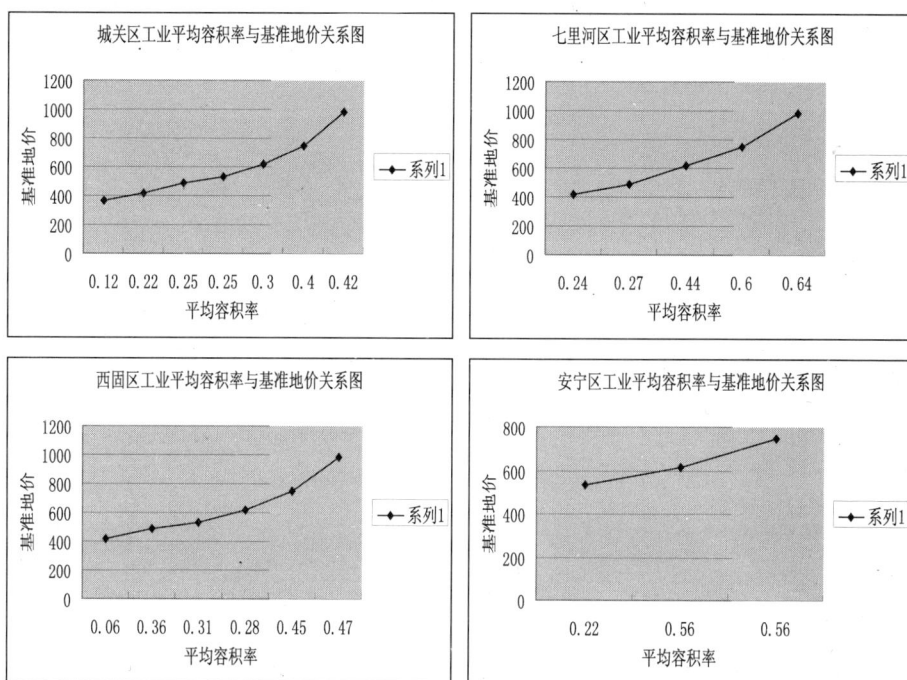

图6-3-9 兰州市城关、七里河、西固、安宁四区工业用地平均容积率与基准地价的关系

◆在各区居住用地中,平均容积率与基准地价的相关系数分别是,城关区0.99,七里河区0.95,西固区0.96,安宁区0.99,在居住用地中,各区的平均容积率与基准地价的相关性同样很高;

◆在各区工业用地中,平均容积率与基准地价的相关系数分别是,城关区0.94,七里河区0.95,西固区0.77,安宁区0.78,在工业用地中,城关区和七里河区的平均容积率与基准地价的相关性较高,而安宁区和西固区的相对较低。

(二)建筑密度与基准地价关系分析

兰州市城关、七里河、西固、安宁四区各级别平均建筑密度与基准地价之间的相关关系如下(图6-3-10至图6-3-12):

◆商业基准地价与平均建筑密度关系不明显,只有城关区呈现阶梯式上升;

◆居住基准地价与平均建筑密度基本上呈现阶梯式上升,只有安宁区关系不明显;

◆工业用地在各区空间分布极为不均衡,工业基准地价与平均建筑密度也不明显;

◆在各区商业用地中,平均建筑密度与基准地价的相关系数分别是,城关区

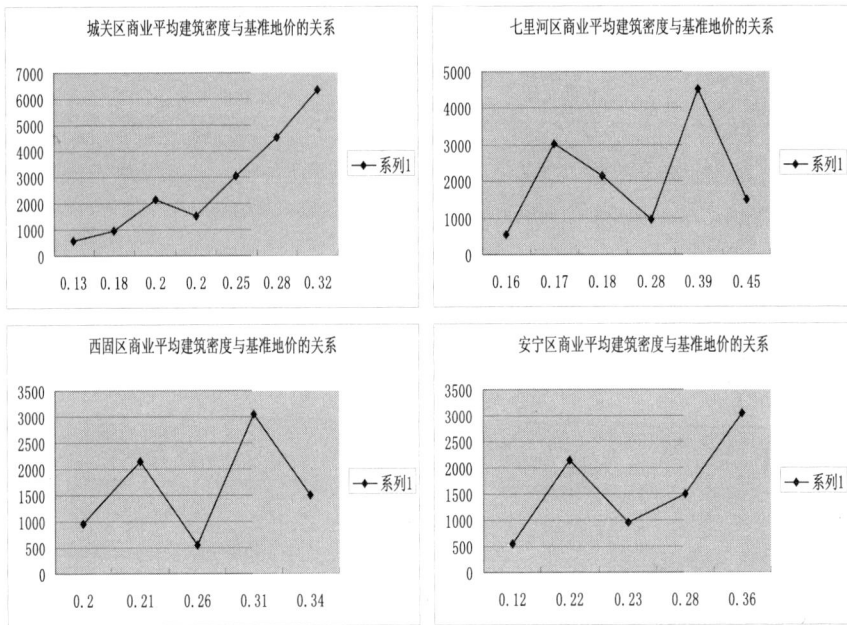

图6-3-10 兰州市城关、七里河、西固、安宁四区商业用地平均建筑密度与基准地价的关系

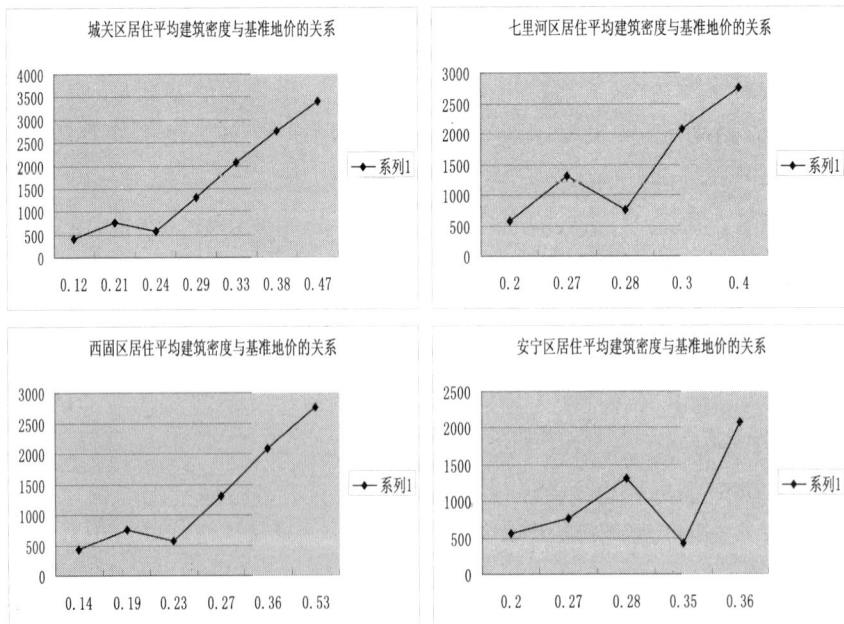

图6-3-11 兰州市城关、七里河、西固、安宁四区居住用地平均建筑密度与基准地价的关系

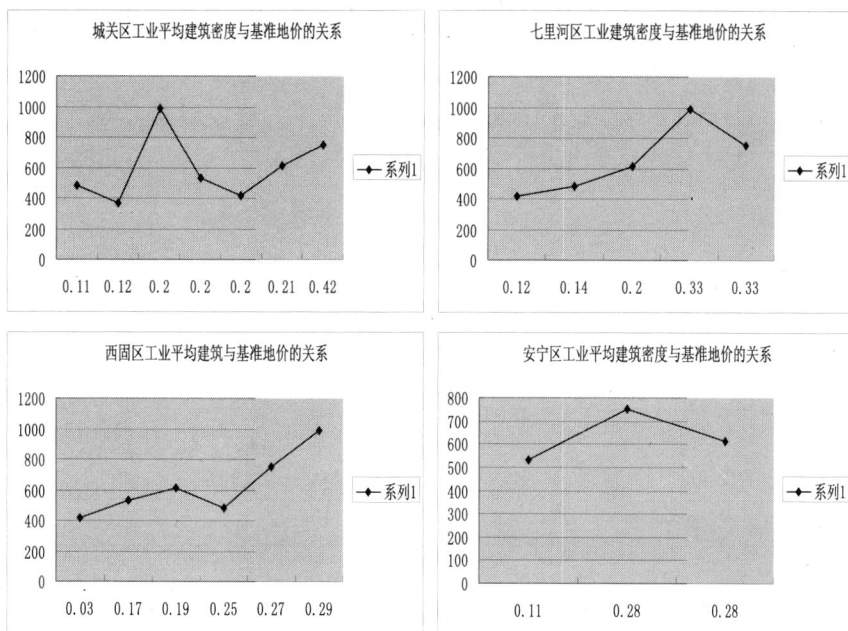

图 6-3-12　兰州市城关、七里河、西固、安宁四区工业用地平均建筑密度与基准地价的关系

0.97,七里河区 0.29,西固区 0.30,安宁区 0.83,七里河区和西固区的平均建筑密度与基准地价的相关性较低,城关区较高,而安宁区相关性居中;

　　◆在各区居住用地中,平均建筑密度与基准地价的相关系数分别是:城关区 0.95,七里河区 0.91,西固区 0.97,安宁区 0.48。可见除安宁区外,其余各区平均建筑密度与基准地价的相关性较高;其中西固区最高,安宁区相关性最低;

　　◆各区工业用地中,平均建筑密度与基准地价的相关系数分别是:城关区 0.49,七里河区 0.94,西固区 0.71,安宁区 0.79。可见,相关性最高的是七里河区,最低的是城关区,西固区和安宁区大致相同,仅次于城关区。

四、容积率的空间聚类分析及平均容积率的计算

　　1. 聚类方法与平均容积率的计算方法

　　由于兰州市各网格的容积率实际数值差异较大,而且有黄河、道路广场、绿地等分割,导致容积率的空间聚类分析难以进行。因此,我们首先将网格的容积率采用插值法进行空间填充,然后进行聚类分析。

　　2. 结果分析

　　20 多年来,随着兰州市城市中心区的旧城改造、雁滩和三滩城市副中心的开发

与建设、"城中村"改造、"退二进三"的进行,以及城市大规模基础设施的建设,尤其是道路的拓宽和新建,城市的土地利用结构发生了深刻变化,导致城市商业和居住的一至三类地的容积率提升较快,四至五类地的容积率提升缓慢(见表6-3-20)。对于工业用地而言,一至二类地的容积率略有提升,三类地的容积率变化不大。

表6-3-20　兰州市不同用地类型聚类分析结果统计表

类别	商业用地平均容积率	居住用地平均容积率	工业用地平均容积率
1	3.502	3.064	0.509
2	2.250	2.754	0.306
3	1.299	1.473	0.155
4	0.402	0.493	
5	0.348	0.357	

兰州市商业建筑容积率的分布特点如图6-3-13所示:

一类地大多数分布在城关区,其余部分分布在七里河区和西固区,并呈现离散的块状分布。其中在城关区,面积最大的一块南至和政东街一带,西连永昌路,北到南滨河路一带,东沿平凉路;面积次之的组块南至定西路,西连一只船街,北到东岗西路,东沿会宁路;其余两个面积较小的组块分布在雁滩路以南、雁西路以东的雁滩一带和以瑞德大道为中心向外扩展至东岗东路及嘉峪关西路的五里铺一带。七里河区中,呈现四个组块,最西面组块南至西津西路,西至河湾堡东街,北至郑家庄,东至西北物资市场以东;另一个面积较大组块分布在小西湖一带,南至义乌商贸城以南,西至瓜州路,北至南滨河中路,东至西湖公园;另两个呈点状分布的分别在文化宫一带和建兰路一带。在西固区中,只有两个点状的分布点,分别在康乐路以东的西固汽车站一带和合水路以东、玉门街以西的西固城一带。

二类地主要分布在一类地组块的边缘。其中在城关区,北延伸至盐场路,西至中山路,南至火车站东路,东至天庆大道西侧;其主要沿着一级容积率用地的边缘,且与各组块之间呈不连续分布。七里河区中,北至瓜州路偏北一带,西至河堡湾西街,南至明仁花园铁路一带,东至白云观附近的排洪沟;其主要沿一类地边缘分布,各组块之间不连续。西固区的二类地沿一类地的两个组块边缘扩散并相连,组成一个连续分布的组块,其中北至西固西路偏南,东至山丹北街,南至福利西路,西至清水路。安宁区中,二类地呈点状离散分布,共分三块,分别分布在兰州植物园以南的长风厂一带,安宁西路以南、万新南路以东的吊场一带和黄河市场一带。

　　三类地主要沿二类地边缘分布,在城关区中,其主要沿该区各二类地组块边缘扩散并相连,并带有少量不连续的离散点状分布;连续组块中,北至雁南路,东至嘉峪关北路,南至排洪南路,西至临夏路一带;离散组块分布在雁北路以南的科技工业城附近。七里河区中,其沿二类地边缘扩散并呈间断的不连续分布,从二类地南端向南延伸至建西东路一带,其余主要分布在二类地边缘地带。西固区的三类地沿二类地边缘扩散分布,北至西固西路,东至玉门街偏东,南至福利四街一带,西至化工街东侧的寺儿沟一带。安宁区主要是沿二类地边沿扩散的块状不连续分布,最北至施家湾,最东至培黎西路,最南至吴家湾,最西至枣林路。

　　四类地分布较少,其主要沿部分的三类地边缘扩散呈间断分布;城关区中,南至红山根西路,东至拱星墩,北至观象台,西至白云观。七里河中,主要呈小块状离散分布,分别在秀川新村、兰通厂及三类用地周围一带。西固区中,部分面积最大的三类地呈带状分布;而小部分沿其余的三类地呈块状分布,北至兰化,南至省商业学校,东至大滩偏西,西至自来水公司一带。安宁区中,四类地主要位于刘家堡的三类地边缘分布。

　　五类地分布最广,在城关、七里河、西固和安宁的四辖区内,除去以上四种容积率用地,其余用地皆为五类地,其边界即为兰州市四辖区边界。

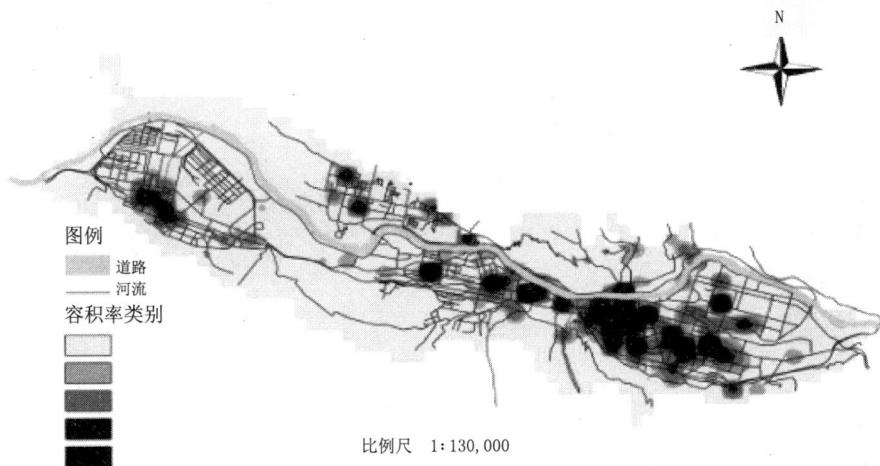

图 6-3-13　兰州市商业用地建筑容积率聚类分析图

兰州市居住建筑容积率的分布特点如图6-3-14所示：

一类地大多分布在城关区，七里河区次之，安宁和西固两区分布较少，并且都呈块状分布。在城关区中，主要分为两大组块，并有少部分呈点状分布的点，其中面积最大组块北至南滨河东路，南至五泉南路，东至金昌北路，西至中山路；面积次之的组块为，北至雁滩路，南至嘉峪关西路，东至省气象局一带，西至渭源路；其余各零星点分布在天水南路附近、排洪路与红星巷附近、嘉峪关东路以南附近、焦家湾路一带和甸子街附近。七里河区中，一类地呈连续状块状分布，北至南滨河东路，东至小西湖立交桥，南至兰工坪路，西至任家庄路。西固区内呈块状离散分布，西至临洮街，南至福利西路，东至陈官营，北至西固中街，其余两个点状组块分别分布在西固西路与西固中路交接一带和玉门街北侧一带。安宁区主要分布在建安西路一带、学府路北段、孔家崖附近以及柴家庄。

二类地分布较少，主要沿部分的一类地边缘分布，且都在面积较大的一类地周围呈带状分布，另外几个零星的离散点主要在庙滩子、大沙坪和九州开发区一带分布。

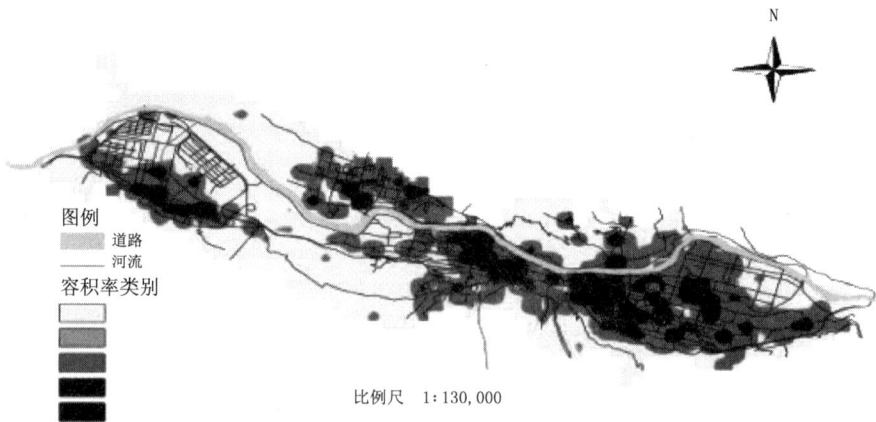

图6-3-14　兰州市居住用地建筑容积率聚类分析图

三类地分布较广，在原一类地的边缘扩散并相互连接，形成片状的连续组块，并伴有小面积极少量的零星块状。其中七里河与城关的连成一片，东至桃树坪，南至红山根，西至河湾堡东街，北至黄河南岸；安宁区中，北至市区边界，东至黄河市场，南至营门滩，西至黄家滩；西固区内，北至合水北路北段，东至大滩，南至西固公园，西至西固区边界西侧。

四类地分布较少,只有一两个面积很小的零星点状分布在七里河区和城关区内。

五类地分布较广,在城关、七里河、西固和安宁的四辖区内,除以上四种容积率用地,其余用地皆为五类容积率用地,其边界即为兰州市四辖区边界。

工业建筑容积率的分布特点如图6-3-15所示:

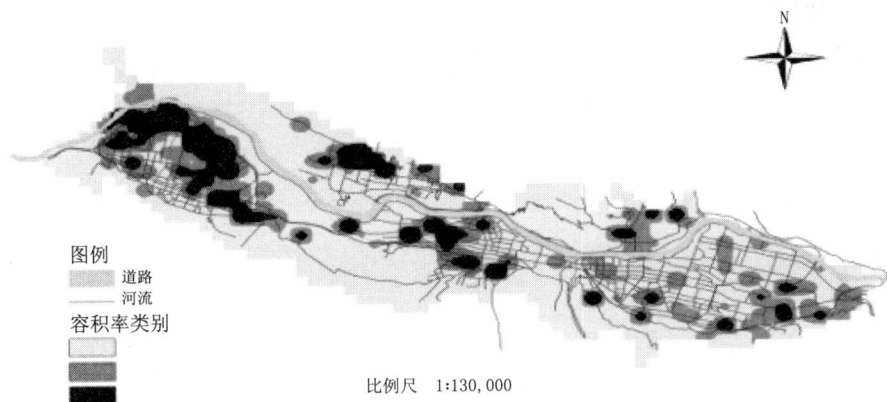

图例
　　道路
　　河流
容积率类别

比例尺　1:130,000

图6-3-15　兰州市工业用地建筑容积率聚类分析图

一类地大多分布在西固区,其次分布在安宁区和七里河区,城关区分布最少。在城关区中主要呈点状的离散分布,分别分布在伏龙坪一带、甘南路与麦积山路之间地带、五泉广场一带、飞天路以南地带、焦家湾路西侧地段、甘肃省农业技术学校、南面滩以及匋子街附近;其余主要分布在佛慈大街、盐场堡及生物制药厂一带。七里河区内主要呈块状离散分布,面积最大的一个组块,西至河湾堡东街,北至南滨河中路,东至兰石厂,南至岷山药厂;其余块状组块主要分布在秀川村一带、马滩南部一带、武威路向东西延伸地段、兰州理工大学西侧一带以及火星街地段。西固区主要成面积较大并呈连续的块状分布,其中南至庄浪西路,东至陈官营,北至南滨河西路,西至南滨河西路西侧;另一组块西至牌坊路,北至陈坪,南至陶瓷市场,东至深沟桥。安宁区中,主要为块状分布和点状分布结合,块状分布用地,北至万里厂,东至学府路,南至孔家崖,西至桃林路;其余点状分布点,主要分布在崔家庄西侧、长新北路东侧和十里店东侧一带。

二类地大部分沿一类地边缘扩散分布,少部分呈离散的块状分布。在城关区中,二类地较多,除在一类地的边缘上扩张以外,其余部分呈小块状的离散分布,北至大沙坪一带,南至焦家湾南路,西至中山路,东至桃树坪。七里河区中,主要在一类地的边缘扩散分布,其中有部分连续,北至南滨河中路,东至汽车南站,南至武山路,西至崔家大滩。西固区中,同样在一类地的边缘扩散分布,并呈连续状,北至西沙大桥南侧,东至大滩村,南至福利东路,西至南坡坪。安宁区中,其在一类地的边缘略微扩散,呈块状的离散分布,其中北至桃林村,东至十里店,南至安宁东路,西至崔家庄;另有两块点状的组块分别分布在安宁堡和洄水湾一带。

三类地分布较广,除以上两种容积率用地以外,其余用地全为三类容积率用地,其边界即为兰州市四辖区边界。

第四章　相关数据的求算及其关系分析

一、样点选择

1. 样点选取原则

均衡性原则：分区、分级别、分土地利用类型，尽量保证样点空间分布的均衡性（附件 1 和附件 2）。其中，城关、七里河、西固、安宁四区分别为 142、60、34、60 个，一至七级别样点分别为 45、83、85、26、22、17、13 个，商业、居住、工业分别为 132、183、28 个（包括自选样点和招拍挂的所有样点）。

面积适宜性原则：为使调查的方便，面积不能过大，又要保证宗地容积率和建筑密度的准确，面积也不能过小。

资料适宜收集原则：样点边界能在野外调查中得到确认，并能进行相应资料的核实（如宗地用途信息和建筑信息等）。

数量原则：没有一定的数量，就没有代表性，所以，项目选择了至少 300 个样点。

客观性与市场性原则：尽量采用近年来根据市场需求所得的招拍挂的样点资料，以保证客观和科学原则。

2. 空间分布

遵循上述宗地样点选择的基本原则，结合野外宗地调查中边界判断难易程度，以遥感影像作为工作底图，确定样点空间分布图（见图 6-4-1）。

二、容积率、建筑密度的计算

首先，按照野外调研信息，在 ARCGIS9.0 中创建 shapfile 格式的宗地信息图层，在 editor 工具栏的可编辑状态下，勾绘出每一宗地的边界，再根据使用用途添加属性信息；宗地内的建筑信息上图过程类似，只不过属性字段不同而已。

其次，利用 ARCMAP 属性表中自带的 calculate 快捷计算方式计算出宗地面积和宗地内建筑的占地面积。

最后，利用 Visual Foxpro6.0 和 EXCEL2003 计算出调查宗地的容积率和建筑密度。

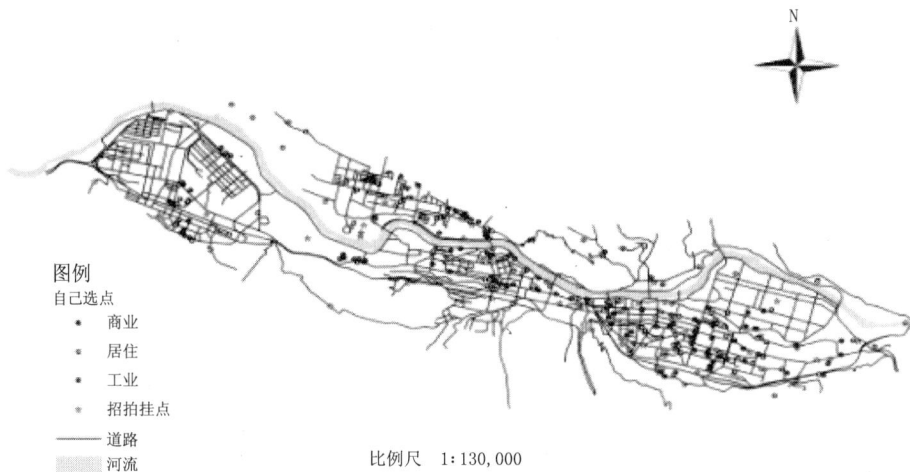

图6-4-1　兰州市样点空间分布

三、样点地价评估

1. 评估方法

（1）商业用地评估方法

依据《城镇土地估价规程》和《房地产估价规范》，由于大多数商业用地是采用出租的形式经营的，所以通过调查租金的方式运用收益还原法估算得出房地产价格，再采用重置成本法估算建筑物重置价，最后得出商业用地的价格。

基本原理：收益还原法是将预计的待估宗地未来正常年纯收益（地租），以一定的土地还原利率将其统一还原到评估时点后累加，以此估算待估宗地的客观合理价格的方法。土地未来地租的资本化是其基本原理。收益还原法的基本公式如下：

$$P = a/r[1-1/(1+r)^m]$$

式中：P 为有限年期土地收益价格；a 为年土地纯收益；r 为土地还原利率；m 为土地使用年期。

商业用地估价的步骤如下：

①租金获取：主要采用实地调查方式获取。另外，还通过易居网、兰州租房网等招租的店铺和写字楼出租信息，以及《鑫报》、《兰州晨报》等报纸广告、电话咨询等方式获得部分相关租金资料。

②利用租金运用收益还原法求出商业房地产价格:依据收益还原法的基本原理,以租金还原出商业房地产价格。

③利用重置成本法估算建筑物重置价:类似于居住用地建筑物重置价的求算过程,详见下文。

④将建筑物重置价代入收益还原法确定的表格中,通过房屋还原利率等参数估算出商业用地的价格。

(2)居住用地评估方法

依据《城镇土地估价规程》和《房地产估价规范》,估价方法有收益还原法、市场比较法、成本逼近法、假设开发法(剩余法)、基准地价系数修正法等五种,结合宗地样点实际,选用市场比较法、重置成本法和假设开发法(剩余法)相结合的方法,估算各居住样点的地价。

基本原理:假设开发法又称剩余法,是在预计开发完成后不动产正常交易价格的基础上,扣除预计的正常开发成本及有关专业费用、利息、利润和税收等,以价格余额来估算待估土地价格的方法。

基本公式:$V = A-(B+C)$

公式中:V 为待估土地价格;

A 为总开发价值或开发完成后的不动产总价值;

B 为整个开发项目的开发成本;

C 为开发商合理利润。

基本步骤为:

①计算房地产(房地合一)的总价值:根据我们的实际调查结果,部分数据结合对星空网的搜索,在 ARCGIS 中标出 2005—2008 年的星空网上市场交易资料的比较案例点,并采用等级相同、距离相近的比较案例点通过相关系数的进行修正或相互验证后,得出待估样点的房地产交易价格。

②利用重置成本法估算出建筑物重置价:采用勘察设计费、前期工程费、建筑安装成本费等费用估算出建筑物重置价。

③居住用地土地单价的计算:二者相减后,扣除相应的管理费、税金等费用得出居住用地土地单价。

2.商业用地地价评估

商业用地评估的程序如下:

①租金调查及其修正

我们在 2008 年 10 月下旬至 11 月进行了租金调查。在调查的过程中,对整栋建

筑的商业出租的租金尽量让被访者提供平均租金。另外,通过网络(易居网、租房网
等)、报纸(《鑫报》、《兰州晨报》等)获取部分出租信息。

②建筑物重置价格的计算:方法雷同于住宅房屋重置价的计算,相关费率见居
住用地评估部分的表6-4-5,建安成本参照《指南》调查标准并做适当的调整(具体
数据见表6-4-1和表6-4-2)。

表6-4-1　兰州地区建筑安全安装工程社会平均成本

单位:元/平方米

序号		工程类别		2008 年			
				一季度	二季度	三季度	均值
1	1.1	住宅楼	高层商住楼 (底层带商铺)	1393.61	1477.31	1426.92	1432.613
	1.2		多层 商住楼　底层带商铺	1335.65	1437.83	1382.93	1385.47
	1.3		底层不带商铺	1233.97	1319.58	1272.77	1275.44
2		高层写字楼		1580.98	1715.08	1652.39	1649.48
3		学生公寓		1162.47	1297.28	1247.72	1235.82
4		教学楼		1270.77	1393.79	1342.6	1335.72
5	5.1	工业厂房	单层	1594.62	1772.22	1707.3	1691.38
	5.2		多层	1305.45	1421.55	1354.38	1360.46

表6-4-2　兰州市样点地价评估所采用的建筑成本

建筑结构　　用途	住宅	商业
多层框架	1275	1385
多层砖混	650	650
别墅框架	1400	1400
一般砖混	650	650
高层商住/商办(12—18 层)	1433	1649
高层商住/商办(19—25 层)	1800	1800
高层商住/商办(26—30 层)	1900	1900

③年有效毛收入=年潜在毛收入×年有效租金收入率

其中,年潜在毛收入=月租金×12(一年所有的月份数),年有效租金收入率是指房屋年出租率。

④年运营费用=年维修费+年管理费+年保险费+折旧费+税金+建房资本的利息

年维修费=建筑物重置价格×1.5%;

年管理费=年有效毛收入×2.0%;

年保险费=建筑物重置价格×0.15%。

年折旧费=建筑物重置价格×(1-残值率)/耐用年限,其中,砖混结构的残值率为2%,耐用年限为50年,砖混结构的残值率为0,耐用年限为60年;

税金:依据调查结果和国家法律的相关规定,取值为租金的12%;

年建房资本所需利息=建筑物重置价格×存款利率(一年期)/未来可获收益年限,其中一年期存款利率取值为2.52%。

⑤房屋年收益=建筑物现值×房屋还原利率

建筑物现值=建筑物重置价格×成新率;

成新率=建筑物未来可使用年限/建筑物耐用年限;

房屋还原利率一般比相同用途的土地还原利率高,取值为8%。

⑥土地还原利率 r

根据最近的信贷状况,经过项目组协商的多次协商,确定商业用地还原利率为7%。

⑦综合计算出商业用地单价

商业用地单价=[(③-④-⑤)/r]×[1-1/(1+r)^m],其中③为年有效毛收入,④为年运营费用,⑤为房屋年收益,r为土地还原利率,m为未来土地可使用年限。

最后计算结果如表6-4-3所示。

表6-4-3 兰州市商业用地样点地价评估统计表 单位:元/平方米

编号	年有效毛收入	年运营费用	土地年收益	容积率	建筑密度	楼面价	单位地价	级别
C005	513	163.80	167.07	16.43	0.89	2227.38	36588.56	1
C006	470.25	157.82	130.31	22.46	0.75	1737.24	39018.43	1
C012	570	167.27	215.47	13.85	0.63	2872.52	39795.74	1
C043	529.2	165.99	170.16	13.97	0.54	2268.48	31700.31	1
C044	852.6	200.46	511.13	5.85	0.63	6814.18	39880.52	1
C045	837.9	186.61	516.85	4.46	0.50	6890.46	30721.77	1

编号	年有效毛收入	年运营费用	土地年收益	容积率	建筑密度	楼面价	单位地价	级别
C192	668.25	174.54	339.88	5.66	0.64	4531.18	25652.34	1
C015	578.1	150.09	271.62	4.08	0.82	3136.16	12792.95	2
C042	337.5	116.65	97.38	3.98	0.40	1721.36	6850.77	2
C057	396.9	124.77	123.97	0.86	0.86	1652.69	1415.45	2
C087	528	143.23	250.33	2.77	0.69	3337.37	9240.54	2
C127	564.3	159.98	250.48	2.18	0.54	3339.37	7274.11	2
C132	378.3	122.23	116.15	8.43	0.77	1548.42	13053.54	2
C133	400.2	125.43	151.31	5.98	0.59	2017.17	12068.74	2
C167	348.75	129.89	74.64	6.92	0.58	1314.97	9105.38	2
C138	297	110.98	62.55	8.44	0.60	1143.52	9647.74	2
C139	382.2	122.79	122.22	5.94	0.42	1629.44	9676.81	2
C140	382.2	141.23	84.92	13.02	0.61	1132.19	14741.01	2
C105	356.25	130.94	81.09	6.98	0.50	1407.83	9827.90	2
C106	378.3	126.45	121.10	6.11	0.41	1614.50	9857.76	2
C126	400.95	121.24	134.44	6.68	0.74	1792.29	11978.60	2
C158	356.25	123.25	87.73	4.99	0.83	1169.65	5832.21	2
C159	352.8	136.96	42.45	8.57	0.43	1071.51	9187.09	2
C142	436.5	142.00	127.85	7.33	0.46	1704.50	12489.53	2
C180	363.75	120.15	98.18	6.45	0.61	1642.60	10590.31	2
C186	441	131.14	186.39	2.39	0.49	2484.95	5930.95	2
C189	417.6	127.71	147.22	3.62	0.52	1962.69	7110.17	2
C196	460.35	145.31	145.18	4.80	0.39	1935.51	9288.24	2
C017	392.85	124.19	117.76	2.09	0.31	1569.91	3275.73	3
C033	382.2	118.82	147.20	1.71	0.61	1962.37	3361.27	3
C058	400.95	125.32	124.72	0.55	0.55	1662.78	909.62	3
C062	356.4	85.54	209.89	0.47	0.29	2798.24	1322.89	3
C084	509.25	107.77	328.53	1.10	0.63	4379.88	4824.26	3
C134	426.3	132.92	127.77	1.77	0.73	1703.45	3017.05	3

续表

编号	年有效毛收入	年运营费用	土地年收益	容积率	建筑密度	楼面价	单位地价	级别
C136	338.1	116.73	97.90	3.17	0.43	1305.18	4142.69	3
C166	252.45	72.23	113.11	0.60	0.47	2018.68	1213.99	3
C061	367.5	120.74	109.58	1.01	0.25	1460.90	1475.12	3
C145	360	119.91	127.60	4.36	0.77	1701.08	7417.29	3
C025	326.7	114.95	63.60	4.76	0.79	847.83	4038.93	3
C026	326.7	114.95	63.60	4.21	0.84	847.83	3570.80	3
C083	378.3	144.82	33.14	21.48	0.80	441.88	9492.84	3
C141	384.75	123.41	151.59	1.70	0.31	2021.00	3432.71	3
C143	388.8	135.27	80.46	5.78	0.44	1072.72	6202.25	3
C179	327.75	126.79	37.51	10.89	0.68	500.07	5444.04	3
C188	411.6	127.17	174.68	1.53	0.22	2328.84	3552.84	3
C020	320.1	114.21	82.42	2.02	0.67	1098.80	2222.13	4
C089	235.2	68.63	112.09	0.53	0.34	1494.29	794.01	4
C123	294	110.49	51.82	4.02	0.50	690.78	2779.46	4
C178	264.6	72.71	133.52	0.56	0.56	1780.01	990.78	4
C116	259.2	72.02	135.29	0.59	0.56	1803.66	1066.23	4
C030	247.35	71.48	104.38	0.97	0.62	1391.57	1343.66	4
C101	279.3	108.43	39.17	5.05	0.78	522.24	2634.95	4
C181	306.9	116.43	56.82	4.02	0.39	757.50	3045.31	4
C171	267.3	74.31	125.88	0.96	0.46	1678.16	1609.85	5
C175	338.1	116.56	76.12	1.90	0.63	1014.87	1932.96	5
C176	348.75	133.73	29.86	8.42	0.77	398.11	3350.73	5
C046	282	108.88	49.65	5.04	0.72	661.97	3336.41	5
C078	349.2	118.17	93.84	2.24	0.61	1251.09	2802.08	5
C082	316.8	113.62	63.26	2.91	0.29	843.31	2450.43	5
C113	264.6	106.37	26.53	3.92	0.56	353.71	1385.69	6
C115	313.5	113.18	63.14	1.27	0.23	841.78	1071.48	6
C203	199.5	63.60	77.53	0.92	0.55	1033.62	950.27	6

编号	年有效毛收入	年运营费用	土地年收益	容积率	建筑密度	楼面价	单位地价	级别
C204	342	117.11	79.48	0.97	0.32	1059.59	1026.10	6
C109	259.2	72.05	137.85	0.44	0.37	1837.81	800.71	6
C079	305.55	112.06	56.30	1.46	0.73	750.63	1094.13	6
C081	308.7	112.55	64.46	0.97	0.48	859.32	829.73	6
C236	199.5	68.04	52.67	1.02	0.41	695.54	709.45	7
C237	163.8	55.73	48.40	1.10	0.45	652.31	717.54	7
C238	259.35	105.89	46.46	1.20	0.46	604.58	725.49	7
C239	163.8	59.75	28.18	2.02	0.52	364.92	737.13	7
C240	216	99.97	20.00	2.63	0.51	276.69	728.62	7

3. 居住用地地价评估

居住用地评估的程序如下:

(1) 获取楼盘市场交易资料的基本信息

根据我们对兰州市部分售楼部相关人员和已购房者的实际调查结果,结合近几年星空网上市场交易资料的基本信息统计(空间分布见图6-4-2),依据市场比较的基本原理,根据距离相近、等级相同比较的基本法则,通过对区域因素(繁华程度、交通条件、环境景观等)、个别因素(用地形状、用地性质、临街状况等)等要素进行修正,进而求出兰州市部分房地产价格。此次估价选取的估价时点为2008年12月31日,然而,居住小区地盘销售周期一般比较长,需要进行房屋销售价格的年份和月份修正,通过对调查数据的房价上涨指数修正求出估价时点的可比较数据。

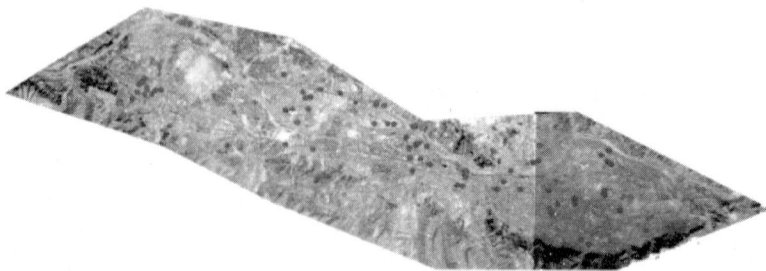

图6-4-2　兰州市房地产市场交易资料空间分布

（2）建筑物重置价格

建筑安装平均成本：依据工程造价管理类期刊《兰州建设工程造价指南》（以下简称为《指南》）每一季度对兰州市建筑成本的不完全统计资料（见表6-4-1），结合建筑费用的建筑高度和建筑层数的临界状况，对《指南》调查的平均成本进行了一定的调整（见表6-4-2）。

相关费用费率的确定：估算过程中用到的各费用费率比重参照甘肃省建设工程工程量清单计价规则中的《综合费用》标准，结合其他地区的估价经验得出，具体估价参数参见表6-4-4。

表6-4-4　假设开发法评估居住用地地价相关参数及计算过程

各因子名称		各因子说明		数值
（一）开发成本	勘察设计费	建安费的2%		0.02
	前期工程费	建安费的2%		0.02
	建筑安装工程费	根据现行类似于估价对象的客观建安造价而综合确定，见表6-4-5	多层框架	1275
			多层砖混	650
			别墅框架	1400
			一般砖混	650
			高层商住（12—18层）	1433
			高层商住（19—25层）	1800
			高层商住（26—30层）	1900
	室外及配套工程	一般		50
		较好		100
	装饰费用	一般装饰		50
		较好装饰		100
	工程监理	建安费的2%		0.02
	物业管理投资	建安费的2%		0.02
（二）管理费用		开发成本的2%		0.02
（三）投资利息		$((一)+(二))*[(1+r)^{n/2}-1]$		0.0567
（四）开发利润		按建筑开发成本的12%计		0.12
（五）重置价格		（一）至（四）项之和		

各因子名称	各因子说明	数值
二、房屋建筑物重置价	=（五）	
三、土地开发利息	地价×$[(1+r)^n-1]$；n 为开发周期	0.0567
四、土地开发管理费	按地价的3%计	0.03
五、销售费用	房地产总价值的2%	0.02
六、销售税费	房地产总价值5.55%	0.0555
七、土地开发利润	按地价的12%	0.12
八、土地总价	房地合一总价值-二-三-四-五-六-七	
九、取得土地使用权应缴的出让契税	出让价格的5%	0.05
十、剩余土地使用权价格	八-九	

（3）居住用地宗地地价的计算

运用假设开发法对待估宗地进行地价评估，估价过程见表6-4-4，兰州市居住用地样点地价评估结果见表6-4-5。

表6-4-5　兰州市居住用地样点地价评估结果统计表　　　单位：元/平方米

编号	房屋售价	建筑物重置价格	容积率	建筑密度	土地总价	土地使用权出让契税	楼面价	单位地价	级别
R001	4500	1866.27	4.13	0.55	1811.11	90.56	1720.55	7099.28	1
R002	4300	2664.29	18.69	0.72	1035.09	51.75	983.34	18374.95	1
R003	3800	1067.13	5.86	0.65	1931.10	96.56	1834.55	10742.41	1
R014	4700	1067.13	2.68	0.40	2588.01	129.40	2458.61	6581.15	1
R038	4100	2536.51	16.72	0.67	989.99	49.50	940.49	15729.02	1
R137	4500	948.83	2.68	0.47	2535.44	126.77	2408.67	6445.01	1
R039	4500	2664.29	7.07	0.52	1181.07	59.05	1122.02	7927.37	1
R190	4300	1807.12	4.44	0.63	1711.83	85.59	1626.24	7212.83	1
R191	4600	948.83	2.35	0.47	2608.43	130.42	2478.01	5829.29	1
R193	3720	948.83	4.13	0.69	1966.12	98.31	1867.81	7712.68	1
R194	3500	948.83	4.57	0.76	1805.54	90.28	1715.26	7836.76	1
R195	3500	948.83	4.36	0.73	1805.54	90.28	1715.26	7475.55	1

续表

编号	房屋售价	建筑物重置价格	容积率	建筑密度	土地总价	土地使用权出让契税	楼面价	单位地价	级别
R197	3600	948.83	2.27	0.58	1878.53	93.93	1784.60	4049.38	1
R198	3560	948.83	3.58	0.60	1849.33	92.47	1756.87	6289.02	1
R207	4600	1866.27	4.87	0.61	1884.10	94.20	1789.89	8713.18	1
R208	4200	2536.51	15.48	0.62	1062.98	53.15	1009.83	15637.21	1
R209	4410	1866.27	4.36	0.52	1745.42	87.27	1658.15	7232.54	1
R210	4100	1866.27	5.71	0.71	1519.15	75.96	1443.19	8243.75	1
R211	4100	1866.27	5.20	0.65	1519.15	75.96	1443.19	7506.10	1
R212	4200	948.83	2.78	0.46	2316.47	115.82	2200.65	6119.72	1
R016	4400	948.83	1.69	0.28	2462.45	123.12	2339.33	3963.01	2
R041	4550	1067.13	2.28	0.38	2478.53	123.93	2354.60	5366.54	2
R056	5800	1866.27	1.93	0.28	2759.98	138.00	2621.98	5057.72	2
R059	5100	1866.27	2.32	0.35	2249.05	112.45	2136.60	4946.85	2
R060	4000	1866.27	4.86	0.54	1446.16	72.31	1373.85	6677.70	2
R063	4700	2664.29	11.03	0.37	1327.05	66.35	1260.70	13902.28	2
R085	4250	948.83	2.52	0.42	2352.96	117.65	2235.32	5635.23	2
R086	4400	2536.51	12.18	0.61	1208.96	60.45	1148.51	13994.09	2
R092	4000	1866.27	4.61	0.58	1446.16	72.31	1373.85	6331.18	2
R103	4400	948.83	1.81	0.31	2462.45	123.12	2339.33	4227.94	2
R119	4200	1866.27	4.81	0.60	1592.14	79.61	1512.53	7273.19	2
R120	4500	2067.09	4.79	0.31	1652.56	82.63	1569.93	7518.97	2
R128	4200	2067.09	5.90	0.49	1433.59	71.68	1361.91	8041.50	2
R130	4900	948.83	2.40	0.40	2827.40	141.37	2686.03	6454.45	2
R131	4200	948.83	3.21	0.62	2316.47	115.82	2200.65	7074.94	2
R135	3900	948.83	3.83	0.54	2097.50	104.87	1992.62	7631.79	2
R074	4100	948.83	2.11	0.45	2243.48	112.17	2131.30	4505.93	2
R075	3600	948.83	2.51	0.36	1878.53	93.93	1784.60	4475.99	2
R076	3400	948.83	3.58	0.53	1732.55	86.63	1645.92	5891.97	2

续表

编号	房屋售价	建筑物重置价格	容积率	建筑密度	土地总价	土地使用权出让契税	楼面价	单位地价	级别
R144	4050	1807.12	4.42	0.55	1529.36	76.47	1452.89	6421.21	2
R146	4200	1007.98	1.86	0.30	2269.77	113.49	2156.28	4000.32	2
R147	4700	1807.12	2.81	0.41	2003.79	100.19	1903.60	5347.11	2
R182	4400	948.83	1.74	0.36	2462.45	123.12	2339.33	4071.96	2
R183	4800	1807.12	2.32	0.39	2076.78	103.84	1972.94	4576.17	2
R184	4800	1866.27	2.34	0.38	2030.08	101.50	1928.58	4518.64	2
R185	4100	2536.51	15.27	0.57	989.99	49.50	940.49	14358.89	2
R187	4200	948.83	2.06	0.39	2316.47	115.82	2200.65	4526.73	2
R215	3800	948.83	3.17	0.59	2024.51	101.23	1923.28	6099.36	2
R040	3650	2067.09	8.29	0.64	1032.14	51.61	980.54	8133.48	2
R104	4650	1866.27	2.94	0.46	1920.59	96.03	1824.56	5366.90	2
R107	4800	1866.27	2.26	0.38	2030.08	101.50	1928.58	4351.53	2
R125	3860	1747.96	4.04	0.50	1437.38	71.87	1365.51	5511.94	2
R160	3300	1067.13	4.50	0.84	1566.16	78.31	1487.85	6699.97	2
R165	4000	948.83	1.96	0.50	2170.49	108.52	2061.96	4048.47	2
R168	4050	1747.96	3.66	0.53	1576.06	78.80	1497.26	5475.11	2
R007	3900	1866.27	4.18	0.51	1373.17	68.66	1304.51	5457.53	3
R009	3800	2536.51	7.33	0.37	771.02	38.55	732.47	5367.17	3
R019	3750	948.83	2.09	0.38	1988.01	99.40	1888.61	3937.83	3
R091	3800	1866.27	5.53	0.61	1300.18	65.01	1235.17	6832.42	3
R117	4100	1866.27	3.14	0.44	1519.15	75.96	1443.19	4526.70	3
R118	3850	1866.27	5.29	0.66	1336.68	66.83	1269.84	6712.78	3
R022	3700	948.83	2.12	0.30	1951.52	97.58	1853.94	3938.69	3
R023	2850	948.83	5.21	0.74	1331.11	66.56	1264.55	6589.21	3
R028	3900	1866.27	3.95	0.54	1373.17	68.66	1304.51	5158.93	3
R047	4400	948.83	1.72	0.42	2462.45	123.12	2339.33	4027.42	3
R048	3950	1866.27	3.54	0.44	1409.67	70.48	1339.18	4734.65	3

编号	房屋售价	建筑物重置价格	容积率	建筑密度	土地总价	土地使用权出让契税	楼面价	单位地价	级别
R049	4900	948.83	1.55	0.41	2827.40	141.37	2686.03	4171.23	3
R050	3000	948.83	3.99	0.80	1440.59	72.03	1368.56	5467.27	3
R064	3150	948.83	3.52	0.50	1550.08	77.50	1472.57	5177.46	3
R065	3500	1747.96	5.15	0.45	1174.62	58.73	1115.89	5742.73	3
R067	3000	1747.96	9.14	0.51	809.67	40.48	769.18	7029.14	3
R068	3250	1807.12	7.87	0.58	945.44	47.27	898.17	7064.69	3
R069	4000	1807.12	3.06	0.44	1492.86	74.64	1418.22	4336.18	3
R070	4000	1807.12	3.16	0.23	1492.86	74.64	1418.22	4486.33	3
R072	4050	1747.96	2.92	0.46	1576.06	78.80	1497.26	4366.81	3
R073	3860	1747.96	3.87	0.53	1437.38	71.87	1365.51	5282.97	3
R077	3100	948.83	3.83	0.50	1513.58	75.68	1437.90	5500.77	3
R093	4200	948.83	1.79	0.36	2316.47	115.82	2200.65	3947.95	3
R094	3200	948.83	2.84	0.47	1586.57	79.33	1507.24	4279.97	3
R095	3700	1866.27	5.26	0.75	1227.19	61.36	1165.83	6128.24	3
R096	3600	1747.96	4.59	0.62	1247.61	62.38	1185.23	5435.43	3
R097	3800	2536.51	9.40	0.83	771.02	38.55	732.47	6884.70	3
R098	3600	2067.09	9.00	1.00	995.65	49.78	945.87	8512.81	3
R099	3400	1807.12	6.32	0.79	1054.92	52.75	1002.18	6334.05	3
R100	3400	1866.27	7.00	1.00	1008.22	50.41	957.81	6704.67	3
R151	3200	1747.96	8.00	1.00	955.65	47.78	907.86	7262.91	3
R152	3000	1007.98	5.74	0.80	1393.89	69.69	1324.19	7595.15	3
R155	3550	948.83	2.27	0.42	1842.03	92.10	1749.93	3972.02	3
R156	3450	1007.98	10.00	1.00	1722.34	86.12	1636.23	16362.25	3
R157	3500	1007.98	2.86	0.36	1758.84	87.94	1670.90	4773.82	3
R214	3850	948.83	2.37	0.32	2061.00	103.05	1957.95	4644.83	3
R024	4300	1747.96	2.76	0.46	1758.53	87.93	1670.61	4615.41	3
R161	3000	948.83	6.32	0.70	1440.59	72.03	1368.56	8653.64	3

编号	房屋售价	建筑物重置价格	容积率	建筑密度	土地总价	土地使用权出让契税	楼面价	单位地价	级别
R162	2950	948.83	4.81	0.80	1404.10	70.20	1333.89	6420.18	3
R163	3300	1007.98	6.21	0.78	1612.86	80.64	1532.22	9512.23	3
R164	2900	948.83	4.83	0.64	1367.60	68.38	1299.22	6268.90	3
R169	4600	1866.27	2.61	0.33	1884.10	94.20	1789.89	4679.59	3
R173	4200	1866.27	3.10	0.39	1592.14	79.61	1512.53	4689.66	3
R199	3050	948.83	4.73	0.79	1477.09	73.85	1403.23	6632.82	3
R055	3500	948.83	1.38	0.31	1805.54	90.28	1715.26	2370.40	4
R110	3300	948.83	2.31	0.33	1659.56	82.98	1576.58	3647.02	4
R080	3750	1866.27	2.20	0.30	1263.69	63.18	1200.50	2636.16	4
R111	4000	948.83	1.15	0.30	2170.49	108.52	2061.96	2378.54	4
R114	3650	1866.27	3.77	0.49	1190.70	59.53	1131.16	4267.18	4
R206	3200	1747.96	2.62	0.44	955.65	47.78	907.86	2380.95	4
R241	3250	2041.66	5.13	0.32	798.01	39.90	758.11	3890.75	4
R242	3600	2505.30	6.21	.25	681.94	34.10	647.84	4026.21	4
R220	2650	997.19	1.15	0.58	1203.89	60.19	1143.69	1315.81	5
R221	2800	997.19	0.90	0.45	1318.81	65.94	1252.87	1126.27	5
R222	3280	997.19	0.64	0.64	1686.55	84.33	1602.23	1019.11	5
R223	2600	997.19	0.99	0.50	1165.58	58.28	1107.30	1099.76	5
R224	2500	997.19	1.16	0.58	1088.97	54.45	1034.52	1199.63	5
R225	2576	997.19	1.49	0.75	1147.19	57.36	1089.83	1626.94	5
R226	2300	997.19	1.21	0.61	935.74	46.79	888.95	1079.59	6
R227	2480	997.19	0.91	0.46	1073.64	53.68	1019.96	932.29	6
R228	2300	1009.60	1.14	0.57	925.46	46.27	879.19	1004.16	6
R229	2250	1009.60	1.19	0.59	887.15	44.36	842.79	1000.92	6
R230	2200	1262.00	2.12	0.35	624.39	31.22	593.17	1256.52	6
R231	2650	1009.60	0.79	0.40	1193.61	59.68	1133.93	896.36	6
R232	2030	1009.60	0.84	0.42	718.60	35.93	682.67	572.44	7

续表

编号	房屋售价	建筑物重置价格	容积率	建筑密度	土地总价	土地使用权出让契税	楼面价	单位地价	级别
R233	1800	1009.60	1.37	0.46	542.39	27.12	515.27	707.00	7
R234	1850	1009.60	1.11	0.55	580.70	29.03	551.66	610.71	7
R235	1860	1009.60	1.09	0.54	588.36	29.42	558.94	608.51	7

四、招拍挂样点地价修正与用途分摊

1. 综合用途招拍挂样点的地价与容积率分摊

由于招拍挂样点的规划用途大都以综合用途为主,为了充分利用,对招拍挂样点进行地价和容积率的分摊,根据实际调查和多方洽谈确定分摊比例,商业用途分摊比例为20%,居住用途分摊比例为80%。分摊时综合考虑商业用途和居住用途所处的土地级别和基准地价,将招拍挂样点的地价和容积率分别分摊到商业用途和居住用途,分摊结果见表6-4-6。

2. 地价修正

根据《兰州市2008年地价监测工作汇报》,结合2008年兰州市地价变动的实际,确定兰州市历年地价指数变动状况(如表6-4-7),由于招拍挂样点的年份为2002—2008年,因此,我们用前述地价指数将招拍挂样点的系数修正到2008年。

表6-4-6　招拍挂样点分摊结果表

序号	分区	分摊地价		分摊容积率		土地级别	
		商业	居住	商业	居住	商业	居住
200301	城关区	5591.39	3412.28	1.6	6.4	2	2
200302	城关区	2431.23	1483.72	1.4	5.6	2	2
200304	城关区	5385.30	3286.51	0.6	2.4	2	2
200305	城关区	5446.46	3342.44	0.58	2.32	4	4
200306	城关区	9781.21	5276.09	0	0	1	1
200307	七里河区	361.52	246.96	0.6	2.4	3	3
200401	城关区	6971.26	4254.38	2	8	2	2
200402	城关区	1567.88	956.84	0.7	2.8	4	3

序号	分区	分摊地价		分摊容积率		土地级别	
		商业	居住	商业	居住	商业	居住
200403	城关区	2466.76	2400.84	0.7	2.8	4	3
200404	城关区	2087.89	1274.19	1.746	6.984	2	2
200405	安宁区	1249.17	1727.69	0.56	2.24	5	3
200406	西固区	1846.78	1674.81	0.9	3.6	3	2
200501	城关区	1464.62	893.82	0.6	2.4	2	2
200502	城关区	2726.27	2472.40	0.6	2.4	3	2
200504	城关区	3253.40	1985.47	1.5768	6.3072	2	2
200505	城关区	1367.56	1032.03	1	4	2	1
200506	城关区	4863.98	3670.60	2.13	8.52	2	1
200507	七里河区	7895.61	4818.49	1.9	7.6	2	2
200508	七里河区	2454.53	1676.74	0.6	2.4	3	3
200509	安宁区	981.74	955.50	0.82	3.28	4	3
200510	安宁区	1182.78	807.98	0.8	3.2	3	3
200511	西固区	2013.87	1375.72	0.6	2.4	3	3
200601	城关区	1107.76	1138.02	0.34	1.36	7	6
200602	城关区	7092.33	3825.68	0	0	1	1
200603	城关区	5400.11	3295.55	0.7	2.8	2	2
200611	安宁区	2943.73	4009.73	0.968	3.872	6	4
200612	安宁区	2793.39	2718.74	0.8	3.2	4	3
200613	安宁区	1638.32	2265.92	0.7	2.8	5	3
200614	安宁区	7367.01	3588.52	0.9	3.6	4	4
200701	城关区	114.30	158.09	0.5	2	5	3
200702	城关区	5519.26	2977.15	1	4	1	1
200703	城关区	7998.05	5463.63	0.7	2.8	3	3
200704	七里河区	3135.54	1913.54	0.64	2.56	2	2
200705	七里河区	8513.44	5195.53	1	4	2	2
200706	七里河区	11518.49	7029.44	0.6	2.4	2	2
200707	七里河区	2811.83	1920.82	1	4	3	3

序号	分区	分摊地价		分摊容积率		土地级别	
		商业	居住	商业	居住	商业	居住
200710	七里河区	2668.64	3690.93	0.7	2.8	5	3
200711	安宁区	4374.96	2684.87	0.76	3.04	4	4
200712	安宁区	4584.58	2813.51	0.76	3.04	4	4
200713	安宁区	3446.48	4766.75	0.8	3.2	5	3
200801	城关区	6523.50	3518.85	1.3	5.2	1	1
200802	城关区	4045.91	2182.41	1.2	4.8	1	1
200804	七里河区	8562.43	5849.16	1.3	5.2	3	3
200805	安宁区	4211.92	2877.25	0.7	2.8	3	3
200806	安宁区	3047.55	4151.13	0.7	2.8	6	4
200807	安宁区	4330.91	2657.84	0.7	2.8	4	4
200808	安宁区	3941.79	2692.71	0.68	2.72	3	3

表 6-4-7　兰州市 2003—2008 年地价指数变动表

年份 ＼ 类型	商业	居住
2003 年	107	110
2004 年	108	112
2005 年	108	112
2006 年	108	112
2007 年	109	114
2008 年	104	110

五、容积率与地价关系模型及其结果分析

一般而言,地价随着容积率的增加而上升,但是上升的幅度逐步放缓,在常规数学模型中,对数模型能够反映这种变化趋势,因此选取对数关系 $Y = a * \ln(X) + b$ 模拟容积率与地价之间的函数关系。

在函数关系的处理过程中,结合函数模拟的优劣程度(R^2 值越大,模拟效果越好),剔除参与运算的异常点,得到合理的关系模型。

1.商业用地分等级的地价与容积率的关系

商业用地分等级地价与容积率关系模型如图6-4-3和表6-4-9。所有模型的R^2值大致在0.7以上,符合数学模型要求。商业用地地价与容积率的关系模型体现出如下规律:

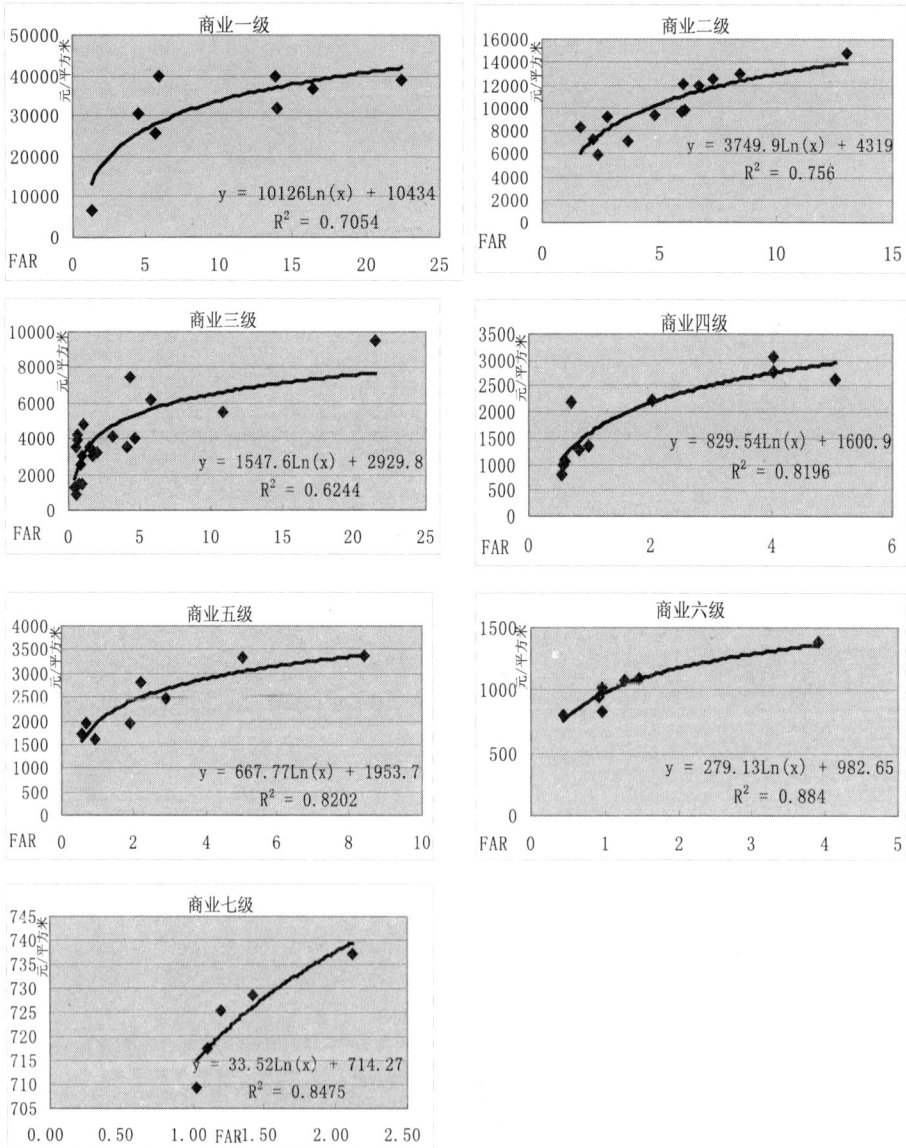

图6-4-3 兰州市商业用地分等级地价与容积率的关系模型

第一,随着商业土地等级的降低,曲线的斜率随之下降。若把容积率与地价函数关系看成 $Y = a * h + b$, $h = \ln(X)$,商业一至七级的斜率分布为10126、3749.9、1547.6、829.54、667.77、279.13、33.52,随着等级的降低,商业地价对容积率的敏感性减弱;

第二,随着容积率的升高,曲线的增长幅度趋于平缓。用 $\triangle Y/\triangle X$ 反映容积率在某一区间内的地价变化速率,并以一级商业用地模型关系为例。当容积率为1—4时,$\triangle Y/\triangle X = 4679.21$,容积率为4—7时,$\triangle Y/\triangle X = 1888.89$,容积率为7—10时,$\triangle Y/\triangle X = 1203.90$,容积率为10—13时,$\triangle Y/\triangle X = 885.57$,容积率为13—15时,$\triangle Y/\triangle X = 724.52$。从一级商业用地的 $\triangle Y/\triangle X$ 变化来看,随着容积率的升高,$\triangle Y/\triangle X$ 的值逐渐降低。

表6-4-8　兰州市商业用地分等级地价与容积率模型统计

等级	函数表达式	R^2 值
1	$y = 10126\mathrm{Ln}(x) + 10434$	0.7054
2	$y = 3749.9\mathrm{Ln}(x) + 4319$	0.756
3	$y = 1547.61\mathrm{Ln}(x) + 2929.8$	0.6244
4	$y = 829.54\mathrm{Ln}(x) + 1600.9$	0.8196
5	$y = 667.77\mathrm{Ln}(x) + 1953.7$	0.8202
6	$y = 279.13\mathrm{Ln}(x) + 982.65$	0.8845
7	$y = 33.52\mathrm{Ln}(x) + 714.27$	0.8475

2. 居住用地分等级的地价与容积率的关系

居住用地分等级地价与容积率关系模型如图6-4-4和表6-4-9。所有模型的 R^2 值大致在0.7以上,符合数学模型要求。居住用地地价与容积率的关系模型体现出如下规律:

第一,随着居住土地等级的降低,曲线的斜率随之下降。若把容积率与地价函数关系看成 $Y = a * h + b$, $h = \ln(X)$,商业一至七级的斜率分布为3098.2、2412.1、2028、1133、658.59、367.14、131.45,随着等级的降低,居住地价对容积率的敏感性减弱;

第二,随着容积率的升高,曲线的增长幅度趋于平缓。用 $\triangle Y/\triangle X$ 反映容积率在某一区间内的居住地价变化速率,以一级居住用地为例。当容积率为1—4时,$\triangle Y/\triangle X = 1431.67$,容积率为4—7时,$\triangle Y/\triangle X = 577.93$,容积率为7—10时,$\triangle Y/$

△X＝368.35,容积率为 10—13 时,△Y／△X＝270.95,容积率为 13—15 时,△Y／△X
＝221.68。从一级居住用地的△Y／△X 变化来看,随着容积率的升高,△Y／△X 的
值逐渐降低;并且从同属于一级的商业和居住用地的△Y／△X 变化来看,容积率在
相同区间时,一级商业的△Y／△X 值比一级居住的△Y／△X 值要大。

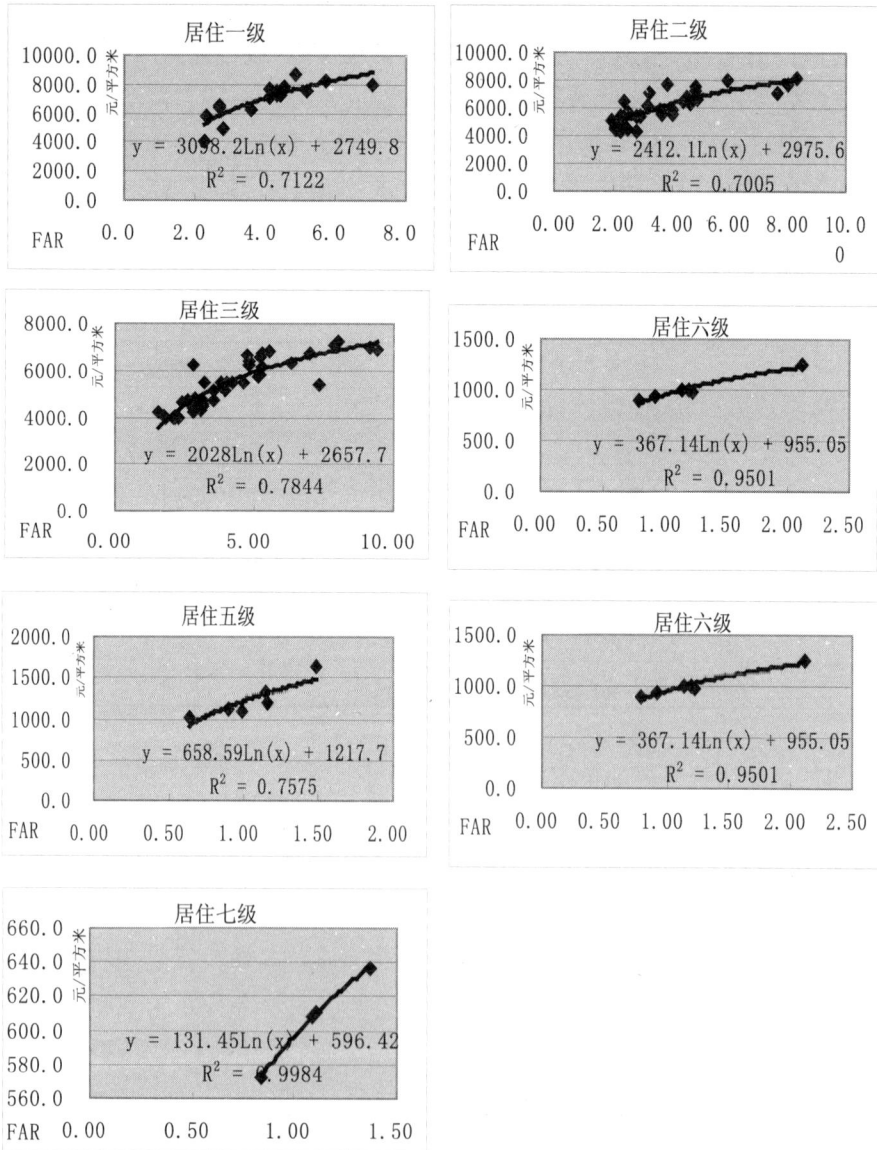

图 6-4-4　兰州市居住用地分等级的地价与容积率模型

表 6-4-9 兰州市居住用地分等级地价与容积率模型统计

等级	函数表达式	R^2 值
1	$y = 3098.2 Ln(x) + 2749.8$	0.7122
2	$y = 2412.1 Ln(x) + 2975.6$	0.7005
3	$y = 2028 Ln(x) + 2657.7$	0.7844
4	$y = 1132.6 Ln(x) + 2015.4$	0.7690
5	$y = 658.59 Ln(x) + 1217.7$	0.7575
6	$y = 367.14 Ln(x) + 955.05$	0.9501
7	$y = 131.45 Ln(x) + 596.42$	0.9984

六、建筑密度与地价关系模型及其结果分析

在 excel 中,以商业(或居住)样点地价和建筑密度为对应的数据列,运用 correlation 函数(缩写为 correl),得出兰州市商业、居住样点地价与其建筑密度的相关系数分别为 0.34 和 0.44,如表 6-4-10 所示,各用地级别的地价与建筑密度的相关系数较低,相关性显然并不明显。

表 6-4-10 样点地价与其建筑密度相关系数

等级	商业建筑密度与地价的相关系数	居住建筑密度与地价的相关系数
1	0.67	0.39
2	0.23	0.30
3	0.31	0.82
4	-0.40	0.28
5	0.62	0.62
6	-0.36	-0.57
7	—	0.11

第五章　容积率对地价修正系数表的编制

一、思路与方法

依据估价规程,容积率对地价的修正方法为:

$$K_{ir} = p_{ijr} / p_{ij}$$

公式中:K_{ir} 为土地用途 i、容积率 r 的修正系数;p_{ijr} 为土地用途 i、土地级别 j、容积率 r 的地价;p_{ij} 为土地用途 i、土地级别 j、平均容积率下的地价;

若求不同土地用途 i、土地级别 j、容积率 r 下发生的交易地价,按下列公式将地价修正为某一容积率下的价格:

$$p_{ijr} = p_{ij} \times K_{ir}$$

式中参数意义见上。

容积率修正系数表的编制流程大致如下(图6-5-1):

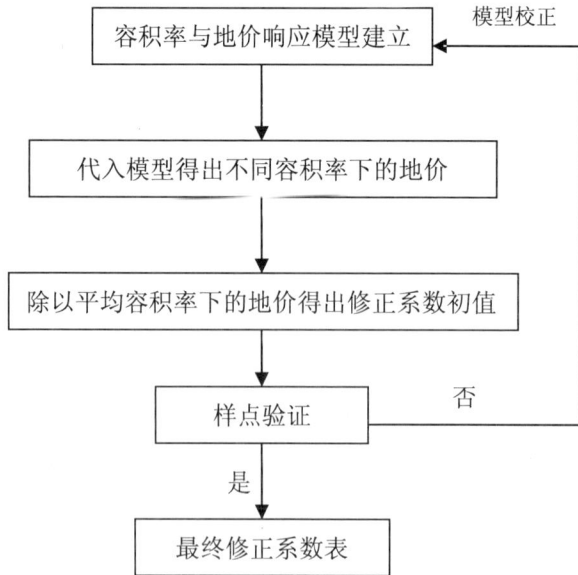

图6-5-1　兰州市基准地价容积率修正系数表编制流程图

首先,将不同容积率代入前文的容积率与地价关系模型中,得出不同容积率下的地价;

其次,用不同容积率的地价除以平均容积率的地价,从而得到不同容积率的地价的修正系数;

再次,选择重点样点进行相关验证,如果不能通过,则进行模型修正或进行相应地前文的过程检查,直至获得合适的模型为止;

最后,编制适合兰州市实际的修正系数表。

二、修正系数表的编制

1. 商业用地基准地价容积率修正系数表

兰州市的商业平均容积率为 1.38,在计算兰州市平均容积率时,由于考虑到兰州市历年的房屋建设情况,其中计划时期至 20 世纪 90 年代初期住房建设以单位社区等用地为主,单位的经济效应是资金与土地投入的生产函数,由于早期建设处于资金缺乏阶段,现在以商品房为主,土地出让的方式慢慢转变为招拍挂的市场经济运行模式,参照其他城市容积率的修正体系以及兰州市现行的容积率修正体系,建议本次兰州市基准地价更新时容积率的修正系数表编制应以 2.5 为基准,容积率小于 2.5 时采取惩罚性修正(也即容积率小于 2.5 时按照容积率为 2.5 的标准执行),见表 6-5-1。

表 6-5-1　兰州市商业用地基准地价容积率修正系数表

级别\容积率	Ⅰ级	Ⅱ级	Ⅲ级	Ⅳ级	Ⅴ级	Ⅵ级	Ⅶ级
2.5	1.0000	1.0000	1.0000	1.0000	1.0000	1.0000	1.0000
2.6	1.0406	1.0393	1.0342	1.0341	1.0304	1.0290	1.0218
2.7	1.0806	1.0793	1.0742	1.0741	1.0704	1.0690	1.0618
2.8	1.1206	1.1193	1.1142	1.1141	1.1104	1.1090	1.1018
2.9	1.1606	1.1593	1.1542	1.1541	1.1504	1.1490	1.1418
3	1.2006	1.1993	1.1942	1.1941	1.1904	1.1890	1.1818
3.1	1.2406	1.2393	1.2342	1.2341	1.2304	1.2290	1.2218
3.2	1.2806	1.2793	1.2742	1.2741	1.2704	1.2690	1.2618
3.3	1.3206	1.3193	1.3142	1.3141	1.3104	1.3090	1.3018
3.4	1.3606	1.3593	1.3542	1.3541	1.3504	1.3490	1.3418
3.5	1.4006	1.3993	1.3942	1.3941	1.3904	1.3890	1.3818

级别 容积率	I 级	II 级	III 级	IV 级	V 级	VI 级	VII 级
3.6	1.4406	1.4393	1.4342	1.4341	1.4304	1.4290	1.4218
3.7	1.4806	1.4793	1.4742	1.4741	1.4704	1.4690	1.4618
3.8	1.5206	1.5193	1.5142	1.5141	1.5104	1.5090	1.5018
3.9	1.5606	1.5593	1.5542	1.5541	1.5504	1.5490	1.5418
4	1.6006	1.5993	1.5942	1.5941	1.5904	1.5890	1.5818
4.1	1.6406	1.6393	1.6342	1.6341	1.6304	1.6290	1.6218
4.2	1.6806	1.6793	1.6742	1.6741	1.6704	1.6690	1.6618
4.3	1.7206	1.7193	1.7142	1.7141	1.7104	1.7090	1.7018
4.4	1.7606	1.7593	1.7542	1.7541	1.7504	1.7490	1.7418
4.5	1.8006	1.7993	1.7942	1.7941	1.7904	1.7890	1.7818
4.6	1.8406	1.8393	1.8342	1.8341	1.8304	1.8290	1.8218
4.7	1.8806	1.8793	1.8742	1.8741	1.8704	1.8690	1.8618
4.8	1.9206	1.9193	1.9142	1.9141	1.9104	1.9090	1.9018
4.9	1.9606	1.9593	1.9542	1.9541	1.9504	1.9490	1.9418
5	2.0006	1.9993	1.9942	1.9941	1.9904	1.9890	1.9818
5.1	2.0406	2.0393	2.0342	2.0341	2.0304	2.0290	2.0218
5.2	2.0806	2.0793	2.0742	2.0741	2.0704	2.0690	2.0618
5.3	2.1206	2.1193	2.1142	2.1141	2.1104	2.1090	2.1018
5.4	2.1606	2.1593	2.1542	2.1541	2.1504	2.1490	2.1418
5.5	2.2006	2.1993	2.1942	2.1941	2.1904	2.1890	2.1818
5.6	2.2406	2.2393	2.2342	2.2341	2.2304	2.2290	2.2218
5.7	2.2806	2.2793	2.2742	2.2741	2.2704	2.2690	2.2618
5.8	2.3206	2.3193	2.3142	2.3141	2.3104	2.3090	2.3018
5.9	2.3606	2.3593	2.3542	2.3541	2.3504	2.3490	2.3418
6	2.4006	2.3993	2.3942	2.3941	2.3904	2.3890	2.3818
6.1	2.4156	2.4143	2.4092	2.4091	2.4054	2.4040	2.3968
6.2	2.4306	2.4293	2.4242	2.4241	2.4204	2.4190	2.4118
6.3	2.4456	2.4443	2.4392	2.4391	2.4354	2.4340	2.4268

续表

级别 容积率	I 级	II 级	III 级	IV 级	V 级	VI 级	VII 级
6.4	2.4606	2.4593	2.4542	2.4541	2.4504	2.4490	2.4418
6.5	2.4756	2.4743	2.4692	2.4691	2.4654	2.4640	2.4568
6.6	2.4906	2.4893	2.4842	2.4841	2.4804	2.4790	2.4718
6.7	2.5056	2.5043	2.4992	2.4991	2.4954	2.4940	2.4868
6.8	2.5206	2.5193	2.5142	2.5141	2.5104	2.5090	2.5018
6.9	2.5356	2.5343	2.5292	2.5291	2.5254	2.5240	2.5168
7	2.5506	2.5493	2.5442	2.5441	2.5404	2.5390	2.5318
7.1	2.5656	2.5643	2.5592	2.5591	2.5554	2.5540	2.5468
7.2	2.5806	2.5793	2.5742	2.5741	2.5704	2.5690	2.5618
7.3	2.5956	2.5943	2.5892	2.5891	2.5854	2.5840	2.5768
7.4	2.6106	2.6093	2.6042	2.6041	2.6004	2.5990	2.5918
7.5	2.6256	2.6243	2.6192	2.6191	2.6154	2.6140	2.6068
7.6	2.6406	2.6393	2.6342	2.6341	2.6304	2.6290	2.6218
7.7	2.6556	2.6543	2.6492	2.6491	2.6454	2.6440	2.6368
7.8	2.6706	2.6693	2.6642	2.6641	2.6604	2.6590	2.6518
7.9	2.6856	2.6843	2.6792	2.6791	2.6754	2.6740	2.6668
8	2.7006	2.6993	2.6942	2.6941	2.6904	2.6890	2.6818
8.1	2.7156	2.7143	2.7092	2.7091	2.7054	2.7040	2.6968
8.2	2.7306	2.7293	2.7242	2.7241	2.7204	2.7190	2.7118
8.3	2.7456	2.7443	2.7392	2.7391	2.7354	2.7340	2.7268
8.4	2.7606	2.7593	2.7542	2.7541	2.7504	2.7490	2.7418
8.5	2.7756	2.7743	2.7692	2.7691	2.7654	2.7640	2.7568
8.6	2.7906	2.7893	2.7842	2.7841	2.7804	2.7790	2.7718
8.7	2.8056	2.8043	2.7992	2.7991	2.7954	2.7940	2.7868
8.8	2.8206	2.8193	2.8142	2.8141	2.8104	2.8090	2.8018
8.9	2.8356	2.8343	2.8292	2.8291	2.8254	2.8240	2.8168
9	2.8506	2.8493	2.8442	2.8358	2.8322	2.8291	2.8210
9.1	2.8615	2.8514	2.8468	2.8425	2.8391	2.8342	2.8252

级别 容积率	I 级	II 级	III 级	IV 级	V 级	VI 级	VII 级
9.2	2.8712	2.8607	2.8543	2.8500	2.8451	2.8396	2.8265
9.3	2.8807	2.8699	2.8618	2.8574	2.8511	2.8449	2.8278
9.4	2.8902	2.8789	2.8693	2.8647	2.8570	2.8502	2.8291
9.5	2.8995	2.8879	2.8766	2.8720	2.8628	2.8555	2.8303
9.6	2.9088	2.8968	2.8839	2.8792	2.8686	2.8607	2.8316
9.7	2.9179	2.9056	2.8911	2.8863	2.8744	2.8658	2.8328
9.8	2.9270	2.9143	2.8982	2.8934	2.8800	2.8709	2.8341
9.9	2.9360	2.9229	2.9052	2.9003	2.8857	2.8759	2.8353
10	2.9449	2.9314	2.9122	2.9072	2.8912	2.8809	2.8365
10.1	2.9536	2.9399	2.9191	2.9141	2.8967	2.8858	2.8377
10.2	2.9623	2.9482	2.9260	2.9208	2.9022	2.8906	2.8389
10.3	2.9710	2.9565	2.9327	2.9275	2.9076	2.8955	2.8400
10.4	2.9795	2.9647	2.9394	2.9342	2.9129	2.9003	2.8412
10.5	2.9880	2.9728	2.9461	2.9407	2.9182	2.9050	2.8424
10.6	2.9963	2.9809	2.9527	2.9473	2.9234	2.9097	2.8435
10.7	3.0046	2.9889	2.9592	2.9537	2.9286	2.9143	2.8446
10.8	3.0128	2.9968	2.9656	2.9601	2.9338	2.9189	2.8457
10.9	3.0210	3.0046	2.9720	2.9664	2.9389	2.9235	2.8468
11	3.0291	3.0123	2.9784	2.9727	2.9439	2.9280	2.8479
11.1	3.0371	3.0200	2.9847	2.9789	2.9489	2.9325	2.8490
11.2	3.0450	3.0276	2.9909	2.9851	2.9539	2.9369	2.8501
11.3	3.0528	3.0352	2.9971	2.9912	2.9588	2.9413	2.8512
11.4	3.0606	3.0426	3.0032	2.9972	2.9637	2.9457	2.8522
11.5	3.0683	3.0500	3.0092	3.0032	2.9685	2.9500	2.8533
11.6	3.0760	3.0574	3.0152	3.0092	2.9733	2.9543	2.8543
11.7	3.0836	3.0647	3.0212	3.0151	2.9780	2.9585	2.8554
11.8	3.0911	3.0719	3.0271	3.0209	2.9827	2.9627	2.8564
11.9	3.0985	3.0791	3.0330	3.0267	2.9874	2.9669	2.8574

级别 容积率	Ⅰ级	Ⅱ级	Ⅲ级	Ⅳ级	Ⅴ级	Ⅵ级	Ⅶ级
12	3.1059	3.0862	3.0388	3.0325	2.9920	2.9711	2.8584
12.1	3.1133	3.0932	3.0445	3.0382	2.9966	2.9752	2.8594
12.2	3.1205	3.1002	3.0502	3.0438	3.0012	2.9792	2.8604
12.3	3.1278	3.1071	3.0559	3.0494	3.0057	2.9833	2.8614
12.4	3.1349	3.1140	3.0615	3.0550	3.0102	2.9873	2.8623
12.5	3.1420	3.1208	3.0671	3.0605	3.0146	2.9913	2.8633
12.6	3.1490	3.1276	3.0726	3.0660	3.0190	2.9952	2.8643
12.7	3.1560	3.1343	3.0781	3.0714	3.0234	2.9991	2.8652
12.8	3.1630	3.1409	3.0836	3.0768	3.0277	3.0030	2.8661
12.9	3.1698	3.1475	3.0890	3.0821	3.0320	3.0068	2.8671
13	3.1767	3.1541	3.0943	3.0875	3.0363	3.0107	2.8680
13.1	3.1834	3.1606	3.0996	3.0927	3.0405	3.0144	2.8689
13.2	3.1902	3.1670	3.1049	3.0979	3.0447	3.0182	2.8698
13.3	3.1968	3.1735	3.1102	3.1031	3.0489	3.0219	2.8707
13.4	3.2034	3.1798	3.1154	3.1083	3.0531	3.0256	2.8716
13.5	3.2100	3.1861	3.1205	3.1134	3.0572	3.0293	2.8725
13.6	3.2165	3.1924	3.1256	3.1184	3.0612	3.0330	2.8734
13.7	3.2230	3.1986	3.1307	3.1235	3.0653	3.0366	2.8743
13.8	3.2294	3.2048	3.1358	3.1285	3.0693	3.0402	2.8752
13.9	3.2358	3.2109	3.1408	3.1334	3.0733	3.0438	2.8760
14	3.2421	3.2170	3.1458	3.1384	3.0773	3.0473	2.8769
14.1	3.2484	3.2230	3.1507	3.1432	3.0812	3.0508	2.8778
14.2	3.2547	3.2290	3.1556	3.1481	3.0851	3.0543	2.8786
14.3	3.2609	3.2350	3.1605	3.1529	3.0890	3.0578	2.8795
14.4	3.2670	3.2409	3.1653	3.1577	3.0929	3.0613	2.8803
14.5	3.2731	3.2468	3.1701	3.1625	3.0967	3.0647	2.8811
14.6	3.2792	3.2526	3.1749	3.1672	3.1005	3.0681	2.8819
14.7	3.2852	3.2584	3.1796	3.1719	3.1043	3.0715	2.8828

级别 容积率	I 级	II 级	III 级	IV 级	V 级	VI 级	VII 级
14.8	3.2912	3.2641	3.1843	3.1765	3.1080	3.0748	2.8836
14.9	3.2972	3.2699	3.1890	3.1812	3.1117	3.0781	2.8844
15	3.3031	3.2755	3.1937	3.1857	3.1154	3.0815	2.8852

说明:本表仅适用于兰州市四区范围(城关区、七里河区、安宁区、西固区);

当容积率小于(或等于)2.5 时均取 1 来修正,当容积率大于 15 时采用 15 时的修正系数修正,或者根据实际情况而定;当容积率在 2.5—15 时,从表中查取修正系数;

具体修正方法:当容积率为 2.5—6(包括 6)时,容积率修正近似于直线修正关系,修正系数计算方法为:$y=0.04x+1$;当容积率为 6—9(小于 9)时,修正计算方法为:$y=0.15x+1.5066$、$y=0.15x+1.4993$、$y=0.15x+1.4942$、$y=0.15x+1.4941$、$y=0.15x+1.4904$、$y=0.1498x+1.489$、$y=0.1498x+1.4818$;当容积率大于 9 时,一级地到七级地的容积率 x 的修正系数 y 的计算方法分别为:$y=0.883Ln(x)+0.91$、$y=0.848Ln(x)+0.977$、$y=0.6941Ln(x)+1.314$、$y=0.686Ln(x)+1.325$、$y=0.553Ln(x)+1.617$、$y=0.494Ln(x)+1.741$、$y=0.1211Ln(x)+2.56$。

5. 居住用地基准地价容积率修正系数表

兰州市的居住平均容积率为 1.53,在计算兰州市平均容积率时,由于考虑到兰州市历年的房屋建设情况,其中计划时期至 20 世纪 90 年代初期住房建设以单位社区等用地为主,单位的经济效应是资金与土地投入的生产函数。由于早期建设处于资金缺乏阶段,现在以商品房为主,土地出让的方式慢慢转变为招拍挂的市场经济运行模式,参照其他城市容积率的修正体系以及兰州市现行的容积率修正体系,建议本次兰州市基准地价更新时容积率的修正系数表编制应以 2.5 为基准,容积率小于 2.5 时采取惩罚性修正(也即容积率小于 2.5 时按照容积率为 2.5 的标准执行),见表 6-5-2。

表 6-5-2 兰州市居住用地基准地价容积率修正系数表

级别 容积率	Ⅰ级	Ⅱ级	Ⅲ级	Ⅳ级	Ⅴ级	Ⅵ级	Ⅶ级
2.5	1.0000	1.0000	1.0000	1.0000	1.0000	1.0000	1.0000
2.6	1.0422	1.0386	1.0380	1.0348	1.0345	1.0314	1.0273
2.7	1.0822	1.0786	1.0780	1.0748	1.0745	1.0714	1.0673
2.8	1.1222	1.1186	1.1180	1.1148	1.1145	1.1114	1.1073
2.9	1.1622	1.1586	1.1580	1.1548	1.1545	1.1514	1.1473
3	1.2022	1.1986	1.1980	1.1948	1.1945	1.1914	1.1873
3.1	1.2422	1.2386	1.2380	1.2348	1.2345	1.2314	1.2273
3.2	1.2822	1.2786	1.2780	1.2748	1.2745	1.2714	1.2673
3.3	1.3222	1.3186	1.3180	1.3148	1.3145	1.3114	1.3073
3.4	1.3622	1.3586	1.3580	1.3548	1.3545	1.3514	1.3473
3.5	1.4022	1.3986	1.3980	1.3948	1.3945	1.3914	1.3873
3.6	1.4422	1.4386	1.4380	1.4348	1.4345	1.4314	1.4273
3.7	1.4822	1.4786	1.4780	1.4748	1.4745	1.4714	1.4673
3.8	1.5222	1.5186	1.5180	1.5148	1.5145	1.5114	1.5073
3.9	1.5622	1.5586	1.5580	1.5548	1.5545	1.5514	1.5473
4	1.6022	1.5986	1.5980	1.5948	1.5945	1.5914	1.5873
4.1	1.6422	1.6386	1.6380	1.6348	1.6345	1.6314	1.6273
4.2	1.6822	1.6786	1.6780	1.6748	1.6745	1.6714	1.6673
4.3	1.7222	1.7186	1.7180	1.7148	1.7145	1.7114	1.7073
4.4	1.7622	1.7586	1.7580	1.7548	1.7545	1.7514	1.7473
4.5	1.8022	1.7986	1.7980	1.7948	1.7945	1.7914	1.7873
4.6	1.8422	1.8386	1.8380	1.8348	1.8345	1.8314	1.8273
4.7	1.8822	1.8786	1.8780	1.8748	1.8745	1.8714	1.8673
4.8	1.9222	1.9186	1.9180	1.9148	1.9145	1.9114	1.9073
4.9	1.9622	1.9586	1.9580	1.9548	1.9545	1.9514	1.9473
5	2.0022	1.9986	1.9980	1.9948	1.9945	1.9914	1.9873
5.1	2.0422	2.0386	2.0380	2.0348	2.0345	2.0314	2.0273
5.2	2.0822	2.0786	2.0780	2.0748	2.0745	2.0714	2.0673

级别 容积率	I 级	II 级	III 级	IV 级	V 级	VI 级	VII 级
5.3	2.1222	2.1186	2.1180	2.1148	2.1145	2.1114	2.1073
5.4	2.1622	2.1586	2.1580	2.1548	2.1545	2.1514	2.1473
5.5	2.2022	2.1986	2.1980	2.1948	2.1945	2.1914	2.1873
5.6	2.2422	2.2386	2.2380	2.2348	2.2345	2.2314	2.2273
5.7	2.2822	2.2786	2.2780	2.2748	2.2745	2.2714	2.2673
5.8	2.3222	2.3186	2.3180	2.3148	2.3145	2.3114	2.3073
5.9	2.3622	2.3586	2.3580	2.3548	2.3545	2.3514	2.3473
6	2.4022	2.3986	2.3980	2.3948	2.3945	2.3914	2.3873
6.1	2.4172	2.4136	2.4130	2.4098	2.4095	2.4064	2.4023
6.2	2.4322	2.4286	2.4280	2.4248	2.4245	2.4214	2.4173
6.3	2.4472	2.4436	2.4430	2.4398	2.4395	2.4364	2.4323
6.4	2.4622	2.4586	2.4580	2.4548	2.4545	2.4514	2.4473
6.5	2.4772	2.4736	2.4730	2.4698	2.4695	2.4664	2.4623
6.6	2.4922	2.4886	2.4880	2.4848	2.4845	2.4814	2.4773
6.7	2.5072	2.5036	2.5030	2.4998	2.4995	2.4964	2.4923
6.8	2.5222	2.5186	2.5180	2.5148	2.5145	2.5114	2.5073
6.9	2.5372	2.5336	2.5330	2.5298	2.5295	2.5264	2.5223
7	2.5522	2.5486	2.5480	2.5448	2.5445	2.5414	2.5373
7.1	2.5672	2.5636	2.5630	2.5598	2.5595	2.5564	2.5523
7.2	2.5822	2.5786	2.5780	2.5748	2.5745	2.5714	2.5673
7.3	2.5972	2.5936	2.5930	2.5898	2.5895	2.5864	2.5823
7.4	2.6122	2.6086	2.6080	2.6048	2.6045	2.6014	2.5973
7.5	2.6272	2.6236	2.6230	2.6198	2.6195	2.6164	2.6123
7.6	2.6422	2.6386	2.6380	2.6348	2.6345	2.6314	2.6273
7.7	2.6572	2.6536	2.6530	2.6498	2.6495	2.6464	2.6423
7.8	2.6722	2.6686	2.6680	2.6648	2.6645	2.6614	2.6573
7.9	2.6872	2.6836	2.6830	2.6798	2.6795	2.6764	2.6723
8	2.7022	2.6986	2.6980	2.6948	2.6945	2.6914	2.6873

续表

级别\容积率	I 级	II 级	III 级	IV 级	V 级	VI 级	VII 级
8.1	2.7172	2.7136	2.7130	2.7098	2.7095	2.7064	2.7023
8.2	2.7322	2.7286	2.7280	2.7248	2.7245	2.7214	2.7173
8.3	2.7472	2.7436	2.7430	2.7398	2.7395	2.7364	2.7323
8.4	2.7622	2.7586	2.7580	2.7548	2.7545	2.7514	2.7473
8.5	2.7772	2.7736	2.7730	2.7698	2.7695	2.7664	2.7623
8.6	2.7922	2.7886	2.7880	2.7848	2.7845	2.7814	2.7773
8.7	2.8072	2.8036	2.8030	2.7998	2.7995	2.7964	2.7923
8.8	2.8222	2.8186	2.8180	2.8148	2.8145	2.8114	2.8073
8.9	2.8372	2.8336	2.8330	2.8298	2.8295	2.8264	2.8223
9	2.8522	2.8486	2.8480	2.8448	2.8445	2.8384	2.8343
9.1	2.8661	2.8545	2.8491	2.8479	2.8464	2.8399	2.8362
9.2	2.8762	2.8636	2.8579	2.8557	2.8541	2.8463	2.8408
9.3	2.8863	2.8725	2.8667	2.8634	2.8617	2.8527	2.8454
9.4	2.8962	2.8814	2.8754	2.8711	2.8692	2.8590	2.8499
9.5	2.9059	2.8902	2.8839	2.8786	2.8766	2.8653	2.8543
9.6	2.9156	2.8989	2.8924	2.8861	2.8839	2.8714	2.8587
9.7	2.9252	2.9074	2.9008	2.8935	2.8912	2.8776	2.8631
9.8	2.9347	2.9160	2.9091	2.9008	2.8984	2.8836	2.8674
9.9	2.9441	2.9244	2.9173	2.9081	2.9055	2.8896	2.8717
10	2.9534	2.9327	2.9255	2.9153	2.9126	2.8955	2.8759
10.1	2.9626	2.9410	2.9335	2.9224	2.9196	2.9014	2.8801
10.2	2.9718	2.9491	2.9415	2.9294	2.9265	2.9072	2.8842
10.3	2.9808	2.9572	2.9494	2.9364	2.9333	2.9130	2.8883
10.4	2.9897	2.9652	2.9572	2.9433	2.9401	2.9187	2.8924
10.5	2.9986	2.9732	2.9650	2.9501	2.9468	2.9244	2.8964
10.6	3.0074	2.9810	2.9726	2.9569	2.9535	2.9300	2.9004
10.7	3.0161	2.9888	2.9802	2.9636	2.9600	2.9355	2.9043
10.8	3.0247	2.9965	2.9878	2.9702	2.9666	2.9410	2.9082

级别 / 容积率	I 级	II 级	III 级	IV 级	V 级	VI 级	VII 级
10.9	3.0332	3.0042	2.9952	2.9768	2.9730	2.9464	2.9121
11	3.0417	3.0118	3.0026	2.9834	2.9794	2.9518	2.9160
11.1	3.0501	3.0193	3.0100	2.9898	2.9858	2.9572	2.9198
11.2	3.0584	3.0267	3.0172	2.9962	2.9921	2.9625	2.9235
11.3	3.0666	3.0341	3.0244	3.0026	2.9983	2.9677	2.9273
11.4	3.0747	3.0414	3.0316	3.0089	3.0045	2.9729	2.9310
11.5	3.0828	3.0486	3.0386	3.0151	3.0106	2.9781	2.9346
11.6	3.0908	3.0558	3.0456	3.0213	3.0167	2.9832	2.9383
11.7	3.0988	3.0629	3.0526	3.0274	3.0227	2.9883	2.9419
11.8	3.1067	3.0700	3.0595	3.0335	3.0287	2.9933	2.9455
11.9	3.1145	3.0770	3.0663	3.0395	3.0346	2.9983	2.9490
12	3.1222	3.0839	3.0731	3.0455	3.0405	3.0032	2.9525
12.1	3.1299	3.0908	3.0798	3.0514	3.0463	3.0081	2.9560
12.2	3.1375	3.0976	3.0865	3.0573	3.0521	3.0130	2.9595
12.3	3.1451	3.1044	3.0931	3.0631	3.0578	3.0178	2.9629
12.4	3.1526	3.1111	3.0996	3.0689	3.0635	3.0226	2.9663
12.5	3.1600	3.1178	3.1061	3.0747	3.0691	3.0273	2.9697
12.6	3.1674	3.1244	3.1126	3.0804	3.0747	3.0320	2.9731
12.7	3.1747	3.1309	3.1190	3.0860	3.0803	3.0367	2.9764
12.8	3.1820	3.1374	3.1253	3.0916	3.0858	3.0413	2.9797
12.9	3.1892	3.1439	3.1316	3.0972	3.0912	3.0459	2.9830
13	3.1963	3.1503	3.1379	3.1027	3.0966	3.0505	2.9862
13.1	3.2034	3.1567	3.1441	3.1082	3.1020	3.0550	2.9894
13.2	3.2105	3.1630	3.1503	3.1136	3.1074	3.0595	2.9926
13.3	3.2175	3.1692	3.1564	3.1190	3.1127	3.0639	2.9958
13.4	3.2244	3.1754	3.1624	3.1243	3.1179	3.0684	2.9989
13.5	3.2313	3.1816	3.1685	3.1296	3.1231	3.0727	3.0021
13.6	3.2381	3.1877	3.1744	3.1349	3.1283	3.0771	3.0052

级别 容积率	Ⅰ级	Ⅱ级	Ⅲ级	Ⅳ级	Ⅴ级	Ⅵ级	Ⅶ级
13.7	3.2449	3.1938	3.1804	3.1401	3.1334	3.0814	3.0082
13.8	3.2516	3.1998	3.1862	3.1453	3.1385	3.0857	3.0113
13.9	3.2583	3.2058	3.1921	3.1505	3.1436	3.0900	3.0143
14	3.2649	3.2118	3.1979	3.1556	3.1486	3.0942	3.0174
14.1	3.2715	3.2177	3.2037	3.1607	3.1536	3.0984	3.0204
14.2	3.2781	3.2235	3.2094	3.1658	3.1586	3.1026	3.0233
14.3	3.2846	3.2293	3.2151	3.1708	3.1635	3.1067	3.0263
14.4	3:2910	3.2351	3.2207	3.1757	3.1684	3.1109	3.0292
14.5	3.2974	3.2409	3.2263	3.1807	3.1733	3.1149	3.0321
14.6	3.3038	3.2466	3.2319	3.1856	3.1781	3.1190	3.0350
14.7	3.3101	3.2522	3.2374	3.1905	3.1829	3.1230	3.0379
14.8	3.3164	3.2578	3.2429	3.1953	3.1876	3.1270	3.0407
14.9	3.3226	3.2634	3.2483	3.2001	3.1923	3.1310	3.0436
15	3.3288	3.2690	3.2538	3.2049	3.1970	3.1350	3.0464

　　说明:本表仅适用于兰州市四区范围(城关区、七里河区、安宁区、西固区);

　　当容积率小于(或等于)2.5时均取1来修正,当容积率大于15时采用15时的修正系数修正,或者根据实际情况而定;当容积率在2.5—15时,从表中查取修正系数;

　　具体修正方法:当容积率为2.5—6(包括6)时,容积率修正近似于直线修正关系,修正系数计算方法为:$y=0.4x+0.0022$、$y=0.4x+0.0014$、$y=0.4x-0.002$、$y=0.4x-0.0052$、$y=0.4x-0.0055$、$y=0.4x-0.0086$、$y=0.4x-0.0127$;当容积率为6-9时,修正计算方法为:$y=0.15x+1.5022$、$y=0.15x+1.4986$、$y=0.15x+1.498$、$y=0.15x+1.4948$、$y=0.15x+1.4945$、$y=0.1498x+1.4927$、$y=0.1498x+1.4887$;当容积率大于9时,一级地到七级地的容积率x的修正系数y的计算方法分别为:$y=0.9258Ln(x)+0.8217$、$y=0.8293Ln(x)+1.0231$、$y=0.8092Ln(x)+1.0611$、$y=0.7143Ln(x)+1.2705$、$y=0.7016Ln(x)+1.2972$、$y=0.5905Ln(x)+1.536$、$y=0.4205Ln(x)+1.9077$。

三、相关验证

1. 选择原则

验证样点的选择原则如下：

第一，依据样点类型和不同土地级别的面积与状况，确定验证样点的数目，每一级别大致有 20—30 个样点；

第二，依据样点类型和不同土地级别的面积与状况，使样点的空间分布尽量均衡；

第三，依据样点类型和不同土地级别的面积与状况，样点的容积率尽量覆盖容积率可能出现的数值范围；

第四，样点的选择能兼顾各用途的每个级别；

第五，样点的选择满足随机性原则。

2. 验证方法的选择

对于样点的验证，采用基准地价修正系数法对样点地价进行验证。基准地价系数修正法是通过对待估宗地地价影响因素的分析，依据基准地价修正系数表和修正体系说明表，估算宗地客观价格的方法。其基本公式如下：

土地价格=基准地价×(1±K)

公式中 K 为基准地价修正系数。

上述修正体系未考虑宗地的容积率修正系数，因此，通过对上述的商业、居住容积率修正系数的查阅，得到各验证样点的容积率修正系数，依据公式：验证价格=土地价格×容积率修正系数，最后将验证价格与我们用其他方法所得到的价格（见 4.3 章节）相比较，对样点地价和容积率修正系数表（商业、居住）进行验证。

3. 验证结果分析

选取的验证样点中商业用地和居住用地均为 28 个，各个级别验证样点个数为 2—5 个。从总体来看，无论是样点还是招拍挂样点，基准地价法和其他方法所评估的价格相对误差大致在 20% 以内，多数样点在 15% 以内，仅有个别样点的相对误差在 30% 左右（验证结果见表 6-5-3 和表 6-5-4），这证明上述容积率对地价的修正系数表合理。

产生误差的原因大致如下：

第一，验证样点的选择基本上是随机的，不排除选择异常样点的可能性。

第二，土地级别和基准地价修正系数体系采用 2006 年的修正标准，没有更新修正体系不排除产生异常的可能。

　　而且,兰州市国土资源评价研究院采用了部分监测样点进行了相关验证,同样认为可行。所以,我们认为,容积率对地价的修正系数表通过相关验证。

表6-5-3　兰州市商业用地重点样点验证统计表

编号	基准地价修正系数	容积率修正系数	基准地价法地价（元/平方米）	收益还原法地价（元/平方米）	相对误差（%）	级别
C043	0.561	2.713	30335.265	31700.308	4.4	1
C192	0.436	2.049	21074.928	25652.336	19.59	1
C012	0.705	2.713	33131.348	39795.742	18.28	1
200702	−0.004	1	7129.855	5519.26	25.47	1
C105	0.101	2.102	11850.922	9827.902	18.66	2
C087	0.28	1.48	9700.346	9240.544	4.86	2
C133	0.38	1.997	14105.213	12068.739	15.56	2
C158	−0.278	1.873	6926.746	5832.208	17.16	2
C141	−0.278	1.141	4216.152	3432.708	20.49	2
C033	0.05	1.094	3957.66	3361.265	16.3	3
C136	0.036	1.37	4889.572	4142.692	16.54	3
C134	−0.058	1.12	3633.852	3017.046	18.55	3
200511	−0.085	1	3152.874	2584.1	19.83	3
C181	−0.008	1.473	3534.243	3045.308	14.86	4
200606	0.001	1.165	2820.877	1144.68	84.54	4
C123	−0.065	1.473	3328.735	2779.46	17.98	4
C030	−0.018	1	2374.687	1343.659	55.46	4
C171	0.095	1	1862.499	1609.852	14.55	5
C175	0.124	1.098	2099.764	1932.963	8.27	5
C176	0.089	1.556	2883.751	3350.726	14.98	5
200405	0.08	1	1837.146	1731.09	5.94	5
C078	0.195	1.144	2325.159	2802.078	18.6	5
C109	−0.115	1	963.892	800.71	18.49	6
C113	0.094	1.27	1514.13	1385.69	8.86	6

编号	基准地价修正系数	容积率修正系数	基准地价法地价（元/平方米）	收益还原法地价（元/平方米）	相对误差（%）	级别
C115	0.123	1	1223.254	1071.475	13.23	6
C204	0.088	1	1185.583	1026.102	14.42	6
200806	0.304	1	1420.128	3047.55	72.85	6
200609	0.208	1.017	764.575	723.17	5.57	7

表6-5-4　兰州市居住用地重点样点验证统计表

编号	基准地价修正系数	容积率修正系数	基准地价法地价（元/平方米）	假设开发法地价（元/平方米）	相对误差（%）	级别
R001	0.129	1.751	8451.447	7099.3	17.39	1
R207	0.132	1.887	9130.45	8713.182	4.68	1
R197	-0.045	1.311	5351.729	4049.375	27.71	1
R191	0.117	1.343	6411.582	5829.291	9.51	1
R039	0.032	2.169	9563.351	7927.372	18.71	1
R144	0.075	1.637	6083.522	6421.208	5.4	2
R184	0.12	1.246	4824.242	4518.644	6.54	2
R131	0.165	1.445	5815.96	7074.943	19.53	2
R125	0.062	1.579	5793.217	5511.944	4.98	2
R091	0.245	1.737	5631.171	6832.42	19.28	3
R214	0.174	1.259	3846.544	4644.835	18.8	3
R169	0.13	1.305	3838.962	4679.591	19.74	3
R094	0.082	1.348	3797.364	4479.973	16.49	3
200808	0.071	1.327	3701.242	2692.711	31.55	3
R028	0.098	1.554	4443.615	5158.931	14.9	3
R114	0.347	1.413	3123.331	4267.18	30.95	4
R111	0.227	1	2014.267	2378.538	16.58	4
R055	0.194	1	1959.114	2370.401	19	4
R080	0.142	1.165	2183.117	2636.164	18.8	4

编号	基准地价修正系数	容积率修正系数	基准地价法地价（元/平方米）	假设开发法地价（元/平方米）	相对误差（%）	级别
200807	0.089	1.274	2277.166	2657.837	15.43	4
R220	0.262	1	1205.806	1315.811	8.72	5
R221	0.18	1	1127.26	1126.271	0.09	5
R225	0.428	1	1364.331	1626.94	17.56	5
R230	0.307	1	924.101	1256.521	30.49	6
R228	0.311	1	926.859	1004.164	8.01	6
R226	0.309	1	925.515	979.587	5.68	6
R233	0.185	1	624.326	637.001	2.01	7
R234	0.164	1	612.898	610.709	0.36	7

4. 重点样点分析

案例1:曦华源小区

位于七里河区的敦煌路以东、火星街以北,土地级别为商业四级、居住三级,属于2002年拍卖用地,宗地编号为G0202,课题组调查时样点编号为R120,占地面积为116981.8平方米,规划用途为综合,规划容积率为3以内,现状容积率为4.79,现状建筑密度为31.4%,拍卖的单位土地价格为1649元。2007年7月的市场售价大致为3400元,现房屋售价约4500元/平方米,按假设开发法评估时,房屋重置价格为2067.09元/平方米,楼面价与单位地价分别为1569.93元/平方米和7518.96元/平方米。作为中国西部地区唯一获得过"全国人居建筑与环境规划设计大赛"综合大奖的高档住宅项目,曦华源以开放式的空间体系与依景置房的布局方式,建造了一个以"林海涛声"为主题的绿色家园。错落有致的建筑安排、超大的楼间距,与建筑缠绕交错的百年古树、奇花异草、小桥流水等谱成既和谐又跳跃的江南水乡韵律;中心广场、儿童娱乐区、健身器材区、各种功能阳光会所加上周边成熟的配套设施,智能化的社区管理等,已经形成了一个成熟的自然人居社区。小区建筑既考虑整体的大气、和谐,更讲究细部的灵蕴与动感,以简洁、流畅的直线条,明快、优雅的淡黄立面,冷峻、清朗的玻璃元素,尽情诠释现代建筑的理性和纯粹。该社区被兰州市敦煌路、滨河路、火星街三大交通要道包围,出行便利,处于兰州市第二商业圈的繁华地段,商业设施发达,各类大型商场、餐馆、银行、学校及医院都林立周边。舒适优美的居住环境,便捷的教育环境,发达的商业基础设施,再加上便利的交通要冲地带,使得曦华源的地价一直处于一个较高的程度。在几年前,火星街一带都是大量的工厂,随着市场经济的推进,城市的发展,原来的商业区逐渐向西站附近的商业街推进并连接,火星街一带工厂的倒闭与城市用地的转型,使得这一地区的房地产市场异常活跃,大量的房地产开发与公共基础设施的建设让这一带一跃成为兰州市的繁华地段。因此,加上力求人文与自然和谐相处的优美环境,曦华源的房价也成为兰州市房价涨幅中较快的一员,位居兰州市房地产市场的前列。

案例2:新港城A区

样点编号R056,位于天水路北段、黄河之滨(见图6-5-2),其容积率为1.93,建筑密度为0.28,房屋售价约5800元/平方米,与我们所选样点的同级别的其他地区样点相比为较高售价,重置价格为1866.27元/平方米,土地级别为2级,土地总价为2759.98元/平方米,同样是在同级别所选样点中最高,楼面价与单位地价分别为2621.98元/平方米和5057.72元/平方米,与20世纪90年代初作为农田征地大约600—800元/平方米之间的地价相比,有了飞速的增长。新港城的开发与建设是其背景。新港城是西北地区目前最大的现代化住宅小区,占地面积近800亩,规划建筑面积80万平方米,可居住人口6万人。新港城无论从建筑、外立面造型,还是小区居住环境,都一改兰州独幢插建或灰白板式楼的直线方块风格,形成了独具特色的后现代欧式简约风情。小区鲜花绿草、假山喷泉、游乐园、酒廊、商务中心等设施配套齐全,安全电视监控,体现了住宅小区的科技管理水平。新港城从环保、绿化、空气质量到小区设施建设,都比兰州以往的房地产开发明显上了一个台阶。新港城一期

图6-5-2　新港城调研现场

工程的落成交付使用,标志着郊区化、规模化、档次化的兰州新一代住宅正式诞生。同时,新港城的快速发展是雁滩变化的缩影。几十年前,新港城所在的雁滩地区还是一片农田,属于城乡交接的杂乱地区,没有人会想到如此一片郊区地带,如今却能成为兰州市高档住宅区与经济开发区的福地。90 年代初期,在兰州市委、市政府的大力支持下,雁滩设立了国家级高新技术开发区,开始了翻天覆地的变化。天水北路的改建和拓建、机场高速、巉柳高速和雁盐大桥等一批基础设施的建设,极大地提升了雁滩的发展潜力;兰州市委、市政府又及时制定了雁滩的发展规划,促进了雁滩的良性发展。天水北路在内的部分雁滩地区,已经成为兰州市经济发达的象征,并且成为住宅用地为二级的用地,宽阔的天水北路已今非昔比,车水马龙,灯红酒绿。近十几年来,大量的公共与商业设施入驻雁滩,当地的住宅楼成为兰州市民争相入住的宝地,商品房开发极其活跃,土地价格涨幅位居兰州市的前列。

案例 3:芙瑞·水榭·花都

位于西固区的玉门街 8 号,土地级别为居住三级,调查时样点编号为 R028,占地面积为 5640.46 平方米,建筑总面积为 22306.228 平方米,规划用途为居住,现状容积率为 3.94,现状建筑密度为 53.8%。2007 年 7 月的市场售价为 3000 元左右,按照房价上涨指数修正到 2008 年 11 月的市场售价为 4000 元左右,按假设开发法评估时,房屋重置价格为 1866.27 元/平方米,楼面价与单位地价分别为 1304.51 元/平方米和 5158.93 元/平方米。作为西固区较出名的商品楼盘,芙瑞·水榭·花都南邻国芳百盛虹盛购物广场,西连天乐商场,处于西固区的中心地理位置。作为以工业为主的西固区,居住配套设施与城关区和七里河区相比,略显逊色,但是随着近几年来的发展,西固区除了将原有工业的巩固外,新兴的商品房开发也在西固区油然而生,为了满足更多厂区家属及其他人员的居住,西固区的商业与居住也在兰州整个城市发展的带动下,朝新方向迈进。芙瑞·水榭·花都就是在这样一种开发的热潮中孕育而生的,结合现代的社区风格,芙瑞·水榭·花都小区考虑整体与个体的协调,讲究细部的灵蕴与动感,从以人为本的角度出发,将社区的人性化因素作为小区建设的主旨,依托玉门街在西固区的中心位置,以及毗邻各大商场的地段优势,让芙瑞·水榭·花都成为西固房产中的佼佼者。虽然在远离兰州市中心的西固,但是期间的舒适与温馨并不亚于城关与七里河的繁华,再加上其适中的价格,成为当地房产中比较有竞争力优势的一员。在几年以前,西固是兰州市的老牌工业区,全国知名的兰州炼油化工总厂和兰州化学工业公司与就坐落在此,但是,计划经济时代使得大多数的居住区都是以单位为基础的家属大院,条件设施比较简陋;随着改革开放的到来,市场经济的推进,大量的商品房开发也在以工业为主的西固兴起,芙瑞·水榭·花都作为西固区商品房中较突出的代表,体现了兰州市房地产在西固区蓬勃发展的态势。

案例4:安宁庭院

位于兰州市七里河大桥西北面,南临"兰州百里黄河风情线",东接黄河商业广场,西侧为新建的黄河家园住宅小区,正处于兰州新城区建设规划中最东端的要冲地带。安宁庭院住宅小区占地面积130亩,地上建筑面积为21.9万平方米。其中住宅建筑面积为19万平方米,写字楼建筑面积为11000平方米,商铺建筑面积为15000平方米,幼儿园建筑面积为3100平方米,建筑密度为22.8%。总户数为1300户,户型面积在99平方米至300平方米之间。拥有1000个车位。小区内设有商业购物、会所、物业管理中心、幼儿园等公共设施。

作为兰州市最新的高档型住宅,安宁庭院依托其特殊的交通区位与良好的自然环境,成为兰州市最新房产的宠儿,居住在母亲河的岸边,让安宁庭院这个高档式的公寓社区成为兰州房地产界一颗耀眼的明珠,小区的各项硬件设施在当今的商品房开发市场中,已经处于全国的前列,会所、阳光花房、黄河书屋、国际双语幼儿园等这些人性化的基础设施使得安宁庭院在兰州市已成为高档住宅的代名词;并且小区内以人为本的思想主线使得大多数的业主都带着最满意的心情入住这惬意的庭院。如今,安宁庭院的均价已达到4700元/平方米,作为在兰州市四大城区土地价格较低的安宁区来说,这样的价格已经超过了作为主城区的城关区的大多数商品房。从近几年兰州房地产的形势来看,安宁楼盘发展较快,安宁板块逐渐壮大。安宁庭院的精装房无论从产品上还是从销售上,可以说都创造了兰州楼市的一个奇迹。兰州市政府又投入60亿来加强安宁区的城市基础建设,在此背景下,安宁区的楼盘开发"火爆"也是必然。随着城市建设重心的西移(如新城区开发、三滩整顿等),安宁区基础建设不断完善,特别是道路和其他公共设施的逐步完备,安宁的楼盘开发潜力巨大。潜在的消费者现在之所以不看好安宁区是因为交通和工作地点的原因,兰州的写字楼几乎都在南关和西关一线,因此普通人到安宁区买房,在交通上说的确不太现实,并且从安宁目前的情况来看,只有少数的几个高校在支撑,购买力不足。但是一旦政府加大对安宁的建设力度和宣传,那么它的发展是迅速的。安宁区2007年的房价已经飞速上涨,特别是靠近七里河区一带,比城中心销售状况还好,再加上如今政府与商家的一起推动,使得安宁区成为一个对大家来说居住非常合适的城区。安宁地区以安宁庭院为代表的安宁板块,其潜力已在不断显现,其势必成为兰州市房地产市场最有潜力的一个地区,从而对兰州市的整个房价分布产生重要影响。

参考文献

1. Myeonghun Lee，Loichi Ishizaka，Kenjiro Omura，Research on the Change of Floor Area and Floor Area Ration in 1980-95：A Case of Central 6 Wards in Tokyo［J］. 日本建筑学会计画论文集，Vo1，No. 535，2000：197-202。

2. Xiaolu Gao，Yasushi Asami，Wataru Katsumata，Evaluating land-use restrictions concerning the floor area ratio of lots. Environment and Planning. C，Government and Policy，2006（4）：515-532.

3. Ong Boon Lay，Green Plot Ratio：An Ecological Measure for Architecture and Urban Planning，Landscape and Urban Planning 63（2003）：197-211.

4. 李准、魏纯遏：《"容积率"五题》，《城乡建设》1996 年第 2 期。

5. 陈顺清：《容积率的确定及其对土地开发效益的影响》，《武汉城市建设学院学报》1995 年第 12 期。

6. 林目轩、罗文莲：《城镇地价评估指标体系初探》，《中国土地科学》1994 年第 6 期。

7. 葛京凤、黄志英、梁彦庆：《城市基准地价评估的容积率内涵及其修正系数的确定——以石家庄市为例》，《地理与地理信息科学》2003 年第 3 期。

8. 张雅彬、姜石良、孙在宏：《容积率对地价的影响及修正系数的确定——以南京市六合区为例》，《农机化研究》2005 年第 2 期。

9. 黄志勤：《城镇土地基准地价评估研究》，四川师范大学 2002 年学位论文。

10. 井元霞、王冬艳、李淑杰：《城市基准地价评估中的容积率修正问题探讨》，《国土资源科技管理》2006 第 23 期。

11. 马文明、卞正富：《地产估价中容积率修正系数的确定》，《中国土地科学》2005 年第 2 期。

12. 王冰寒：《容积率对地价的影响规律及其修正系数的确定——以西安市为例》，《地理与地理信息科学》2007 年第 24 期。

13. 国家土地管理局：《房地产估价规范》，中国法制出版社。

14. 国家质量监督检验检疫总局：《城镇土地估价规程》，2002 年。

15. 詹长跟：《土地测量学》，武汉大学出版社 2005 年版。

16. 毕宝德主编：《土地经济学》，中国人民大学出版社 2001 年版。

17.威廉·阿朗索著,梁进社等译:《区位和土地利用》,商务印书馆 2007 年版。

18.北京市土地管理局:《北京市容积率与地价关系及修正系数表编制研究报告》,2005 年。

19.杭州市土地管理局:《杭州市容积率与地价关系及修正系数表编制研究报告》,2005 年。

20.兰州大学、兰州市国土资源评价研究所:《土地定级和基准地价更新报告》,2006 年。

21.兰州市建设工程管理协会:《兰州建设工程造价指南》,2008 年第四季度。

22.甘肃省基础地理信息中心:《兰州城区影像地图集》,西安地图出版社 2008 年版。

23.兰州市国土资源局文件《兰州市部分建设项目建设控制用地指标》,2006 年。

24.兰州市规划局文件《兰州市城乡规划管理技术导则》,2007 年。

专题七

兰州市城市地价动态监测
与基准地价更新衔接研究

第一章 课题研究背景和意义

一、研究背景

兰州市目前的城市地价动态监测体系,是根据国务院《关于加强国有土地资产管理的通知》(国发〔2001〕15 号)关于"抓紧建立全国地价动态监测信息系统,对全国重要城市地价水平动态变化情况进行监测"精神,依托国土资源大调查,在兰州市现行土地级别与基准地价的基础上建立的。兰州市城市地价动态监测体系自建设至今,经过了多年的发展和完善。期间《城市地价动态监测技术规程》(TD/T1009-2007)、《关于进一步加强城市地价动态监测工作的通知》(国土资发〔2008〕51 号)等一系列规范、文件出台,对兰州市城市地价动态监测体系的逐步发展和完善发挥了极其重要的指导作用。在目前的实际工作中,兰州市城市地价动态监测成果仅作为向国土资源部上报的数据资料,其实际作用还未得到充分的发挥。同时,兰州市现行土地级别与基准地价制定于 2001 年,已不能满足兰州市国土资源管理的工作需求。为此,兰州市国土资源局通过招标方式确定由兰州市国土资源评价研究院,将兰州市城市地价动态监测与基准地价更新衔接作为专题进行研究,以更好地发挥两者的指导作用,实现资源的整合与高效利用。

二、研究意义

地价动态监测是对标准宗地进行跟踪分析的动态过程,能够适时反映土地市场价格,而基准地价则是静态反映土地的历史价格。两者的衔接,不仅有利于进一步完善土地价格体系,同时也为政府部门进行宏观调控提供充分的依据和指导。在此,我们将以兰州市为例对地价动态监测体系与基准地价更新体系衔接进行有益的探索,以期对兰州市地价动态监测工作及土地级别与基准地价更新提供借鉴和指导。

第二章　兰州市城市地价动态监测系统运行情况及存在问题

一、兰州市城市地价动态监测系统运行情况概述

（一）标准宗地

为了全面贯彻落实国土资源部《关于进一步加强城市地价动态监测工作的通知》（国土资发〔2008〕51 号）文件精神,确实履行国土资源部门参与宏观调控职能,提高地价信息获取能力的重要基础工作,兰州市按照稳中有变、切实反映地价时空变化的原则对城市地价动态监测体系做了相应调整和完善。在此需要说明的是,在《城市地价动态监测技术规范》（TD/T1009-2007）等文件中地价监测均以"监测点"为基础,2008 年 3 月 11 日国土资源部《关于进一步加强城市地价动态监测工作的通知》（国土资发〔2008〕51 号）文件中统一将"监测点"改为"标准宗地"。截至 2008 年 9 月,兰州市地价动态监测范围内共划分三种用途 168 个地价区段,设立 200 个标准宗地（见表 7-1-1）。

表 7-1-1　兰州市地价区段及标准宗地状况一览表

商业			居住			工业		
级别	区段数	标准宗地数	级别	区段数	标准宗地数	级别	区段数	标准宗地数
						限制区	2	
I	4	14	I	10	12	I	5	11
II	8	16	II	9	15	II	9	20
III	13	16	III	14	21	III	9	10
IV	12	12	IV	10	8	IV	8	11
V	10	9	V	6	1	V	4	4
VI	9	9	VI	8	1	VI	6	5
VII	6	4	VII	3	1	VII	5	0
合计	62	80		60	59		46	61

（二）监测范围

兰州市地价动态监测范围是根据《城镇土地分等定级规范》、《城镇土地估价规范》、《城市地价动态监测技术规范》等国家标准和行业标准,在全面调查和综合分析影响土地质量的各个因素的基础上,建立起来的对若干个不同用途、不同级别的标准宗地进行地价动态监测的。

兰州市商业用地、居住用地的地价动态监测范围为兰州市土地定级范围(规划区范围),区域面积为221.22平方千米,范围包括市内四区(城关区、七里河区、安宁区、西固区)。其四至为:东到桑园峡包兰铁路桥,西至宣家沟口,南至皋兰山头营村,北至甘肃铝厂。

图 7-1-1　兰州市商业用地监测范围及标准宗地的布设

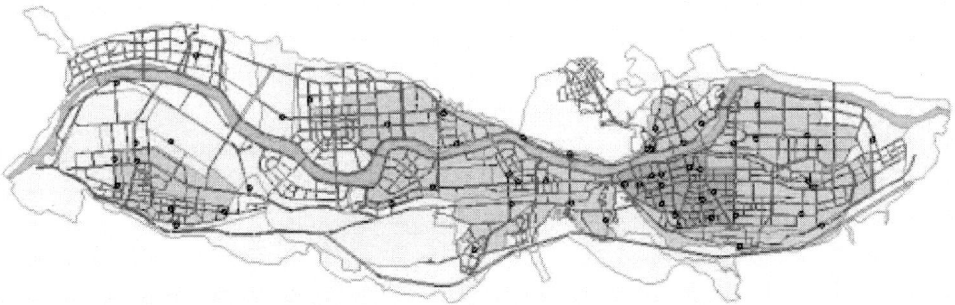

图 7-1-2　兰州市住宅用地监测范围及标准宗地的布设

工业用地的地价动态监测范围为兰州市土地定级范围(规划区范围不含工业限制发展区),区域面积为201.92平方千米,范围包括市内四区(城关区、七里河区、安宁区、西固区)。其四至为:东到桑园峡包兰铁路桥,西至宣家沟口,南至皋兰山头营村,北至甘肃铝厂。有两块工业限制发展区未参与监测,这两个限制区四至分别为:

限制区一,东至五里铺排洪沟,西至七里河北街,南至白银路、民主西路、民主东路、天水路,北至黄河;限制区二,东至北排洪沟,西至寺儿沟,南至福利路,北至铁路(见图7-1-1、图7-1-2、图7-1-3)。

图 7-1-3　兰州市工业用地监测范围及标准宗地的布设

(三) 地价动态监测指标体系的建立

1. 地价水平值计算

地价水平值计算以标准宗地地价为基础样本,市场交易地价为辅助样本。主要包括区段地价水平值、区域地价水平值、城市整体地价水平值、城市综合地价水平值及区域城市地价水平值计算。其中:

区段地价水平值指某一时点、某一用途区段地价水平值,等于地价区段内该用途样本地价的算术平均值。计算公式为:

$$\overline{P_k} = \frac{\sum_{i=1}^{n} p_{ki}}{n} \tag{1}$$

公式中:$\overline{P_k}$ 为第 k 个地价区段某一时点某一用途的地价水平值;

P_{ki} 为第 k 个地价区段内某一时点某一用途第 i 样本地价;

n 为第 k 个地价区段内某一时点某一用途地价样本的总数。

区域地价水平值指某一时点、某一用途区域(如级别)地价水平值,等于区域内区段地价水平值的加权平均值,计算公式为:

$$\overline{P_j} = \frac{\sum_{k=1}^{m} \overline{P_k} \times S_k}{\sum_{k=1}^{m} S_k} \tag{2}$$

公式中:$\overline{P_j}$ 为第 j 级别某一时点某一用途的区域地价水平值;

$\overline{P_k}$ 为第 k 个区段某一时点某一用途地价水平值;

S_k 为第 k 个区段某一时点某一用途实际土地面积;

m 为第 j 区域内某一时点某一用途地价区段的总数。

城市整体地价水平值,等于监测范围内某一用途区段或区域地价水平值的加权平均值。

城市综合地价水平值,采用各用途地价水平值按各用途实际土地面积加权平均计算。

区域城市地价水平值,采用各城市整体地价水平值加权平均计算。

2. 地价变化量计算

地价变化量以地价水平值为基础计算,分为年度地价变化量和季度地价变化量。

年度地价变化量,等于某一年度、某一用途地价水平值减去上一年度该用途地价水平值。计算公式为:

$$\triangle \overline{P_y} = \overline{P_y} - \overline{P_{y-1}} \tag{3}$$

公式中:$\triangle \overline{P_y}$ 为第 y 年某一用途的年度地价变化量;

$\overline{P_y}$ 为第 y 年某一用途的地价水平值;

$\overline{P_{y-1}}$ 为第 y-1 年某一用途的地价水平值。

季度地价变化量,等于某一年度、某一用途地价水平值减去上一季度该用途地价水平值。

3. 地价增长率计算

地价增长率以地价水平值为基础计算。包括年度地价增长率和季度地价增长率计算。

年度地价增长率,等于某一季度、某一用途地价变化量与上一年度该用途地价水平值的比率。计算公式为:

$$Q_y = \triangle \overline{P_y} / \overline{P_{y-1}} * 100\% \tag{4}$$

公式中:Q_y 为第 y 年某一用途地价增长率;

$\triangle \overline{P_y}$ 为第 y 年某一用途的年度地价变化量;

$\overline{P_{y-1}}$ 为第 y-1 年某一用途的地价水平值。

季度地价增长率,等于某一年度、某一用途地价变化量与上一季度该用途地价水平值的比率。

4. 地价指数计算

地价指数以对应城市内部区域的地价水平值为基础计算。包括定比地价指数和环比地价指数计算。

定比地价指数等于某一用途某年度地价水平值与固定基期地价水平值的比率，基期地价指数设定为100。季度定比地价指数计算方法与年度定比地价指数相同。年度定比地价指数计算公式为：

$$I_y = \overline{P_y} / \overline{P_0} * 100 \tag{5}$$

公式中：I_y 为某一用途第 y 年年度定比地价指数；

$\overline{P_y}$ 为某一同途第 y 年地价水平值；

$\overline{P_0}$ 为某一用途固定基期地价水平值。

环比地价指数等于某一用途某年度地价水平值与上年度地价水平值的比率。季度环比地价指数计算方法与年度环比地价指数相同。年度环比地价指数计算公式为：

$$I_y = \overline{P_y} / \overline{P_{y-1}} * 100 \tag{6}$$

公式中：I_y 为某一用途第 y 年年度环比地价指数；

$\overline{P_y}$ 为某一用途第 y 年地价水平值；

$\overline{P_{y-1}}$ 为某一用途第 y-1 年地价水平值。

（四）主要成果

2004 至 2007 年,兰州市国土资源评价研究院受兰州市国土资源局的委托,在规划区范围(与基准地价定级范围一致)内全面开展地价动态监测工作,并多次受到中国土地勘测规划院的好评,同时根据《城市地价动态监测技术规范》,自行研发了"地价动态监测系统软件",经鉴定已达国内先进水平。截至 2007 年年底,总计提交季度成果 16 次、年度成果 4 次。目前兰州市地价动态监测项目商、住、工三种用途共设立 168 个地价区段,200 个标准宗地,并建立了标准宗地的完整档案。

二、目前主要存在的问题

城市地价动态监测范围及标准宗地布设是监测工作的基础,是关系到监测成果准确性和及时性的根本保障。纵观兰州市地价动态监测从标准宗地布设到指数计算,主要存在以下问题：

（一）标准宗地布设与价格指数计算权重不一致,计算结果有失偏颇

以兰州市商业地价动态监测为例,地价监测范围以扣除黄河水面的城市规划区范围为准,监测面积为 207.7 平方千米(见表 7-2-1、图 7-2-1)。

表 7-2-1 商业用地地价监测状况统计表

土地级别	面积（公顷）	区段数（个）	标准宗地数（个）	面积比重（%）	区段数比重（%）	标准宗地数比重（%）
I	337.00	4	14	1.62	6.45	17.5
II	1003.09	8	16	4.83	12.90	20
III	1775.40	13	16	8.55	20.97	20
IV	1994.56	12	12	9.60	19.35	15
V	2871.18	10	9	13.82	16.13	11.25
VI	4694.31	9	9	22.60	14.52	11.25
VII	8097.00	6	4	38.98	9.68	5
合计	337.00	62	80	100	100	100

为了明晰城市地价动态监测系统与各种土地级别的面积与区段数和标准宗地数的协调情况,我们计算了各自所占总体比重,并进行了对比分析(见图7-2-2):

1. 土地级别面积与区段数及标准宗地布设数量相矛盾,尤以第1级和第7级为主。商业7级土地面积占总监测面积近40%,而监测区段个数占总区段个数不到10%,而标准宗地个数仅占总数的5%。此类标准宗地的个别变化对整体平均地价的影响远大于级别较高而面积权重较小的标准宗地,从而导致平均地价失去衡量意义。

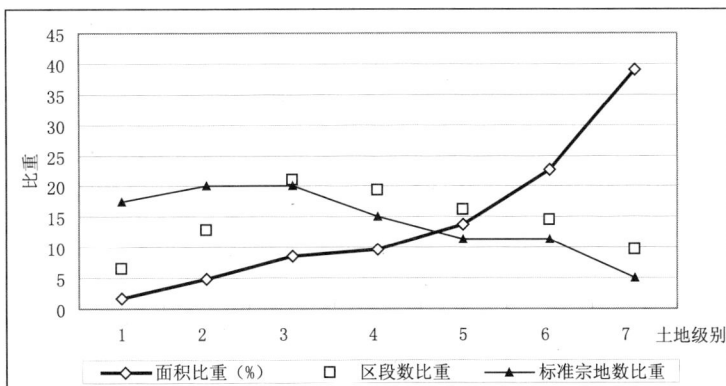

图 7-2-2 商业地价监测面积、区段数、标准宗地个数比重对比图

2. 基于1中所述问题,导致地价指数测算结果出现偏差。因为在地价指数测算中采用面积加权值,如第 I 级面积占总面积的1.62%,而标准宗地个数14个,占总

个数的 17.5%，每个标准宗地的变动对整体变化的影响相对较小，造成Ⅰ级土地地价的变化不能反映出总体的变化情况，失去了地价动态监测的有效性。类似地，Ⅶ级土地面积占总监测面积近 40%，而标准宗地个数只有 4 个，这样在面积加权计算地价指数时会对整体地价水平产生较大影响，从而影响地价监测的准确性。

　　此类问题同样表现在住宅、工业用地中，但由于其原因是相关规程所导致，因此这类问题不仅仅表现在兰州市，在其他城市中也同样存在。图 7-2-3 以北京市为例来说明这个问题。

北京市商业用途级别面积饼图（2004年）

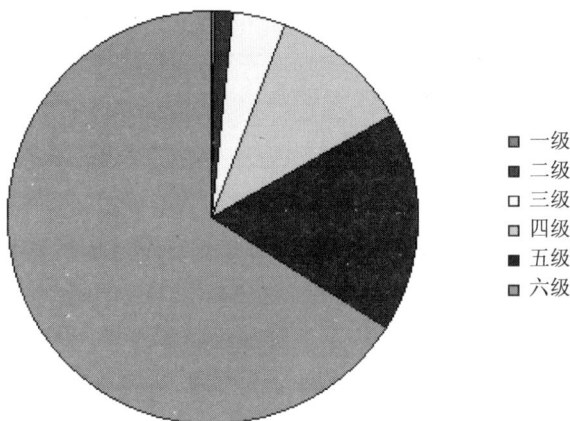

■ 一级
■ 二级
□ 三级
▨ 四级
■ 五级
▨ 六级

北京市工业用途级别面积饼图（2004年）

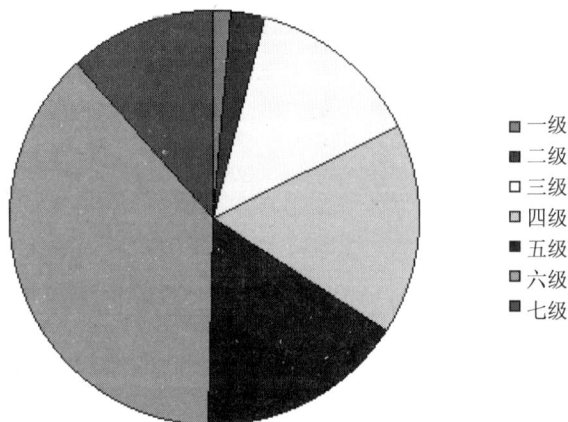

■ 一级
■ 二级
□ 三级
▨ 四级
■ 五级
▨ 六级
■ 七级

北京市居住用途级别面积饼图（2004年）

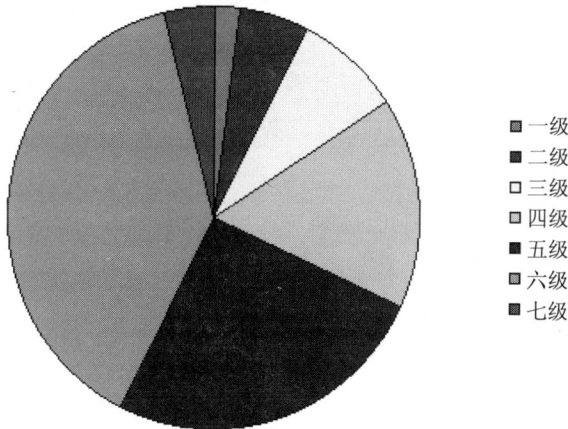

图 7-2-3　北京市不同用途不同级别面积图

（二）标准宗地地价计算方法不合理,未考虑容积率变化

标准宗地以现行基准地价平均容积率为基础,未考虑历年容积率已有变化。一般而言,容积率越高表明土地的利用强度越大,其地价和土地的增值收益越高,土地用途不同,容积率的影响也不同,这在基准地价修正体系中也得到了反映。

（三）地形因素对地价监测结果的真实性的影响

兰州市属于典型的河谷型城市,"两山夹一川"的特殊地形,使得兰州市的城市发展形状成为沿黄河两岸"组团状"分布。土地资源紧缺,且工农业发展各项用地都相对集中在河谷川台地上。这就使得大片的边缘坪台对商业、居住用地地价变化影响不大的区域参与了商业、居住地价指数的权重测算,直接影响了地价监测结果的真实性,降低了地价动态监测成果的敏感程度。

深入分析问题的根源,其核心是标准宗地的合理配置与地价监测体系的构建,这也是目前城市地价动态监测研究的热点和核心问题。在此,利用城镇基准地价评估和日常地籍管理的有关资料,在 GIS 支持下,探讨其建立方法,对兰州市地价动态监测体系的改进及与基准地价更新的衔接具有重要的理论与实践意义。

三、标准宗地配置方法的相关研究

（一）《规范》中关于标准宗地配置的相关规定

1. 标准宗地布设要求

《规范》中关于标准宗地布设要求如下:

（1）标准宗地为形状规则的独立宗地或者地块，具有明确的界限；

（2）标准宗地现状的容积率、开发程度、面积规模等，应与所在级别和地价区段的设定状况相近；

（3）标准宗地总数应综合考虑城市规模等级、建成区面积等因素确定，直辖市不应低于 200 个，省会城市和计划单列市不应低于 120 个，其他不应低于 60 个；各用途标准宗地的数量应尽可能均衡；

（4）标准宗地的分布密度至少应达到每区段 1—2 个。

2. 标准宗地布设与初始资料采集的方法

《规范》中关于标准宗地布设与初始资料采集的方法如下：

（1）以标有地价区段界线的工作底图为基础，在各个地价区段范围内选择符合条件的宗地作为初选标准宗地，并将初选的标准宗地标注在工作草图上；

（2）查阅土地登记档案，对初选标准宗地的登记资料进行整理，记入标准宗地登记表，没有登记资料的初选标准宗地根据实地勘察调查的情况填写标准宗地登记表；

（3）根据工作草图的标注及登记资料，对初选标准宗地逐一进行实地勘察，包括对登记资料的核实和补充、宗地周边环境的调查、土地实际利用状况的调查、宗地影像资料的获取等；

（4）根据勘察的资料对初选标准宗地进行进一步的分析和筛选，确定标准宗地；

（5）对标准宗地进行统一编号，编号包含全国行政区划序号信息、城市类别信息、土地级别序号信息、土地用途类别信息、城市内标准宗地序号信息；

（6）经筛选整理后确定的标准宗地资料要进行正式的初始登记，初始登记的主要内容包括：标准宗地权利状况资料、利用状况资料、影响因素资料、设定条件资料、价格状况资料和其他资料等。

3. 关于标准宗地设置有关问题的探讨

根据《规范》中的设置要求及方法，总结多年实践经验，我们认为标准宗地的开发条件和数量、密度要求是符合地价动态监测原理的，各地可根据实际情况进行确定，但对于标准宗地的形状及独立的权属宗地要求值得商榷，主要是由于不利于标准宗地的恰当和完整的设置，不利于监测信息的完整和及时跟上城市地价水平的时空变化。具体原因如下：

（1）城市土地实际利用形态千变万化，各城市地质条件、自然条件、规划条件道路、河流、湖泊、山地、规划限制对土地利用造成一定影响，因此从实际城市土地利用的各宗地看，土地形状很难做到"规则"。同时根据《规范》要求，标准宗地必须具有明确土地使用者的权属宗地，在各城市土地信息系统尚未完全健全的情况下，查找

"形状规则"的宗地及土地使用证,就难上加难,从各地的实践来看,做到标准宗地均是"规则"宗地的微乎其微。

(2)《规范》要求标准宗地必须具有明确的土地使用者(宗地必须有土地使用证)的权属宗地,这不利于标准宗地合理完整的设置,特别是商服利用形态和城市的一些特定区域,无法根据要求找出适当的标准宗地。

由此还引申出一个问题,要求对标准宗地价格的测算需按照现状和设定条件分别进行评估是否合理?地价动态监测的根本目的在于通过标准宗地的监测,汇总区域标准宗地地价,得出城市大致的地价水平和变化及空间分布规律,用于分析汇总的标准宗地价格实际是各标准宗地在地价区段平均状态下的各用途最高出让年期的价格,其实际状态下的价格对于地价动态监测分析已无多大实际意义,因为地价动态监测的历史分析是通过动态的持续监测来完成的,而不是靠标准宗地现状价格来分析。

(二)基于 GIS 的标准宗地配置研究

1. 研究现状

作为地价动态监测体系建立的基础,标准宗地的配置至关重要,标准宗地的配置不仅要具有代表性,还应当是科学的,它不仅直接关系到能否准确地反映各城市和全国的地价水平及变动规律,而且还影响到城市地价监测体系的系统性和规范性。一般来说,标准宗地配置工作包括两方面的内容:一是标准宗地定量配置,即确定一个城市或地区标准宗地的合理数目;二是标准宗地空间定位,即确定一个城市或地区标准宗地的合理分布,使得通过标准宗地构成的网络可以比较好地反映一个城市或地区的地价动态变化。

近两年来,已经有许多专家、学者将 GIS 的原理和方法应用于城市地价动态监测,做了有益的探索,如《GIS 在城市地价动态宏观监测中的应用》(陈琦等,2003)、《城市地价动态标准宗地的 Voronoi 方法》(郑新奇等,2003)、《数字地价模型在城市地价时空分布分析中的应用》(郑新奇等,2004)、《城市地价动态监测的空间分析方法研究》(唐旭等,2004)、《基于数字地价模型的标准宗地配置研究》(胡石元等,2005),纵观目前的研究现状,比较成熟的 GIS 方法是基于土地定级和基准地价评估成果,利用空间插值方法建立的数字地价模型,下面重点介绍该模型的构建原理及方法。

2. 理论基础

地价具有空间性。各种土地区位条件一般是连续渐变的,表现在地价上就是从中心向边缘连续变化。因此,城市地价也可看作土地表面上连续变化的一种特征,并可采用一定的模型来表现地价起伏陡缓的空间形态。

数字地价模型(Digital Land Price Model,DLPM)是数字高程模型(DEM)派生的

概念。其基本原理是:把地价作为地面特征信息,由离散的地价样点经过空间插值后形成的连续地价分布曲面,是地价在空间上的三维表现形式。

按照《城镇土地定级规程》,多因素综合评定法是目前国内大多数城市普遍采用的土地定级方法,其实质是利用多因素的综合分值来反映土地质量。土地分类定级和基准地价有着密切的联系,利用格网将两者连接,在计算样点地价的基础上,拟合样点所在单元的定级分值,根据选取的样点地价和样点分值的二维关系建立定级与地价的相关分析模型,利用最小二乘法原理,测算出回归方程中的参数,然后利用模型计算出每个格网点相对于其总分值的基准地价,即格网地价,从而形成以规则格网表示的数字地价模型。

3. 方法与技术路线

依据如上所述原理,利用 Arcview3. X 平台下完成数字地价模型的构建和标准宗地的配置,其具体方法如下:

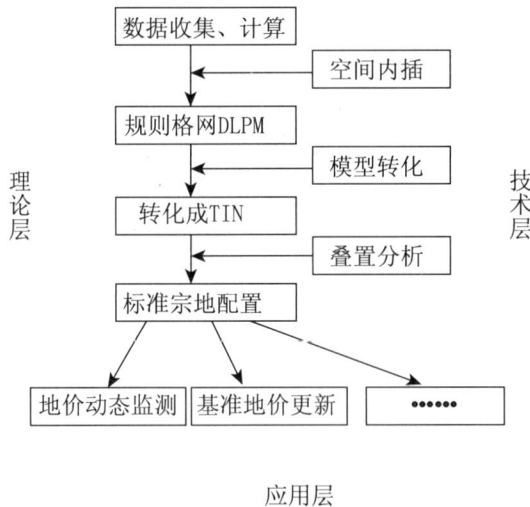

图 7-2-4　基于 GIS 的标准宗地配置技术路线

(1)生成规则格网 DPLM。首先广泛收集数据,利用土地定级和基准地价评估成果,计算标准宗地的地价,在 Arcview 中采用反距离权重法(IDW),确定格网的大小,生成规则格网 DPLM。

(2)规则格网 DPLM 向 TIN 的转化。利用保留重要点法(VIP)作为转化算法,利用 Avenue 语言编程生成地价 TIN 模型。

(3)标准宗地的配置。将生成的地价 TIN 图层与宗地图层叠加,首先找出标准宗地所在宗地,然后确定其在宗地中的具体位置。

其具体研究路线如图 7-2-4 所示。

（三）两者对标准宗地配置的对比研究

由以上讨论可知，TIN 数字地价模型运用于标准宗地的配置模式完全不同于《城市地价动态监测技术规范》中所介绍的以基准地价为基础的标准宗地的配置模式，两者的异同点如表 7-2-2、优越点比较如表 7-2-3 所示：

表 7-2-2　标准宗地配置的两种模式比较

异同点	《规范》中标准宗地配置模式	基于 TIN 的数字地价模型的标准宗地配置模式
运行方式	设立标准宗地，利用"以点带面"的方式直接以标准宗地地价作为其所在地价区段的区片地价，并通过数宗标准宗地的地价变化编制地价指数来进行城市基准地价更新，对城市的地价监测通过对标准宗地的监测而达到"窥一斑而知全豹"的效果。	利用土地定级和基准地价评估成果，在 GIS 平台下，在完成 TIN 节点的地价监测后，通过 TIN 数字地价模型的重建来反映区域地价变化，并可生成地价等值线，作为调整土地和重新计算级别基准地价的依据。
地价表面	利用标准宗地将地价"片区化"，所反映的地价表面呈"阶梯状"，每一片区地价为同一值，类似于地价表面的"阶地"，片区与片区之间的地价变化是"跳跃"的，类似于地形表面的"断层"，这些都不符合地价表面连续变化的特征。	TIN 数字地价模型以连续不可微的表面来较为精确地描述地价表面，符合地价表面连续变化的特征，并可内插出任意点的地价，以之为基础进行宗地地价的计算。
一致性	从标准宗地的配置目的上来说，都是为了实现对城市地价的动态监测和更新；从标准宗地的分布来说，标准宗地的空间分布和发生频度都反映城市地价的空间演化规律，地价表面变化越剧烈，建立 TIN 地价表面的节点密度越大，相应地，反映在土地的均质性上均质地域划分的范围越小，选择的标准宗地数量也越多。	

表 7-2-3　标准宗地配置的两种模式优缺点比较

优缺点	《规范》中标准宗地配置模式	基于 TIN 的数字地价模型的标准宗地配置模式
用地选择	标准宗地的设置以均质区域的划分为基础。一方面，目前我国大多数城市土地利用功能分区不明确，导致标准宗地的代表性和稳定性特征无法体现，另一方面，在实际操作中很难找到土地利用条件在各方面都具有代表性的标准宗地。	与标准宗地的标准宗地配置模式相比，抽象的 TIN 节点的选择仅取决于它对于描述地价表面的作用，没有均质地域的划分要求，其所在位置的土地利用条件上不受限制。

续表

优缺点	《规范》中标准宗地配置模式	基于 TIN 的数字地价模型的标准宗地配置模式
土地用途	现实中,大多数城市的土地利用以综合用地为主(尤其是城市中心区),这给不同用途的标准选择带来不便。	TIN 节点的选择往往会出现重叠的情况,如果节点所在位置的土地存在一种或多种功能,则可以方便地根据其不同用地功能计算其作为不同用地类型标准宗地的地价测算。
配置数目	《规范》中对各类城市标准宗地的数目做了明确规定,分布密度上要达到每平方千米 2—3 个,每个区段至少有 1 个标准宗地,但现实中确实存在一些片区没有某类用途的土地,从而为标准宗地的配置带来不便。	TIN 节点的数目没有明确的界定,完全是随着地价表面的起伏变化程度而变化的:地价表面变化越剧烈,TIN 节点的数目越多;地价表面越平缓,TIN 节点数目就越少。

纵观上述分析,尽管《城市地价动态监测技术规范》(TD/T1009-2007)对以标准宗地为载体的地价动态监测体系的运行做了明确规定,但相比较而言,基于 TIN 的数字地价模型在地价动态监测和基准地价更新的衔接中具有不可替代的优越性,随着今后我国房地产市场的不断完善和研究工作的不断深入,这一模式将有较大的应用空间。

第三章　兰州市城市地价动态监测体系
与基准地价体系比较研究

一、二者实际情况的比较分析

通过对兰州市 2001 年基准地价的更新与地价动态监测体系实际情况的比较分析（详见表 7-3-1），我们发现两者存在以下异同点：

（一）两者的相同点

1. 选点范围相同：均涵盖兰州市近郊四区规划区范围；

2. 地价内涵一致：地价动态监测中所涉及的地价内涵同基准地价内涵一致；

3. 估价方法一致：基准地价和标准宗地地价均属于评估价格，其价格确定主要使用市场比较法、收益还原法、成本逼近法及剩余法等评估方法。

（二）两者的不同点

1. 基础资料的数量和来源不一致：基准地价所需调查的基础资料量多面广，数

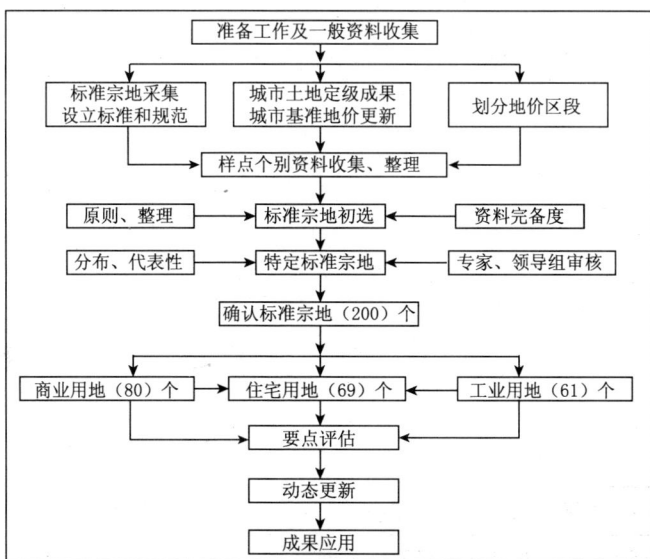

图 7-3-1　地价动态监测技术路线

据量大,而地价动态监测标准宗地仅有 200 个,其资料均在平时采集,信息量相对较少,主要涉及土地和房屋交易管理部门。

　　2.估价基准日期不一致:基准地价为 2001 年 1 月 1 日;而地价动态监测的季度监测就以季度的最后一个月的最后一天,相对来说其基准日期是动态变化的。

　　3.更新周期不同:基准地价更新周期为 2—3 年,更新周期较长;而地价动态监测则是每个季度进行监测。

　　4.技术思路不同:基准地价是先对土地进行定级,然后利用定级结果进行基准地价的评估;而地价动态监测则是在土地定级和基准地价更新成果的基础上,划分地价区段,然后评估标准宗地地价(详见图 7-3-1、图 7-3-2)。

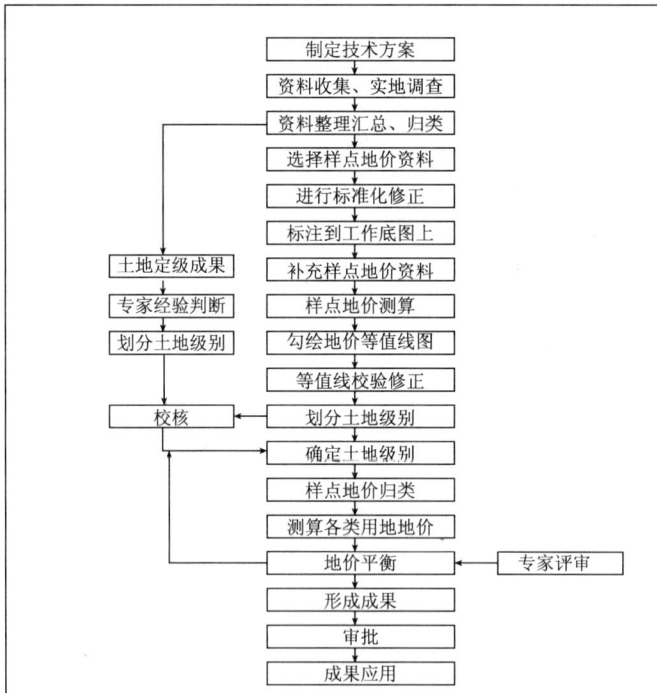

图 7-3-2　基准地价更新技术路线

表 7-3-1　兰州市基准地价与地价动态监测体系比较表

比较因素	兰州市 2001 年基准地价	兰州市地价动态监测体系
选点范围	涵盖兰州市近郊四区规划区范围	同 2001 年基准地价更新

续表

比较因素	兰州市 2001 年基准地价	兰州市地价动态监测体系
技术路线	在土地级别划分的基础上,利用土地市场交易价格资料,分别测算不同土地级别分用途的基准地价(见图 7-3-2)	在土地定级和基准地价更新成果的基础上,划分地价区段,设立标准宗地,采用评估等手段收集城市不同区段土地价格的各种信息,对地价现状进行调查和观测,然后对城市地价状况进行全面描述,并作出基本评价和判断,最后生成相关地价信息并向社会公布(见图 7-3-1)
基础资料收集及来源	包括社会经济和自然环境等各方面的资料。其中,基准地价评估资料有:土地交易样点、商品房租赁资料、征地费用等,主要来源于土地、房管、规划、统计、税务等部门	包括土地、房屋交易样点及社会经济统计等相关指标,主要来源于土地、房屋、统计等部门
选点原则	调查样点要具有代表性,且分布均匀;调查样本数为每级别内相同土地利用性质的 1/5—1/50,每级样本总数不少于 30 个	标准宗地具有代表性和稳定性,且地域分布要均衡合理,优先考虑有市场价格的样点
所用方法	主要采用收益还原法、成本逼近法、市场比较法等	同基准地价评估
地价内涵	二者相同	二者相同
基准日期	2001 年 1 月 1 日	通常为每季度最后一个月的最后一天
更新周期	2—3 年调整一次	每季度调整一次
主要成果	基准地价表及使用说明、基准地价级别范围、应用方法、修正系数表、基准地价级别示意图等	标准宗地调查图表、地价区段登记图表、地价动态监测指标调查表、土地及房屋交易样本调查图表、土地、房屋供需情况调查表、相关经济指标调查表、城市地价状况分析成果等

二、成果应用及存在问题比较分析

(一)2001 年兰州市基准地价成果的应用及存在的问题

1. 成果应用

我国《城市房地产管理法》和《城镇土地估价规程》对城镇土地定级更新都明确规定:城镇土地定级成果更新工作采取以下两种方式之一进行:①因城镇局部条件发生变化,引起土地质量发生较大改变的,对局部地区结合市场资料、土地收益等进行修订和评定,一年进行一次;②社会经济条件发生变化的,已有的级别成果不能满足经济建设需要,适时结合市场资料、土地收益等对土地进行评定,更新成果。国土资源部2001年6月21日发布的《国土资源部关于整顿和规范土地市场秩序的通知》中对基准地价更新规定如下:各级土地行政主管部门要依照法律规定,建立和及时更新基准地价。基准地价原则上每三年更新一次,并根据市场变化,适时进行调整。基准地价的基本内容要以适当形式在指定场所或媒体上公布,并接受查询。根据土地市场的发展,适时更新基准地价是确保其发挥应有作用的必要条件,只有对基准地价及时地进行更新和调整,才能适应经济发展的现实要求。

兰州市现行基准地价基准期为2001年1月1日,经过多年的实践和发展,取得了广泛的应用成果,主要表现在如下几个方面:

(1)为政府职能部门审核土地资产价格水平提供了依据;

(2)为政府制定宏观土地管理政策方针提供了决策依据;

(3)推进宗地价格评估,在房地产拍卖、司法仲裁、土地使用权出让、抵押及国有企业制度改革等方面提供地价依据;

(4)推进城市地价监测体系的建立和完善,如基准地价的更新有利于城市标准宗地的确定、更新及价格方面的确定等;

(5)为推进土地招标、拍卖和收购储备制度提供地价依据。

2. 存在的问题

在实际应用过程中,兰州市现行基准地价存在以下的问题:

(1)基准地价更新速度慢,无法有效反映土地价格的变化

兰州市自2001年1月1日全面更新土地级别及基准地价至今,只对土地级别作过微调,而没有进行全面的土地级别及基准地价更新。对于兰州市这样快速城市化的大城市来讲,其城市规划区域的扩张、外地人口的大量涌入、外资的大量引进、人民生活水平的迅速提高,导致其房地产市场发展相当迅速,城市房价快速上涨,土地资源供需矛盾日益突出,现行基准地价已无法有效反映土地价格的变化,其指导作用也得不到有效的体现。

(2)基准地价各用途级别划分涵盖兰州市近郊四区规划区范围,未能真实反映各用途不同级别的实际建设用地面积

2001年基准地价各用途不同级别划分均涵盖兰州市近郊四区规划区范围,各用途不同级别的实际土地面积并没有真实反映出来。如表7-3-2,商业、住宅、工业1—7级地的土地面积为207.73平方千米,若利用基准地价来测算土地资产总量,明显存在重复计算的现象,使得测算结果不能有效地反映兰州市土地资产的总量,这

对政府部门宏观把握土地资产总量、实现对土地的有效管理均产生不利的影响。

表7-3-2　兰州市不同用途不同级别土地面积　　　　单位:公顷

级别	商业用地		住宅用地		工业用地	
	总面积	有效面积	总面积	有效面积	总面积	有效面积
一级	337.00	337.00	849.02	849.02	1873.63	1873.63
二级	1003.09	1003.09	2251.01	2251.01	5228.37	5228.37
三级	1775.40	1758.00	5142.99	5142.99	4151.70	4151.70
四级	1994.56	2012.00	3142.87	3142.87	3166.88	3166.88
五级	2871.18	2831.29	3674.25	3674.25	1192.81	1192.81
六级	4694.31	4734.16	3666.92	3666.92	2392.79	2392.79
七级	8097.00	8097.00	2045.48	2045.48	2185.98	2185.98
总计	20772.54	20772.54	20772.54	20772.54	20192.16	20192.16

（3）某些基准地价级别范围太大,不太适于发展的需要

由于城市规划的扩张,房地产业的迅速发展,大范围的土地级别两侧的地价差异太大,不利于城市的整体全面发展。

（二）兰州市地价监测成果的应用及存在的主要问题

1.成果应用

兰州市地价动态监测工作自2001年开展以来,取得了丰硕的成果,在政府辅助决策和调控、地方投资、资源优化配置等方面也得到了广泛的应用,具体表现在以下几个方面:

（1）为地价辅助决策和调控服务。地价动态监测成果及时、准确地分析了兰州市土地价格水平及地价动态变化状况,从而为政府科学制定地价政策、进行城市土地地价宏观管理和调控提供决策支持。

（2）实现了地价信息的实时公布。通过建立以标准宗地为核心的地价动态监测体系,定期发布城市地价指数、标准宗地地价、基准地价相关信息,实现了地价信息的社会化服务。

（3）为地价监测相关研究提供了数据基础。近年来,关于城市地价的相关研究工作很大程度上受到了基础数据的限制,而兰州市地价监测系统的建立和地价信息的实时发布为相关科研机构的研究提供了大量的数据,从而推动了兰州市地价监测工作的顺利进行。

2.存在的问题

目前兰州市土地市场发育良好,依靠地价动态监测体系掌握地价的时空变化规律,对于完善、规范土地市场,促进其有序发展具有十分重要的意义。当然,在城市地价动态监测的实际运行过程中,也存在一些问题,具体表现在以下方面:

（1）标准宗地地价受土地估价师主观因素影响较大

标准宗地地价主要通过每年聘请经验丰富的土地估价师定期对标准宗地进行评估,在通过相关数学分析方法,求出当前的地价水平。但由于估价师经验水平参差不齐,对价格的把握受估价师主观因素影响较大,因此容易导致估价结果差异较大,降低了标准宗地地价的准确性,使测算结果无法有效地反映土地的市场状况。

（2）地价区段的作用没有得到有效的发挥

兰州市地价动态监测体系建立时,以土地定级所划分的地价区段为基础,但在实际中,由于兰州市土地级别及基准地价没有更新。因此相应的地价区段也没有更新,从而导致地价动态监测体系的基础——地价区段与实际情况逐渐不相符（见表7-3-3）。

表7-3-3　兰州市基准地价与地价动态监测成果应用及存在问题比较表

比较因素	基准地价	地价动态监测
成果的应用	为政府审核地价和宏观调控提供依据;标准宗地地价评估、税收征收提供依据和参考;推进城市地价监测体系的建立和完善等。	为地价辅助决策和调控提供服务;实现地价信息的适时发布等。
存在的问题	基准地价更新速度慢;某些级别基准地价范围过大。	标准宗地地价受估价师主观因素影响较大;地价区段的作用没有得到有效的发挥等。

第四章 兰州市城市地价动态监测体系与基准地价体系衔接研究

一、二者衔接的必要性

通过前面两者的对比分析发现,两者的衔接是必要的,主要表现在以下方面:

(一)基准地价需要与地价动态监测体系的衔接来弥补其更新周期长的缺陷

由于基准地价更新的周期较长,很难客观反映土地市场价格的动态变化规律,而地价动态监测则因其更新速度快,能够动态、及时反映市场价格变化,正好弥补了基准地价更新周期长的缺陷。可以说,地价动态监测是基准地价更新的延伸和发展。

(二)地价动态监测需要通过与基准地价的衔接来突破制约其完善的"区域"瓶颈

在地价动态监测过程中的一个重要环节是划分地价区段,而划分地价区段是土地定级和基准地价更新中的重要工作内容。因此,只有通过两者的衔接,才能突破制约地价动态监测的"区域"瓶颈,从而使地价动态监测体系更加完善。

(三)地价动态监测成果精度的提高有赖于基准地价的细化

基准地价中平均容积率的设定、级别范围的大小及各级别内不同用途土地面积的比重等,都是影响地价监测成果精度的最直接的因素。基准地价成果越细,地价监测成果就越能反映土地的客观市场价值。因此,有必要将两者衔接起来,使基准地价能更好地为完善地价动态监测体系服务。

此外,通过衔接有利于实现两者的互动,提高资源利用效率。虽然两者的成果应用相辅相成,但在实际应用中,两者相互促进的作用并没有得到很好的体现。因此,为了资源的有效利用,实现利益最大化,减少工作的重复,两者的衔接是非常必要的。

二、二者衔接的可行性研究

(一)从技术角度对两者进行比较分析

通过上面的分析可以看出,地价动态监测体系和基准地价在概念、适用标准、技术路线、成果特点方面存在一些异同。从技术角度对比分析两者的差异,对两者的衔接具有重要的借鉴意义,主要表现在以下方面:

1. 从适用标准来看：基准地价适用的是国家标准，且在 2001 年已经公布实施，相对比较成熟和完善，而地价监测体系适用标准为行业标准《城市地价动态监测技术规范》，于 2007 年 1 月发布实施，两个标准相互间存在一些应探讨的地方。

2. 从概念来看：基准地价得出的是不同用途不同级别土地的区域平均价格，而地价监测体系得出数据有标准宗地价格、级别平均价格和地价指数。

3. 从技术路线来看：基准地价先进行土地定级，然后收集土地交易及收益资料，通过评估得出不同类别的基准地价，而地价监测体系则是以土地定级为基础，划分地价区段，然后设立标准宗地，并对标准宗地进行评估，得出不同类型土地价格，并分析得出地价指数。

4. 从成果特点来看：基准地价通过政府公布，具有权威性，且每三年更新一次，具有相对稳定性，而地价监测体系因其更新周期较短（以季为单位），能适时反映土地市场价格变化，具有较强的动态性和预警性。

（二）从技术角度论证两者衔接的可行性

从以上的分析可以看出，地价监测体系和基准地价之间存在着异同点，二者可以取长补短、互为弥补利用，从理论上看二者可以整合，从技术上来看也是可行的，具体理由如下：

1. 两者具有共同的基础——《城镇地籍调查规程》。由于两者具有共同的基础，因此，两者在相关资料的定义、分类等方面具有相似性，这有助于两者共享城镇地籍资料，扫除了两者衔接由于基础不一而重新归类合并、分别查找资料的障碍。

2. 基准地价是地价动态监测体系建立的基础。区段的划分是地价动态监测体系建立的第一步，也是最关键的一步，它是在土地定级的基础上划分的，而土地定级是基准地价更新的第一步，所以说基准地价是地价动态监测体系建立的基础。同时，地价动态监测体系中有关地价的内涵均与地价监测相一致，这也为衔接工作提供了便利。

3. 地价动态监测成果是基准地价的补充和完善。由于地价动态监测成果更新周期短、现势性强，它可以弥补基准地价更新周期长的缺点，能够及时准确地提供地价变化趋势信息。当地价变化较大时，可以提示土地管理者，基准地价应当进行更新调整。因此，充分发挥地价动态监测体系的预警作用，地价监测成果完全可以成为基准地价更新调整的依据。

三、二者衔接的具体方法研究

（一）国内主要城市两者衔接的经验

1. 成都市两者衔接的经验及措施

2001 年成都市国土资源局组织课题组在完成成都市城镇土地定级与基准地价工作的同时,开始建立城市地价动态监测体系。总结成都市主要经验及措施如下:

在城镇土地分类定级的基础上,细分多个地价区段,加大标准宗地密度,使标准宗地数量与基准地价更新时需要的样本数量相当,以便全面反映城市的地价水平及整体变动趋势。

结合目标城市的特性,适当放松标准宗地的选择标准,如:只要在划定的地价区段内有代表性,形状、面积不影响土地规划格局,容积率、开发程度等条件符合或可修正到区段平均条件,价格能反映地价区段内平均水平的宗地,都可以作为标准宗地。

细化和丰富标准宗地调查内容,加大房屋租赁、房屋买卖、土地使用权出让、转让、出租、作价出租(入股)等样本在标准宗地中的比例。

用地价监测体系中的标准宗地代替基准地价更新时需测算的样本资料。

统一标准宗地地价和基准地价的内涵,或按照基准地价含义测算一套标准宗地地价,避免两者由于存在开发程度和容积率等设定条件的差异,造成地价水平的不可比较。

采用与基准地价测算相同的技术方法测算标准宗地地价,即运用收益还原法、剩余法、成本逼近法和市场比较法等多种方法分别测算标准宗地地价。最终目的是基准地价水平和标准宗地所反映的地价水平一致,使两者协调统一。

在统一地价内涵的基础上,用标准宗地地价编制地价指数,对基准地价进行调整和更新。

调整和更新后的基准地价可以验证定级、修正定级的结果和边界。

2. 北京市两者衔接的经验及措施

2006 年,北京市国土资源局通过专题立项,对城市基准地价更新和地价动态体系两者衔接的具体方法进行了有益的探索,主要做法和经验如下:

建立基准地价更新与地价动态监测系统,充分发挥基准地价的基础作用,促进地价动态监测体系的完善。对土地定级和基准地价更新、地价动态监测相关资料建立数据库,并整理、补充、完善,在此基础上建立土地定级系统、基准地价更新系统,在两者建立的基础上划分地价区段,建立地价动态监测系统。

进一步细化基准地价更新工作,在基准地价更新的基础上进行地价标准宗地更新。

进一步提高地价监测工作效果,利用地价动态监测成果的预警功能,引导基准地价的更新调整。通过及时公布地价监测成果,如地价指数、地价增长率、地价水平等,运用其变化趋势来判断是否对基准地价进行更新。

通过对比以上两城市地价动态监测与基准地价更新衔接的经验与措施,可以发现两者的异同点主要表现在以下方面:

(1)相同点:都需要细化基准地价更新工作;都需要统一地价标准宗地和基准地价的内涵等。

(2)不同点:在数据的整理和分析上,前者注重数据的多重利用,可以较大程度地缩减工作成本,后者注重数据的系统化整理,建立地价信息管理系统,能在很大程度上提高工作效率,但前期投入成本较高;在操作方案上,前者以标准宗地更新为基础,借鉴地价动态监测体系的测算体系进行基准地价更新,后者以基准地价更新为基础,在此基础上进行土地级别调整和标准宗地更新;在成果应用上,前者主要以国家对地价监测的要求为准,后者更注重成果的实际应用,强调地价信息的社会化和效用化。

(二)兰州市两者衔接的具体方法探讨

由于在测算标准宗地的地价时所采用的地价内涵和基准地价测算时所采用的地价内涵是一致的,而且地价指数是根据标准宗地的地价变化测算的,所以测算的地价指数和基准地价的测算范围、两者所反映地价的角度和两者的内涵是完全一致的,这样更新前后的基准地价是完全具有可比性的。同时借鉴以上城市的成功经验及建议,对兰州市城市地价动态监测与基准地价更新衔接的具体实施步骤如下:

1.通过地价监测体系分析土地市场地价变化特征。主要通过专家咨询及典型样本调查,了解土地市场的变化特征,明确地价的总体变动特征、分类变动特征及区域变动特征。

2.更新地价监测体系。对缺少标准宗地的区域补充设置新的标准宗地,并保证标准宗地分布的均匀性和代表性。在和原基准地价内涵统一的情况下更新每一个标准宗地的地价,进而更新地价监测体系。

3.确定采用的地价指数类型。根据土地市场特征的分析结果,依据综合地价指数调整法、分类地价指数调整法及区域分类地价指数调整法的适用范围,选择相对最佳的地价指数更新类型。

4.划分均质区域或地价变更的幅度区。均质区域可以用土地定级及基准地更新的成果代替,但是当同一土地级别内的土地利用条件发生不均匀变化时,应根据实际情况作相应调整。基准地价变更幅度区可根据土地市场特征进行综合划分或分类划分。分类划分时原则上每个用地类型划分3—5个调整幅度区,即地价高度发展区、次高度发展区、中度发展区、次低度发展区、低度发展区。

5.利用均质区域内的标准宗地测算地价指数或确定地价变更的幅度。地价指数确定的方法可利用专家咨询或利用与地价指数相关的社会经济指标,用经济模型或多因素赋权加和法计算出总体变更幅度。地价变更幅度的确定有利于从客观上把握城镇地价更新水平。

6.区域分类地价指数计算。为了能有效地利用标准样本的估价成果来推断相近区域的地价指数,标准样本必须遵循用途多样性、空间分布均匀性、时间接近性、交易类型多样性等原则。

基准地价与地价动态监测衔接具体路线图如下:

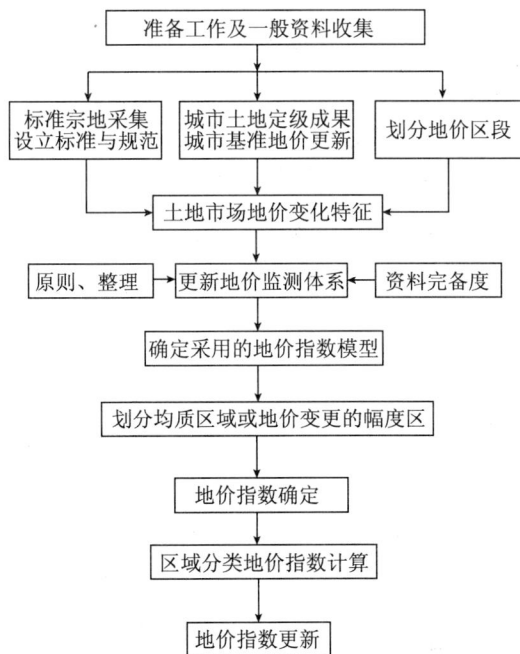

图 7-4-1 基准地价与地价动态监测衔接技术路线图

通过比较分析其他城市衔接成果的基础上,我们认为在实际利用中还需要注意以下几个问题:

(1)信息化程度要求高,对基础数据的依赖性强由于基准地价更新与地价动态监测体系的建立、更新和维护需要的基础资料较多，两者对基础数据的依赖程度较强。为此，有必要建立一个统一的信息管理系统，配备相关的设备和专业技术人员，及时地将基础数据进行录入、更新、分类整理并为以后的工作打下良好的基础。

（2）基础投入成本较大，但可以提高工作效率

通过调研和咨询发现，要开发一个集土地定级、基准地价更新及地价动态监测于一体的地价管理信息系统，其成本一般是几十万甚至上百万人民币。可见，要实现两者更新的系统化、快速化，其前期投入成本较大。但等到系统运行正常后，可以节省大量的人力、物力和财力，并可以大大提高两者更新的速度。

（3）涉及面较广，须统一协调好各职能部门的工作

基准地价更新与地价动态监测体系的建立涉及面较广，既包括政府部门（土地管理部门、建设管理部门）及其从事具体工作的机构（如评估研究院、房地产开发公司等）。为了使工作顺利开展，提高工作效率，必须协调好各部门的工作，需要各部门定期提供最新信息，充实基础信息数据库。

总之，通过两者的衔接，可以实现地价动态监测与基准地价工作之间的互动。同时，通过两者的相互影响，相互制约，有利于促进两者共同发展和完善，不仅有效地实现了地价动态监测与基准地价工作的高效运行，同时也加快了基准地价更新速度，促进了地价动态监测体系的进一步完善。

第五章　兰州市城市地价动态监测体系成果应用研究

一、标准宗地应用研究——土地级别调整

(一)研究概述

目前,我国城镇基准地价评估多基于土地定级,基准地价表现为同一级别内单位面积土地的平均使用权价格。因此,基准地价的更新不仅仅是土地价格的调整,还必然涉及土地级别边界的重新确定和宗地地价修正体系的调整。土地级别不仅是基准地价的依托,还为宗地地价修正体系的确定提供个别因素和区域因素。因而,土地级别范围的调整是其他工作的基础。

针对城镇基准地价更新中土地级别范围调整问题,在建立地价动态监测体系的基础上,运用合适的空间内插模型,通过插值计算得到城镇内每个点的地价,然后根据一定的地价幅度生成等值线图,进而由地价等值线图结合原有土地级别进行土地级别范围的确定和调整。

(二)可行性分析及技术路线

1.可行性分析

研究表明,设立标准宗地为调控市场、地价管理以及地价评估等提供了很好的信息源,建立以标准宗地为核心的地价监测体系是一个行之有效的地价监测方法。通过城市内设立的标准宗地和地价交易样点,可以实现对城市地价的动态监测,从而了解和掌握城市以及全国地价水平和地价动态分布规律。目前,一些土地交易比较活跃的城市已经建立了以标准宗地为核心的城市地价动态监测体系,利用地价动态监测体系进行基准地价更新有使用范围广、标准宗地地价资料代表性强、利用率高等特点,将成为今后基准地价更新的主要方法。

通过多因素综合评定法确定的城镇土地级别往往会与市场上实际土地价格的分布状况吻合程度较差,土地级别需要根据价格的因素,对区域总分值计算确定的初步定级结果进行修正和完善后才能最终划定,而且,即使是采用分类定级的方案,也仍然需要紧密结合价格因素进行边界修订。为此,理论界和实践领域中的很多专家和技术人员都对这一方法的适用性提出了质疑,国内有些城市提出了摈弃多因素综合定级,推广以价定级方法的定级操作新思路。

从土地区位理论的角度来看,土地区位条件直接影响着人们的社会经济活动。

土地区位不同造成的报酬差异引发了级差地租的形成,并产生了土地质量的区域分异和土地等级,土地区位条件具体表现为土地的价格水平。城镇中,地价是客观存在的,人们为了实际工作的方便,把地价比较接近的土地划为同一级别,以便某些政策的制定执行。从逻辑上讲,也应该是先有地价后有级别。因此,在土地市场日益活跃的今天,利用已有的地价资料来划分土地级别和进行土地级别调整是必要的,也是可行的。

2. 方法及技术路线

(1)地价动态监测体系的建立

城市地价动态监测体系是指在城市内以按一定的标准设定的具体宗地(包括标准宗地和市场交易样点)为监测对象,形成从标准宗地的设立、地价监测资料收集、汇总和整理到地价分析、地价监测资料应用以及体系维护与更新的地价动态监测体系。

(2)选择空间内插模型来模拟定级区域

城镇地价从城镇的中心向其边缘的变化总体上是连续的,城镇的地价也可看作是地表面上连续变化的一种特征,故可以采用一定的模型来表现地价的变化。

克里金插值法充分吸收了空间统计的思想,认为任何空间连续性变化的属性是非常不规则的,不能用简单的平滑数学函数进行模拟,但是可以用随机表面给予较恰当的描述,因此通过确定空间搜索半径,计算这一空间范围所有样本点的自相关和协方差,在此基础上进一步进行插值预测和标准差分析,以达到比较客观地进行空间插值的效果。克里金插值法的主要优点是根据一组空间数据点的关系来确定空间插值,因而更加客观真实,同时可以通过误差等值线确定预测区的误差范围大小。

3. 形成地价等值线图

运用空间模型对整个定级区域进行地价赋值后,就可根据一定的地价幅度形成地价等值线图,等值线的走向和疏密反映了区域地价分布的情况:分布较疏的地方,说明该区域地价变化不大,地价分布较均匀;地价等值线分布较密集的地方,说明该区域地价变化较剧烈。

4. 调整土地级别

结合地价等值线和原有的土地级别图来进行土地级别范围的调整。根据城市的地价情况,确定每级土地的地价浮动范围,在此基础上选择合适的等值线,作为拟定的新的土地级别范围边界,再对比原有的土地级别图,就可以发现级别范围有可能变化的地方,然后针对这些地方再进行实地调查,以最终确定土地级别。

其具体研究路线如图 7-5-1 所示:

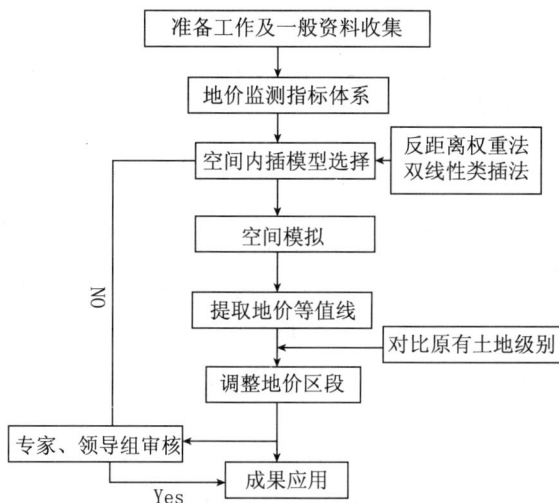

```
          ┌──────────────────────┐
          │   准备工作及一般资料收集   │
          └──────────┬───────────┘
          ┌──────────┴───────────┐
          │      地价监测指标体系      │
          └──────────┬───────────┘
    ┌─────┐┌─────────┴───────────┐  ┌──────────────┐
    │     ││     空间内插模型选择      ├──┤  反距离权重法   │
    │     │└──────────┬───────────┘  │  双线性类插法   │
    │     │┌──────────┴───────────┐  └──────────────┘
 N  │     ││        空间模拟         │
 O  │     │└──────────┬───────────┘
    │     │┌──────────┴───────────┐
    │     ││      提取地价等值线      │
    │     │└──────────┬───────────┘  ┌──────────────┐
    │     │           ├─────────────┤  对比原有土地级别  │
    │     │┌──────────┴───────────┐  └──────────────┘
    │     ││      调整地价区段       │
    │     │└──────────┬───────────┘
┌───┴───┐ │           │
│专家、领导组审核│◄─────────────┤
└───┬───┘ │      ┌─────┴──────┐
    └──────┴──────┤    成果应用   │
         Yes      └────────────┘
```

图 7-5-1　基于标准宗地的土地级别调整技术路线图

二、监测成果应用研究——兰州市地价指数定期公告制度研究

(一)研究概述

地价指数反映地产市场中的地价水平和变动趋势,是政府制定管理措施和投资者制定投资决策提供依据;是国家征收土地使用税等的依据;是中央参与土地有偿使用收益分成的依据;对土地利用、流动具有引导作用。因此,按照政务公开和国土资源信息系统建设的有关规定,建立地价指数及标准宗地公开查询系统,通过设立触摸屏或互联网等方式,将地价指数及标准宗地的基本内容公开,接受社会查询,实现地价成果的社会共享,制定合理有效的地价指数定期公告制度对于土地和房地产市场的健康运行具有重要的指导作用。

根据国土资源部《关于进一步加强城市地价动态监测工作的通知》(国土资发〔2008〕51 号)文件精神,及《城市地价动态监测技术规范》(TD/T 1009-2007)要求,国家已建立"中国城市地价动态监测网",除定期发布国家和城市地价动态监测信息外,还不定期发布工作通知、通告、技术指导等有关重要信息,并开辟监测成果的在线填报和城市端地价动态监测信息发布等专项功能,确保了监测信息的动态及时发布。目前,全国各省级地价指数公告制度正在积极的准备阶段,探讨兰州市城市地价指数定期公告制度的建立思路对于构建全省的地价指数定期公告制度具有重要的借鉴意义。

(二)兰州市地价定期发布制度实证研究

目前,兰州市国土资源评价研究院受兰州市国土资源局的委托,自行研发了"地价动态监测系统软件",经鉴定已达国内先进水平,实现了地价监测成果及数据的及时、准确、有效地上报,但是未能建立有效的地价指数及标准宗地发布机制及公告平台。同时,网站和新闻媒体对兰州市地价的信息鲜有报道,且信息的准确性和及时性值得商榷,从而影响了地价宏观调控职能的发挥和对地价发展状况的判断。有鉴于此,有必要对兰州市地价指数定期公告制度进行研究,探讨具体运行方案。在对国家地价信息公布制度和部分城市地价信息发布制度进行考察的基础上,我们对兰州市地价指数信息发布制度的建立模式从技术依据、组织及时间安排、发布内容、发布形式等方面提出如下的方案及建议:

1. 技术依据

主要技术依据有:《城市地价动态监测技术规范》(TD/T 1009-2007)及《城镇土地估价规程》(GB/T 18508-2001)、《城镇土地分等定级规程》(GB/T 18507-2001)等。

2. 组织及时间安排

为了同国家城市地价监测系统上报成果保持一致,最大限度地节省人力、物力和财力,我们建议由地价监测部门按季度向公众和社会发布城市地价监测信息。具体信息发布时间以每年3月1日至10日上报并公告第一季度地价数据资料,6月1日至10日上报并公告第二季度地价数据资料,9月1日至10日上报并公告第三季度地价数据资料,12月1日至10日上报并公告第四季度地价数据资料及年度地价动态信息公报。

3. 发布内容

发布内容应由季度发布和年度发布两部分组成,形式分文字报告及图表两种。其中,信息发布内容主要如下:

(1)季度发布内容

地价标准宗地(季度)调查表、地价动态监测指标(季度)调查表、土地招、拍、挂出让情况(季度)调查表、土地交易样本(季度)调查表;

城市地价动态监测季度报告。

(2)年度发布内容

地价标准宗地分布图;

城市整体地价水平值、市内各级别及各区段地价水平值;

城市整体地价增加率,市内各级别及区段地价增长率;

城市地价指数,主要包括定比地价指数和环比地价指数;

城市地价动态监测年度公报。主要包括年度地价水平与变化趋势、地价空间分布形态等。

其他相关信息。主要包括土地(年度)供需情况、房屋(年度)供需情况、城市基准地价更新情况、相关社会经济指标,以及各标准宗地地价评估技术要点等方面的数据。

4.发布方式

公告发布,通过广播、电视、报刊、网络等媒体,刊登公告;可以《兰州市地价动态监测信息系统》软件为平台,建立兰州市地价动态信息网,按季度及时发布地价动态相关信息。

新闻披露,通过广播、电视、报刊、网络等媒体,发布新闻。

信息系统查询,通过建立计算机查询系统,提供网上查询信息服务。

三、地价指数应用研究——地价走势趋势预测研究

(一)研究概述

建立城市地价指数的根本目的在于应用,其功能主要表现为两个方面:一是为城市土地投资者和交易者提供决策依据;二是为政府进行地价管理提供依据和标准。合理有效的地价走势趋势预测对政府管理、个人投资具有重要的指导意义。

国内有关地价预测的研究较多,现有的定量预测方法和模型有时间序列模型、因果关系模型、马尔可夫链预测模型、BP神经网络模型等。如邵黎霞在《基于ANNGIS预测地价的探讨》一文中,就采用人工神经网络(ANN)方法与地理信息系统(GIS)技术相结合进行地价预测研究作了一些初步的探讨,并建立了基于ANNGIS的量化、智能化的地价预测系统。

(二)研究方法及技术路线

通过评价分析可知,现有地价预测方法虽然都有各自的优点,但对于城市地价这一特殊的对象均存在明显的缺陷和不足。由于未来地价的影响因素具有不确定性,城市地价波动也具有一定的不可预见性和随机性。针对上述预测模型的不足以及地价的这一特点,提出以灰色GM(1,1)模型进行地价水平预测,并结合地价波动转折点预测方法,构建城市地价预测和决策方法体系的研究思路(见图7-5-2)。

(三)兰州市地价指数走势趋势预测实证分析

1.地价水平预测及结果分析

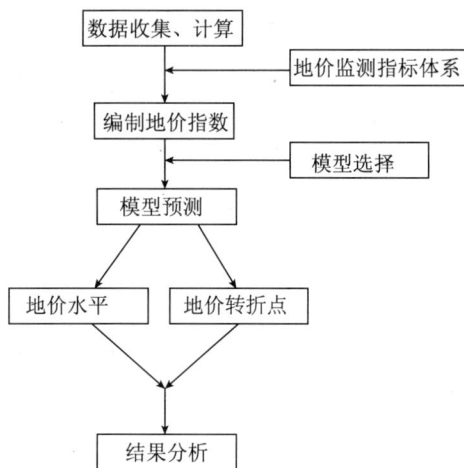

图7-5-2　兰州市地价走势预测技术路线

表7-5-1　兰州市地价指数现状及趋势预测

	2003	2004	2005	2006	2007	2008	2009	2010
综合	106	107	107	108	109	110	110	111
商业	107	108	108	108	109	109	109	110
居住	110	112	112	112	114	114	115	115
工业	102	102	102	103	104	105	105	106

采用灰色GM(1,1)模型,对未来地价指数进行预测(见表7-5-1)可以看出,地价指数在未来三年略有所上升,但变化不大,其变化趋势具体见图7-5-3。

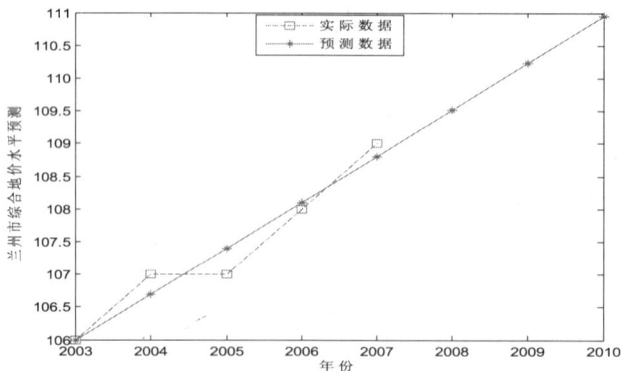

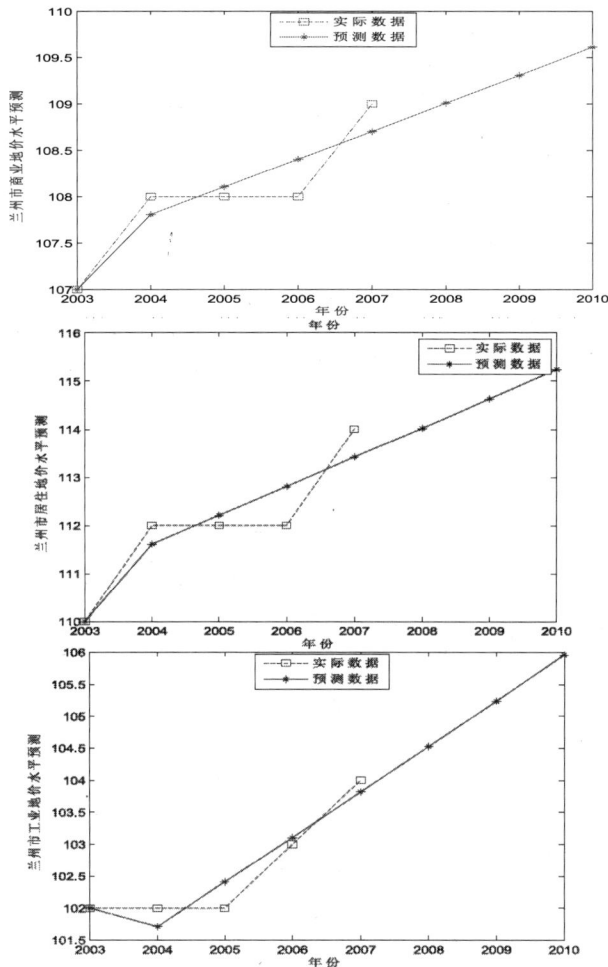

图 7-5-3　兰州市地价指数趋势预测图

2. 结论与建议

从以上的结果分析可以看出,未来兰州市地价指数仍保持继续上升的发展态势,针对如何有效协调地价发展与社会、经济等将影响到城市的整体发展和未来走势问题,特提出如下建议:

(1)尽快完成兰州市土地级别及基准地价的更新工作,在此基础上,进一步完善兰州市地价动态监测体系,并形成基准地价每年动态更新的相应机制。

(2)发挥城市地价的预警功能,开发城市地价预警地理信息系统,结合目前的地价管理信息系统,将两者功能融合集成开发成多功能的地价动态监测系统。

第六章　结论及建议

一、结论

通过对地价动态监测体系与基准地价体系的比较研究发现,实现地价动态监测体系和基准地价的衔接是完全必要,也是可行的,且在实际中具有较强的可操作性,如建立基础资料数据库和完善地价信息系统,实现两者共享技术平台;同时,在实际操作过程中进一步细化两者的工作,并加强成果的应用,以实现两者的互动。但由于操作中涉及面广、工作量大、信息化程度高,为了推动衔接工作在实践中的顺利进行,特提出以下建议。

二、建议

(一)基准地价更新工作中,增加地价区段的划分,细化级别用地面积,做好两者衔接的基础工作

通过研究发现,地价区段的划分与级别地价用地面积是影响地价监测成果精度的关键因素,同时,也是实现两者衔接的关键点。因此,建议在本次基准地价更新工作有必要进行增加地价区段的划分,进一步细化各级别地价区段。

(二)政府加大支持力度,保证两者的延续性

两者作为政府进行宏观调控的依据,其更新速度和成果的精度将直接影响政府的决策。为此,政府应加大支持力度,如建立统一的信息技术平台,及时提供最新基础数据,组织协调好基准地价更新与地价动态监测的衔接工作,充分发挥基准地价的基础作用,实现地价动态监测与基准地价更新的互动。

(三)及时公布两者工作成果,充分发挥两者的社会作用

目前,兰州市房地产价格备受人们关注,尤其是随着土地市场交易方式的转变,地价变化成为关注的焦点。而指导政府宏观调控的基准地价的更新和适时反映地价变化趋势的地价动态监测体系更成为人们判断房地产走势的依据。因此,有必要及时公布两者的成果,发挥其引导投资和消费的作用。

(四)地价监测工作制度化、系统化

兰州市地价动态监测工作尽管经过几年的发展已经有了一定的基础,但毕竟是一个"新生事物",需要不断的成长、发展,并逐渐走向成熟。为此,在提高地价监测体系成果质量的前提下,它还有待政府对其制度化和系统化的发展。

参考文献

1.《中华人民共和国国家标准城镇分等定级规程》(GB/T18507-2001),2001 年 11 月 12 日由中华人民共和国国家质量监督检验检疫总局发布,2002 年 7 月 1 日实施。

2.《中华人民共和国国家标准城镇土地估价规程》(GB/T18508-2001),2001 年 11 月 12 日由中华人民共和国国家质量监督检验检疫总局发布,2002 年 7 月 1 日实施。

3. 中华人民共和国国土资源部:《城市地价动态监测技术规范》,2007 年。

4. 国土资源部土地利用管理司、中国土地勘测设计院:《全国城市土地价格调查与地价监测学术研讨会论文集》。

5.《土地估价理论与方法》,地质出版社 2004 年版。

6.《房地产估价理论与方法》,中国建筑工业出版社 2005 年版。

7. 雷蓉等:《内插标准宗地进行土地级别调整的研究》,《武汉大学学报》(信息科学版)2004 年第 10 期。

8. 田崇信等:《基于地价动态监测体系的基准地价更新——以南京市为例》,《国土资源科技管理》2005 年第 2 期。

9. 郑新奇等:《城市地价动态标准宗地的 Voronoi 方法》,《测绘学院学报》2003 年第 4 期。

专　题　八

兰州市房价与地价关系研究

第一章　课题研究的背景、意义及技术路线

一、课题研究背景

近几年来,我国房价一直居高不下,成为社会各界普遍关注的问题。为此,国务院、中国人民银行和国家各部委均采取各项举措控制房价过快增长。在这一产业经济和房地产领域理论研究热点问题中,房价上涨的原因以及房价与地价的关系是热点之一。是房价影响地价,还是地价影响房价?专家和学者们持有不同的观点,并提出了不同的政策建议。部分观点认为2002年以来我国部分地区房价上涨,很大程度上与地价上升过快有关,同年我国开始对经营性土地实行土地使用权招拍挂制度,更是加快推动了房价的上涨。也有观点认为地价增长滞后于区域发展、滞后于房价上涨,有学者认为由于住房需求的增加和投机者的炒作,引起房价上涨,引致土地需求增大,从而导致地价上涨。对此,国土资源部李元副部长举例说:2001年上半年,北京房价上涨25%,但北京市政府没有提高土地出让金,房价上涨是因为需求膨胀和投机者炒作所为,后来才引起地价上涨。由此可见专家和学者们持有不同的观点,并相应提出了不同的政策建议。

二、课题研究意义

本课题是兰州市土地级别与基准地价更新前期课题之一,通过研究分析,在房地产市场上,短期内房价决定地价,长期内二者相互影响。来自房地产市场终端的房价变化信息会直接影响土地市场;而地价是房价的成本构成,它的变化信息又能在很大程度上影响开发商行为从而影响房价。从原因上分析,房价和地价都是市场多种因素共同作用的结果,但它们变动的信号会对人们的预期产生重要影响,从而影响未来一定期间内的地价和房价。而房价和地价短期互动的连贯性,又可能导致它们较长期的互动效应。

房地产市场是一个地区性市场,不同城市的房地产市场由于受多种因素的影响而表现出较大的差异性,房价和地价的关系表现出很强的区域性;同时房地产市场也是一个非平稳变动的市场,这就要求政府在制定宏观调控政策以及土地供给政策时,应因时和因地制宜。例如,如果房价上涨主要是由于投机需求拉动时,采取增加土地供给和降低地价的方式,可能难以达到预期目标,反而会使开发商获取更多的

利益,此时采用其他调控手段可能更有效;而当房价上涨主要是由于土地成本推动时,增加土地供给和降低地价可能更有利于达到预期目标。此外,不同城市地价占房价的比例会不同,而且房价和地价之间不存在长期均衡关系,表现在房价和地价不是同步和同幅波动,因此同一城市在不同时期地价占房价的比例也会发生变化,而这一比例关系可能是影响两者相互作用的重要因素,因此可能影响到土地供给调控的效应,这也是需要我们下一步深入研究的问题之一。在这样的大背景下,我们对兰州市房价指数与地价指数关系分析,结合兰州市房地产价格现状分析,对兰州市近年来地价变化的原因作了初步的分析探讨,研究房价与地价的占比关系,研究地价与房价的内在关系,找出适宜的地价参照系,并提出相应的政策建议,对土地市场、土地供应以及房地产市场提供了比较科学、合理的判断依据,在抑制房价、稳定市场方面发挥参考作用,为兰州市土地级别与基准地价更新提供参考,为政府进行地价管理和决策提供实证依据。

三、课题研究技术路线

本次调查的时间紧,调查范围广,加上涉及地价与房价中诸多敏感的因素,要取得实际的数据资料,调查工作有一定的难度。要在规定的时间内,圆满完成课题任务,需要制订好的调查方案。从历年来看,兰州市大量的房地产交易集中在住宅交易,而且住宅交易能充分地反映兰州市整体房地产价格情况,比如《甘肃年鉴》中房地产价格指数主要以住宅指数为准。因此我们将本次调研的项目主要定位于住宅,

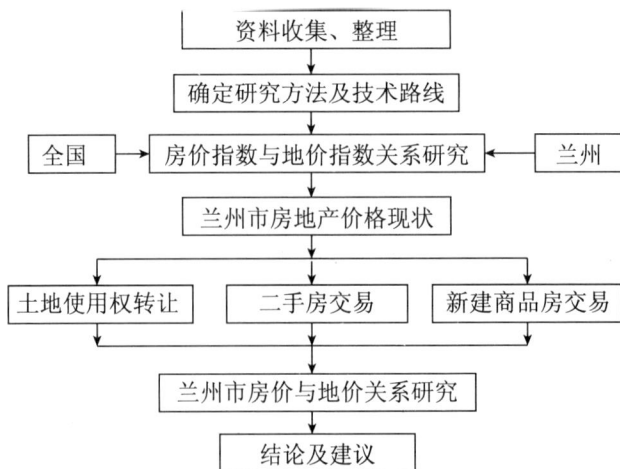

图 8-1-1　研究技术路线图

通过对兰州市近郊四区规划区范围内的土地使用权转让、二手房交易、新建商品房交易的调查,分析了全国房价指数与地价指数关系,在此基础上探讨兰州市房价指数与地价指数的关系,从土地使用权转让、二手房交易、新建商品房交易三个角度分析了兰州市房地产价格现状,结合评估的专业理论和评估技术,分析房价与地价的关系,以达到课题的目标。

结合本课题的研究目标,在广泛搜集地价与房价相关数据的基础上,参考其他相关研究成果,特拟定如图 8-1-1 所示研究路线。

第二章　房价指数与地价指数关系研究

一、全国房价指数与地价指数关系

(一)样本选取和数据调整

本研究使用全国房屋销售价格指数和土地交易价格指数作为研究房价和地价相互关系的变量。数据来源于国家统计局发布的《中国统计年鉴》和《中国经济景气月报》,我们研究时间从 1999 年第 1 季度到 2006 年第 2 季度的全国房屋销售价格指数（HP）和土地价格指数（LP）,由于两者均采用环比价格指数,因此本章对数据进行调整,以 1999 年为基期,并假定 1999 年各季度间价格指数反映了各季度间实际价格变动。其后各季度数据以上年值为 100,乘以当期价格指数,并假定调整后的价格指数反映了价格变化情况。

表 8-2-1　全国房价、地价季度价格指数

季度	地价指数	房价指数	调整后的地价指数	调整后的房价指数
1999.1	102.5	99.7	102.5	99.7
1999.2	99.5	99.6	99.5	99.6
1999.3	98.5	99.9	98.5	99.9
1999.4	99.5	100.7	99.5	100.7
2000.1	99.2	100.7	101.7	100.4
2000.2	100.2	101.1	99.7	100.7
2000.3	100.9	101.5	99.4	101.4

季度	地价指数	房价指数	调整后的地价指数	调整后的房价指数
2000. 4	100. 5	101. 2	100	101. 9
2001. 1	101. 4	101. 9	103. 1	102. 3
2001. 2	100. 4	102. 5	99. 8	103. 2
2001. 3	101. 1	102. 7	100. 5	104. 1
2001. 4	101. 4	101. 8	101. 4	103. 7
2002. 1	107. 9	101. 3	111. 2	103. 6
2002. 2	105. 4	102. 8	105. 2	106. 1
2002. 3	106. 3	104	106. 8	108. 3
2002. 4	107. 8	103. 5	109. 3	107. 3
2003. 1	108. 5	104. 8	120. 7	108. 6
2003. 2	107. 1	105	112. 7	111. 4
2003. 3	108. 8	104. 1	116. 2	112. 7
2003. 4	108. 9	105. 1	119	112. 8
2004. 1	107. 5	107. 7	129. 8	117
2004. 2	111. 5	110. 4	125. 7	123
2004. 3	111. 6	109. 9	129. 7	123. 9
2004. 4	110	110. 8	130. 9	125
2005. 1	107. 8	109. 8	139. 9	128. 5
2005. 2	110. 7	108	139. 1	132. 8
2005. 3	109. 8	106. 1	142. 4	131. 5
2005. 4	107. 9	106. 5	141. 2	133. 1
2006. 1	105. 7	105. 5	147. 9	135. 6
2006. 2	106. 4	105. 7	148	140. 4

数据来源:1999—2006《中国统计年鉴》和《中国经济景气月报》。

　　(二)房价、地价的协整检验

　　本章使用美国 QMS 公司的 Eviews5. 1 软件对房屋销售价格指数(HP)和土地价格指数(LP)进行协整检验,以得出两者之间是否存在长期稳定的关系,我们使用 ADF 检验来测定 HP 序列和 LP 序列的平稳性,结果见表 8-2-2。

表 8-2-2　序列 LNHP、△ LNHP、LNLP、△ LNLP 的 ADF 检验结果

变量	ADF 检验值	临界值	结论
LNHP	-1.3260	-4.3552	不平稳
△ LNHP	-4.4680	-4.3738	平稳
LNLP	-2.9351	-4.3552	不平稳
△ LNLP	-8.1079	-4.3738	平稳

结果表明:原序 LNHP 和 LNLP 的 ADF 检验值均大于显著性水平 1% 下的临界值,所以都是非平稳序列,不能进行协整检验。而一阶差分序列 △LNHP 和 △LNLP 都是平稳序列,可以判定 LNHP 和 LNLP 为一阶单整序列,满足协整检验前提。然后用 Johansen 协整检验方法进行协整检验,结果见表 8-2-3:

表 8-2-3　Johansen 协整检验结果

Eigenvalue	Likelihood Ration	Percent Critical Value	1 Percent Critical Value	Hypothesized No. of CE（s）
0.586843	35.76829	25.32	30.45	None ＊＊
0.421203	13.67008	12.25	16.26	At most 1 ＊

似然比检验统计量的值 35.76829 大于 1% 显著下的临界值 30.45。因此 LNHP 和 LNLP 之间存在协整关系。可以证明两者在长期内相互影响且有稳定的关系。

(三)短期内房价、地价的关系

我们用回归分析的方法进一步研究房价、地价短期内的相互影响关系。

(1)地价对房价的影响

$$HP_t = \alpha_1 + \sum_{i=1}^{n} \beta_1 LP_t + \mu_{1t} (i = 1, 2, 3, 4)$$

回归结果如下:

$HP = 15.7958 + 0.3694LP(-1) + 0.2676LP(-2) + 0.0912LP(-3) + 0.1327LP(-4)$

　　　　(4.9207)　　(5.4676)　　　　(3.7847)　　　　(1.1900)　　　　(1.7734)

$R^2 = 0.9871, DW = 1.1832, F = 344.6698$。在 1% 和 5% 的显著水平下,

$t(0.01, 25) = 2.787, t(0.01, 26) = 2.779, t(0.05, 25) = 2.060, t(0.05, 26) = 2.056$

所以 $LP(-3)$、$LP(-4)$ 都不能通过 t 检验。剔除这两个指标,得到如下方程:

$$HP = 19.9770 + 0.4746LP(-1) + 0.3413HP(-2)$$
$$\quad\quad (7.4023)\quad\quad (7.6662)\quad\quad\quad (5.0601)$$

$R^2 = 0.9822, DW = 1.2179, F = 605.2506$。DW 值不是很理想,可能因为存在自相关问题,因此对方程进行调整,得:

$$HP = 3.9360 + 0.3021LP(-1) + 0.6664HP(-1)$$
$$\quad\quad (1.1149)\quad\quad (4.5145)\quad\quad\quad (7.3531)$$

$R^2 = 0.9874, DW = 1.9483, F = 901.4259$

剔除常数项 C,得到如下方程:

$$HP = 0.2563LP(-1) + 0.7491HP(-1)$$
$$\quad\quad\quad (4.7361)\quad\quad\quad (13.5023)\quad\quad\quad\quad\quad\quad (1)$$

$R^2 = 0.9867, DW = 1.8761, F = 1777.731$

从方程(1)的各项指标都比较显著,拟和系数也超过90%。从方程(1)可以得出,本期房屋销售价格的74.5%由上期房屋销售价格决定,25.5%受上期土地价格影响。本期房价和地价的上涨会推动下期房价的进一步提升,土地价格在房价上涨中的影响因素占1/4左右。高波、毛丰付 2003 年在《产业经济研究》期刊上发表的"房价与地价关系的实证检验:1999—2002"研究中,得出 1999 年第 1 季度到 2002 年第 4 季度房价与地价的关系中,土地价格在房价上涨中的影响因素占 16.67% 左右。这说明在近三年内地价对房价的影响有了一定程度的提高。

(2)房价对地价的影响

$$LP_t = \alpha_1 + \sum_{i=1}^{n} \beta_1 HP_t + u_{1t} \quad (i = 1,2,3,4)$$

回归结果如下:

$$LP = -53.6324 + 0.3347HP(-1) + 0.7322HP(-2) + 1.1474HP(-3) - 0.6729HP(-4)$$
$$\quad\quad (-2.3220)(0.3737)\quad\quad\quad (0.6494)\quad\quad\quad (1.0677)\quad\quad\quad (-0.6709)$$

$R^2 = 0.9414, DW = 1.6837, F = 72.2476$,因为常数项和自变量的 t 统计量都不显著,经过反复的调整和剔除,得到下式:

$$LP = -59.6683 + 1.6017HP(-2)$$
$$\quad\quad (-6.6561)\quad\quad (19.4004)\quad\quad\quad\quad\quad\quad\quad\quad (2)$$

$R^2 = 0.9424, DW = 1.6540, F = 376.3767$

从方程(2)可以得出,滞后两期的房价对地价影响显著,说明房价的变化会影响下两期的地价。

（四）结论

我们通过理论和实证的分析,得出以下主要结论:

1. 从 Johansen 检验结果以及似然比检验统计量的值大于 1% 显著下的临界值可以知道 LNHP 和 LNLP 之间存在协整关系,并且长期内房价和地价是相互影响的,不存在谁决定谁的结论。

2. 我们经过对自变量的反复调整和剔除,从模型上可以知道滞后两期房价对地价影响显著,即房价的上涨推动了地价的上涨,同时本期房价和地价的上涨推动了下一期房价的提升,导致房价螺旋式上升,地价对房价有一定的影响。

二、兰州市房价指数与地价指数关系

我们通过查阅 2008 年《甘肃年鉴》得到兰州市房地产价格指数,而兰州市地价整体指数则是通过中国城市动态监测网站得到的。通过我们调查得到兰州市地价整体指数历年状况如表 8-2-4 所示,兰州市房地产价格指数历年状况如表 8-2-5 所示。其中房屋销售价格指数和新建住宅价格指数分别有 2000—2007 年 8 年数据,而二手住宅价格指数则只有 2005—2007 年 3 年数据。房屋销售价格指数是综合新建住宅价格指数和二手住宅价格指数得来的。房屋销售价格指数如图 8-2-1 所示,该指数为环比数据,从图中可以看出,房屋销售价格环比增长从 2000—2003 年有趋缓的趋势,2004 年则迅速增长,接着从 2005—2007 年有所趋缓。由于房屋销售价格指数采用的是环比,因此本书对数据进行了调整,以 2000 年为基期,其后各年数据以上年值为 100,乘以当期价格指数,并假定调整后的价格指数反映了价格变化情况,兰州市房屋销售价格指数调整后历年状况见表 8-2-6 和图 8-2-2。从图 8-2-2 可以看出兰州市房屋销售价格指数一直在直线增长,但增长相对比较平缓,年均增长率约为 4.9%。

表 8-2-4　兰州市地价整体指数历年状况

	综合	商业	居住	工业
2003 年	106	107	110	102
2004 年	107	108	112	102
2005 年	107	108	112	102
2006 年	108	108	112	103
2007 年	109	109	114	104

表 8-2-5　　兰州市房地产价格指数历年状况

	2000	2001	2002	2003	2004	2005	2006	2007
房屋销售价格指数	100.5	103.4	104.3	101.8	108.8	105.6	104.7	106
新建住宅	100.7	106.5	107.9	103.0	111.4	106.8	105.7	107.7
二手住宅						101.7	102.1	103.5

（备注：以上年为 100）

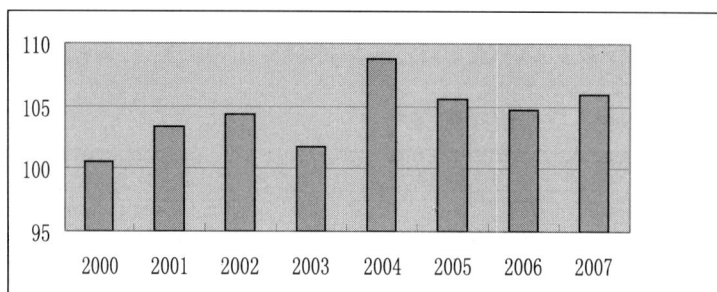

图 8-2-1　　兰州市房屋销售价格指数历年状况

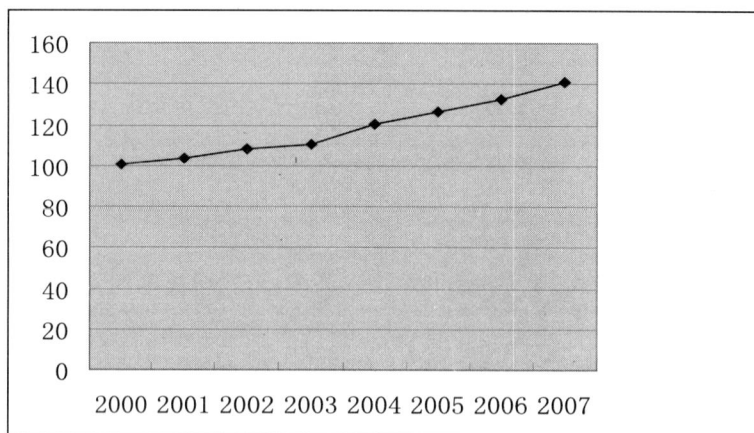

图 8-2-2　　兰州市房屋销售价格指数调整后历年状况

表 8-2-6　　兰州市房屋销售价格指数调整后历年状况

	2000	2001	2002	2003	2004	2005	2006	2007
房屋销售价格指数	100.5	103.9	108.4	110.3	120.0	126.8	132.7	140.7

（备注：以 2000 年为基期）

我们通过变量之间的相关分析来研究兰州市房屋销售价格指数与地价整体指数的相关性。

变量间的直线关系是变量间联系中最简单的一种,相关系数就是描述变量间线性联系程度的一个量。统计中有多个描述相关的指标,最常见的是 Pearson 相关系数,简称为相关系数。若观测到样本中两个变量的记录为 $(X_1, Y_1), (X_2, Y_2), \cdots, (X_n, Y_n)$,则这两个变量间的相关系数的计算公式为:

$$r = \frac{\sum_{i=1}^{n} (X_i - \bar{X})(Y_i - \bar{Y})}{\sqrt{\sum_{i=1}^{n} (X_i - \bar{X})^2 \sum_{i=1}^{n} (Y_i - \bar{Y})^2}}$$

绝对值 r 越接近 1 表示两个变量的数据间有很强的线性关系。r 接近 0 表示两个变量的数据间几乎没有线性关系。$r > 0 (< 0)$ 称为正(负)相关,表示随 X 值的递增(减),Y 的值大体上会递增(减)。兰州市房屋销售价格指数与地价整体指数相关分析如表 8-2-7 所示,房屋销售价格指数与商业和居住地价指数相关性最大,达到 58.92% 。这说明房屋销售价格指数与商业和居住地价指数线性相关,房屋销售价格指数随着商业和居住地价指数的增加而增加。但房屋销售价格指数与综合、工业地价指数相关性不大,分别只有 36.02% 和 6.21% 。

表 8-2-7 兰州市房屋销售价格指数与地价整体指数相关分析

用途	综合	商业	居住	工业
房屋销售价格指数	36.02%	58.92%	58.92%	6.21%

第三章　兰州市房地产价格现状

　　兰州市属于典型的河谷型城市,"两山夹一川"的特殊地形使得兰州市的城市发展形状成为沿黄河两岸组团状分布,由东往西依次为城关区、七里河区、安宁区和西固区。土地资源紧缺,且工农业发展各项用地都相对集中在河谷川台地上。城关区是省政府和市政府所在地,是兰州市的行政、经济、文化和商业中心,市级商业中心基本上集中在该区,商业、居住用地在该区域尤为紧缺,土地利用集约程度高,土地价格水平位列兰州市之首。

　　近年来,随着国家宏观调控政策的逐步落实,兰州市的房地产交易逐渐趋向平稳,并且兰州市政府及国土部门制定了一系列制度政策,提高供地门槛,严把土地闸门。根据我们调查得到的资料,我们可以把兰州市房地产价格现状分为土地使用权转让分析、二手房交易分析和新建商品房交易分析三种类型分别进行分析。

一、土地使用权转让分析

　　根据《中华人民共和国城镇国有土地使用权出让和转让暂行条例》,土地使用权转让是指土地使用者将土地使用权再转移的行为,包括出售、交换和赠与。按照土地使用权转让包括的 3 种行为,我们本次共调查兰州市近郊四区规划区范围内 2003—2007 年土地使用权转让宗地样点个数 240 个,其中城关区共 160 个;七里河区共 43 个,安宁区共 3 个,西固区共 34 个,从样点分布来看,城关区最多,七里河和西固区分列二、三位,安宁区最少。具体每一年兰州市四个区土地使用权转让宗地个数和具体案例在表 8-3-1 详细列出。

表 8-3-1　兰州市 2003—2007 年土地使用权转让宗地个数统计

年份	2003	2004	2005	2006	2007	合计
城关区	64	34	32	12	18	160
七里河区	12	10	12	5	4	43
安宁区	3	0	0	0	0	3
西固区	5	8	10	4	7	34
合计	84	52	54	21	29	240

兰州市土地使用权转让宗地样点分布如图8-3-1所示,从分布图来看,城关区宗地样点主要集中在中心区,其他地区也有散布;七里河区宗地样点主要集中在中心区;西固区宗地样点主要也集中在中心区;安宁区宗地样点比较少,且基本沿黄河分布。

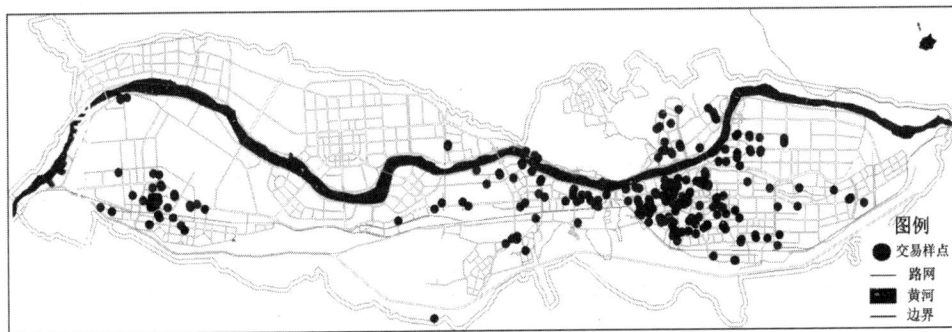

图8-3-1 兰州市土地使用权转让分布图

根据我们所调查兰州市土地使用权转让宗地样点,发现其转让价格占所在级别基准地价价格的比例普遍较低,我们统计了兰州市2003—2007年土地使用权转让价格占所在级别基准地价比例为50%以下和20%以下的案例,结果如表8-3-2和8-3-3,占比低于50%的宗地个数占总宗地个数2003年到2007年分别为82.14%、84.62%、85.19%、90.48%、13.79%,5年平均达到75.83%;占比低于20%的宗地个数占总宗地个数2003年到2007年分别为41.67%、32.69%、38.89%、42.86%、3.45%,5年平均达到34.58%,根据国内的经验,土地使用权转让价格一般在所在级别基准地价浮动20%—40%以内为正常。由此可见,我们调查得到的样点总体上偏离了作为衡量区域地价水平标准的基准地价,但我们调查得到的数据都来自于政府相关管理登记部门,都是有效的合法数据。因此我们有理由认为交易资料因各种原因存在较大失真,不能代表市场的真实数据。

表8-3-2 土地使用权转让价格占所在级别现行基准地价比例50%以下数量统计

年份	2003	2004	2005	2006	2007	合计
宗地数量	84	52	54	21	29	240
比例低于50%的数量	69	44	46	19	4	182
比例	82.14%	84.62%	85.19%	90.48%	13.79%	75.83%

表8-3-3　土地使用权转让价格占所在级别现行基准地价比例20%以下数量统计

年份	2003	2004	2005	2006	2007	合计
宗地数量	84	52	54	21	29	240
比例低于20%的数量	35	17	21	9	1	83
比例	41.67%	32.69%	38.89%	42.86%	3.45%	34.58%

　　表8-3-4至表8-3-8分别是兰州市2003—2007年城关区、七里河区、西固区3个典型区域的所收集案例土地使用权转让分析,从这五个表我们可以对比看出,同一个区域同一年所收集的案例中土地使用权转让价格最小与最大的价格相差很大,转让价格标准差也非常大。样本标准差刻画了数据关于均值的平均离散程度;样本标准差值越大,说明变量值之间的差异越大,距离均值这个"中心值"的离散趋势越大。同一个区域不同年份的转让价格差别也非常大。

表8-3-4　兰州市2003年3个典型区域的土地使用权转让分析　　元/平方米

地区	最小值	最大值	平均值	样本标准差
城关区	76.4	7056.4	1081.38	1272.9
七里河区	174.8	755.0	501.67	214.0
西固区	410	756	513.1	162.9

表8-3-5　兰州市2004年3个典型区域的土地使用权转让分析　　元/平方米

地区	最小值	最大值	平均值	样本标准差
城关区	195.0	4008.5	1002.62	825.88
七里河区	180.0	1501.0	815.64	458.70
西固区	223.1	1793.0	853.755	706.16

表8-3-6　兰州市2005年3个典型区域的土地使用权转让分析　　元/平方米

地区	最小值	最大值	平均值	样本标准差
城关区	150	5816	1061.30	1163.91
七里河区	132	1157	612.99	327.48
西固区	150	2208.3	632.71	598.88

表 8-3-7　兰州市 2006 年 3 个典型区域的土地使用权转让分析　元/平方米

地区	最小值	最大值	平均值	样本标准差
城关区	234.4	1649.9	885.64	484.41
七里河区	189.8	682.43	411.27	200.95
西固区	300	400	365	47.26

表 8-3-8　兰州市 2007 年 3 个典型区域的土地使用权转让分析　元/平方米

地区	最小值	最大值	平均值	样本标准差
城关区	550.78	4623.08	1920.9	1209.34
七里河区	616	4516	2250.89	1898.62
西固区	504.7	4390.2	2209.13	1209.08

以上从时间、空间二维角度对土地使用权价格与基准地价价格对比进行了分析,可以看出兰州市 2003—2007 年土地使用权转让价格占所在级别基准地价价格明显偏低,同时同一区域同一年土地使用权转让价格相差较大,不排除部分交易相关方登记失真的原因,同时也体现出兰州市现行土地管理体系和法律法规的不足,因此,有必要藉此提出一些相关的治理措施。

根据《中华人民共和国城镇国有土地使用权出让和转让暂行条例》(1999 年国务院 55 号文件)第二十六条规定:土地使用权价格明显低于市场价格的,市县人民政府有优先购买权。部分大城市正在制定或已经出台了相应的办法,如深圳市国土资源和房产管理局关于《深圳市土地收购实施细则》就对此做了相应的具体规定。

因此,鉴于以上分析在此提出如下建议:

第一,政府相关部门应及时了解土地使用权转让价格的动态变化,制定相关的法规办法,在符合相关政策和法律程序的基础上行使优先购买权,拟定相关的土地收购管理办法,以确保合理配置土地资源,加大对土地市场的宏观调控力度。

第二,土地管理相关部门应在广泛调研论证的基础上,对行使优先购买权的条件作出准确的判断。

二、二手房交易分析

二手房是指已经取得《房屋产权证》和《国土使用权证》,由房屋产权人或购买人转让的而非开发商出售的房产。二手房种类包括私房、房改房、经济适用房、集资房、单位自有房和已购商品房的再转让。我们本次共调查兰州市近郊四区规划区范围内2005—2008年二手房交易样点个数230个,其中城关区共212个;七里河区共5个,安宁区共2个,西固区共11个,从样点分布来看,城关区最多,西固区和七里河分列二、三位,安宁区最少。具体每一年兰州市四个区二手房交易个数和具体案例在表8-3-9和附件详细地列出。

表8-3-9   兰州市2005—2008年二手房交易数量统计

年份	2005	2006	2007	2008	合计
城关区	1	4	101	106	212
七里河区	0	0	1	4	5
安宁区	0	0	0	2	2
西固区	0	0	0	11	11
合计	1	4	102	123	230

由于我们所收集的2005年、2006年兰州市二手房交易个数分别只有1个和4个,样点太少,而2007年和2008年二手房交易样点几乎集中在城关区,所以我们只统计2007年和2008年城关区的二手房交易均价。如图8-3-1所示,2007年城关区二手房交易均价为1451.5元/平方米,2008年则为1677.4元/平方米,2008年城关区二手房成交价格涨幅为15.56%;2007年城关区新建房交易均价为3577.2元/平方米,2008年则为4566元/平方米,2008年涨幅为27.64%。这也延续了好几年兰

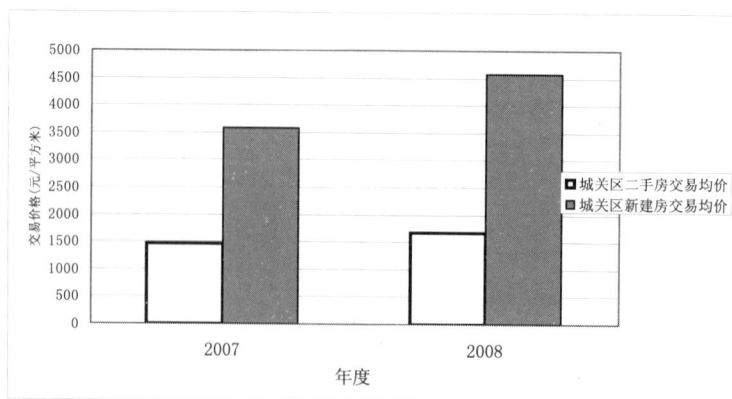

图8-3-1   兰州市2007年和2008年城关区二手房和新建房交易均价对比图

州市城关区新建房房价快速上涨的趋势,从而带动了二手房交易价格的上涨。但二手房交易价格的涨幅比新建房交易价格的涨幅要少。

　　根据我们收集的资料与案例,通过分类和统计,同一年同一个区域,房屋结构相同,成交的项目楼层相同,但成交价格相差很大,如表8-3-10 和表8-3-11 所示,我们统计 2007 年城关区二手房交易分别在 3 楼、5 楼、6 楼、7 楼、8 楼的交易情况,因为我们收集的二手房交易的资料与案例都集中在城关区,成交案例又分别集中在这 5 个楼层,所以我们对这 5 个楼层详细分析研究,具有代表意义。

　　因为 2008 年我们所采集到的样点比较少,所以我们只分析 2007 年二手房交易价格与同一年新建商品房交易价格的占比关系。2007 年城关区二手房交易的 5 个楼层交易平均价格分别占到了新建商品房交易平均价格的 60.8%、46.5%、36.8%、45.0%、39.3%,平均占比是 45.0%。而 2007 年城关区二手房交易均价为 1451.5 元/平方米,2008 年则为 1677.4 元/平方米;2007 年城关区新建房交易均价为 3577.2 元/平方米,2008 年则为 4566 元/平方米。2007 年二手房交易均价只占同一年新建商品房交易均价的 40.58%,2008 年则为 36.74%。

　　一般来说,同一年同一个区域,房屋结构相同,楼层相同,二手房交易价格与新建商品房交易价格的偏离度不应当很大,但从刚才分析可以知道,2007 年五种楼层分别偏离了 39.2%、53.5%、63.2%、55%、60.7%,2007 年交易均价偏离了 59.42%,2008 年则偏离了 63.26%,但我们调查得到的数据都来自于政府相关管理登记部门,都是有效的合法数据。因此我们有理由认为交易资料因各种原因存在较大失真,不能代表市场的正式数据。通过数据分析,我们只能得出兰州市城关区新建商品房价格快速上涨,从而带动了二手房交易价格上涨的结论,而不能进一步对二手房价格水平作出分析和相应判断。

表 8-3-10　兰州市城关区 2007 年 5 个楼层二手房交易个数及交易均价统计

楼层	3	5	6	7	8	合计
二手房交易个数	6	11	17	13	14	61
交易均价(元)	1709.9	1473.5	1323.8	1378.0	1312.6	1439.6

表 8-3-11　兰州市城关区 2007 年 5 个楼层新建房交易个数及交易均价统计

楼层	3	5	6	7	8	合计
新建房交易个数	5	6	5	5	3	24

楼层	3	5	6	7	8	合计
交易均价(元)	2813.7	3170.7	3601.9	3061.7	3337.3	3197.1

三、新建商品房交易分析

商品房是特指经政府有关部门批准,由房地产开发公司开发的,建成后用于市场出售出租的房屋,包括住宅、商业用房以及其他建筑物,而自建、参建、委托建造,又是自用的住宅或其他建筑物不属于商品房范围。商品房是指开发商开发建设的供销售的房屋,可以办理《房屋产权证》和《国有土地使用权证》,并可自定价格出售的产权房。根据商品房的定义,我们本次共调查兰州市 2004—2008 年新建商品房交易 575 个,按预售许可证号统计新建商品房交易样本总计 115 个,其中城关区共 63 个;七里河区共 17 个,安宁区共 25 个,西固区共 10 个,从样点分布密度来看,城关区最多,安宁区和七里河分列二、三位,西固区最少。具体每一年兰州市四个区新建房地产交易个数和具体案例在表 8-3-12 和附件详细地列出。

表 8-3-12　兰州市 2004—2008 年新建房地产交易个数统计

年份	2004	2005	2006	2007	2008	合计
城关区	1	18	22	14	8	63
七里河区	0	4	6	5	2	17
安宁区	0	4	7	8	6	25
西固区	0	6	2	1	1	10
合计	1	32	37	28	17	115

兰州市新建房交易样点分布如图 8-3-2 所示,从分布图来看,城关区新建房交易样点多数分布在中心区,其他地区也有散布;七里河区宗地样点主要集中在西站和小西湖两个中心区;西固区宗地样点主要也集中在中心区;安宁区交易样点主要沿黄河和主干道分布。

兰州市 2005—2008 年新建房平均交易价格分别为 2967 元/平方米、3567.6 元/平方米、3601.2 元/平方米、4017 元/平方米,如图 8-3-3 所示。从图 8-3-3 可知,兰州市的房地产交易价格逐步转向平稳,这与国家宏观调控政策的逐步落实密切相关。

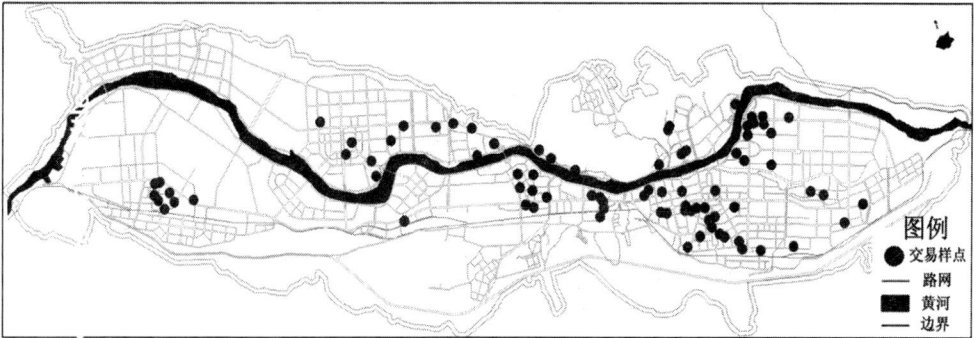

图 8-3-2 兰州市新建房交易分布图

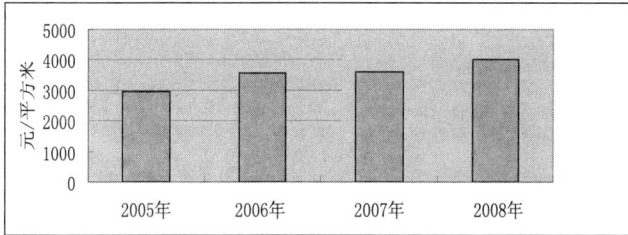

图 8-3-3 兰州市 2005—2008 年新建房平均交易价格

表 8-3-13 和图 8-3-4 是兰州市新建住宅价格指数历年状况,这是环比的数据,从图中可以看出,新建住宅价格指数环比增长从 2000—2003 年有趋缓的趋势,2004年则迅速增长,接着从 2005—2007 年有所趋缓。由于新建住宅价格指数采用的是环比,因此本书对数据进行了调整,以 2000 年为基期,其后各年数据以上年值为 100,乘以当期价格指数,并假定调整后的价格指数反映了价格变化情况,兰州市新建住宅价格指数调整后历年状况见表 8-3-14 和图 8-3-5。从图 8-3-5 可以看出兰州市新建住宅价格指数一直在稳步增长。

表 8-3-13 兰州市新建住宅价格指数历年状况

	2000	2001	2002	2003	2004	2005	2006	2007
新建住宅	100.7	106.5	107.9	103.0	111.4	106.8	105.7	107.7

(备注:以上年为 100)

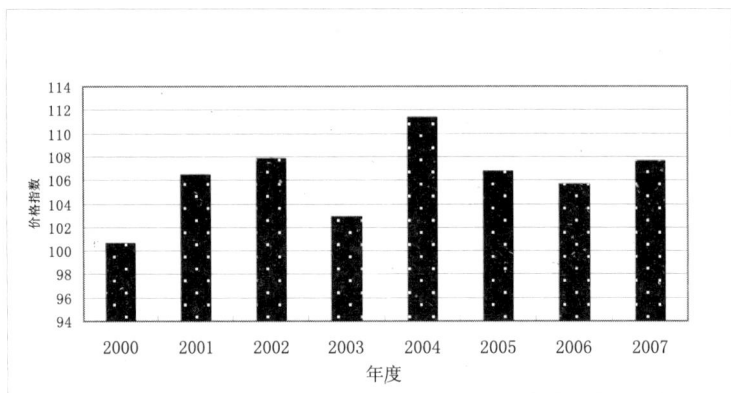

图 8-3-4 兰州市新建住宅价格指数历年状况

表 8-3-14 兰州市新建住宅价格指数调整后历年状况

	2000	2001	2002	2003	2004	2005	2006	2007
新建住宅	100.7	107.2	115.7	119.2	132.8	141.8	149.9	161.4

（备注：以 2000 年为基期）

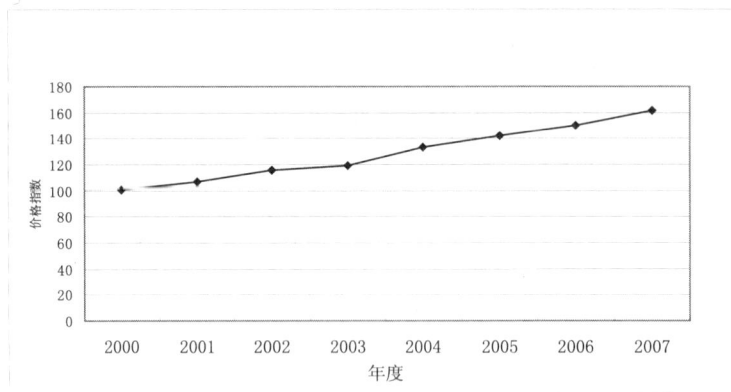

图 8-3-5 兰州市新建住宅价格指数同比增长历年状况

兰州市 2005—2008 年城关区、七里河区、安宁区和西固区四个区域新建房交易均价如表 8-3-15 所示，从表中可以看出，这四年四个区域新建房交易的平均值从高到低分别是城关区、安宁区、七里河区和西固区，平均值分别为 3805.5 元/平方米、3491.4 元/平方米、3180.2 元/平方米和 2764.3 元/平方米。

城关区的存量土地有限，市中心旧城改造已基本完成，通过旧城改造提高土地利用程度，增加土地供给的空间已不多，特别是适宜商业、居住的用地较为有限。因此该区域新建房交易价格平均值在这四个区域里面最高,而且在我们统计的四年内有两年交易均价最高,如图8-3-6至图8-3-9所示。

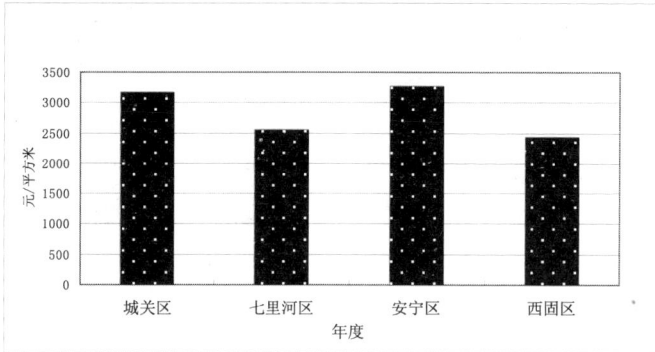

图 8-3-6

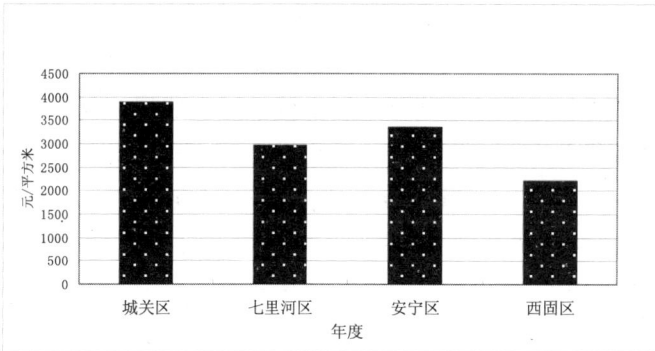

图 8-3-7　2006 年兰州市四个区域新建房平均交易价格

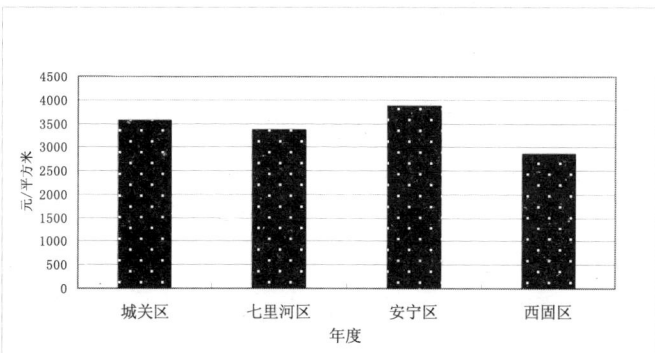

图 8-3-8　2007 年兰州市四个区域新建房平均交易价格

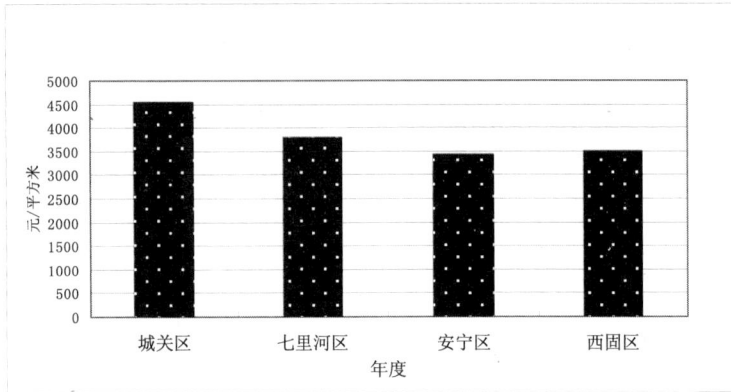

图 8-3-9   2008 年兰州市四个区域新建房平均交易价格

　　安宁区是兰州市的主要高教区,区内有西北师范大学、甘肃农业大学、兰州交通大学等高等院校。随着该区内的营门滩等城乡结合部被纳入市政府近期发展的新城区及新城区规划的逐步实施、该区内土地储备及招拍挂供地的增加,使得该区域地价变化幅度有较大的提升。因此近几年来该区域新建房交易均价一直增长,而且在我们统计的四年里头有两年交易均价最高,如图 8-3-6 和图 8-3-8 所示。

　　七里河区内沿东西向主干道西津路、南滨河中路用地条件较好,土地集约利用程度较高,房地产交易较为活跃,地价水平较高的带状区域。该区南部坪台区域主要分布着工业、仓储用地及城乡交错地,环境质量较劣,连接主城区的道路交通条件较差,土地利用程度相对较低,商业、居住用地在该区域发展缓慢。随着该区内部分坪台区规划为新的工业园区、原属城乡结合部的大滩、马滩被纳入市政府近期发展的新城区规划,使得该区地价增长较明显,在我们统计的四年中每一年的交易均价处于中下游的位置,如图 8-3-6 到图 8-3-9 所示。

表 8-3-15   兰州市 2005—2008 年四个区域新建房交易均价　　　　*元/平方米*

	2005 年	2006 年	2007 年	2008 年	平均值
城关区	3173.4	3905.4	3577.2	4566	3805.5
七里河区	2559.2	2972.6	3370	3819	3180.2
安宁区	3281.3	3370.3	3878.4	3435.7	3491.4
西固区	2444.4	2228.5	2875.1	3509.1	2764.3

　　西固区是兰州市的工业区,区内有闻名全国的兰化、兰炼等大型企业,是兰州市的主要工业发展区,但区内空气状况、环境状况相对较差,商业、居住用地在该区发展受到影响。因此它的新建房交易价格在这四个区域里面是最低的,而且在我们统计的四年中每一年的交易均价都最低,如图 8-3-6 到图 8-3-9 所示。

第四章　兰州市房价与地价关系研究

随着社会经济的发展,人民生活水平的提高,土地的价值也在随着其载体价值的提高而使其本身的价值得以真正的体现。兰州市是地处西部的特大城市之一,它的土地价格变化有其自身的特点:

(1)社会经济的发展和进步。社会的发展、经济的进步是房地产市场繁荣的重要因素,也是土地价格增长的主要因素之一。安定的社会治安,是人们财产的重要保障;同时,快速发展的经济将直接影响着房地产商进行投资的热情和信心。这些都会对地价的变化产生积极的作用。

(2)市场供需原理的作用。兰州市属于典型的河谷型城市,发展空间受限,土地资源紧张是城市发展的首要矛盾之一,也是未来兰州发展的重要限制要素之一;另外,为了规范土地市场,国家落实宏观调控政策。

(3)第三产业的快速发展,促进了兰州市经济繁荣的局面,从而带动了土地价格的上涨。但由于近几年华联、苏宁、西单、国美和华润万家等大型商业集团的入驻,虽然为兰州市经济注入了活力,但由于购买力等原因,商业近年来并不景气,因此,商业地价变化很小。

(4)土地政策的引导作用。随着土地储备制度的实施和土地资源的商品化以及招、拍、挂制度的实行,使土地作为一种商品进入市场,真正实现了市场化,使土地资源的价值得以客观、合理的体现,更进一步促进土地市场健康、协调的发展。

一、兰州市房价与地价实证分析

楼面地价是指土地价格除以该土地的允许最大建筑面积,是该项目在销售时,单位售价中所包含的土地成本。它与开发商的运营成本、建筑成本及其预期获得的利润构成了项目的最终售价。楼面地价是特殊的土地单价,是建筑物面积均摊的土地价格。在通常情况下,楼面地价是按照建筑面积均摊的土地价格。在这种情况下,楼面地价和土地总价的关系如下:

楼面地价=土地总价值/总建筑面积=土地单价/容积率

在现实中,楼面地价往往比土地单价更能反映土地价格水平的高低。因此在本次研究中,我们采取楼面地价跟房地产销售均价的占比关系来分析兰州市房价与地价的关系。我们通过收集回来的资料、案例进行筛选,选取房屋销售价格和土地使用权价格均为市场正常价格的案例,符合条件的共 10 个样本,如表 8-4-1 所示。这 10 个样本的供地条件都是熟地,都是通过招拍挂的方式取得土地使用权。其中在 2004 年土地使用权的有 2 个样本,楼面地价平均值为 585.25 元/平方米,销售均价为 3230 元/平方米,楼面地价占房价的比例为 18.12%;在 2005 年土地使用权的有 6 个样本,楼面地价平均值为 542.5 元/平方米,销售均价为 3666.4 元/平方米,楼面地价占房价的比例为 14.8%;在 2006 年土地使用权有 1 个样本,楼面地价为 690.06 元/平方米,销售均价为 3428.47 元/平方米,楼面地价占房价的比例为 20.13%;2007 年土地使用权的有 1 个样本,楼面地价为 814.94 元/平方米,销售均价为 3270.3 元/平方米,楼面地价占房价的比例为 24.92%。我们筛选的 10 个样本,从土地取得时间来看,除了 2005 年以外,其余 3 年的楼面地价都依次递增,而销售均价除了 2007 年以外也是逐年递增。这 10 个样本的楼面地价平均值为 635.36 元/平方米,销售均价平均值为 3605.53 元/平方米,平均占比为 17.68%。

表 8-4-1　10 个样本地价与房价占比分析

楼盘名称	位置	招牌挂地号	供地条件	楼面地价（元/平方米）	销售均价（元/平方米）	占比（%）
至诚名居	雁滩 601-1 与 604# 什字	G0311	熟地	480.44	3031.47	15.85
时代伟业-2006	兰州市城关区东岗东路 514 号	G0326	熟地	690.06	3428.47	20.13
众邦金水湾	安宁区银滩路	G0613	熟地	784.77	4261.54	18.42
时代伟业 7#楼	兰州市城关区东岗东路 514 号	G0405	熟地	508.44	4029.78	12.62
天源—嘉泰名居	草场街	G0211	熟地	842.25	3734.87	22.55
时代伟业-2008	兰州市城关区东岗东路 514 号	G0405	熟地	508.44	3428.47	14.83
凯地怡苑	七里河区火星街 100 号	G0408	熟地	611.07	3629.8	16.83
西固人家	西固区西固中路 669 号	G0505	熟地	501.37	3509.14	14.29
丰宁·德尚	兰州市枣林路 68 号	G0610\G0611	熟地	611.81	3731.5	16.40
雁京罗马花园	安宁区营门滩无号	G0628\G0629	熟地	814.94	3270.25	24.92

经过以上分析得出如下结论：

楼面地价与房地产价格之间呈现为一定的正相关关系，楼面地价高的项目房地产价格也偏高，反之亦然。从我们刚才分析的 10 个样本可以看出，从土地取得时间来看，除了 2005 年以外，其余 3 年的楼面地价都依次递增，而房价平均价除了 2007 年以外也是逐年递增。在上述房屋销售价格和土地使用权价格均为市场正常价格的案例中，楼面地价约占到房价构成的 20%，其余 80% 左右均由其他构成。房屋的售价是开发商在市场调查的基础上确定的，房价由市场需求确定，即由有支付能力的购买力支撑。地价是房价的重要组成部分，也是影响房价的重要因素，但不是唯一因素，更不是决定性因素，房价合理上涨除了地价还有诸多其他因素。地价上涨必然推动房价上涨是有条件的，即市场需求反作用于房价从而才可能为地价上涨创造空间和基础。在市场需求旺盛，供给相对不足的情况下，土地价格上涨，房价必然上涨；一旦有效需求不足和虚假需求破灭，即使地价上涨，房价却未必能上涨。

二、基于市场理论的兰州市房价与地价关系探讨

市场理论中的需求驱动论，由于房屋是市场需求的最终产品，而土地只是其中的一个生产要素，因此市场对房屋的需求提高了房屋的价格，刺激了房地产开发，从而增加土地需求量，而由于土地的不可再生性限制了土地有效供给，需求大于供给导致了土地价格的上涨。在土地价格评估中，也有相应的方法支持，那就是剩余法，其公式为：地价＝房价－开发成本－各种管理费用、利息、利润。由此看来，房价上涨才引起地价的上涨。我们同时经过对全国房价与地价关系的实证分析，同样也得出了地价是由房价来决定的。

在土地市场中，无论短期还是长期，由于稀缺性和土地用途转换的困难性，土地供给缺乏弹性，地价主要由土地需求决定。而土地作为一种生产要素，其引致需求的特性决定了地价很大程度上由土地产品的需求所决定。因此，作为一种土地产品，房地产的供需状况和价格水平必然在短期和长期都对土地的需求和价格产生很大影响。在增量房地产市场中，房地产价格是由市场增量供给和有效需求两者相互作用所决定的。从短期来看，一方面土地购置受到政府土地出让计划的限制并需要一系列的审批手续，资金的筹集也需要一段时间，因此，土地、资金这些最重要的生产要素短期内是不可改变的；另一方面，房地产产品的生产周期较长，其沉没成本也较高。因此，短期内房地产供给缺乏弹性甚至无弹性，房地产价格主要由需求决定。从长期来看，随着时间的推移，一方面，新的生产者可以自由进入房地产业，而原有的生产者可针对市场价格的变化改变所有生产要素的投入量和生产规模，如开发商

可以进行土地储备用以在价格上涨后增加开发量;另一方面,长期内新增加的开发项目得以完工,市场上的房屋供给量相应得到增加。因此长期房地产供给有弹性。同时,根据边际收益等于长期边际成本和平均成本的均衡原则,长期均衡状态下的房屋供给量水平不仅是边际成本等于价格下的生产规模,也是长期平均生产成本最低点所代表的生产规模。因此,当土地成本、建安成本、税费等生产成本发生变化带来长期平均成本和边际成本发生变化后,这种均衡产量和最优生产规模也会发生改变。也就是说,长期供给量受到包括土地成本、建安成本、税费等在内的生产成本的影响。一般认为,房地产业是一个成本递增的行业,因为房屋建设量的增加引起了对生产要素尤其是土地要素需求的增加,将导致生产要素价格的上升从而提高房地产开发的生产成本。随着生产成本的上升,单个厂商的平均成本和边际成本曲线分别由 LAC_1、SMC_1 上移至 LAC_2、SMC_2,在整个行业市场上,随着行业产量的扩张,行业短期供给曲线由 S_1 右移至 S_2,市场均衡价格由 P_1 上升至 P_2,均衡供给量由 Q_1 变为 Q_2,连接 A、B 两点而成的曲线构成了行业长期供给曲线(见图 8-4-1)。因此,从长期看,房价不仅受到市场供求关系的影响,还受到房屋建设成本的约束。所以,在长期,上涨的地价将带来建设成本的提高,从而一定程度上推动房价的上涨。

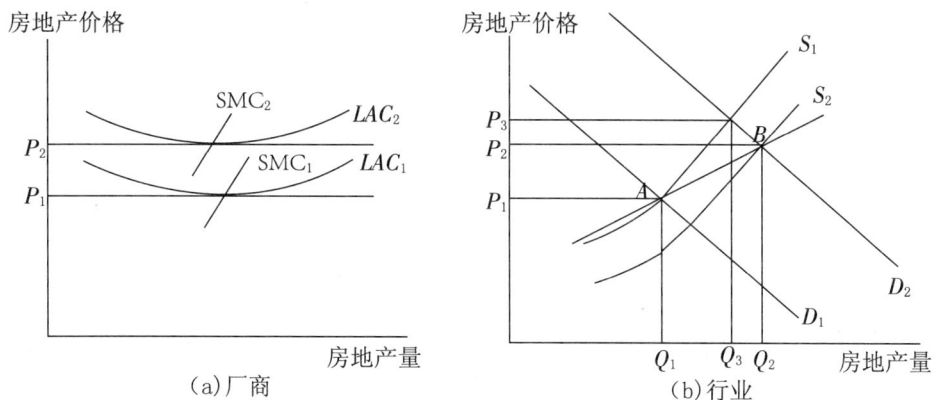

图 8-4-1 长期房地产增量市场

三、兰州市地价调整的参照系探讨

目前,兰州市地价指数的建立主要以标准宗地为基础,采用市场比较法、成本逼近法、剩余法及收益还原法等对标准宗地地价进行测算。最后,以各标准宗地地价为基础,通过面积加权等方式计算出分级别、分用途及综合地价指数,而未能参照房价的变化情况,造成两者的衔接关系不紧密。同时,兰州市分用途房价指数也鲜见报道、定期公布制度尚未建立,从而使得房价和地价之间的关系不明,房价的变动无法在地价指数中得到体现,同时地价的变动也无法传递给房地产市场,对两者的相互作用关系无法作出准确判断。

　　本课题通过调查相关城市的经验,结合兰州市目前的政策法规和相关制度,建议选取房价指数作为地价调整的参照系,建立兰州市分用途房价指数体系,并定期(分季度)向社会和居民公布,方案如下:

　　(一)兰州市分用途房价指数的建立

　　建立兰州市房价指数测算指标体系,测算分用途、分季度房价指数,结合地价市场运行状况,以房价指数为辅助对地价进行调整。

　　(二)兰州市房价指数定期公布制度的建立

　　通过广播、电视、报刊、网络等媒体,刊登公告发布分用途房价指数及地价指数变动状况,建立兰州市地价动态信息网,按季度、分用途及时发布房价和地价动态相关信息,为房地产开发商和居民提高准确及时的信息,确保土地和房地产市场的健康运行。

第五章 结论及建议

一、结论

土地供给调控是在我国土地制度条件下,政府所采用的不同于发达国家的特殊手段,在几次大的宏观调控中都发挥了重要作用。尽管我们并不能得出调整土地供给就会调整地价从而达到调整房价目的的结论,但调整土地供给政策的实行,至少会给房地产市场一个可以影响人们预期和行为的信号,在特定的市场条件下,土地供给调控的效应可能很强。

因此,我们通过对全国房价与地价关系的实证分析以及从市场理论等多方面来探讨兰州市房价与地价关系,我们得出以下结论:

1.成本决定价格低线,需求决定价格高线,价格在这一范围内由供求这两种力量共同作用而形成。不论是地价,还是房价的确定,必定不可能超出这个范围。

2.地价与房价是互动关系,存在正相关关系,但是必须有需求的持续支持。

3.地价上涨是房价上涨的重要因素,但不是房价上涨的唯一因素和决定性因素。地价是房价的重要构成因素,一般而言,地价的上涨必定推动房价上涨,即成本推动房价。但是,地价上涨必然推动房价上涨是有条件的,即市场需求尚未饱和。在当前市场需求(消费型有效需求和投资型需求)旺盛,供给相对不足的情况下,土地价格上涨,房价必然上涨;一旦有效需求不足和虚假需求泡沫破灭,即使地价上涨,房价却未必能上涨。

4.需求增加作用于房价上涨,从而才可能为地价上涨创造空间和基础,房价上涨将拉动地价的上涨。

5.通过对兰州市近郊四区规划区范围内房屋销售价格和土地使用权价格均为市场正常价格的案例进行分析,我们发现其楼面地价地价只占到房价构成的20%左右。

二、建议

通过分析研究全国房价与地价关系以及兰州市房地产价格现状,我们提出了相应的政策建议:

1.严格推行经营性用地招拍挂出让政策,完善招拍挂出让的程序,以吸引尽可能多的买者参与竞争,完善相关出让规则。

2. 建立和完善地价、房价动态监测信息系统,公开市场交易信息,并及时根据市场基础数据作出分析和预测,以引导市场参与者合理决策。

3. 依法运用税收手段、优先购买权、无偿回收闲置土地等行政权以及其他金融、法律等多种措施规范市场参与者的行为,防止土地投机和闲置土地等不合理行为的发生,优化房地产市场结构,保证市场机制正常有序运行。

4. 从长期来说,要控制房价过快上涨,必须从住宅市场和土地市场两方面着手。一方面加快住宅开发,增加供给,直接抑制房价;另一方面,运用土地储备制度,调节土地供应,通过控制地价来达到抑制房价过快增长的目标,最终实现房地产市场平稳和健康的发展。

5. 落实和完善促进合理住房消费的政策措施,促进中小户型、中低价位普通商品房开发建设,加快发展二手房市场和廉租房市场。

参考文献

1. 油永华:《房价与地价关系的实证分析》,《河北科技大学学报》(社会科学版)2007 年第 4 期。

2. 宋勃、高波:《房价与地价关系的因果检验:1998—2006》,《当代经济科学》2007 年第 1 期。

3. 谢叙祎:《房价与地价关系及上海的数据检验》,《华东经济管理》2006 年第 8 期。

4. 周驷华:《我国不同城市房价与地价关系的实证研究》,《现代商贸工业》2008 年第 3 期。

5.《甘肃年鉴》(2008 年),甘肃统计出版社 2008 年版。

6.《北京市基准地价更新专题研究》之四。

7. 陈芳:《1998—2006 年我国房价与地价关系的实证分析》,《北京财贸职业学院学报》2006 年第 4 期。

责任编辑:邵永忠

封面设计:吕　龙

责任校对:吕　飞

图书在版编目(CIP)数据

中国城市地价研究:以兰州为视角的考察/兰州市国土资源局 兰州市国土资
　源评价研究院 编　韦玲霞 吕萍 张仁陟 梁进一 著.
　-北京:人民出版社,2012.12
ISBN 978－7－01－011361－6

Ⅰ.①中…　Ⅱ.①兰…②兰…③韦…　Ⅲ.①城市-地价-研究-中国
　Ⅳ.①F299.232

中国版本图书馆 CIP 数据核字(2012)第 248638 号

中国城市地价研究

ZHONGGUO CHENGSHI DIJIA YANJIU

——以兰州为视角的考察

兰州市国土资源局 兰州市国土资源评价研究院　编

韦玲霞　吕　萍　张仁陟　梁进一　著

人民出版社 出版发行

(100706　北京市东城区隆福寺街99号)

北京瑞古冠中印刷厂印刷　新华书店经销

2012 年 12 月第 1 版　2012 年 12 月北京第 1 次印刷
开本:710 毫米×1000 毫米 1/16　印张:23.75
字数:420 千字　印数:0,001-2,000 册

ISBN 978－7－01－011361－6　定价:60.00 元

邮购地址 100706　北京市东城区隆福寺街99号
人民东方图书销售中心　电话 (010)65250042　65289539

版权所有·侵权必究
凡购买本社图书,如有印制质量问题,我社负责调换。
服务电话:(010)65250042